Т.В. Козлова, И.В. Курлова, М.В. Кульгавчук

НАЧАЛЬНЫЙ КУРС РУССКОГО ЯЗЫКА ДЛЯ ДЕЛОВОГО ОБЩЕНИЯ

Книга 1-2

2-е издание

T. Kozlova, I. Kurlova, M. Kulgavchuk

BUSINESS RUSSIAN FOR BEGINNERS

Part 1-2

2ⁿᵈ edition

GW00494231

Москва
2011

УДК 816.161.1
ББК 81.2Рус-96
Н 36

Рецензенты д. п. н., д. ф. н., проф. Ю.Е. Прохоров, к. п. н. С.Ю. Ремизова

Н 36   **Козлова, Т.В.**
Начало. Начальный курс русского языка для делового общения (с комментариями на английском языке). Книга 1-2. 2-е изд. / Т.В. Козлова, И.В. Курлова, М.В. Куль-гавчук; под редакцией Т.В. Козловой. — М.: Русский язык. Курсы, 2011. — 424 с.
ISBN 978-5-88337-246-8

Начальный курс русского языка для делового общения подготовлен коллективом преподавателей Центра международного образования МГУ им. М.В. Ломоносова.

Учебный комплекс с комплектом CD предназначен для англоговорящих иностранцев, начинающих изучать русский язык с целью овладения навыками деловой коммуникации (бизнес, экономика, производство, торговля, политика, культура, наука и образование). Учебник может быть использован как в аудиторных, так и во внеаудиторных формах обучения, для индивидуальной или групповой работы со специалистами широкого профиля во всех сферах делового взаимодействия — предпринимателями, студентами университетов, учащимися колледжей и средних технических заведений, слушателями курсов русского языка — с теми, кому по роду деятельности необходим русский язык для жизни, работы и учёбы в России, для общения с российскими коллегами, а также с русскоговорящими партнёрами из стран СНГ.

Курс обеспечивает I сертификационный уровень владения языком.

ISBN 978-5-88337-246-8

Предисловие

Дорогие друзья, коллеги!

Ведение современного международного бизнеса невозможно без постоянной коммуникации. Навыки и умения делового общения с зарубежными партнёрами на иностранном языке — важнейший фактор конкурентоспособности. Поэтому основной задачей обучения русскому языку как иностранному стало формирование компетенции межкультурного общения и взаимодействия. Такой подход предполагает расширение содержания обучения за счёт включения в него освоения деловой культуры изучаемого языка. Благодаря современным коммуникационным технологиям возникли новые условия и формы делового общения, формируется когнитивно-коммуникативная среда принципиально нового типа.

С учётом данных изменений и современных требований был создан предлагаемый учебный комплекс. Он включает три книги, мультимедийное приложение на CD и предназначен для англоговорящих иностранцев, начинающих изучать русский язык с целью овладения навыками деловой коммуникации в широко трактуемой сфере бизнеса (экономика, производство, торговля, политика, культура, наука и образование). Учебник может быть использован как в аудиторных, так и во внеаудиторных формах обучения, для индивидуальной или групповой работы со специалистами широкого профиля во всех сферах делового взаимодействия — предпринимателями, студентами университетов, учащимися колледжей и средних технических заведений, слушателями курсов русского языка — всеми теми, кому по роду деятельности необходим русский язык для жизни, работы и учёбы в России, для общения с российскими коллегами, а также с русскоговорящими партнёрами из стран СНГ.

Основная цель учебника — обучить учащихся системе языка и научить решать на русском языке задачи реальной бизнес-коммуникации. Задачей курса является формирование основных навыков повседневной деловой речи: навыков языка общего владения и делового общения, а также умений коммуникации в сфере бизнеса вообще.

Последовательное изучение данного курса обеспечивает 1-ый сертификационный уровень владения языком, который позволяет учащимся удовлетворять основные коммуникативные потребности в типичных ситуациях повседневной, профессионально-деловой и социально-культурной сферах общения.

Учебник отвечает требованиям универсальности, актуальности и аутентичности. Коммуникативное, предметное и языковое содержание курса строго соответствует объёму и содержанию начального этапа обучения, а также профессиональным потребностям учащихся.

Прохождение материала условно рассчитано на цикл занятий в объёме 100—120 часов. В учебнике реализуется деятельный подход к обучению, обеспечивающий усвоение языка через сознательное овладение навыками с последующей интенсивной тренировкой. Последовательно проводятся принципы опоры на разговорную речь, устного опережения, ситуативности. Предполагается интенсивное обучение интерактивного характера под руководством преподавателя. Но, поскольку деловым людям подчас легче войти в сеть, чем в класс, возможно и индивидуальное обучение с применением мультимедийных средств обучения.

Для удобства пользователей предусмотрено два способа поиска учебного материала: **Содержание**, в котором перечислены поурочно все речевые интенции с указанием страницы, и **Грамматический индекс**, включающий перечисление всех грамматических категорий и их функциональных значений с указанием номеров уроков, в которых они отрабатываются.

Курс состоит из **14 уроков**, включающих вводно-фонетический курс и десять тематико-ситуативных блоков, чаще всего используемых в бизнес-коммуникации (знакомство, презентация фирмы, направление деятельности фирмы, организация деятельности фирмы и быта, визиты и гости, результаты и планы деятельности фирмы, поиск партнёра и деловые встречи, поездки, командировки и путешествия, светская жизнь и свободное время). Тематическая последовательность уроков, логика обучения отражают логику делового общения. Тематико-ситуативное содержание курса соответствует, во-первых, различным социально-коммуникативным ролям, как в рамках профессионального общения, так и за его пределами; во-вторых, типичным коммуникативным ситуациям и связанным с ними экстралингвистическим факторам, влияющим на выбор тем общения и степень их раскрытия; в-третьих, содержанию коммуникативно-речевой компетенции, достигаемой на базовом уровне владения языком делового общения (B_1 по европейской системе).

Структура всех тематических уроков одинакова: справка для преподавателя (перечень речевых моделей, грамматический материал, название текста), основная часть, заключительный текст, контрольно-коммуникативные задания. Кроме того, в завершающем каждую тему уроке приводится алфавитный перечень новых слов.

Изучаемый материал вводится через речевые образцы, которые сопровождаются грамматическими моделями. Предлагаемые упражнения направлены на отработку речевых моделей и осмысление функционирования грамматических форм. В целях оптимизации учебного процесса все интенции, задания и комментарии даются с переводом на английский язык. Заключительный текст содержит новые речевые модели и направлен на активизацию лексико-грамматического материала урока темы.

С помощью контрольных коммуникативных заданий осуществляется контроль коммуникативно-речевой компетенции, сформированности навыков речевого поведения в конкретных ситуациях по данной теме. Этот раздел учебника содержит русские пословицы и поговорки, идиомы, комментарии к вербальным и невербальным средствам коммуникации, а также описание основных стандартов поведения в сфере речевого общения.

В третьей части комплекса приводятся **Ключи** к упражнениям, что облегчает самостоятельную работу учащихся.

Двуязычный русско-английский **Словарь** включает 1170 единиц, представляющих лексическую базу курса. Кроме того, в итоговом уроке, завершающем каждую тему, приводится алфавитный перечень новых слов по теме.

В **Приложении** содержатся грамматические таблицы, образцы грамматических тетрадей (падежной и глагольной), а также два опросника — вводный, который позволяет выявить практические потребности в изучении языка, и промежуточные — направленные на интерактивную оценку и корректировку обучения.

В качестве источников и иллюстраций использовались аутентичные **материалы** рекламного характера, образцы официальных деловых записок, анкет, писем, электронных сообщений и т.д.

Надеемся, что занятия по данному учебнику помогут выбрать и реализовать правильную стратегию речевого поведения, быстрее адаптироваться к российским условиям. В итоге показателем эффективности учебного курса станет достижение в процессе делового общения взаимопонимания с партнёрами и успешное совместное выполнение профессиональных задач.

Авторы

Foreword

Dear friends and colleagues! International business nowadays is impossible without constant communication. Successful business communication with foreign partners in a foreign language is the most important factor of competitiveness. Therefore the main aim of teaching Russian as a foreign language is to facilitate intercultural communication. It presupposes the extension of studies by including business culture of the language in question. Due to modern communication technologies new forms of business communication have appeared, a completely new cognitive-communicative approach has emerged.

With regard to these changes and modern requirements the present textbook has been published. It consists of three and a multimedia CD and is meant for English speaking foreigners who begin to study Russian to acquire business communication skills in various spheres: economics, production, trade, politics, culture, science and education. The textbook can be used both for classroom activities and self-study, for individual and group work with specialists in all fields of business — entrepreneurs, college and university students and the students of vocational training colleges, those who attend the Russian language courses — for everyone who needs Russian to live, work and study in Russia, to communicate with Russian colleagues and with Russian speaking partners from the CIS countries.

The primary aim of the present manual is to explain to the students the language system and to teach them to solve in Russian the problems of modern business communication. It is aimed at working out the basic skills of everyday business communication: general and business language skills and general business communication skills.

The consecutive study of the present course provides for the I level of language communication which allows students to satisfy their main communicative needs in everyday situations, in professional, business and socio-cultural spheres of communication.

The textbook is modern, comprehensive, based on authentic materials. The subject matter, communicative and language contents of the course meet the requirements and the goals set at the initial stage of learning.

The material is intended for approximately 100—120 hours of classroom activities.

There are a lot of practice and drill exercises in the textbook. The course provides opportunities for students to learn the language through developing practical skills and intensive training. The textbook rests upon the principles of developing speaking habits and situational approach.

A special emphasis on interactive learning under the teacher's guidance is presupposed. However, self-study with the use of multimedia facilities of training is also possible; it is sometimes easier for business people to enter the Net than the classroom.

For users' convenience there are two ways of finding material for practice: the Contents where all units and topics are listed, and the Grammar index which includes all grammatical categories and their functional meaning with the indication of the number of the corresponding unit.

There are 14 units in the book. They include the introductory phonetic course and ten situational units most friquently used in business communication (acquaintance, presentation of the firm's business activity, setting up a firm, visits and visitors, results and plans of a firm, partner search and business meetings, journeys, business trips and travelling, life style and leisure time).

The succession of topics within units and logic of training reflect the logic of business communication. The situational approach used in the course corresponds first of all to different social-communicative roles, both within the framework of professional communication and beyond it; secondly, to typical communicative situations and the extra linguistic factor which is connected with them and which influences the choice of topics; thirdly, to the communication speech competence, reached at the basic level of language for business communication (B_1-according to European Foreign Language System — «Common European Framework of Reference for Language Learning and Teaching»).

The structure of all topic-oriented units is the same: teacher's note (a list of speech patterns, grammar matherial, the title of the text), the main part, the final part and tasks to check communication skills. Besides, each unit is provided with a list of new words given in the alphabetical order.

The material under study is introduced through speech patterns accompanied by grammar patterns. The given exercises are aimed at practicing speech patterns and grammar forms. To facilitate the learning process all tasks and commentaries are provided with English translation. The final text contains all new speech patterns and is aimed at mastering the vocabulary and grammar of a given unit of the third part of the study pack.

Communicative tests help to check communication skills and the skills of speech behavior in specific situations within a given topic. This section of the textbook also contains Russian sayings and proverbs, idioms, commentaries to verbal and non-verbal means of communication, as well as the description of the main standards of behavior in the sphere of speech communication.

There is a Key section at the back of the textbook; it contains answers to grammar exercises, which facilitates self-study.

The bilingual Russian-English glossary includes 1170 items, which represent the vocabulary main of the course. Besides, the final unit of each topic is supplied with a list of new words on the topic.

The Appendix carries grammar tables, samples of grammar workbooks (to drill the case and verb system) and there are also two questionnaires: an introductory one which reveals practical needs in language learning, and an intermediate one aimed at interactive evaluation and ajustment of the course.

Authentic advertisements, business notes, questionnaires, letters, e-mails, etc. have been used to illustrate the present course.

We hope this textbook will help you to choose the right pattern of speech behavior and adapt to the conditions of business life in Russia faster. As a result, effective learning will lead to mutual understanding with your business partners and successful accomplishment of your mutual professional tasks. We wish you success in your Russian language learning!

Авторами подготовлены следующие материалы:

Список сокращений

сущ.	— имя существительное
прилаг.	— имя прилагательное
мест.	— местоимение
глаг.	— глагол
нареч.	— наречие

№ 1, 2, 3, 4, 5, 6 — принятое в методике преподавания русского языка для начинающих условное обозначение падежа по порядковому номеру в падежной
системе, что соответствует:

№ 1	— именительный падеж
№ 2	— родительный падеж
№ 3	— дательный падеж
№ 4	— винительный падеж
№ 5	— творительный падеж
№ 6	— предложный падеж
он	— имена существительные, прилагательные мужского рода
она	— имена существительные, прилагательные женского рода
оно	— имена существительные, прилагательные среднего рода

они	— имена существительные, прилагательные, местоимения множественного числа
ед. ч.	— имена существительные, прилагательные, местоимения единственного числа
мн. ч.	— имена существительные, прилагательные множественного числа
СВ; св	— совершенный вид глагола
НСВ; нсв	— несовершенный вид глагола
I (первая группа)	— I спряжение
II (вторая группа)	— II спряжение
наст. вр.	— настоящее время
прош. вр.	— прошедшее время
буд. вр.	— будущее время
ИК	— интонационная конструкция

Пиктограммы:

— обозначение одушевлённых существительных мужского рода

— обозначение одушевлённых существительных женского рода

— обозначение неодушевлённых существительных

— обозначение неодушевлённых существительных мужского рода

— обозначение неодушевлённых существительных женского рода

— обозначение неодушевлённых существительных среднего рода

— упражнение записано на компакт-диск

— указание на упражнения, включённые в раздел «Ключи»

— сопровождает пометы «Запомните», «Обратите внимание»

— сопровождает помету «Сравните»

— телефонный разговор

— обозначает упражнение по работе в Интернете, с электронной почтой

— обозначение последовательности чтения грамматических таблиц, схем

— указание на упражнения-шутки, стихи, юмор.

Содержание

Те́ма I Вво́дно-фонети́ческая

Introductory phonetic course

 Уро́к 1 (оди́н) • пе́рвый уро́к

Ру́сский алфави́т • The Russian Alphabet

Аа	*Аа*	[а]	Кк	*Кк*	[ка]	Хх	*Хх*	[ха]
Бб	*Бб*	[бэ]	Лл	*Лл*	[эль]	Цц	*Цц*	[цэ]
Вв	*Вв*	[вэ]	Мм	*Мм*	[эм]	Чч	*Чч*	[ча]
Гг	*Гг*	[гэ]	Нн	*Нн*	[эн]	Шш	*Шш*	[ша]
Дд	*Дд*	[дэ]	Оо	*Оо*	[о]	Щщ	*Щщ*	[ща]
Ее	*Ее*	[йэ]	Пп	*Пп*	[пэ]	ъ	*ъ*	[твёрдый знак]
Ёё	*Ёё*	[йо]	Рр	*Рр*	[эр]	ы	*ы*	[ы]
Жж	*Жж*	[жэ]	Сс	*Сс*	[эс]	ь	*ь*	[мя́гкий знак]
Зз	*Зз*	[зэ]	Тт	*Тт*	[тэ]	Ээ	*Ээ*	[э]
Ии	*Ии*	[и]	Уу	*Уу*	[у]	Юю	*Юю*	[йу]
Йй	*Йй*	[и кра́ткое]	Фф	*Фф*	[эф]	Яя	*Яя*	[йа]

Гла́сные зву́ки • Vowels

Аа as **a** in *card*   *аге́нт*
Оо as **о** in *dot*   *о́сень*
Уу as **оо** in *root*   *у́тро*
Ээ as **a** in *care*   *эта́ж*
Ыы as **i** in *fit*   *сыр*

Яя as **ya** in *yard*   *я́хта*
Ёё as **yo** in *beyond*   *ёмкость*
Юю as **ou** *in you*   *юг*
Ее as **ye** in *yes*   *е́сли*
Ии as **ee** in *meet*   *и́мя*

 1. Слу́шайте, повторя́йте, де́лая гимнасти́ческие упражне́ния (потя́гивания, накло́ны). •
Listen and repeat doing gymnastic exercises (stretching, stooping).

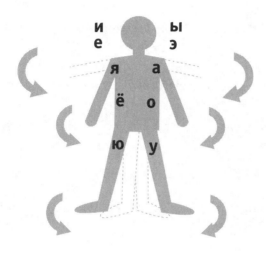

2. Чита́йте. • Read.

а – о, о – а, о – у, у – о, а – э, э – а, э – ы, ы – э
я – ё, ё – я, ё – ю, ю – ё, е – ю, ю – е , е – и, и – е
а – я, о – ё, у – ю, э – е, ы – и

Как читáть глáсные в словáх • How to read vowels in words

Глáсный Vówel	Позúция в слóве Position in a word		
	удáрный слог (stressed)	предудáрный слог (pretonic)	другúе безудáрные (unstressed except pretonic)
Аа	[a:] *áкции, план*	[^] *арéнда, начáльник*	[ə] *магазúн, стадиóн*
[o] [a] **Оо**	[o:] *пóезд, код*	[a] *отдéл, компáния*	[ə] *командирóвка*
Уу	[u:] *рýсский, нýжен*	[u] *аудúтор, мужчúна*	[u] *руководúтель*
Ии*	[i:] *бúржа, рис*	[i] *инвéстор, билéт*	[i] *инженéр, финансúст*
Ыы	[i] *ты, вы, мы*	[i] *былá*	[i] *финáнсы, рáды*
Ээ	[æ] *э́тот, э́кспорт*	[iᵉ] *этáж, экспéрт*	[iᵉ] *экономúст*
[e] [и] **Ее**	[e] *агéнт, докумéнт*	[i] *реферéнт, сентя́брь*	[i] *секретáрь, ресторáн*
[э] **Ее**	[e] *мéнеджер, бизнесмéн*		
[je]	[je]** *éхать, есть*		[jə]** *знáет, дýмает*
Ёё	[jo] *шофёр, чёрный*	—	—
[я] [е] **Яя**	[ja] *я́рмарка, я́блоки*	[jᵉ] *язы́к, январь*	[ji] *торгóвая, оптóвая*
Юю	[ju] *валю́та, юг*	[ju] *юрúст*	[ju] *юридúческое, бюрó*

Обрати́те внима́ние:

* *И* по́сле *ж, ш* всегда́ произно́сится как [ы]: жил, сшил. •
И after *ж, ш* is always pronounced like [ы].

** *й* (*и* кра́ткий) встреча́ется то́лько в сочета́нии с други́ми гла́сными. •
й (shot i) occurs only in combinations with other vowels:

a) **й** + гла́сный (vowel): *Нью-Йорк, Йошкар-Ола*

b) гла́сный (vowel) + **й**:

а + **й** as [aj] in *guy*	*дай, чай, май*
о + **й** as [oj] in *toy*	*мой, твой, како́й*
е + **й** as [ej] in *say*	*ей, пей, чей*
и + **й** as [ij] in *being*	*си́ний, санато́рий*
ы + **й** as [yj] in *weird*	*кра́сный, но́вый*

Согла́сные зву́ки • Consonants

Бб as **b** in *ball*	*банк*	**Пп** as **p** in *port*	*при́нтер*
Вв as **v** in *vacuum*	*ви́за*	**Рр** as **r** in *robbin*	*рубль*
Гг as **g** in *gas*	*год*	**Сс** as **s** in *seven*	*сталь*
Дд as **d** in *dear*	*дом*	**Тт** as **t** in *tennis*	*торго́вля*
Жж as **s** in *pleasure*	*желе́зо*	**Фф** as **f** in *fitness*	*фа́брика*
Зз as **z** in *zoo*	*зо́лото*	**Хх** as **h** in *help*	*хо́лдинг*
Кк as **c** in *cable*	*ка́сса*	**Цц** as **ts** in *rats*	*центр*
Лл as **l** in *below*	*ли́дер*	**Чч** as **ch** in *much*	*четве́рг*
Мм as **m** in *might*	*метро́*	**Шш** as **sh** in *she*	*штамп*
Нн as **n** in *near*	*на́до*	**Щщ** as **shch** in *fresh cheese*	*ещё*

Обрати́те внима́ние:

- Ру́сские согла́сные зву́ки произно́сятся ме́нее напряжённо, чем в англи́йском языке́. • Pronunciation of Russian consonants is less energetic than in English.

- В ру́сском языке́ нет придыха́тельных согла́сных. • Russian consonants are pronounced without aspiration.

- В ру́сском языке́ есть *мя́гкие* и *твёрдые* согла́сные. • There are soft and hard consonants in Russian:

  ж, ш, ц — всегда́ твёрдые (are always hard)

  ч, щ, й — всегда́ мя́гкие (are always soft)

  б, п, в, ф, д, т, з, с, н, л, м, р — мя́гкие пе́ред **я, е, ё, ю, и, ь** (are soft before **я, е, ё, ю, и, ь**).

- Мя́гкость — твёрдость различа́ет слова́ по смы́слу. • Softening of consonants has semantic value: *нос* [nos] "nose" — *нёс* [njos] "smb was carrying"; *у́гол* [ugol] "corner" — *у́голь* [ugol"] "coal".

- В ру́сском языке́ есть *зво́нкие* и *глухи́е* согла́сные. • There are voiced and voiceless consonants:

  л, р, м, н — всегда́ зво́нкие (are always voiced)

  х, ч, ц — всегда́ глухи́е (are always voiceless)

Зво́нкие (voiced) **б, в, д, з, ж, г** стано́вятся глухи́ми пе́ред глухи́ми согла́сными **п, ф, т, с, ш, к** и в пози́ции конца́ сло́ва. • Voiced **б, в, д, з, ж, г** become voiceless before voiceless consonants **п, ф, т, с, ш, к** and at the end of a word.

■ В ру́сском языке́ не происхо́дит регресси́вной ассимиля́ции зву́ка [в]: *Тверь* произно́сится как [tv'er'], а не [tf'er']. • There is no regressive assimilation of Russian [v]: correct pronunciation is [tv'er'], wrong pronunciation is [tf'er'].

Как чита́ть согла́сные зву́ки • How to read consonants

I. Зво́нкие согла́сные Voiced consonants	Пози́ция в сло́ве Position in a word	
	Пе́ред гла́сными и зво́нкими согла́сными (before vowels and voiced consonants)	Пе́ред глухи́ми согла́сными и в конце́ сло́ва (before voiceless consonants and at the end of a word)
Бб	[b] *кабине́т, рубль, бланк, вы́бор* *«Пра́вильный вы́бор!»*	[p] *тру́бка, ара́б, зуб*
Вв	[v] *вы́ставка, врач, давно́*	[f] *автомоби́ль, зая́вка, страхо́вка* *«Клие́нт всегда́ прав!»*
Гг	[g] *колле́га, год, где, когда́*	[k] *нало́г, па́ркинг, друг*
Дд	[d] *аре́нда, догово́р, да, дом*	[t] *фонд, вход, по́дпись, ски́дка* *«Сезо́нные ски́дки»*
Жж	[zh] *распрода́жа, тамо́жня, би́ржа* *«Све́жее реше́ние!»* *«Суперраспрода́жа!»*	[sh] *муж, мужчи́на*
Зз	[z] *ви́за, за́втра, зима́* *«За́втра бу́дет по́здно!»*	[s]z *газ, груз, расска́з* *«Ни́зкие це́ны и высо́кий се́рвис!»*

II. Глухи́е согла́сные Voiceless consonants	Пози́ция в сло́ве Position in a word	
	Пе́ред гла́сными и зво́нкими согла́сными (before vowels and voiced consonants)	Пе́ред глухи́ми согла́сными и в конце́ сло́ва (before voiceless consonants and at the end of a word)
Пп	[p] пункт, па́спорт, печа́ть	[p] суп, па́пка
Ффк	[f] факс, телефо́н, фи́рма	[f] шрифт, лифт, сейф
Кк	[k] кто, ко́фе, квита́нция	[k] парк, контра́кт, ксе́рокс
Тт	[t] такси́, ты	[t] креди́т, биле́т, аге́нт
Шш	[sh] шофёр, маши́на, шум	[sh] ваш, пи́шешь
Сск	[s] секрета́рь, свет	[s] би́знес, спаси́бо (с+ч) = [shch] счёт, сча́стье «Не в деньга́х сча́стье!»

3. Слу́шайте, чита́йте, повторя́йте. • Listen, read and repeat.

ма — мя, мэ — ме, мо— мё, му — мю, мы — ми
на — ня, нэ — не, но — нё, ну — ню, ны — ни
ла — ля, лэ — ле, ло — лё, лу — лю, лы — ли
ра — ря, рэ — ре, ро — рё, ру — рю, ры, ри

ба — па, бэ — пэ, бо — пё, бу — пю, бы —пи
да — та, дэ — тэ, до — тё, ду — тю, ды — ти
са — за, сэ — зэ, со — зё, су — зю, сы — зи
ва — фа, вэ — фэ, ву — фу, вы — фы, во — фо
жи — ши, ка — га — ха, ща — ша, ца — са — та

4. Чита́йте. • Read.

Б   был — бэм — бал — бол — бум — бил — бел — себя́ — бёрн — бюро́
П   пыл — пэм — пар — пом — пум — пил — пел — пять — пюре́

Д дым — дэс — дам — дом — дум — дин — дед — дя́дя — дёрн — дю́ны
Т тыл — тэс — там — том — тур — тир — тет — тётя — тюль
В выл — вэн — вам — вот — вуз — вид — вес — связь — живёт — вью́га
Ф фыр — фэн — фан — фон — фут — фин — фен — фья — фюр
З зын — зэр — зам — зон — зуб — зим — зер — взять — везёт — свя́зью
С сын — сэр — сам — сон — суп — сил — сел — сядь — несёт — сюда́
К кыр — кэб — кар — кот — кум — кит — кем — кяр — кёрн — кюве́т
Г гыр — гэп — гам — гол — гум — гид — ген — гяр — гёл — гюр
М мыл — мэр — мал — мос — мус — мир — мер — мя́со — мёд — мю́зикл
Л лыс — лэр — лак — лом — лук — лин — лес — ляг — лёд — люблю́
Н ныр — нэр — нас — нос — внук — ним — нет — ня́ня — нёс — о́сенью
Р рыб — рэп — рак — рок — рук — рис — рек — рябь — рёв — рюм

5. **Чита́йте, повторя́йте и запо́мните. • Read, repead and memorize.**

Шла Са́ша по шоссе́ и соса́ла су́шку.
На дворе́ – трава́, на траве́ – дрова́.
Карп Ка́рлыч у Ка́рла Ка́рпыча кора́ллы купи́л.
Кла́ра у Ка́рла купи́ла кора́ллы.
Карл у Кла́ры укра́л кларне́т.
Четы́ре чёрненьких чума́зеньких чертёнка черти́ли чёрными черни́лами чертёж.

6. **Прочита́йте и запо́мните ру́сские посло́вицы и погово́рки. • Read and memorize Russian proverbs and sayings.**

■ Зачи́н де́ло кра́сит.
(A good beginning makes a good ending).

■ Лиха́ беда́ нача́ло.
(All things are difficult before).

■ Коне́ц де́лу вене́ц.
(All is well that ends well).

■ Своя́ но́ша не тя́нет.
(A burden of one's own choice is hotfelt).

■ Свой глаз — алма́з.
(If you want a thing well done, do it yourself).

■ Мал да уда́л.
(Little pigeons can carry great meessage).

■ Была́ не была́.
(Neck or nothing)

Ру́сские интонацио́нные констру́кции • Russian intonational constructions

В ру́сском языке́ существу́ет пять основны́х интонацио́нных констру́кций (ИК). Местоположе́ние це́нтра не́которых интонацио́нных констру́кций не фикси́ровано, при э́том смысл выска́зывания изменя́ется. • There are five intonation patterns (IP) in the Russian language. The center of IP can be shifted, thus changing the meaning of the sentence.

ИК-1 испо́льзуется при выраже́нии завершённости в повествова́тельных предложе́ниях. • IP-I is used to express completeness in the narrative sentences.

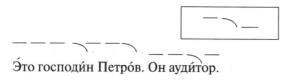

Это господи́н Петро́в. Он ауди́тор.

* *Центр ИК-1 нахо́дится на уда́рном сло́ге сло́ва, выража́ющего неизве́стную ра́нее информа́цию.* • *The center of IP-I is on the stressed syllable of the word expressing information unknown before.*

ИК-2 испо́льзуется при выраже́нии вопро́са в вопроси́тельном предложе́нии с вопроси́тельным сло́вом. • IP-II is used in the interrogative sentences with an interrogative word.

Кто э́то? Как вас зову́т? Ско́лько вам лет?

* *Центр ИК-2 нахо́дится на сло́ве, обознача́ющем то, о чём спра́шивают.* • *The center of IP-II is usually on the word indicating the thing you are asking about.*

ИК-3 испо́льзуется при выраже́нии вопро́са в вопроси́тельном предложе́нии без вопроси́тельного сло́ва. • IP-III is used in the interrogative sentences without an interrogative word.

Вы господи́н Петро́в? Это ваш води́тель? У вас есть семья́?

* *Центр ИК-3 нахо́дится на уда́рном сло́ге сло́ва, обознача́ющем то, о чём спра́шивают. Это сло́во по смы́слу допуска́ет противопоставле́ние, и от того́, явля́ется оно́ це́нтром ИК-3 и́ли нет, зави́сит суть вопро́са.* • *The center of IP-III is on the stressed*

syllable of the word indicating the thing you are asking about. Therefore, the meaning of the sentence depends on the place of the center.

    3
Петро́в звони́л? (Петро́в и́ли не Петро́в)
        3
Петро́в звони́л? (звони́л и́ли не звони́л).

Сравни́те:

Э́то ваш води́тель. (ИК-1)
Э́то ваш води́тель? (ИК-3)
Кто э́то? (ИК-2)

ИК-4 испо́льзуется в непо́лном вопроси́тельном предложе́нии с сою́зом «а». • IP-IV is used in an unfinished interrogative sentence with conjunction «а».

Меня́ зову́т Алекса́ндр.   А вас?   А дете́й?

ИК- 5 проявля́ется при выраже́нии оце́нки в предложе́ниях с местоимённы-ми слова́ми. Центр обы́чно нахо́дится на местоимённом сло́ве. При употребле́нии ИК-5 темп ре́чи мо́жет быть заме́длен. • IP-V is used to express assessment in the sentences with the pronominal words. The tempo of speech may be slowered. The center is usually on the pronominal word.

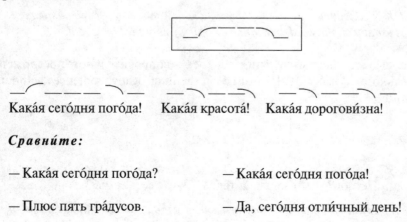

Кака́я сего́дня пого́да!   Кака́я красота́!   Кака́я дорогови́зна!

Сравни́те:

— Кака́я сего́дня пого́да?   — Кака́я сего́дня пого́да!

— Плюс пять гра́дусов.   — Да, сего́дня отли́чный день!

Тéма II

Знакóмство

Урóк 2 (два) • вторóй урóк

Речевы́е образцы́:

— Разреши́те предста́виться. Я Ким Ин Чул, мéнеджер.
— Óчень прия́тно. Я Петрóв Алекса́ндр Ива́нович, ауди́тор.
— Рад познакóмиться.

— Дава́йте познакóмимся. Я ваш сосéд, Ким Ин Чул.
— Óчень прия́тно. Я Алекса́ндр, мóжно Cáша.
— Óчень рад. Мóжно прóсто Ин Чул.

— Разреши́те предста́вить. Это господи́н Ким, мéнеджер. Это господи́н Петрóв, ауди́тор. Это госпожá Ивано́ва, бухга́лтер.
— Рáды познакóмиться.
— Óчень прия́тно.

— Познакóмьтесь, пожа́луйста. Это наш сосéд Ин Чул. Это Алекса́ндр, э́то Ната́ша.
— Óчень рáды. (рукопожа́тие)
— Óчень прия́тно.

— Кто э́то?
— Это господи́н Петрóв.
— А кто он?
— Алекса́ндр Ива́нович ауди́тор. Он рýсский.

— Скажи́(те), пожа́луйста, кто э́то?
— Извини́(те), пожа́луйста, кто он?
— Прости́(те), пожа́луйста, кто онá?
— Вы не знáете, ты не знáешь, кто они́?

— Как вас зовýт?
— Меня́ зовýт Алекса́ндр Ива́нович Петрóв. А вас?
— А меня́ Ким Ин Чул.

— Прости́те, вы господи́н Петрóв?
— Да, э́то я.
— Вы мéнеджер?
— Нет, я не мéнеджер, я ауди́тор.

— Извини́те, кто они́?
— Они́ ме́неджеры и аге́нты фи́рмы.

— Скажи́те, пожа́луйста, кто он?
— Анто́н наш ме́неджер.
— А Ната́ша?
— Она́ на́ша перево́дчица.

— Чьи э́то сотру́дники?
— На́ши.
— Э́то ваш води́тель?
— Да, мой.

— У вас есть семья́?
— Да, есть. (Я жена́т.)
— А де́ти?
— Нет, у меня́ нет дете́й.

— Ско́лько вам лет?
— Мне 41 год. А вам?
— Мне 35 лет.

Граммати́ческий материа́л:

- ■ Род одушевлённых имён существи́тельных.
- ■ Местоиме́ния: ли́чные, притяжа́тельные.
- ■ Мно́жественное число́ существи́тельных и притяжа́тельных местоиме́ний.
- ■ И́мя прилага́тельное, согласова́ние прилага́тельных с существи́тельными в ро́де и числе́ (для пасси́вного усвое́ния).
- ■ Роди́тельный паде́ж существи́тельных (№ 2), ли́чных местоиме́ний в значе́ниях: а) лица́-облада́теля (*у меня́...*), б) отрица́ния нали́чия (*нет перево́дчика*), в) в сочета́ниях ти́па *дире́ктор фи́рмы*, г) в сочета́нии с числи́тельными (*45 лет*).
- ■ Да́тельный паде́ж (№ 3) существи́тельных и ли́чных местоиме́ний для обозначе́ния во́зраста.
- ■ Вини́тельный паде́ж (№ 4) существи́тельных, ли́чных местоиме́ний в значе́нии прямо́го объе́кта.
- ■ Указа́тельная констру́кция со сло́вом *это*.
- ■ Констру́кция о́бщего вопро́са и отве́та на него́.
- ■ Сою́з *А* в ро́ли соедини́тельного элеме́нта.

Текст «Дава́йте познако́мимся».

Как познако́миться • How to get acquainted

I. Без посре́дника (no middleman)

официа́льно (formally)

— Разреши́те предста́виться. Я Ким Ин Чул, ме́неджер.
— Очень прия́тно. Я Петро́в Алекса́ндр Ива́нович, ауди́тор.
— Рад познако́миться.

—Дава́йте познако́мимся. Я ваш сосе́д, Ким Ин Чул.
—Очень прия́тно. Я Алекса́ндр, мо́жно Са́ша.
—Очень рад. Мо́жно про́сто Ин Чул.

II. С посре́дником (with middleman)

—Разреши́те предста́вить. Это господи́н Ким, ме́неджер. Это господи́н Петро́в, ауди́тор. Это госпожа́ Ивано́ва, бухга́лтер.
—Ра́ды познако́миться.
—Очень прия́тно.

—Познако́мьтесь, пожа́луйста. Это наш сосе́д Ин Чул. Это Алекса́ндр, а э́то Ната́ша.
—Очень ра́ды. * (рукопожа́тие)
—Очень прия́тно.

Обрати́те внима́ние: *Интона́ция* — ИК-1. • Pay attention to intonation.

* У ру́сских при́няты рукопожа́тия в *официа́льной* обстано́вке — ме́жду мужчи́нами, мужчи́ной и же́нщиной; в *неофициа́льной* обстано́вке — то́лько ме́жду мужчи́нами. Рукопожа́тия сопровожда́ют не то́лько знако́мство, но и приве́тствие. • Official handshake is a done thing both between men & women. In familiar situations it's only men who shake hands with each other. Handshake is possible not only in case of acquaintance, but also in case of greeting.

Запо́мните:

Познако́мь**тесь** — *когда́ обраща́емся к не́скольким лю́дям и́ли в ве́жливой фо́рме к одному́ челове́ку.* • *when we address several people; when we address one person politely.*

Познако́мь**ся** — *когда́ обраща́емся к одному́ челове́ку.* • *when we address one person.*

он		рад	
она́	о́чень	ра́да	(познако́миться)
мы		ра́ды	

он		знако́м
она́		знако́ма
мы, вы		знако́мы

1. Где вы могли́ услы́шать э́ти диало́ги? Обрати́те внима́ние, как лю́ди обраща́ются друг к дру́гу. • **Where can one hear these dialogues? Pay attention to how people address each other.**

—Игорь, Ната́ша! Вы знако́мы?
—Нет.

— Ка́жется, нет.

— Познако́мьтесь, пожа́луйста. Это Игорь, экспе́рт. Это Ната́ша, на́ша перево́дчица.

— Ната́лья Петро́вна! Познако́мьтесь. Вот наш сосе́д Ким Ин Чул.

— Господи́н Норд! Разреши́те предста́вить. Это господи́н Ким Ин Чул, бизнесме́н. Это господи́н Петро́в, экспе́рт.

Запо́мните:

Ната́лья   *Ива́новна*   *Петро́ва*

Алекса́ндр (и́мя)   *Ива́нович* (о́тчество)   *Петро́в* (фами́лия)
   (first name)   (patronimic name)   (surname)

неформа́льно (к ро́дственникам, друзья́м, знако́мым, де́тям) — по и́мени; (к лю́дям ста́ршего во́зраста) — по и́мени и о́тчеству

официа́льно — по фами́лии, и́мени, о́тчеству; по и́мени, о́тчеству; по фами́лии со слова́ми «господи́н», «госпожа́».

(In informal situation, when we address relatives, friends and children we usually use only the first name. We use the first and the patronimic name addressing older people and in formal situation. We use the first name, the patronimic name and the surname or surname with words «missis», «mister»in official situation.)

Как вы́яснить и́мя, профе́ссию, род заня́тий, национа́льность • How to find out person's name, profession, occupation, nationality

— Кто э́то?
— Это господи́н Петро́в.
— А кто он?
— Алекса́ндр Ива́нович ауди́тор. Он ру́сский.

Обрати́те внима́ние:

Интона́ция — ИК-2. • *Pay attention to intonation.*

Запо́мните:
Кто э́то? — и́мя (name)
Кто **он (она́)**? — профе́ссия (profession)

Сравните:

Кто?

мужско́й (masculine)	же́нский (feminine)
он	**она́**
мужчи́**на**	же́нщи**на**
муж	жена́
друг	подру́**га**
сосе́д	сосе́д**ка**
господи́н	госпожа́
секрета́р**ь**	Еле́на
Алекса́ндр	Ната́ша
Бори́с	Тама́ра
Ва́**ня**	А**ня**
Ива́н Бори́сович	Анна Бори́совна
Петро́в	Петро́ва
Пирого́в	Пирого́ва

-, -ь	-а, -ь, -я
no ending (final consonant)	ending *-а, -я*

Запо́мните:

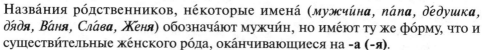

Назва́ния ро́дственников, не́которые имена́ (*мужчи́на, па́па, де́душка, дя́дя, Ва́ня, Сла́ва, Же́ня*) обознача́ют мужчи́н, но име́ют ту же фо́рму, что и существи́тельные же́нского ро́да, ока́нчивающиеся на **-а (-я)**.
Слова́ и мужско́го и же́нского ро́да мо́гут ока́нчиваться на **-ь**.
Мно́гие назва́ния профе́ссий обознача́ют как мужчи́н, так и же́нщин, но име́ют фо́рму мужско́го ро́да. • These words(*kinship terms, proper names)* denote men, ending en **-а (-я)** as feminine words.
Nouns ending in soft sign (**-ь**) may be either feminine or masculine.
Many words, denoting masculine and feminine professions are of masculine gender.

ОН

ОНА́

бухга́лтер	бухга́лтер
врач	врач
гид	гид
глава́ фи́рмы	глава́ фи́рмы
президе́нт фи́рмы	президе́нт фи́рмы
финанси́ст	финанси́ст

техно́лог	техно́лог
программи́ст	программи́ст
консульта́нт	консульта́нт
рефере́нт	рефере́нт
экспе́рт	экспе́рт
представи́тель	представи́тель
ме́неджер	ме́неджер
ауди́тор	ауди́тор
профе́ссор	профе́ссор
дире́ктор	дире́ктор
инжене́р	инжене́р
экономи́ст	экономи́ст
экскурсово́д	экскурсово́д
юри́ст	юри́ст

секрета́рь	секрета́рь (секрета́рша)*
банки́р	банки́рша
фе́рмер	фе́рмерша
вахтёр	вахтёрша

журнали́ст	журнали́стка
арти́ст	арти́стка
студе́нт	студе́нтка
пенсионе́р	пенсионе́рка
хозя́ин	(домо)хозя́йка
перево́дчик	перево́дчик (-чица)
нача́льник	нача́льница
руководи́тель	руководи́тель (-ница)
преподава́тель	преподава́тельница
учи́тель	учи́тельница
шко́льник	шко́льница

2. **Ваш колле́га впервы́е на ва́шей фи́рме, где никого́ не зн́ает. Отве́тьте на его вопро́сы.**
   • **It is your colleague's first time in your firm. He/she knows nobody here. Answer his/her questions.**

— Кто э́то?	— Кто э́то?
— Это госпожа́ Ивано́ва.	— Это Серге́й.
— А кто она́?	— А кто он?
— Она́ бухга́лтер.	— Он наш инжене́р.

---

* *Обрати́те внима́ние:* Слово́а *секрета́рша, банки́рша, фе́рмерша, вахтёрша* употребля́ются то́лько в неформа́льной ситуа́ции. • These words are used only in informal situation.

—Кто э́то?
—Это господи́н Соколо́в и его́ жена́.
—Кто он?
—Он инжене́р.
—А (кто) она́?
—Она́ экономи́ст.

—Кто э́то?
—Это Све́та.
—Кто она́?
—Она́ секрета́рь.

3. **Что вы ска́жете об э́тих лю́дях, е́сли их профе́ссии одина́ковы?** • **Complete the sentences, inserting words denoting professions and occupations.**

Моде́ль:
—Алекса́ндр Ива́нович — ауди́тор, Ната́лья Серге́евна то́же ...
—Алекса́ндр Ива́нович — ауди́тор, Ната́лья Серге́евна то́же ауди́тор.

—Ива́н Ива́нович — ме́неджер, А́нна Ива́новна то́же ...
—Господи́н Ким — президе́нт фи́рмы, госпожа́ Соколо́ва то́же ...
—Семён Си́доров — аге́нт фи́рмы, И́нна Смирно́ва то́же ...
—Фёдор Степа́нович — пенсионе́р, Ири́на Ви́кторовна то́же ...
—Игорь — студе́нт, Татья́на то́же ...
—Ви́ктор Бори́сович — секрета́рь-рефере́нт, Ири́на Бори́совна то́же ...
—Серге́й Фёдорович — бухга́лтер, Ольга Дми́триевна то́же ...
—Андре́й Кири́ллович — сосе́д, Ли́дия Ка́рловна то́же ...

4. **Скажи́те, ско́лько у меня́ профе́ссий, 9 и́ли 8. Где оши́бка?** • **Say, please, how many occupations I have. What's wrong?**

Весёлые грамма́тические стихи́

Я юри́ст и программи́ст,
Ауди́тор и логи́ст,
Банки́р, ме́неджер, психо́лог,
Иногда́ экономи́ст,
Но всегда́ я оптими́ст.

Как привле́чь внима́ние, нача́ть разгово́р • How to attract attention, to begin conversation

Обраще́ние к незнако́мому

—Скажи́(те), пожа́луйста,	кто э́то?
—Извини́(те), пожа́луйста,	кто он?
—Прости́(те), пожа́луйста,	кто она́?
—Вы не зна́ете, ты не зна́ешь,	кто они́?

31

Обрати́те внима́ние:
Интона́ция — ИК-2 + ИК-3. • Pay attention to intonation.

Обраще́ние к знако́мому

—Алекса́ндр Ива́нович —Ната́лья Ива́новна	**кто э́то?**	*ве́жливое*
—Господи́н Петро́в —Госпожа́ Ивано́ва	**кто она́?**	*официа́льное*
—Алекса́ндр (Са́ша) —Ната́ша	**кто они́?**	*к друзья́м, бли́зким* *знако́мым*

Сравни́те:	ты	скажи́	извини́	прости́	зна́ешь
	вы	скажи́те	извини́те	прости́те	зна́ете

Запо́мните:	я	мы
	ты	вы
	он, она́	они́

ты — говори́тся одному́ челове́ку в неформа́льной ситуа́ции.
вы — говори́тся одному́ челове́ку в официа́льной ситуа́ции, а та́кже не́скольким
*лю́дям. • The pronoun **ты** is used only in intimate situation. In formal situation, and*
*when more than one person is addressed, **вы** is used.*

5. На конфере́нции вы услы́шали интере́сный докла́д незнако́мого вам бизнесме́на, но у вас нет програ́ммы конфере́нции. • At the conference you have just heard an interesting report made by a businessman, but you haven't got the conference program.

—Вы не зна́ете, кто э́то?
—Это господи́н Ким.
—Кто он?
—Ме́неджер фи́рмы «Дэ́у».

—Извини́те, кто э́то?
—Это господи́н Норд.
—Кто он?
—Он президе́нт фи́рмы «Лере́й».

—Прости́те, кто э́то?
—Это господи́н Пак.
—Кто он?
—Он представи́тель ба́нка «КДБ».

32

6. Вы разгова́риваете с сосе́дом в подъе́зде. • You are talking to a neighbor on the stairs.

—Са́ша, скажи́те, пожа́луйста, кто э́то?
—Это сосе́д Никола́й и его́ до́чка Ле́на.
—А кто он?
—Он инжене́р.
—А Ле́на?
—Она́ студе́нтка.

—Извини́те, вы не зна́ете, кто э́то?
—Это Серге́й Петро́вич и тётя Кла́ва.
Они́ пенсионе́ры. Он наш вахтёр.
—А она́?
—Она́ на́ша убо́рщица.

—Вы не зна́ете, кто э́то?
—Это сосе́дка Анна Никола́евна.
—Кто она́?
—Она́ врач.

7. Спроси́те о незнако́мых лю́дях, кото́рых вы уви́дели в подъе́зде ва́шего до́ма, на вы́ставке, на приёме. • Ask someone about the strangers you have met in your block, at an exhibition, on a reception.

Как вы́яснить и́мя • How to find out a person's name

—Как вас зову́т? ^{2}
—Меня́ зову́т Алекса́ндр Ива́нович Петро́в. А вас? ^{4}
—А меня́ — Ким Ин Чул.

Обрати́те внима́ние:
Интона́ция — ИК-2; ИК-4. • *Pay attention to intonation.*

Запо́мните:

Как	тебя́	зову́т?		Меня́	зову́т	Ната́лья Ива́новна.
	вас			Нас		Зо́я и Ри́та.
	его́			Его́		Бори́с Петро́вич.
	её			Её		Светла́на.
	их			Их		Ви́ктор и Бори́с.

Сравни́те:

№ 1 (имени́тельный паде́ж)
(Nominative case)

Кто	я	?
	ты	
	он	
	она́	
	мы	
	вы	
	они́	

№ 4 (вини́тельный паде́ж)
(Accusative case)

Как	меня́	зову́т?
	тебя́	
	его́	
	её	
	нас	
	вас	
	их	

8. Расспроси́те об и́мени, профе́ссии, ро́де заня́тий люде́й, испо́льзуя разли́чные слова́. • Ask people's name, profession, occupation, using different words.

Моде́ль:

—Извини́те, вы не зна́ете, кто э́то?

—Господи́н Петро́в.

—А кто он?

—Он ауди́тор.

—Прости́те, а как его́ зову́т?

—Его́ зову́т Алекса́ндр Петро́вич.

9. Э́тот разгово́р произошёл в аэропорту́, когда́ приезжа́ли уча́стники конфере́нции. Предста́вьте, что вы уча́стник, организа́тор конфере́нции. • This conversation took place at the airport on arrival of the conference participants. Imagine that you are a conference participant, a conference organizer.

—Разреши́те предста́виться. Я ме́неджер фи́рмы «Инко́». Меня́ зову́т Ви́ктор Петро́вич Ти́хонов.

—О́чень прия́тно. Я экспе́рт Пак Джун Сон. Скажи́те, пожа́луйста, а как вас зову́т?

—Меня́ зову́т Ната́ша. Ра́да познако́миться. Я секрета́рь-рефере́нт. А э́то Бори́с. Он води́тель. Бори́с, познако́мься, э́то господи́н Пак. Он ме́неджер.

—Я рад познако́миться.

Как уточни́ть чьё-либо и́мя, профе́ссию • How to find out person's name, profession

—Прости́те, вы господи́н Петро́в?[3]

—Да, э́то я.

—Вы ме́неджер?[3]

—Нет, я не ме́неджер, я ауди́тор.

Обрати́те внима́ние:

Интона́ция — ИК-3. • Pay attention to intonation.

10. Прослу́шайте диало́ги и скажи́те, в како́й обстано́вке знако́мятся э́ти лю́ди: официа́льной и́ли неофициа́льной. Что вы ска́жете в аналоги́чной ситуа́ции? • Listen to the following dialogues. Is it an official or unofficial situation? Make up similar dialogues.

—Извини́те, вы Бори́с?

—Да, я Бори́с. А вас как зову́т?

—Меня́ зову́т Ви́ктор.

—О́чень прия́тно.

— Здра́вствуйте. Дава́йте познако́мимся. Меня́ зову́т Анто́н. А вас?

— Меня́ зову́т Джун Сон. Рад с ва́ми познако́миться.

— Очень прия́тно. Скажи́те, пожа́луйста, кто вы?

— Я? Я ме́неджер. А вы?

— Я то́же ме́неджер. А э́то Ви́ктор.

— Очень прия́тно. Ви́ктор то́же ме́неджер?

— Нет. Ви́ктор инжене́р. Познако́мьтесь, пожа́луйста.

— Очень прия́тно. Я Джун Сон.

— Я Ви́ктор. Рад познако́миться.

— Извини́те, пожа́луйста, вы секрета́рь?

— Да, я секрета́рь.

— Как вас зову́т?

— Ната́ша.

— Ната́ша, скажи́те, пожа́луйста, э́то Бори́с Ви́кторович Соколо́в?

— Да, э́то он.

— Он дире́ктор фи́рмы?

— Нет, замдире́ктора (*замести́тель*).

— А кто дире́ктор?

— Влади́мир Никола́евич Ивано́в.

— Спаси́бо за информа́цию.

— Не за что.

— Извини́те, пожа́луйста, как вас зову́т?

— Бори́с Ви́кторович.

— Вы инжене́р?

— Да, я инжене́р. А вы?

— Программи́ст.

— Очень интере́сно. А как вас зову́т?

— Серге́й Фёдоров.

— Рад познако́миться.

— Я то́же.

11. Вы слы́шите, как ва́ши сотру́дники разгова́ривают по телефо́ну. Догада́йтесь, о чём они́ говоря́т и восстанови́те диало́ги. • You hear your employees talking on the phone. Guess what they are talking about. Reconstruct the dialogues.

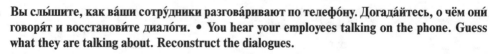

1) — ...?
— Бори́с Ви́кторович.
— ...?
— Я инжене́р.

2) — ...?
— Пак Джун Сон.
— ...?
— Анастаси́я Алекса́ндровна.

3) — Прости́те, ...?
— Да, я секрета́рь.
— ...?
— Нет, он не дире́ктор фи́рмы.

4) — Скажи́те, пожа́луйста, ...?
— Э́то Зо́я Серге́евна Фила́това.
— ...?
— Бухга́лтер.

Как сказа́ть о мно́жественности • How to indicate plurality

— Извини́те, кто они́?
— Они́ ме́неджеры и аге́нты фи́рмы.

Сравни́те:	Еди́нственное число́ (ед. ч.) singular	Мно́жественное число́ (мн. ч.) plural

он	**они́**
ме́неджер	ме́неджеры
аге́нт	аге́нты
бизнесме́н	бизнесме́ны
президе́нт	президе́нты
банки́р	банки́ры
диплома́т	диплома́ты
посо́л	послы́
техно́лог	техно́логи
врач	врачи́
представи́тель	представи́тели
дире́ктор	директора́
инспе́ктор	инспектора́
друг	друзья́
муж	мужья́
сын	сыновья́
челове́к	лю́ди
ребёнок	де́ти

-ы, -и, -а, -ья

она́	**они́**
перево́дчица	перево́дчицы

помо́щница	помо́щницы
жена́	жёны
дочь	до́чери

-ы, -и

Запо́мните:

По́сле *к, г, х, ж, ш, ч, щ* пиши *-и*. • After *к, г, х, ж, ш, ч, щ* write *-и*.

12. **Предста́вьте, что вы встре́тили на вы́ставке мно́го специали́стов. Скажи́те, кто они́?** • **Imagine, that you have met many specialists at the exhibition. Say, who they are in plural?**

Моде́ль:

• Экспе́рт, ме́неджер

— Скажи́те, пожа́луйста, кто *они́*?

— *Они́* экспе́рты и ме́неджеры фи́рмы.

Президе́нт, дире́ктор, банки́р, рефере́нт, ауди́тор, аге́нт, специали́ст, представи́тель, руководи́тель, перево́дчик, секрета́рь, экономи́ст, финанси́ст, юри́ст, колле́га.

13. **Скажи́те, кого́ вы ви́дели на приёме в посо́льстве.** • **Say, whom you have met at the reception in the embassy?**

Моде́ль:

— Извини́те, кто э́то?

— Э́то послы́.

Весёлые граммати́ческие стихи́.

      Ме́неджер, экспе́рт, учи́тель,

      Бизнесме́н, монтёр, строи́тель —

      Настоя́щие друзья́.

Как вы́яснить принадле́жность кого́-либо • How to find out employee's occupation

— Скажи́те, пожа́луйста, кто он?

— Анто́н — наш ме́неджер.

— А Ната́ша?

— Она́ на́ша перево́дчица.

Запо́мните:

	он		она́		они́	
я	мой		моя́		мои́	
ты	твой		твоя́		твои́	
мы	наш	ме́неджер	на́ша	помо́щница	на́ши	экспе́рты
вы	ваш		ва́ша		ва́ши	
он	его́		его́		его́	
она́	её		её		её	
они́	их		их		их	

14. Вас познакóмили с учáстниками переговóров. Познакóмьте сотрýдников вáшей фи́рмы, котóрые принимáют учáстие в переговóрах. • You have been introduced to the participants of the negotiations. Introduce them to the employees of your firm.

— Познакóмьтесь, пожáлуйста. Это *мой* замести́тель — Алексéй Ивáнович Си́доров. Это *наш* представи́тель в Тóкио — Васи́лий Фёдорович Игнáтов. *Егó* референт — Валéрий Семёнович Фёдоров. Это *нáши* экспéрты — господи́н Яцéнко и господи́н Смирнóв. Это *наш* бухгáлтер — Натáлья Сергéевна Иванóва. А это *её* помóщница — Мари́на.

15. Расспроси́те о лю́дях, котóрых вы ви́дите на презентáции. • Ask about people you met at the presentation.

Модéль:
— Извини́те, кто э́то?
— Это наш посóл.

Сравни́те:

ИК-2 — абстрáктный вопрóс, нет конкрéтного предложéния. • IP-2 is an abstract question, no concrete idea.

ИК-3 — конкрéтный вопрóс, есть идéя, но нет увéренности. • IP-3 is a concrete question, there is an idea, but there is no assurance.

— Это ваш води́тель?³
— Да, мой.
— Чьи э́то маши́ны, помощники?²
— Нáши.

Запóмните:
ОН — чей?   ОНÁ — чья?   ОНИ́ — чьи?

16. Как вы расспрóсите об э́тих лю́дях? • How can you ask about the following people?

— **Чей** э́то ауди́тор (води́тель, мéнеджер, секретáрь, представи́тель, помóщник, муж, сын, брат, друг, сосéд, компью́тер, телефóн, чек, билéт)?
— **Чья** э́то секретáрша (перевóдчица, помóщница, женá, дочь, подрýга, сосéдка, квитáнция, маши́на, сýмка, газéта)?
— **Чьи** э́то экспéрты (мéнеджеры, тéхники, инженéры, представи́тели, коллéги, помóщники, сосéди, дéти, друзья́, докумéнты, вéщи, контрáкты, билéты)?

17. Восстанови́те вопро́сы. • **Reconstruct questions.**

Моде́ль:
— Это перево́дчица?
— Чья э́то перево́дчица?

— ... э́то бухга́лтер?
— ... э́то экспе́рты?
— ... э́то представи́тель?
— ... э́то замести́тель?
— ... э́то секрета́рша?
— ... э́то друзья́?
— ... э́то сотру́дник?
— ... э́то сотру́дница?
— ... э́то рефере́нт?
— ... э́то ауди́тор?

18. Да́йте возмо́жные отве́ты. • **Give possible answers.**

— Чей э́то перево́дчик?
— Это *мой (твой, наш, ваш, его́, её, их)* перево́дчик.
— Чья э́то перево́дчица?
— Это *моя́ (твоя́, на́ша, ва́ша, его́, её, их)* перево́дчица.
— Чьи э́то сотру́дники?
— Это *мои́ (твои́, на́ши, ва́ши, его́, её, их)* сотру́дники.

19. Отве́тьте на вопро́сы организа́торов вы́ставки. • **Answer the questions of the exhibition organizers.**

— Кто э́то?
— Это перево́дчик.
— Чей э́то перево́дчик?
— Это их перево́дчик.
— А чей э́то сотру́дник?
— Это наш сотру́дник.

— Кто э́то?
— Это секрета́рь.
— Чей э́то секрета́рь?
— Это мой секрета́рь.
— Чья э́то сотру́дница?
— Это на́ша сотру́дница.
— А чьи э́то сотру́дники?
— Это на́ши сотру́дники.

— Извини́те, кто вы?
— Мы те́хники.
— Чьи вы сотру́дники?
— Мы сотру́дники фи́рмы «Люкс».
— А э́то то́же ва́ши сотру́дники?
— Да. Это на́ши инжене́ры.

20. Сотру́дник слу́жбы безопа́сности на вы́ставке уточня́ет спи́сок сотру́дников. • Pointing to some names, ask what firms they belong to, and answer the questions.

Моде́ль:

— Господи́н Петро́в, вы не зна́ете, *чей* э́то сотру́дник?

— Э́то *наш* ауди́тор.

— Госпожа́ Ивано́ва. Скажи́те, пожа́луйста, *чья* э́то сотру́дница?

— Э́то *наш* секрета́рь.

21. В спи́сок сотру́дников ва́шей фи́рмы оши́бочно попа́ли неизве́стные лю́ди. Да́йте отрица́тельный отве́т. • There are some unfamiliar names on the list of your firm employees. Give negative answer.

Моде́ль:

— Господи́н Смирно́в — ме́неджер. Э́то ваш сотру́дник?

— Нет, э́то не наш ме́неджер. Э́то их сотру́дник.

Как спроси́ть и сказа́ть о нали́чии, об отсу́тствии кого́-либо • How to ask and answer questions about somebody's presence or absence

— У вас есть семья́?

— *Да*, есть. (Я жена́т. Я за́мужем.)

— А де́ти?

— *Нет*, у меня́ *нет* дете́й.

Запо́мните:

№ 2 *У кого́?*	есть	№ 1 *кто?*
я — у меня́		мы — у нас
ты — у тебя́		вы — у вас
он — у него́		они́ — у них
она́ — у неё		

22. Что вы ска́жете в аналоги́чной ситуа́ции. Испо́льзуйте да́нные ни́же слова́. • What would you say in similar situation? Use the following words.

Моде́ль:

— У вас есть ме́неджер?

— Да, есть.

Перево́дчик, води́тель, представи́тель, экспе́рт, секрета́рь, жена́.

23. Что вы ска́жете в аналоги́чной ситуа́ции? • What would you say in similar situation?

— Здра́вствуйте! Как дела́?

— Прекра́сно! *А у вас?*

— Спаси́бо. У меня́ то́же о́чень хорошо́.
— Извини́те, бухга́лтер *у себя́*?
— Нет, его́ нет. Он у дире́ктора.

— Извини́те, дире́ктор у себя́?
— Да, но он за́нят. Сейча́с у него́ совеща́ние. А вы кто?
— Я представи́тель фи́рмы «Дэ́у» Пак Джун Сон. Вот моя́ *визи́тная ка́рточка*.
— Извини́те, у меня́ нет *ка́рточки*.
— Прости́те, а замдире́ктора здесь?
— Да.
— А как его́ зову́т?
— Замдире́ктора зову́т И́горь Степа́нович.
— Спаси́бо.

24. **Расспроси́те колле́г и люде́й, кото́рые устра́иваются на рабо́ту в ва́шу фи́рму.** • **Ask your colleagues and people applying for a job in your firm about their marital status.**

— *Вы* жена́ты?
— Да, *я* жена́т. (У меня́ есть жена́.)
— А ваш ме́неджер жена́т?
— Да, *он* то́же жена́т.

— Прости́те, *вы* за́мужем?
— Да, *я* за́мужем. (У меня́ есть муж.)
— У вас есть де́ти?
— Да, есть.
— *Ско́лько* у вас *дете́й*?
— *Дво́е.* Они́ уже́ взро́слые: дочь за́мужем и сын жена́т.

 Запо́мните: Ско́лько у вас дете́й?

— Кто э́то?
— Э́то наш ста́рший экспе́рт.
— Как её зову́т?
— Её зову́т Жди Хи.
— Она́ за́мужем?
— Да, у неё есть муж.
— У них есть де́ти?
— Да есть. (У неё есть сын.)
Его́ зову́т Дон Чёл.

— У вас есть перево́дчик?
— Да, есть.
— Как его́ зову́т?
— Его́ зову́т Ин Чёл.
— Он жена́т?
— Да, у него́ есть жена́.
— Как её зову́т?
— Её зову́т Ёнг Джу.
— Она́ домохозя́йка?
— Нет, студе́нтка.

оди́н — ребёнок, сын	1
два — четы́ре сы́на	2–4
дво́е, тро́е, че́тверо сынове́й	
пя́теро ... сынове́й, дете́й	5

одна́ дочь	
две — четы́ре до́чери	
пять дочере́й	

Сравни́те:

		№ 1
	есть	*кто?*
У кого́?		№ 2
	нет	*кого́?*

есть перево́дчик	—	нет перево́дчик**а**
есть води́тель	—	нет води́тел**я**
есть секрета́рь	—	нет секретар**я́**
есть ме́неджер	—	нет ме́неджер**а**
есть муж	—	нет му́ж**а**
есть сын	—	нет сы́**на**
есть о́пыт	—	нет о́пыт**а**
есть вре́мя	—	нет вре́**мени**
есть жена́	—	нет жен**ы́**
есть семья́	—	нет семь**и́**
есть дочь	—	нет до́**чери**
есть де́ти	—	нет дет**е́й**

25. **Что вы ска́жете в аналоги́чной ситуа́ции?** • **What would you say in a similar situation?**

Обрати́те внима́ние на кра́ткие фо́рмы отве́тов.

—Скажи́те, пожа́луйста, у вас есть перево́дчик?
—К сожале́нию, у меня́ нет (перево́дчика).
—А секрета́рь?
—Нет, и секретаря́ у меня́ то́же пока́ ещё нет.

Обрати́те внима́ние на употребле́ние слов да и нет.

—У вас *нет* перево́дчика ?
—*Да*, у меня́ *нет* перево́дчика.

—Скажи́те, у вас есть семья́?
—*Нет*, я не жена́т. А у вас?
—*Да*. У меня́ есть сын и дочь.
—А у него́ есть де́ти?
—*Нет*. У него́ нет дете́й. Он жена́т неда́вно.

Как спроси́ть о во́зрасте • How to ask about one's age

—Ско́лько вам лет?
—Мне 41 год. А вам?
—Мне 35 лет.

Запо́мните:
У ру́сских не при́нято задава́ть э́тот вопрос в неделово́й обстано́вке незна-
ко́мым взро́слым лю́дям, осо́бенно — де́вушкам и же́нщинам. Обы́чно о во́зрасте

спра́шивают у дете́й и́ли в официа́льной обстано́вке, наприме́р у врача́, при устро́йстве на рабо́ту.

Remember:

In the informal situation Russians will never ask an unknown person (specially woman or young girls) about his age. Usually one asks children about their age or under official circumstances like at the doctor's or at an interview while looking for a job.

Кому́? № 3
(да́тельный паде́ж • dative case)

мне
тебе́
ему́
ей
нам
вам
им
Анто́ну, отцу́, бра́ту
А́нне, ма́ме, сестре́

Ско́лько?

1 (21, 31...) год	ме́сяц
1,5 (полтора́), 2 го́да	ме́сяца
5 ....(25...) лет	ме́сяцев
(не)мно́го — " –	— " –
(не)ма́ло — " –	— " –
(не)ско́лько — " –	— " –

26. **Расшифру́йте кра́ткие за́писи в ва́шем блокно́те. • Decipher the following short notes in your notebook.**

Моде́ль:

• Ме́неджеру — 40.
— Ме́неджеру 40 лет.

Дире́ктору — 53. Секретарю́ — 30. Ей — 21. Ему́ — 32. Бори́су — 48. Ната́ше — 38. До́чери — 23. Сы́ну — 35. Вну́ку — 1,5 г. Вну́чке — 3 мес.

27. **Ско́ро у ва́ших сотру́дников день рожде́ния. Скажи́те, что написа́л в своём журна́ле секрета́рь. • Your employees are going to have birthday soon. Say what the secretary has written in his register.**

Моде́ль:

• Анна — 30.
— А́нне 30 *лет.*

Перево́дчица — 31, Мари́я — 24, Макси́м — 28, друг — 46, ме́неджер — 49, оте́ц — 52, дире́ктор — 47, бухга́лтер — 34, секрета́рь — 29, води́тель — 31, вахтёр — 67.

28. **Что вы ска́жете в аналоги́чных ситуа́циях? • What would you say in similar situations?**

— Ма́льчик, ско́лько тебе́ лет?
— Семь. А ско́лько вам лет?
— О, мне мно́го лет! Угада́й.

— Скажи́те, ско́лько вам лет?
— Мне, до́ктор, уже́ пятьдеся́т лет.

— Ско́лько вам лет?

— *По-восто́чному*, мне 42 го́да, а *по-европе́йски* — 41 год.

— Вы жена́ты?

— Я не жена́т. А вы за́мужем?

— Ещё нет.

— Мне 28 лет. А вам?

— Мне 34 го́да. Вы жена́ты?

— Да, я жена́т.

— У вас есть де́ти?

— Да. У меня́ есть сын.

— Ско́лько ему́ лет?

— Ему́ 3 го́да. А вы за́мужем?

— Да. У меня́ есть дочь.

— Ско́лько ей лет?

— О, ей то́лько 6 ме́сяцев.

— Это твой секрета́рь? Ско́лько ей лет?

— Ей 28 лет. А э́то твой ста́рший бухга́лтер? Тако́й молодо́й?

— Да. Угада́й, ско́лько ему́ лет?

— Ну, э́то тру́дно. Мо́жет быть, лет три́дцать.

— Да, ему́ 29 лет.

Сравни́те:

Ему́ 30 *лет*. (то́чно)
Ему́ *лет* 30. (нето́чно)

29. На фи́рме появи́лся но́вый сотру́дник. Вы бу́дете рабо́тать вме́сте и сиде́ть ря́дом. Расскажи́те о себе́ и расспроси́те о нём. • You have a new employee. You'll work together and sit next to each other. Tell him about yourself and ask him to introduce himself.

ДАВА́ЙТЕ ПОЗНАКО́МИМСЯ

Дава́йте познако́мимся. Я ваш колле́га. Меня́ зову́т Ким Ин Чул. Мо́жно про́сто Ин Чул. Я то́же ме́неджер.

Пожа́луйста, вот ваш стол, телефа́кс, компью́тер. К сожале́нию, здесь нет при́нтера. Но ничего́, у меня́ есть при́нтер.

Мне 55 лет, по-восто́чному. Я коре́ец. А по-европе́йски мне 54 го́да.

Я жена́т. А вот на столе́ фотогра́фия. Это моя́ семья́.

Вот моя́ жена́. Её зову́т Жди Хи. Ей 51 год. Она преподава́тельница, но сейча́с — домохозя́йка.

А э́то мои́ де́ти. Вот мой сын. Его́ зову́т Ён Сон. Ему́ 22 го́да. Он уже́ студе́нт. А это на́ша дочь. Её зову́т Ёнг Джу. Ей 17 лет. Она́ ещё шко́льница.

Извини́те, а как вас зову́т? Кто вы? Ско́лько вам лет? Вы жена́ты? У вас есть де́ти? Кто ва́ша жена́? Как её зову́т? Кто ва́ши де́ти? Как их зову́т? Ско́лько им лет? Расскажи́те, пожа́луйста.

а) Что вы расска́жете свои́м колле́гам о но́вом сотру́днике?

б) Как вы ду́маете, что он расска́жет ве́чером до́ма жене́ о вас?

Контро́льные зада́ния

Побесе́дуем • Communicative practice

1. **Предста́вьтесь:** • **Introduce yourself:**

   ~ но́вому колле́ге по рабо́те; • to a new colleague at work;
   ~ други́м уча́стникам вы́ставки; • to other participants of the exhibition;
   ~ в приёмной компа́нии; • at the reception desk of the company,;
   ~ на приёме в посо́льстве; • at the reception at the embassy;
   ~ сосе́ду в самолёте; • to a person sitting next to you in a plane;
   ~ колле́ге во вре́мя встре́чи в аэропорту́; • to a colleague you meet at the airport;
   ~ сосе́ду по ле́стничной кле́тке в подъе́зде, где вы живёте. • to a neighbour on your floor in the section you live.

2. **Предста́вьте свои́х колле́г друг дру́гу.** • **Introduce your colleagues to each other.**

3. **Поприве́тствуйте своего́ ста́рого дру́га, кото́рого вы случа́йно встре́тили в аэропорту́, и предста́вьте его́ свои́м колле́гам. Расспроси́те о его́ жи́зни.** • **You've just met a friend of yours by chance at the airport. Greet him/her and introduce to your colleagues, ask about his life.**

4. **Ваш сосе́д/сосе́дка в самолёте/по́езде оказа́лись симпати́чными людьми́, а впереди́ до́лгая доро́га. Познако́мьтесь с ни́ми.** • **Your neighbour in the plane/train turned out to be a nice person, there are long hours of flight/ride ahead, get acquianted with your neighbour.**

5. **Вы впервы́е встре́тились в ва́шем до́ме с сосе́дом/сосе́дкой по ле́стничной кле́тке. Познако́мьтесь с ни́ми.** • **You have met your neighbour living on the same floor for the first time. Introduce yourself.**

Речевы́е образцы́:

— Что вы де́лаете в Москве́?
— Я рабо́таю.

— Где вы рабо́таете?
— На фи́рме «Лере́й».
— А где вы рабо́таете? В Бе́ргене?
— Нет. В О́сло.

— Чем вы сейча́с занима́етесь? Рабо́таете и́ли у́читесь?
— Я рабо́таю и учу́сь.

— Кем вы рабо́таете?
— Я рабо́таю ме́неджером.

— С кем вы рабо́таете?
— Я рабо́таю вме́сте с отцо́м и бра́том.

— Вы говори́те по-ру́сски?
— Да, немно́го говорю́.

— Как вы говори́те по-ру́сски?
— Очень хорошо́. Я говорю́ по-ру́сски бы́стро и пра́вильно.

— Скажи́те, пожа́луйста, вы зна́ете англи́йский язы́к?
— Да, зна́ю.

— Отку́да вы?
— Я из Норве́гии, из Бе́ргена.

Граммати́ческий материа́л:

■ Поня́тие одушевлённости/неодушевлённости — для пасси́вного усвое́ния.
■ Употребле́ние наре́чий вре́мени (*у́тром, днём, ве́чером, сего́дня, неда́вно*).
■ Паради́гма глаго́лов I и II спряже́ния в настоя́щем вре́мени.
■ Роди́тельный паде́ж существи́тельных еди́нственного числа́ (№ 2) в значе́нии ме́ста прожива́ния (*из Москвы́*).
■ Твори́тельный паде́ж существи́тельных еди́нственного числа́ (№ 5) для обозначе́ния до́лжности (*рабо́тать кем?*) и совме́стности де́йствия (*рабо́тать с кем*).
■ Предло́жный паде́ж существи́тельных еди́нственного числа́ (№ 6) в значе́нии ме́ста.

■ Сло́жное предложе́ние с изъясни́тельной прида́точной ча́стью.
■ Сложноподчинённое предложе́ние с прида́точным причи́ны с сою́зом *пому́ что*.

Текст: «Расска́з о себе́».

Как сообщи́ть о де́йствии • How to report about action

— Что вы де́лаете в Москве́?
— Я рабо́таю.

Запо́мните: I гру́ппа
де́лать, чита́ть, писа́ть (с/ш), рабо́тать, отдыха́ть, слу́шать, ду́мать, жить, знать, понима́ть, за́втракать, обе́дать, у́жинать, получа́ть, изуча́ть

Кто?			*Что де́лает?*	
я	чита́ю	рабо́таю	живу́	зна́ю
ты	чита́ешь	рабо́таешь	живёшь	зна́ешь
он, она́	чита́ет	рабо́тает	живёт	зна́ет
мы	чита́ем	рабо́таем	живём	зна́ем
вы	чита́ете	рабо́таете	живёте	зна́ете
они́	чита́ют	рабо́тают	живу́т	зна́ют

1. Что вы ска́жете в аналоги́чной ситуа́ции? Обрати́те внима́ние на поря́док слов при отве́тах на вопро́с *Кто?* и *Что де́лает?* • Read the dialogues. What would you say in similar situation? Note the word order in the answers to the questions *Кто?* and *Что делает?*

Моде́ль:

— *Кто* рабо́та*ет* здесь?
— Здесь рабо́та*ют мои* колле́ги.
— *Что* де́ла*ют* сейча́с в́аши сотру́дники?
— Сейча́с они́ рабо́та*ют*.

— *Кто* живёт здесь?
— Здесь живу́*т* н́аши сосе́ди.

— *Что* де́лает сейча́с ваш секрета́рь?
— Он рабо́та*ет*.
— *Что* де́ла*ют* в́аши де́ти?
— Они́ чита́*ют*.

Запо́мните:
Вопро́с *Кто?* употребля́ется то́лько с глаго́лом ед. ч. 3 л. (verb in singular).

Как сказа́ть о местонахожде́нии • How to say about place of working and living

— Где вы рабо́таете?
— На фи́рме «Лерёй».
— А где вы живёте? В Бе́ргене?
— Нет, в Осло.

2. **Что вы ска́жете в аналоги́чной ситуа́ции?** • **What would you say in similar situation?**

— Жди Хи, ваш муж рабо́тает?
— Да, рабо́тает.
— А кто он?
— Он банки́р.
— А где он рабо́тает?
— В ба́нке «Хани́л».
— А вы рабо́таете?
— Нет, не рабо́таю. Я домохозя́йка.

— Скажи́те, ваш сосе́д рабо́тает?
— Да, он рабо́тает.
— А где он рабо́тает?
— На заво́де. Он инжене́р.

— Джун Сон, где рабо́тает ваш оте́ц?
— Он профе́ссор. Рабо́тает в университе́те.

— Ён Сон, ва́ши роди́тели рабо́тают?
— Да. Оте́ц рабо́тает на заво́де «Хёндэ», а ма́ма — в магази́не.

— Где вы рабо́таете?
— Я рабо́таю на фи́рме «Хи́мекс».
— А кто вы?
— Я техно́лог.
— Вы давно́ рабо́таете на фи́рме «Хи́мекс»?
— Да, я рабо́таю здесь уже́ 15 лет. А где вы рабо́таете?
— Я — на заво́де.

—Прости́те, кто вы?

—Я ме́неджер. Рабо́таю на фи́рме. А э́то мой друг.

—Он бизнесме́н?

—Да, он то́же ме́неджер, рабо́тает в ба́нке.

—Ско́лько лет он рабо́тает в ба́нке?

—Почти́ 10 лет.

Запо́мните: *Где? № 6*

в [в]	ба́нке	**на/в**	фи́рме
	магази́не	**на**	факульте́те
[ф]	теа́тре		заво́де
	газе́те		фа́брике
	журна́ле		ку́рсах
	больни́це		би́рже
	университе́те		скла́де
[ф]	шко́ле		ры́нке
	а́рмии		Украи́не
[ф]	компа́нии		
[ф]	кварти́ре		
	гости́нице		
	Росси́и		
	Москве́		
[ф]	Петербу́рге		

-е, -и, -ии, (-ах)

3. **Скажи́те, где рабо́тают э́ти специали́сты.** • **Say where these specialists work.**

Моде́ль:

• банки́р — банк

—Банки́р рабо́тает в ба́нке.

Кто?	**Что?**
(челове́к • *person*)	(объе́кт • *object*)
банки́р	банк
касси́р	ка́сса
фе́рмер	фе́рма
бухга́лтер	бухгалте́рия
бро́кер	би́ржа
дире́ктор	дире́кция
инспе́ктор	инспе́кция
посо́л	посо́льство
представи́тель	представи́тельство
строи́тель	строи́тельство

предпринима́тель	предприя́тие
бизнесме́н	фи́рма
почтальо́н	по́чта
продаве́ц	магази́н

Как вы́яснить род заня́тий • How to find out about occupation

— Чем вы сейча́с занима́етесь? Рабо́таете и́ли у́читесь?
— Я рабо́таю и учу́сь.

Запо́мните: II гру́ппа

учи́ться, смотре́ть, ви́деть (д/ж), звони́ть, люби́ть (б/бл), гото́вить (в/вл), переводи́ть (д/ж)

Кто?	*Что де́лает?*
я	учу́сь
ты	у́чишься
он, она́	у́чится
мы	у́чимся
вы	у́читесь
они́	у́чатся

4. **Расспроси́те ва́ших но́вых сотру́дников, знако́мых о ро́де их заня́тий. • Ask your new employees, acquaintances about their occupation.**

— Прости́те, вы рабо́таете и́ли у́читесь?
— Я рабо́таю.
— Где вы рабо́таете?
— Я инжене́р. Рабо́таю на фи́рме.
— Тако́й молодо́й инжене́р!

— Мари́на, ва́ши де́ти рабо́тают?
— Сын рабо́тает.
— А ва́ша дочь?
— Нет, она́ не рабо́тает. Она́ у́чится в шко́ле. Она́ ещё шко́льница.

— Жди Хи, ва́ши де́ти рабо́тают и́ли у́чатся?
— Моя́ дочь у́чится, а мой сын уже́ рабо́тает.
— Где они́ у́чатся и рабо́тают?
— Дочь у́чится в университе́те, она́ студе́нтка. А сын рабо́тает в журна́ле, он журнали́ст.

— Извини́те, Мари́на, вы врач?
— Нет, я медсестра́.

—Вы рабóтаете здесь?

—Да, вéчером я медсестрá, рабóтаю в больни́це, а ýтром и днём учýсь в университéте.

—Вы сейчáс ýчитесь и́ли ужé рабóтаете?

—Учýсь.

—Где вы ýчитесь?

—Я учýсь в МГУ на юриди́ческом факультéте.

—Скóлько лет вы ýчитесь там?

—Ужé шесть лет.

—Шесть? Почемý так дóлго?

—Потомý что сейчáс я не студéнтка, а аспирáнтка. Я учýсь в аспирантýре.

—А что вы *изучáете там?

—Мéнеджмент.

Запóмните:
изучáть (I гр.) + *что? № 4*
(эконóмику, мéнеджмент)

—Вы рабóтаете и́ли ýчитесь?

—И рабóтаю и учýсь.

—А где?

—Вéчером я учýсь в университéте на фа-культéте инострáнных языкóв, а днём рабóтаю на фи́рме.

—Что вы изучáете в университéте?

—Я изучáю рýсский, англи́йский, испáнский языки́.

—Извини́те, а скóлько вам лет?

—Мне ужé 26 лет?

—Скóлько лет вы ýчитесь?

—Я учýсь в университéте три гóда. Рáньше два гóда я *служи́л в áрмии.*

—А что вы дéлаете на фи́рме?

—Я перевóдчик.

5. **Расскажи́те о вáших нóвых знакóмых, кто они́, где рабóтают и ýчатся, что изучáют. ●**
   Speak about your new acquaintances: who they are, where they work or study, what they study.

—Фёдор, познакóмьтесь, пожáлуйста. Это мои́ коллéги.

—Очень прия́тно. Извини́те, как вас зовýт?

—Меня́ зовýт Сергéй, я стáрший касси́р. А это моя́ женá. Её зовýт Мари́на.

—Сергéй, вы давнó рабóтаете в бáнке?

—Почти́ пять лет.

—А вы, Мари́на?

— Я не рабо́таю. Я студе́нтка.
— Где вы у́читесь?
— Я учу́сь в университе́те (МГУ) на экономи́ческом факульте́те.
— А что вы изуча́ете?
— Я изуча́ю эконо́мику, ме́неджмент, геогра́фию и иностра́нные языки́.

Как вы́яснить профе́ссию, до́лжность • How to find out somebody's profession, position

— Кем вы рабо́таете?
— Ме́неджером.

Сравни́те:

Кто вы?	Я — ме́неджер.	№ 1 профе́ссия (profession)
Кем вы рабо́таете?	Я рабо́таю ме́неджером.	№ 5 до́лжность (position)
Чем вы занима́етесь?	Я занима́юсь марке́тингом.	№ 5 сфе́ра де́ятельности (field of activities)

Запо́мните: Кем? № 5

она́	рабо́тает	он
перево́дчицей		ме́неджером
помо́щницей		ауди́тором
медсестро́й		строи́телем

6. Вспо́мните назва́ния профе́ссий и скажи́те, кем рабо́тают ва́ши колле́ги. • Remember the names of professions, trades and occupations and say what your friends do.

Моде́ль:
— Мой друг — ме́неджер фи́рмы. А ваш (твой)?
— Мой друг то́же *рабо́тает* ме́неджером фи́рмы.

Мой друг — ауди́тор фи́рмы. Мой сосе́д — аге́нт компа́нии. Моя́ сестра́ — секрета́рь фи́рмы. Мой брат — юри́ст ба́нка. Ната́лья Ива́новна — бухга́лтер фи́рмы. Ири́на Васи́льевна — дире́ктор магази́на.

7. Уточни́те, кем рабо́тают э́ти лю́ди. • Clarify occupations of these people.

Моде́ль:
— Анто́н врач?
— Да, он рабо́тает врачо́м.

Ви́ктор инжене́р? Андре́й журнали́ст? Ни́на касси́р? Мари́на секрета́рь? Са́ша перево́дчик? Анто́н ме́неджер? Ва́ша сестра́ перево́дчица? Ваш брат води́тель? Ваш сосе́д строи́тель?

8. Что вы ска́жете в аналоги́чной ситуа́ции? • What would you say in similar situation?

— Кем рабо́тает ваш оте́ц?
— Он рабо́тает инжене́ром.
— А вы тоже инжене́р?
— Нет, я рабо́таю журнали́стом на телеви́дении.
— Джун Сон, кем рабо́тают ва́ши роди́тели?
— Отец мно́го лет рабо́тает преподава́телем в университе́те.
— А ма́ма? Она́ рабо́тает?
— Она́ домохозя́йка, нигде́ не рабо́тает.
— А кем ты рабо́таешь?
— Я пока́ не рабо́таю. Сейча́с я студе́нт.

Как назва́ть лицо́, совме́стно с кото́рым соверша́ется де́йствие • How to name a person with whom an action is being performed

— С кем вы рабо́таете?
— Я рабо́таю вме́сте с отцо́м и бра́том.

Сравни́те:

Кто э́то? № 1			*С кем?* № 5
Это брат.	Я рабо́таю с	[з]	бра́том.
сестра́.		[с]	сестро́й.
оте́ц.			отцо́м
друг.		[з]	дру́гом.
Джун Сон.			Джун Со́ном.
господи́н Петро́в.			господи́ном Петро́вым.
госпожа́ Петро́ва.			госпожо́й Петро́вой.
специали́ст.		со	специали́стом.

Запо́мните:	я	со мно́й	мы	с на́ми
	ты	с тобо́й	вы	с ва́ми
	он	с ним	они́	с ни́ми
	она́	с ней		

9. Что вы ска́жете в аналоги́чной ситуа́ции? • **What would you say in a similar situation?**

Моде́ль:
— Познако́мьтесь. Это Анто́н.
— Я уже́ *знако́м* с Анто́ном, *потому́ что* я рабо́таю вме́сте с ним.

Запо́мните:	он	знако́м
	она́	знако́ма
	они́	знако́мы

Познако́мьтесь. Это инжене́р Ви́ктор. Это ме́неджер Юри́й. Это ауди́тор Алекса́ндр Петро́в. Это перево́дчик Андре́й. Это перево́дчица Анна. Это бухга́лтер Татья́на Ива́новна. Это дире́ктор Анто́н Ива́нович.

10. Посмотри́те и скажи́те, с кем вы сиди́те ря́дом и с кем вы уже́ познако́мились. • **Look and say whom you are sitting next to and whom you got acquainted with.**

Моде́ль:
— Я сижу́ *ря́дом* с колле́гой Ири́ной. Сейча́с я уже́ знако́ма с ней.
— А Ири́на сиди́т *ря́дом* с Бори́сом...

Запо́мните:	*сиде́ть* (II гр.)			
я	сижу́		мы	сиди́м
ты	сиди́шь		вы	сиди́те
он, она́	сиди́т		они	сидя́т

11. Расспроси́те колле́г и люде́й, кото́рые устра́иваются на рабо́ту в ва́шу фи́рму. • **Question your colleagues and people applying for a job in your firm.**

Моде́ль:
— Ха́ннеле, у тебя́ есть ста́рший брат?
— Да.
— Кем он рабо́тает?
— Инжене́ром.
— А где?
— Он рабо́тает в компа́нии «Но́киа».
— Его́ зову́т Юхани?
— Да. А отку́да вы зна́ете его́?
— Я рабо́таю вме́сте с ним.

— Где вы сейча́с рабо́таете?

— На фи́рме «Но́киа».

— Кем?

— Ме́неджером.

— А кто ваш дире́ктор?

— Я рабо́таю с господи́ном Си́доровым.

— Я хорошо́ знако́м с ним. Я давно́ зна́ю его́.

 12. Послу́шайте шу́тку и расскажи́те её ва́шим друзья́м. • Listen to and tell this joke to your friends.

Америка́нский писа́тель Марк Твен — о́чень весёлый челове́к. Одна́жды в гости́нице в кни́ге регистра́ции он чита́ет: «Но́мер 25 — живёт Лорд Л. с жено́й». Марк Твен поду́мал и написа́л: «Ко́мната 26 — живёт Марк Твен с ... *чемода́ном*».

Как вы́яснить, владе́ет ли кто́-либо иностра́нным языко́м • How to find out whether somebody speaks any foreign language

— Вы говори́те по-ру́сски?

— Да, немно́го говорю́.

 Запо́мните: говори́ть (II гр.)

Кто?	Что де́лает?
я	говорю́
ты	говори́шь
он, она́	говори́т
мы	говори́м
вы	говори́те
они́	говоря́т

13. Что вы ска́жете в аналоги́чных ситуа́циях? • What would you say in similar situations?

— Мари́на, вы говори́те по-ру́сски?

— Коне́чно, говорю́. Это мой родно́й язы́к. Я ру́сская.

— Джун Сон, вы говори́те по-коре́йски?

— Да, говорю́. Это мой родно́й язы́к. Я коре́ец.

— Рю́ики, вы говори́те по-англи́йски?

— Да, я говорю́ по-англи́йски.

— А ваш ме́неджер?

— Он прекра́сно говори́т по-англи́йски и, коне́чно, по-япо́нски, ведь он япо́нец.

— Ён Ки, вы говори́те по-кита́йски?

— Нет, не говорю́. А мой колле́га Иль Хан говори́т по-кита́йски.

— Он кита́ец?

— Нет, он перево́дчик.

— Чжи Хён, вы говори́те по-испа́нски?

— Да, я говорю́ по-испа́нски.

— А по-францу́зски?

— И по-францу́зски то́же говорю́.

— А по-италья́нски?

— Да, я говорю́ по -италья́нски.

— Чжи Хён, кто вы? Испа́нка, францу́женка, италья́нка?

— Нет, коре́янка. Я перево́дчица.

14. **Сотру́дники ва́шей фи́рмы говоря́т на мно́гих языка́х. Что вы о них ска́жете, отвеча́я на вопро́с по моде́ли? Испо́льзуйте да́нные слова́. • The employees of your firm speak several foreign languages. What would you say about them. Answer the question according to the sample. Use the following words.**

Моде́ль:

— Скажи́те, пожа́луйста, вы говори́те по-англи́йски?

— Да, я говорю́ по-англи́йски.

По-ру́сски, по-коре́йски, по-япо́нски, по-кита́йски, по-францу́зски, по-неме́цки, по-италья́нски, по-испа́нски, по-норве́жски, по-англи́йски.

15. **Но среди́ ва́ших сотру́дников, знако́мых и бли́зких нет полигло́тов. Да́йте отрица́тель-ный отве́т. • However, there are no polyglots among your employees, acquaintances and rela-tives. Give a negative answer.**

Моде́ль:

— Фёдор говори́т по-япо́нски. А Ин Чул?

— К сожале́нию, он не говори́т по-япо́нски.

Мари́на говори́т по-англи́йски, а На́стя? Господи́н Петро́в говори́т по-испа́нски, а господи́н Пак? Я говорю́ по-япо́нски, а вы? Ме́неджер Иль Хан говори́т по-коре́йски, а Алекса́ндр Ива́нович? Мои́ де́ти говоря́т по-францу́зски, а ва́ши? Мои́ сотру́дники говоря́т по-неме́цки, а ва́ши?

16. **А мо́жет быть, среди́ ва́ших колле́г есть полигло́ты? Спроси́те, на каки́х языка́х они́ говоря́т? • There might be polyglots among your colleagues, though. Ask them about the languages they speak.**

— Как вы говори́те по-ру́сски?

— Очень хорошо́. Я говорю́ по-ру́сски бы́стро и пра́вильно.

Запомните:

	Как?
говори́те	прекра́сно
пи́шете	о́чень хорошо́
чита́ете	хорошо́
понима́ете	норма́льно
	немно́го
	чуть-чуть
	так себе́
	пло́хо
	о́чень пло́хо

17. Что вы ска́жете по телефо́ну в аналоги́чной ситуа́ции? • What would you say on the phone in similar situation?

—Алло́, позови́те, пожа́луйста, ме́неджера Усти́нова Влади́мира Никола́евича.
— Я слу́шаю. Кто э́то говори́т?
— Здра́вствуйте. Э́то Ким Ин Чул.
— Здра́вствуйте, господи́н Ким. Где вы сейча́с? Здесь, в Москве́?
— Нет, *звоню́* из Сеу́ла.

—Алло́, здра́вствуйте. Позови́те, пожа́луйста, госпожу́ Но́викову Ири́ну Алекса́ндровну.
— Подожди́те мину́тку.
— Слу́шаю вас. С кем я говорю́?
— Э́то представи́тель фи́рмы «Лере́й» господи́н Сванс.

—Алло́, до́брое у́тро. Мо́жно попроси́ть дире́ктора?
— Извини́те, а кто его́ спра́шивает?
— Э́то говори́т представи́тель фи́рмы «Лере́й» Атле Сванс.
— Пожа́луйста, не клади́те тру́бку.
— Слу́шаю вас.
— Здра́вствуйте. Э́то Атле Сванс.

—Скажи́те, пожа́луйста, вы зна́ете англи́йский язы́к?
—Да, зна́ю.

Запо́мните:

			Как?	*Кто?*
	ру́сский язы́к		по-ру́сски	ру́сский
	коре́йский язы́к	*говори́ть*	по-коре́йски	коре́ец
знать	англи́йский язы́к	*понима́ть*	по-англи́йски	англича́нин
изуча́ть		*чита́ть*		америка́нец
	кита́йский язы́к	*писа́ть*	по-кита́йски	кита́ец
	япо́нский язы́к		по-япо́нски	япо́нец

			Как?	*Кто?*
	ара́бский язы́к		по-ара́бски	ара́б
	францу́зский язы́к	*говори́ть*	по-францу́зски	францу́з
	испа́нский язы́к	*понима́ть*	по-испа́нски	испа́нец
изуча́ть	неме́цкий язы́к	*чита́ть*	по-неме́цки	не́мец
	италья́нский язы́к	*писа́ть*	по-италья́нски	италья́нец
	норве́жский язы́к		по-норве́жски	норве́жец
	фи́нский язы́к		по-фи́нски	финн

18. **Что вы ска́жете в аналоги́чной ситуа́ции? • What would you say in similar situation?**

—Я хорошо́ зна́ю кита́йский язы́к и прекра́сно говорю́ по-кита́йски, *потому́ что* я кита́ец.

19. **Что вы ска́жете в аналоги́чной ситуа́ции? • What would you say in similar situation?**

—Вы говори́те по-ру́сски?
—Очень пло́хо.
—А вы зна́ете англи́йский язы́к?
—Коне́чно, зна́ю, потому́ что я америка́нец.
—Скажи́те, как по-англи́йски «нало́ги»?

—Господи́н Ро́хас зна́ет испа́нский язы́к?
—Да, он непло́хо говори́т по-испа́нски.
—А он говори́т по-италья́нски?
—Нет, он не зна́ет италья́нский язы́к.

—Анастаси́я прекра́сно говори́т по-норве́жски!
—Коне́чно, ведь она́ ваш перево́дчик.
—Это её профе́ссия?
—Нет, она́ студе́нтка, но она́ зна́ет четы́ре языка́.
—Каки́е?
—Норве́жский, англи́йский язы́к, неме́цкий, францу́зский. И сейча́с в университе́те она́ изуча́ет испа́нский язы́к.

Запо́мните:

1	язы́к
2–4	языка́
5 ..., ско́лько	языко́в
ма́ло, мно́го	

20. **Скажи́те, ско́лько языко́в вы зна́ете и как вы говори́те, пи́шете, понима́ете, чита́ете на э́тих языка́х. • Say how many languages you know and to what degree.**

Моде́ль:

—Я зна́ю англи́йский язы́к. Я о́чень хорошо́ чита́ю, непло́хо пишу́ по-англи́йски. А вот говорю́ и понима́ю так себе́. У меня́ *ма́ло пра́ктики.*

21. Что вы ска́жете об уча́стниках междунаро́дной вы́ставки, с кото́рыми вы познако́мились? • What would you say about the participants of the international exhibition you've met?

Моде́ль:
— Господи́н Пак Джун Сон говори́т по-коре́йски?
— Коне́чно! Он зна́ет коре́йский язы́к. Ведь он коре́ец.

Джон говори́т по-англи́йски? Ганс говори́т по-неме́цки? Та́ня говори́т по-ру́сски? Ли Тхань говори́т по-кита́йски? Тишико говори́т по-япо́нски? Пе́дро говори́т по-испа́нски? Лучи́я говори́т по-италья́нски? Арно́ говори́т по-норве́жски? Юхани говори́т по-фи́нски?

22. Послу́шайте шу́тку и расскажи́те её ва́шим друзья́м. • Listen to and tell this joke to your friends.

Дире́ктор фи́рмы говори́т со студе́нтом. Он рабо́тает перево́дчиком на вы́ставке.
— Вы зна́ете иностра́нные языки́? — спра́шивает дире́ктор.
— Как вам сказа́ть... Зна́ю, — отвеча́ет студе́нт.
— Поговори́те сейча́с с испа́нцем, — попроси́л дире́ктор.
— Пожа́луйста, но со словарём, — отвеча́ет студе́нт.
— Да нет же, не со словарём, а с испа́нцем, — сказа́л дире́ктор.

23. Что вы ска́жете в аналоги́чной ситуа́ции, е́сли не вполне́ уве́рены? Испо́льзуйте выраже́ния. • What would you say in similar situation if you aren't quite sure? Use the following expressions: по-мо́ему, мне ка́жется, мо́жет быть.

Моде́ль:
— Ён Сон **зна́ет** испа́нский язы́к?
— *По-мо́ему*, он **говори́т** по-испа́нски.

Воло́дя зна́ет францу́зский язы́к? Чжи Хён зна́ет ру́сский язы́к? Дми́трий зна́ет англи́йский язы́к? Иль Хан зна́ет неме́цкий язы́к? Ён Ки зна́ет кита́йский язы́к? Анна Петро́вна зна́ет япо́нский язы́к?

24. У рабо́тников сосе́днего сте́нда на вы́ставке возни́кли затрудне́ния с перево́дом. Но ва́ши сотру́дники, к сожале́нию, ниче́м не мо́гут помо́чь. • People working at a stand next to you have got some difficulties with interpreting. Unfortunately, your employees can't help them.

Моде́ль:
— Скажи́те, пожа́луйста, кто зна́ет кита́йский язы́к?
— По-мо́ему, у нас **никто́ не** говори́т по-кита́йски.

Кто зна́ет неме́цкий язы́к? Кто зна́ет япо́нский язы́к? Кто зна́ет ара́бский язы́к? Кто зна́ет италья́нский язы́к? Кто зна́ет испа́нский язы́к? Кто зна́ет францу́зский язы́к? Кто зна́ет норве́жский язы́к? Кто зна́ет фи́нский язы́к?

25. У ва́шего конкуре́нта на вы́ставке не возни́кло никаки́х пробле́м с перево́дом. Как вы ду́маете, почему́? Что вы мо́жете рассказа́ть ему́ в отве́т о себе́, о свои́х колле́гах. • Your competitor at the exhibition hasn't got any problems with interpreting. Why? What can you tell him about yourself and your colleagues?

Познако́мьтесь, э́то моя́ перево́дчица. Её зову́т Чжи Хён. Она́ не то́лько рабо́тает, но и у́чится. Она́ аспира́нтка университе́та. Иностра́нные языки́ — э́то её профе́ссия и хо́бби. Она́ зна́ет шесть языко́в. Она́ прекра́сно говори́т по-ру́сски, по-англи́йски, по-кита́йски. Она́ непло́хо зна́ет францу́зский и италья́нский языки́ и немно́го говори́т по-неме́цки. Сейча́с она́ изуча́ет испа́нский язы́к. А её мечта́ — знать кита́йский язы́к.

Как вы́яснить исхо́дный пункт движе́ния, ме́сто прожива́ния • How to find out the starting point of movement, the living place

> — Отку́да вы?
> — Я из Норве́гии, из Бе́ргена.

Сравни́те:	*Что?* № 1			*Отку́да?* № 2
	Норве́гия	из	[из]	Норве́гии
	Бе́рген			Бе́ргена
	Росси́я			Росси́и
	О́сло			О́сло
	Москва́			Москвы́
	Петербу́рг		[ис]	Петербу́рга

Обрати́те внима́ние:
Не́которые назва́ния не склоня́ются (О́сло, Хе́льсинки, Ту́рку, О́сака, То́кио, Чика́го).

26. Что вы ска́жете в аналоги́чной ситуа́ции? • What would you say in the similar situation?

— Извини́те, вы иностра́нец?
— Да, я норве́жец.
— Отку́да вы?
— Я из Бе́ргена, а мой колле́га из О́сло.

— Прости́те, вы иностра́нка?
— Да, я коре́янка.

— Отку́да вы?

— Я из Сеу́ла, а моя́ колле́га из Пуса́на.

— Прости́те, пожа́луйста, вы кита́йские бизнесме́ны?

— Да, мы из Кита́я. А вы?

— Мы то́же из Кита́я, из Пеки́на. А они́?

— Ка́жется, они́ прие́хали из Япо́нии, из То́кио.

— Извини́те, вы из Аме́рики?

— Да, мы америка́нские экспе́рты. Я из Калифо́рнии, а он из Теха́са. А вы отку́да?

— Мы япо́нцы, из То́кио. А э́то на́ши колле́ги. Они́ из О́сака.

27. **Что вы узна́ли о лю́дях, с кото́рыми познако́мились на приёме? Скажи́те, отку́да они́ прие́хали и где они́ живу́т. • What have you found out about the people at the reception? Say where they come from and where they live.**

— Здра́вствуйте. Меня́ зову́т Анастаси́я. Я ва́ша перево́дчица. Я живу́ в Москве́.

— О, зна́чит вы москви́чка?

— Да, а мой муж Бори́с — петербу́ржец. А отку́да вы?

— Меня́ зову́т Ларс Ви́кърь. Я из Норве́гии, из О́сло.

— Меня́ зову́т Арнэ́ Хе́свик. Я то́же из Норве́гии, из Бе́ргена.

— А меня́ зову́т Зухра́ Изебе́кова. Я из Узбекиста́на, из Ташке́нта.

— Нас зову́т Татья́на Марчу́к и Ви́ктор Романе́нко. Мы из Белору́ссии, из Ми́нска. А э́то Окса́на Петре́нко и Никола́й Степанчу́к. Они́ с Украи́ны, из Ки́ева.

— Вы всё понима́ете по-ру́сски?

— Коне́чно! Мы прекра́сно говори́м по-ру́сски. Но мы не все хорошо́ зна́ем англи́йский язы́к.

28. **А с э́тими людьми́ вы не успе́ли познако́миться. Как вы ду́маете, отку́да они́ прие́хали, е́сли вы слы́шали, на каки́х языка́х они́ говори́ли? • You haven't met these people yet. Where do you think they come from if you heard what languages they were speaking?**

Моде́ль:
— Господи́н Лаури́ла хорошо́ говори́т по-фи́нски и по-шве́дски.
— Я ду́маю, что он прие́хал из Финля́ндии.

Стив Во́кер хорошо́ говори́т по-англи́йски. Сатоми́ Тсуци́да хорошо́ говори́т по-япо́нски. Ду Ан хорошо́ говори́т по-кита́йски. Пьер Анре́ хорошо́ говори́т по-францу́зски. Пе́дро хорошо́ говори́т по-испа́нски. Лучи́я хорошо́ говори́т по-италья́нски. Ганс хорошо́ говори́т по-неме́цки. Арне́ хорошо́ говори́т по-норве́жски.

Сравни́те:	*живёт + Где? № 6*	*Отку́да? № 2*
	в Коре́е	из Коре́и
	на Украи́не	с Украи́ны

29. Как вы расшифру́ете за́писи о свои́х но́вых знако́мых, кото́рые вы сде́лали в своём блокно́те ве́чером по́сле приёма? • **How will you decipher the notes about the new acquaintances you made yesterday evening after the reception?**

Моде́ль:
• *Коре́я — я.*
— Я из Коре́и. Я живу́ в Коре́е.

Росси́я — они́; Аме́рика — он; Япо́ния — она́; Кита́й — она́; Фра́нция — он; Испа́ния — он; Ита́лия — она́; Герма́ния — он; Норве́гия — они́; Финля́ндия — он; Узбекиста́н — она́; Белору́ссия — они́; Украи́на — они́; Сеу́л — она́; Пуса́н — он; Тэджо́н — он; Москва́ — она́; Петербу́рг — он; Бе́рген — он; Ташке́нт — она́; Минск — они́; Ки́ев — они́; О́сло* — он; Хе́льсинки* — он.

30. Вы узна́ли, отку́да прие́хали уча́стники вы́ставки, с кото́рыми вы познако́мились. Как вы ду́маете, где вы смо́жете ещё встре́титься с ни́ми? • **You have found out where the participants of the exhibition came from. Where do you think you could meet them again?**

Моде́ль:
— Анастаси́я из Росси́и, из Москвы́.
— Где она́ живёт (рабо́тает)?
— Она́ живёт в Росси́и, в Москве́.

Бори́с из Росси́и, из Петербу́рга. Госпожа́ Хван Чжи Хён из Коре́и, из Сеу́ла. Господи́н Канг Ён Сон из Коре́и, из Пуса́на. Госпожа́ Ким Ми Рёнг то́же из Коре́и, из Тэджо́на. Господи́н Стив Кинг из Аме́рики, из Вашингто́на. Госпожа́ Сатоми́ Тсуци́да из Япо́нии, из То́кио. Госпожа́ Мэнь Ду Ан из Кита́я, из Пеки́на. Господи́н Пьер Анре́ из Фра́нции, из Пари́жа. Господи́н Мануэ́ль Ро́хас из Испа́нии, из Мадри́да. Госпожа́ Лучи́я Мира́нда из Ита́лии, из Ри́ма. Господи́н Ганс Ха́нсен из Герма́нии, из Берли́на. Господи́н Арне́ Хе́свик из Норве́гии, из Бе́ргена.

31. У вас скопи́лось мно́го рекла́мных проспе́ктов с ви́дами родны́х городо́в, кото́рые вам подари́ли клие́нты на вы́ставке. Постара́йтесь с по́мощью секрета́ря восстанови́ть геогра́фию ва́ших потенциа́льных покупа́телей. • **You have got a lot of advertisement brochures with the views of your clients' native cities. With help of your secretary try to reconstruct the geography of your potential customers.**

Модéль:

— Её рóдина Корéя. *Где* онá живёт?

— Онá живёт *в Корéе.*

— *Откýда* онá?

— Онá *из Корéи.*

Егó рóдина Амéрика. Её рóдина Япóния. Её рóдина Китáй. Егó рóдина Фрáнция. Егó рóдина Испáния. Её рóдина Итáлия. Её рóдина Гермáния. Их рóдина Норвéгия. Егó рóдина Финлáндия. Её рóдина Узбекистáн. Их рóдина Белорýссия. Их рóдина Украúна.

 32. **На вы́ставке вы познакóмились с одни́м перспекти́вным бизнесмéном. Что вы расскáжете вáшему шéфу о нём? • At the exhibition you have met a promising businessman. What will you tell your chief about him?**

РАССКÁЗ О СЕБÉ

Разреши́те предстáвиться. Меня́ зовýт Алексáндр Ивáнович Петрóв, я рýсский. Мне 50 лет. Я москви́ч, живý и рабóтаю в Москвé.

Пять лет я рабóтаю в компáнии «Лерéй». Это норвéжская фи́рма. Сейчáс у нас мнóго рабóты, потомý что мы рабóтаем в Москвé тóлько два гóда.

Я ауди́тор. Наш дирéктор из Норвéгии, из Бéргена. Я рабóтаю вмéсте с господи́ном Викёром ужé три гóда.

Я ужé неплóхо говорю́ и понимáю по-норвéжски. Я тáкже говорю́ по-англи́йски и по-немéцки. Но не все нáши сотрýдники говоря́т по-норвéжски. Поэ́тому сейчáс днём они́ рабóтают, а вéчером ýчатся в университéте на кýрсах. Там они́ изучáют норвéжский язы́к. Они́ говоря́т, что э́то óчень трýдный, но краси́вый язы́к.

Я женáт. Мою́ женý зовýт Анне. Онá норвéжка. Мы познакóмились в Норвéгии. Ей 43 гóда. Сейчáс мы рабóтаем вмéсте. Онá наш бухгáлтер. Онá прекрáсно говори́т и понимáет по-рýсски.

У нас есть дéти: сын и дочь. Сы́на зовýт Фёдор. Емý 22 гóда. Он студéнт МГУ, ýчится на юриди́ческом факультéте. Дочь зовýт Óльга. Ей 15 лет. Онá шкóльница. Конéчно, они́ изучáют норвéжский язы́к с мáмой. Дóма они́ говоря́т с ней по-норвéжски.

К сожалéнию, у меня́ мáло свобóдного врéмени. Но вéчером мы всегдá дóма вмéсте. Мы читáем, слýшаем мýзыку, гуля́ем в пáрке. А лéтом мы вмéсте отдыхáем на дáче и́ли на мóре в Норвéгии.

33. **Чтóбы поддержáть бесéду, расскажи́те о себé. Замéтки, котóрые вы дéлали в своём блокнóте, помóгут вам. • To keep up a conversation speak about yourself. The notes you've made will help you.**

1) И́мя (Как зовýт?)

2) Национáльность (Кто вы? Откýда вы?)

3) Вóзраст (Скóлько лет?)

4) Мéсто жи́тельства (Где живёте? С кем вы живёте?)

5) Рабо́та (Где рабо́таете? С кем рабо́таете? У кого́ рабо́таете? Ско́лько лет?)

6) Специа́льность (Кто вы?)

7) До́лжность (Кем вы рабо́таете?)

8) Иностра́нные языки́ (Вы говори́те по-ру́сски? Вы зна́ете англи́йский язы́к?)

9) Семья́ (Вы жена́ты/за́мужем? У вас есть де́ти? Ско́лько дете́й? Как их зову́т? Ско́лько им лет? Чем они́ занима́ются? Где они́ у́чатся? Что они́ изуча́ют?)

10) Хо́бби (Что вы де́лаете в свобо́дное вре́мя?)

Контро́льные зада́ния

Побесе́дуем • Communicative practice

1. **Не́сколько челове́к приходи́ли в ваш о́фис, когда́ вы отсу́тствовали. Но все они́ оста́вили у секретаря́ свои́ визи́тные ка́рточки. Расспроси́те её об э́тих лю́дях, зада́в необходи́мые вопро́сы.** *Как его́/её зову́т? Кто он/она́ по национа́льности? Отку́да он/она́? Где он/она́ рабо́тает? Кто он/она́?* • Several people came to your office while you were away. All of them left their business cards at secretary's desk. Ask her/him questions about those people.

2. **Постара́йтесь как мо́жно бо́льше собра́ть информа́ции об э́тих лю́дях. Каки́е ещё вопро́сы вы хоте́ли бы им зада́ть?** • Try to collect as much information as possible about these people.

3. **Напиши́те свою́ визи́тную ка́рточку.** • Write your own business card.

4. **Молодо́й кандида́т пришёл устра́иваться к вам на рабо́ту. Зада́йте ему́ все интересу́ющие вас вопро́сы.** • A young person has come for a job interview. Ask him all necessary questions.

5. **Секрета́рь переда́л вам запо́лненную анке́ту друго́й претенде́нтки на вака́нсию. Прочита́йте её и скажи́те, на каки́е вопро́сы она́ не отве́тила.** • Your secretary gave you a form filled out by another candidate for the same position. Read it and say what questions she has not answered.

Ви́ка Ким, корея́нка, Южно-Сахали́нск, 23 го́да, не за́мужем, «Даль-Ры́ба», бухга́лтер; коре́йский — говорю́; англи́йский — чита́ю, говорю́, пишу́.

6. **Во вре́мя командиро́вки вам предстои́т разгово́р с пограни́чником и тамо́женником, пригото́вьтесь отве́тить на его́ вопро́сы.** • When you are on a business trip, you are supposed to have a conversation with the immigration and customs officers. Get ready to answer his — her questions.

Отку́да вы?

Цель прие́зда в Росси́ю? (тури́зм, рабо́та, учёба)

Кто вы по профе́ссии?

Где рабо́таете?

Ва́ша до́лжность?

Где живёте в Росси́и?

Ско́лько у вас дете́й? У них есть паспорта́?

Э́то ва́ши ве́щи? Ско́лько у вас веще́й?

Ско́лько у вас до́лларов?

7. Вам предстои́т запо́лнить зая́вку на уча́стие в вы́ставке, но полу́ченный ва́ми факс пло́хо пропеча́тался. Вста́вьте пропу́щенные в вопро́сах слова́ и да́йте на них отве́т. • You are to fill in an application to participate in the exhibition, but the text in the fax is not clear enough. Fill in the missing words in the questions and give the answers.

... вас зову́т?

... вы прие́хали?

... вы рабо́таете?

... вы по профе́ссии?

8. На вы́ставке у сосе́днего сте́нда рабо́тают симпати́чные лю́ди. Вам захоте́лось познако́миться с ни́ми. • You see some nice people working at the trade fair stand next to you. You would like to get to know them.

9. Вы — организа́тор вы́ставки. Познако́мьтесь с её потенца́льными уча́стниками, кото́рые присла́ли зая́вки. • You are the organizer of the exhibition. Get to know potential participants who have sent applications.

10. Вас останови́л для прове́рки докуме́нтов сотру́дник ГИБДД. Что вы ска́жете ему́ о себе́? • You have just been stopped for document (license) controll by a road police officer. What will you tell him about yourself?

Но́вые слова́ • New words

аге́нт — agent
Аме́рика — America
америка́нец — American
англича́нин — Englishman
англича́нка — Englishwoman
англи́йский — English
А́нглия — England
ара́б — Arab
ара́бский — Arabic
а́рмия — army
арти́ст(ка) — artist, actress
аспира́нт(ка) — post graduate student
    (for university researcher)
аспиранту́ра — post graduate course
ауди́т — audit
ауди́тор — auditor

банк — bank
банки́р — banker
Белору́ссия — Bielorussia
белору́сский — Bielorussian
бизнесме́н(ка) — businessman,
    -woman

би́ржа — stock
больни́ца — hospital
больно́й — patient
бро́кер — broker
бухга́лтер — bookkeeper
бухгалте́рия — bookkeeping
бы́стро — quickly

валю́та — currency
вахтёр(ша) — watchman, -woman
ве́щи — items
взро́слый — adult
ви́деть — to see
визи́тная (ка́рточка) — name card
вме́сте — together
внук — grandson,
вну́чка — granddaughter
води́тель — driver
во́семь — eight
во́семьдесят — eighty
врач — doctor
вре́мя — time
всегда́ — always

вы — you

газе́та — newspaper
где — where
Герма́ния — Germany
гид — guide
глава́ (фи́рмы) — head
говори́ть — to speak
год — year
господи́н — master
госпожа́ — Miss (+ name)
гото́вить — to cook
гру́ппа — groupe
гуля́ть — to walk

да — yes
дава́йте — let us
давно́ — long ago
два — two
два́дцать — twenty
девяно́сто — ninety
де́вять — nine
девятьсо́т — nine hundred
де́лать — to do
день — day
де́сять — ten
де́ти — children
диплома́т — diplomat
дире́ктор — director
дире́кция — directorate
до́брый — kind
до́ктор — doctor
до́лжность — position
до́ллар — dollar
до́ма — at home
домохозя́йка — housewife
дочь(ка) — daughter
друг — friend
ду́мать — to think

ещё — yet
есть — is, are

жаль — it is a pity
жена́ — wife

жена́т(-ы) — married
же́нщина — woman
жить — to live
журна́л — magazine
журнали́ст(-ка) — journalist

заво́д — plant
за́втра — tomorrow
замести́тель — deputy
за́мужем — married
занима́ться — occupy
за́нят(-та́) — buzy
звать — to name
звони́ть — to phone
здесь — here
знако́м(-а,-ы) — acquainted
знать — to know

извини́те — excuse
изуча́ть — to learn, to study
инжене́р — engineer
иногда́ — sometimes
иностра́нец — foreigner (mus.)
иностра́нка — foreigner (fem.)
иностра́нный — foreign
инспе́ктор — inspector
инспе́кция — inspection
интере́сно — interesting
информа́ция — information
испа́нец — Spaniard (mus.)
Испа́ния — Spain
испа́нка — Spaniard (fem.)
испа́нский — Spanish
Ита́лия — Italy
италья́нец — Italian (mus.)
италья́нка — Italian (fem.)
италья́нский — Italian

как — how
ка́жется — seem
ка́рточка — card
ка́сса — pay desk
касси́р — cashier
кита́ец — Chinese (mus.)
Кита́й — China

китайский — Chinese
китаянка — Chinese (fem.)
класть (не кладите) — to put
    (don't put)
коллега — colleague
компания — company
компаньон — partner
компьютер — computer
консультант — adviser
кореец — Korean (mus.)
корейский — Korean
Корея — Korea
кореянка — Korean
купить — to buy
курсы — courses

лет — years
логист — logist
любить — to love
люди — people

магазин — store
мало — little
мальчик — boy
медсестра — nurse
менеджер — manager
менеджмент — management
место — place
месяц — month
мечта — dream
много — much
можно — may
монтёр — mechanic
море — sea
москвич(-ка) — Moscovite
муж — husband
мужчина — man
мы — we

не — not
налог — tax
настоящий — real
национальность — nationality
начальник (-ница) — chief
наш — our

не за что — not at all
недавно — recently
немец — German (male)
немецкий — German
немка — German (fem.)
нет — no
никто — nobody
Норвегия — Norway
норвежец (-ка) — Norwegian
норвежский — Norwegian
нормально — normally

обедать — to have dinner
он — he
один — one
она — she
они — they
оптимист — optimist
опыт — experience
отвечать — to answer
отдыхать —to rest
откуда — from
очень — very

пенсионер(ка) — pensioner
переводить — to translate
переводчик — interpreter
петербуржец — Petersburger
писать — to write
подождать — to wait
повезло — to be lucky
по-восточному — Oriental style
подруга — friend
пожалуйста — please
познакомиться — to meet
по-европейски — European style
пока — still
половина — half
получать — to get
помощник(-ца) — assistant
понимать — to understand
посол — ambassador
посольство — embassy
почта — post
почтальон — postman

почти́ — about
пра́ктика — practice
предпринима́тель — businessman
предприя́тие — enterprise
предста́вить(-ся) — to introduce
представи́тель — representative
представи́тельство — representation
президе́нт — president
прекра́сно — very well
преподава́тель(ница) — instructor
прие́зд — arrival
при́нтер — printer
прия́тно — nice
программи́ст — programmist
продаве́ц — seller
прости́те — to forgive
про́сто — simply
профе́ссия — occupation
психо́лог — psychologist
пять — five
пятьдеся́т — fifty

рабо́та — job
рабо́тать — to work
рад — glad
разведён — divorced (male)
разведена́ (-ы́) — divorced (fem.)
разреше́ние — permission
разреши́те — allow
ра́ньше — before
ребёнок — child
референ́т — assistant
ро́дина — native land
родно́й — native
Росси́я — Russia
рубль — rouble
руководи́тель(-ница) — chief
ру́сский (-ая, -ие) — Russian (male, fem.)
ры́нок — market
ря́дом — near

сам — myself
свобо́дный — free
сейча́с — now

секрета́рь(-ша) — secretary
семь — seven
се́мьдесят — seventy
семья́ — family
сиде́ть — to seat
скажи́те (сказа́ть) — to tell
склад — storage
ско́лько — how much
слу́шать — to listen
смотре́ть — to look
совеща́ние — conference
(к) сожале́нию — unfortunately
сосе́д(-ка) — neighbour
со́рок — forty
спаси́бо — thank
специа́льность — speciality
стира́ть — to wash
стол — table
строи́тель — builder
строи́тельство — construction
студе́нт(-ка) — student
сын — son

так себе́ — so so
телефа́кс — telefax
тётя — aunt
техно́лог — technologist
то́же — too
три — three
три́дцать — thirty
тру́бка — receiver
ты — you

убо́рщица — charwoman
угада́ть — to guess
уже́ — already
у́жинать — to have supper
Узбекиста́н — Uzbekistan
узбе́кский — Uzbec
Украи́на — Ukraine
украи́нский — Ukrainian
университе́т — university
учи́тель(ница) — teacher
учи́ться — to study

фа́брика — factory
факульте́т — department
фе́рма — farm
фе́рмер(ша) — farmer
финанси́ст — financer
Финля́ндия — Finland
финн — Finn
фи́нский — Finnish
филологи́ческий — phylological
фи́рма — firm
Фра́нция — France
францу́женка —Frenchwoman
францу́з — Frenchman
францу́зский — French

хо́бби — hobby
хозя́ин — host
хозя́йка — hostess
хорошо́ — well

цель — aim

чей, чья, чьи — whose
челове́к — person
чемода́н — suitcase
четы́ре — four

че́шский — Czeck
чуть-чуть — a little
чита́ть — to read

шесть — six
шестьдеся́т — sixty
шко́ла — school
шко́льник (-ца) — schoolboy, -girl
шу́тка — joke

эконо́мика — economy
экономи́ст — economist
экономи́ческий — economic
экскурсово́д — guide
экспе́рт — expert
э́то — it

юриди́ческий — juridical
юри́ст — lawyer

я — me
язы́к — language
япо́нец — Japanese
Япо́ния — Japan
япо́нский — Japanese

Те́ма III   Знако́мство с фи́рмой
Company presentation

Уро́к 4 (четы́ре) • четвёртый уро́к

Речевы́е образцы́:

— Что э́то?
— Э́то фи́рма «Си́менс».

— «Формо́за», что э́то?
— Э́то фи́рма.

— Э́то фи́рма «Си́менс»?
— Нет, э́то магази́н.

— Чьё э́то представи́тельство?
— Э́то на́ше представи́тельство.

— Кака́я э́то фи́рма?
— «Формо́за» — э́то кру́пная росси́йская ча́стная фи́рма.

— Как называ́ется э́тот ба́нк?
— Он называ́ется «Центра́льный банк Росси́и (ЦБ)».

— Как называ́ется банк?
— Како́й? Э́тот?
— Да, э́тот.
— Э́тот банк называ́ется «ЦБ».
— А тот?

— Скажи́те, «предпринима́тель» — как э́то по-англи́йски?
— «Businessman».
— А «interprise» — как э́то по-ру́сски?
— «Предприя́тие».

Граммати́ческий материа́л:

- Катего́рия одушевлённости/неодушевлённости.
- Род имён существи́тельных (сре́дний род).
- Мно́жественное число существи́тельных (одушевлённых, неодушевлённых).

■ Притяжа́тельные местоиме́ния (в сочета́нии с неодушевлёнными существӥтельными).

■ Указа́тельные местоиме́ния (констру́кции *Что э́то? Как называ́ется э́то...?*).

■ Имя прилага́тельное, согласо́вание прилага́тельных с существӥтельными в ро́де и числе́.

■ Родӥтельный паде́ж имён существӥтельных едӥнственного числа́ (№ 2) в значе́нии определе́ния (*офис ба́нка*) — для пассӥвного усвое́ния.

Текст «Добро́ пожа́ловать!»

Как спросӥть об объе́кте и указа́ть на него́ • How to ask about an object and to indicate it

— Что э́то?
— Это фӥрма «Сӥменс».

1. **Спросӥте о том, что вы вӥдите из окна́ автомобӥля в незнако́мом го́роде ӥли на фӥрме. Испо́льзуйте слова́.** • **Ask what you can see through the car window in an unknown city or in a company. Use the words.**

Моде́ль:
— Что э́то?
— Это у́лица, а э́то пло́щадь. Это магазӥн, а э́то банк.

Фӥрма, предприя́тие, о́фис, вы́ставка, бӥржа, банк, фе́рма, инспе́кция, ры́нок, по́чта, стро́йка, ка́сса, бухгалте́рия, дире́кция, пресс-центр, зал, кафе́, буфе́т.

Сравнӥте:

Что?	*Кто?*
банк	банкӥр
ка́сса	кассӥр
фе́рма	фе́рмер
бухгалте́рия	бухга́лтер
бӥржа	бро́кер
дире́кция	дире́ктор
инспе́кция	инспе́ктор
посо́льство	посо́л
представӥтельство	представӥтель
строӥтельство	строӥтель
предприя́тие	предпринима́тель
фӥрма	бизнесме́н
по́чта	почтальо́н
магазӥн	продаве́ц
журна́л	журналӥст

2. Попроси́те ва́шего колле́гу перевести́ э́ти слова́ на родно́й язы́к, задава́я вопро́сы «Что э́то?» и́ли «Кто э́то?». • Using the questions «What is this?», «Who is this?» ask your colleague to translate these words into his/hers native language.

Моде́ль:
— «Магази́н» — *что э́то?*
— Shop.
— «Продаве́ц» — *кто э́то?*
— Seller.

Как вы́яснить ста́тус предприя́тия • How to find out the status of enterprise

— «Формо́за», что э́то?
— Это фи́рма.

Сравни́те:

мужско́й (masculine)	*же́нский* (feminine)	*сре́дний* (neuter)
он	**она́**	**оно́**
конце́рн	компа́ния	объедине́ние
кооперати́в	корпора́ция	о́бщество
	фи́рма	това́рищество
		предприя́тие

3. Вы́ясните ста́тус изве́стных вам предприя́тий, испо́льзуя слова́. • Find out the status of the companies you know, using the words.

Моде́ль:
— «Шелл» — что э́то?
— Это конце́рн.

фи́рма: «Норд», «Шко́да», «Тебоди́н», «Адида́с»;

конце́рн: «Газпро́м», «Но́киа», «Фиа́т», «Опель», «Фольксва́ген», «Бри́тиш Петро́леум»;

предприя́тие: «Океа́н», «Оме́га», «Росвьетна́м Пе́тро», «Элка́т»;

о́бщество: банк «Ка-Дэ-Бэ» (КДБ), банк «Ю-Би-Эс» (UBS), «Са́га фокс», «Салю́т»;

компа́ния: «Лере́й», «Копенга́ген Фэр Центр», «Акзо Но́бель», «Интерспу́тник», банк «Мо́рган Стэ́нли», фонд «Тусри́ф» (TUSRIF), «Петровьетна́м», «Ла́да»;

корпора́ция: «Ай-Би-Си-Эс» (IBCS), «Ксе́рокс», «Хе́льсинки Метропо́литан Деве́лопмент», «Во́льво»;

объединéние: «Зарубежнéфть», «Сахалинпромры́ба», «Мосстрóй»;
товáрищество: «Диалóг», «Дальморепродýкт», «Кáбель»;
кооператúв: « Дальры́ба», «Сантéхника», «Шик», «Вояж».

Как уточни́ть харáктер объéкта • How to specify an object

—Это фи́рма «Си́менс»?
—Нет, э́то магази́н.

4. Прослýшайте телефóнные разговóры. • Listen to telephone conversations.

—Аллó, э́то магази́н?
—Нет, э́то кварти́ра.
—Извини́те.

—Аллó, э́то автосéрвис?
—Нет, э́то не автосéрвис. Вы *ошúблись*.
—Извини́те, пожáлуйста.

—Аллó, э́то фи́рма «Норд»?
—Нет, сейчáс здесь магази́н.
—Спаси́бо.
—Нé за что.

Сравни́те:

он	онá	онó
банк	фéрма	представи́тельство
концéрн	фи́рма	посóльство
фонд	би́ржа	агéнтство
óфис	кáсса	предприя́тие
ры́нок	пóчта	здáние
магази́н	ýлица	кафé
аэропóрт	плóщадь	метрó
склад	кварти́ра	
пáркинг	кóмната	
ресторáн	вы́ставка	
дом	компáния	
	ассоциáция	
	инспéкция	
	тамóжня	

Ø	-а, -я, -ия, -ь	-о, -е, -ие

5. Позвони́те по телефо́ну, испо́льзуя да́нные вы́ше слова́. • **Make a telephone call using the words given above.**

Моде́ль:
— Алло́, э́то магази́н?
— Нет, э́то по́чта.
— Извини́те, пожа́луйста.

6. Вы слы́шали, как ваш колле́га отвеча́л по телефо́ну. Скажи́те, что у него́ спра́шивали. • **You have heard a colleague of yours answer the phone. Say what he was asked about.**

Моде́ль:
• Алло́, э́то ...?
— Нет, э́то фи́рма, а не магази́н.

— Алло́, э́то ...?
— Нет, э́то не фи́рма, а склад.
— Извини́те.

— Алло́, э́то ...?
— Нет, э́то не банк. Вы оши́блись.

— Алло́, э́то ...?
— Вы оши́блись. Это не би́ржа.

— Алло́, э́то ...?
— Это не гости́ница, а кварти́ра.

Сравни́те:

■ ■	▲ ▲	● ●
конце́рны	гости́ницы	дела́
кооперати́вы	фи́рмы	о́бщества
фо́нды	вы́ставки	това́рищества
о́фисы	о́трасли	предприя́тия
заво́ды	компа́нии	объедине́ния
кабине́ты	корпора́ции	строе́ния
подъе́зды	ассоциа́ции	
телефо́ны		
фа́ксы		
ба́нки		
этажи́		
города́		
дома́		
корпуса́		

мужско́й (masculine)	*же́нский* (feminine)	*сре́дний* (neuter)
-ы, -и, -а	**-ы, -и, -ии**	**-а, -ия**

Обрати́те внима́ние! По́сле *к, г, х, ж, ш, ч, щ* пиши́ *-и.*

Как вы́яснить принадле́жность чего́-либо • How to find out to whom something belongs

— Чьё э́то представи́тельство?
— Это на́ше представи́тельство.

Запо́мните:

он	она́	оно́	они́
Чей?	*Чья?*	*Чьё?*	*Чьи?*
наш	на́ша	на́ше	на́ши
ваш	ва́ша	ва́ше	ва́ши
мой	моя́	моё	мои́
твой	твоя́	твоё	твои́
их	их	их	их

7. Вы собира́етесь арендова́ть помеще́ние. Вас интересу́ет, каки́е слу́жбы нахо́дятся ря́дом. Испо́льзуйте слова́. • You are going to rent premises. You are wondering what services are located in the area. Use the words.

Моде́ль:
— Что э́то?
— Это о́фис.
— *Чей* э́то о́фис?

Зда́ние, вход, лифт, эта́ж, о́фисы, приёмная, столо́вая, ку́хня, туале́т, кабине́ты, зал, бухгалте́рия, дире́кция, ка́сса, скла́ды, фи́рмы, витри́на, стенд, обору́дование, экспона́ты.

8. Уточни́те, кому́ э́то принадлежи́т, испо́льзуйте слова́. • Ask about ownership, using the words.

Моде́ль:
— Вот контра́кт.
— Вы не зна́ете, *чей* э́то контра́кт?

Па́спорт, ви́за, про́пуск, догово́р, соглаше́ние, рекла́ма, проспе́кт, букле́т, печа́ть, по́дпись, чек, а́дрес, телефо́н, факс, визи́тная ка́рточка.

9. Восстанови́те вопро́сы, испо́льзуя слова́. • Reconstruct questions, using the words.

Моде́ль:
— ... э́то рабо́та?
— *Чья* э́то рабо́та?

До́лжность, обя́занности, по́дпись, де́ло, письмо́, зая́вка, про́сьба, вопро́сы, фотогра́фия, пробле́мы.

10. **Вы представи́тель ремо́нтной компа́нии. Уточни́те у клие́нта план-прое́кт их фи́рмы, испо́льзуя слова́. •** You are a representative of a repair company. Using the words given below, ask the client to specify the project plan of their office.

Моде́ль:
— Что э́то?
— Э́то *наш* о́фис.

Зда́ние, вход, лифт, эта́ж, о́фис, приёмная, столо́вая, ку́хня, туале́т, кабине́ты, зал, бухгалте́рия, дире́кция, ка́сса, скла́ды.

11. **Представи́тель ремо́нтной компа́нии рассма́тривает план чужо́й компа́нии. Отве́тьте на его́ вопро́сы, испо́льзуя слова́. •** A representative of a repair company is looking at the office plan of an unfamiliar company. Answer his question, using the words.

Моде́ль:
— Э́то *ваш* о́фис?
— Нет, не *наш*. Э́то *их* о́фис.

Фи́рма, зда́ние, эта́ж, о́фис, кабине́ты, телефо́н, банк, склад, предприя́тие.

12. **Подтверди́те, что э́ти ве́щи принадлежа́т вам, испо́льзуя слова́. •** Using the words, confirm that these things belong to you.

Моде́ль:
— Прости́те, пожа́луйста, э́то *ваши* ве́щи?
— Да, *мои́*.

Па́спорт, ви́за, фотогра́фия, про́пуск, визи́тная ка́рточка, а́дрес, телефо́н, факс, компью́тер, при́нтер, стол, кабине́т, контра́кт, прое́кт, докуме́нт, чек, де́ньги, по́дпись, пальто́, плащ, автомоби́ль.

13. **Прочита́йте диало́ги и разыгра́йте их. Обрати́те внима́ние на слова́, кото́рые выража́ют неуве́ренность: *ка́жется, по-мо́ему, мо́жет быть*. •** Read the dialogues and play them. Pay attention to the words which express uncertainty.

— Э́то ваш о́фис?
— Нет, не наш.
— А чей?
— *Ка́жется*, э́то о́фис фи́рмы «Формо́за».

— Э́то ваш вход?
— Нет, не наш.
— А чей?
— *По-мо́ему*, э́то вход ба́нка «UBS».

— Э́то ва́ше зда́ние?
— Нет, не на́ше.
— А чьё?
— *Мо́жет быть*, э́то зда́ние фи́рмы «Элка́т».

— Это ва́ши ве́щи?

— Нет, не мой.

— А чьи?

— *Мо́жет быть*, э́то ключи́ Татья́ны и́ли Иры, де́ньги И́горя, а сигаре́ты Ви́ктора.

 Запо́мните: о́фис + **Чей?** № 2 (роди́тельный паде́ж)

	фи́рмы Татья́ны Зо́и	ба́нка Ви́ктора И́горя	о́бщества аге́нтства предприя́тия
Офис +	-ы, -и	-а, -я	-а, -ия

Как охарактеризова́ть объе́кт • How to describe an object

— Кака́я э́то фи́рма?

— «Формо́за» — э́то кру́пная росси́йская ча́стная фи́рма.

 Запо́мните:

он	она́	оно́	они́
Како́й?	*Кака́я?*	*Како́е?*	*Каки́е?*
госуда́рственный	госуда́рственная	госуда́рственное	госуда́рственные
кооперати́вный	кооперати́вная	кооперати́вное	кооперати́вные
ча́стный	ча́стная	ча́стное	ча́стные
индивидуа́льный	индивидуа́льная	индивидуа́льное	индивидуа́льные
акционе́рный	акционе́рная	акционе́рное	акционе́рные
аре́ндный	аре́ндная	аре́ндное	аре́ндные
комме́рческий	комме́рческая	комме́рческое	комме́рческие
кру́пный	кру́пная	кру́пное	кру́пные
большо́й	больша́я	большо́е	больши́е
небольшо́й	небольша́я	небольшо́е	небольши́е
сре́дний	сре́дняя	сре́днее	сре́дние
ма́лый	ма́лая	ма́лое	ма́лые
росси́йский	росси́йская	росси́йское	росси́йские
неме́цкий	неме́цкая	неме́цкое	неме́цкие
росси́йско- неме́цкий	росси́йско- неме́цкая	росси́йско- неме́цкое	росси́йско- неме́цкие
иностра́нный	иностра́нная	иностра́нное	иностра́нные

совме́стный	совме́стная	совме́стное	совме́стные
междунаро́дный	междунаро́дная	междунаро́дное	междунаро́дные
торго́вый	торго́вая	торго́вое	торго́вые
произво́дственный	произво́дственная	произво́дственное	произво́дственные
инвестицио́нный	инвестицио́нная	инвестицио́нное	инвестицио́нные
-ый, -ий, -ой	-ая, -яя	-ое, -ее	-ые, -ие

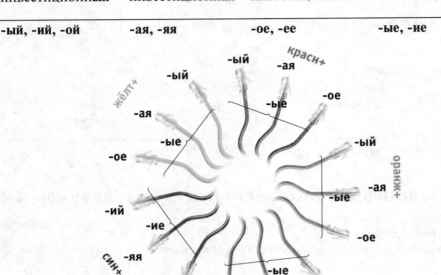

 14. Слу́шайте, повторя́йте. • Listen and repeat.

фи́рма — ча́стная фи́рма — ча́стная норве́жская фи́рма

компа́ния — госуда́рственная компа́ния — госуда́рственная росси́йская компа́ния

банк — кру́пный банк — кру́пный швейца́рский банк — кру́пный швейца́рско-росси́йский банк

фонд — междунаро́дный фонд — междунаро́дный инвестицио́нный фонд

о́бщество — акционе́рное о́бщество — откры́тое акционе́рное о́бщество

предприя́тие — индивидуа́льное предприя́тие — индивидуа́льное ча́стное предприя́тие

корпора́ция — кру́пная корпора́ция — кру́пная норве́жская корпора́ция

15. Спроси́те о ста́тусе фи́рмы, испо́льзуя слова́. • Ask about the status of a firm, using the words.

Моде́ль:
— Кака́я э́то компа́ния?
— Э́то госуда́рственная компа́ния.

госуда́рственный (банк, конце́рн, объедине́ние, фонд)
ча́стный (банк, корпора́ция, фи́рма, бюро́, предприя́тие, аге́нтство, фонд)
комме́рческий (банк, предприя́тие)
акционе́рный (о́бщество, това́рищество, банк)
аре́ндный (фи́рма, объедине́ние)
кооперати́вный (объедине́ние, това́рищество)
индивидуа́льное (предприя́тие)

16. **Спроси́те о разме́ре фи́рмы, испо́льзуя слова́.** • **Ask about the firm's size, using the words.**

Моде́ль:
— Кака́я э́то компа́ния?
— Э́то о́чень кру́пная компа́ния.

кру́пный (конце́рн, объедине́ние, корпора́ция, аге́нтство, заво́д)
сре́дний (банк)
небольшо́й (кооперати́в, предприя́тие, бюро́, фи́рма)
ма́лое (предприя́тие)

17. **Спроси́те о национа́льной принадле́жности фи́рмы, испо́льзуя слова́.** • **Ask what country the firm belongs to, using the words.**

Моде́ль:
— Кака́я э́то компа́ния?
— Э́то америка́нская компа́ния.

швейца́рский (банк, фи́рма, представи́тельство)
росси́йский (компа́ния, конце́рн, бюро́)
совме́стный (предприя́тие)
междунаро́дный (фонд, аге́нтство, ассоциа́ция)

18. **Спроси́те о де́ятельности фи́рмы, испо́льзуя слова́.** • **Ask about the firm's activities, using the words.**

Моде́ль:
— Кака́я э́то компа́ния?
— Э́то торго́вая компа́ния.

торго́вый (фи́рма, кооперати́в, представи́тельство, дом)
произво́дственный (объедине́ние, конце́рн, предприя́тие)
инвестицио́нный (банк, компа́ния, фонд)

19. **Соста́вьте словосочета́ния, испо́льзуя слова́.** • **Say who your partners are, make word combinations, using the words.**

Моде́ль:
• *росси́йская* — фи́рма

росси́йский —
росси́йская —
росси́йское —
росси́йские —

Посо́льство, представи́тельство, ко́нсульство, предприя́тия, аге́нтства, компа́ния, заво́ды, университе́т, министе́рство, регио́ны, банк.

20. Переведи́те да́нные сочета́ния на англи́йский язы́к. Обрати́те внима́ние на испо́льзование прилага́тельных *ру́сский, росси́йский*. • Translate word combinations given below into English. Note the use of adjectives.

росси́йский: президе́нт, специали́ст, банк, ры́нок, партнёр
росси́йское: госуда́рство, о́бщество, посо́льство, ко́нсульство, предприя́тие
росси́йская: фи́рма, компа́ния, организа́ция, ассоциа́ция
ру́сский: язы́к, челове́к, хара́ктер, бале́т, сувени́р, рестора́н
ру́сская: культу́ра, му́зыка, душа́, тради́ция, ку́хня
ру́сское: иску́сство, блю́до, гостеприи́мство

21. Соста́вьте словосочета́ния со сле́дующими слова́ми. • Make word combinations with the following words.

совме́стный: ба́нки, фи́рма, предприя́тие, фе́рма, заво́д, вы́ставка, прое́кт, контра́кт
комме́рческий: банк, предприя́тие, фи́рма, предложе́ние, цена́, авиаре́йс

22. Вы́черкните из да́нных определе́ний темати́чески ли́шнее сло́во и переведи́те их на англи́йский язы́к. • Cross out the word which doesn't fit in the definitions given below and translate them into English.

Предприя́тие: (кру́пное, небольшо́е, англи́йское, ма́лое)
Фи́рма: (госуда́рственная, ча́стная, совме́стная, юриди́ческая)
Компа́ния: (торго́вая, произво́дственная, небольша́я)

23. Прочита́йте назва́ние госуда́рств и обозначе́ние организа́ций в по́лной и кра́ткой фо́рме. • Read names of the states and organizations in both full and short form.

Моде́ль:
• РФ
[эр — эф] — Росси́йская Федера́ция

КНР — Кита́йская Наро́дная Респу́блика
КНДР — Коре́йская Наро́дно-Демократи́ческая Респу́блика
ЮАР — Ю́жно-Африка́нская Респу́блика
США — Соединённые Шта́ты Аме́рики
ОАЭ — Объединённые Ара́бские Эмира́ты
СНГ — Содру́жество Незави́симых Госуда́рств
МВФ — Междунаро́дный валю́тный фонд

ООН — Организа́ция Объединённых На́ций
ЕС — Европе́йский Сою́з
НАТО — Организа́ция Североатланти́ческого догово́ра

Запо́мните:

Значе́ния букв в сокраще́ниях.

А — Áфрика, Аме́рика, ассоциа́ция, ара́бский
В — валю́тный
Г — госуда́рства, Герма́ния, госуда́рственный
Д — демократи́ческий
Е — Евро́па, европе́йский
К — комите́т, кита́йский, коре́йский
М — междунаро́дный
Н — на́ция, наро́дный, незави́симый
О — организа́ция, объединённый
Р — респу́блика, росси́йский
С — сою́з, содру́жество
Ф — федера́ция, фонд, федерати́вный

24. **Уточни́те значе́ние сокраще́ний.** • **Specify the meaning of abbreviations.**
СНГ, США, ООН, КНР, ЕС, НАТО, КНДР

Моде́ль:
— Что тако́е РФ?
— Это Росси́йская Федера́ция.

25. **Уточни́те обозначе́ние учрежде́ний.** • **Specify the names of institutions.**

Моде́ль:
— Что тако́е ПО?
— Это произво́дственное объедине́ние.

ТЦ — торго́вый центр
ВЦ — вычисли́тельный центр
ВВЦ — Всеросси́йский вы́ставочный центр
АО — акционе́рное о́бщество
ЗАО — закры́тое акционе́рное о́бщество
ОАО — откры́тое акционе́рное о́бщество
ООО — о́бщество с ограни́ченной отве́тственностью
МВФ — Междунаро́дный валю́тный фонд
РАО «ЕЭС» — Росси́йское акционе́рное о́бщество «Еди́ная энергосисте́ма»
ПО — произво́дственное объедине́ние
НПО — нау́чно-произво́дственное объедине́ние
НИИ — нау́чно-иссле́довательский институ́т
ЦБ — Центра́льный банк

8-652

ИП — индивидуа́льный предпринима́тель
МП — ма́лое предприя́тие
МГУ — Моско́вский госуда́рственный университе́т
ГУМ — Госуда́рственный универса́льный магази́н
ЦУМ — Центра́льный универса́льный магази́н

Запо́мните:
Значе́ния букв в сокраще́ниях:

А — акционе́рный
Г — госуда́рственный
Е — еди́ный
З — закры́тый
И — индивидуа́льный, институ́т, иссле́довательский
К — констру́кторский, комите́т
М — ма́лый, моско́вский, магази́н
Н — нау́чный
О — откры́тый, объедине́ние, о́бщество
П — произво́дственный, предприя́тие
Р — росси́йский
С — совме́стный, сою́з, содру́жество
Т — техни́ческий, торго́вый
У — универса́льный, университе́т
Ц — центр
Ч — ча́стный

26. **Уточни́те значе́ние сокраще́ний. • Specify the meaning of abbreviations.**

Моде́ль:
— Что тако́е СП?
— Это совме́стное предприя́тие.

МП, ПО, НПО, ЦБ, ВВЦ, МГУ, АО, ОАО, ООО

27. **Послу́шайте и запиши́те в кра́ткой фо́рме. • Listen and write down in a short form.**

Моде́ль:
Ма́лое предприя́тие «Элка́т»
МП «Элка́т»

произво́дственное объедине́ние «Свет»
о́бщество с ограни́ченной отве́тственностью «Энергоби́знес»
закры́тое акционе́рное о́бщество «Связно́й»
откры́тое акционе́рное о́бщество «Аэрофло́т — Росси́йские авиали́нии»
о́бщество с ограни́ченной отве́тственностью «Ме́диаМаркт — Сату́рн»
ма́лое предприя́тие «Квант»
Моско́вский госуда́рственный университе́т
закры́тое акционе́рное о́бщество «Аспо»

открытое акционерное общество «Финнлайнс»
торговый центр «Белый ветер»
акционерное общество «Сименс»

Как выяснить название фирмы • How to find out the name of company

— Как называется этот банк?
— Он называется «Центральный банк России (ЦБ)».

Запомните:

Как	(он	она	оно)	называется?
Как	(они)			называются?

Сравните:

Кого? № 4

■ ▲ ●

Что? № 1

Как	его	зовут?
	его	
	её	
	их	

Как	он	называ*ется*?
	оно	
	она	
	они	называ*ются*?

28. Посмотрите на фотографии и спросите о том, что и кого вы видите. • Look at the photos and ask whom and what you see.

Модель:

— *Кто* это?
— Это наш менеджер.
— Как его зовут?

— *Что* это?
— Это наш банк.
— Как он называется?

банкир	банк
представитель	представительство
посол	посольство
предприниматель	предприятие
бизнесмен	концерн
акционер	объединение
строитель	здание
фермер	ферма
бухгалтер	фирма
брокер	биржа
директор	заводы
инспектор	инспекция

продаве́ц	магази́н
журнали́сты	журна́лы

— Как называ́ется банк?
— Како́й? Этот?
— Да, э́тот.
— Этот банк называ́ется «ЦБ» (цэ-бэ).
— А тот?

Запо́мните:

Как?	*Что? №1*
называ́**ется**	банк, фи́рма, аге́нтство
называ́**ются**	фа́брики

Сравни́те:

Како́й?	*Кака́я?*	*Како́е?*	*Каки́е?*
э́тот	э́та	э́то [а]	э́ти
тот	та	то	те

29. **Уточни́те назва́ние объе́ктов, кото́рые вы ви́дите на ка́рте го́рода.** • Specify names of the objects you can see on the city map.

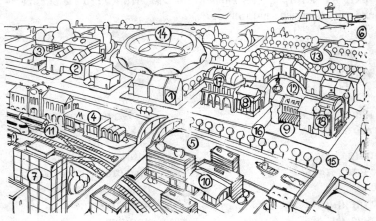

Моде́ль:
— Вот банк.
— Как называ́ется э́тот банк?

Фи́рма (10), заво́ды (7), фа́брика (2), зда́ние (12), ста́нция метро́ (4), река́ (5), аэропо́рт (6), магази́н (18), рестора́н (18), вокза́л (11), пло́щадь (3), парк (13), стадио́н (14), у́лица (15), проспе́кт (16), музе́й (8), теа́тры (17).

30. **Скажи́те, как называ́ются э́ти фи́рмы. Испо́льзуйте та́кже слова́ из упражне́ния № 3.** • **Say what the names of these firms are. In addition use the words from exercise 3.**

Моде́ль:
• Банк «Абсолют»
— Этот банк называ́ется «Абсолют».

Предприя́тие «Аспоке́м», фи́рма «Фи́ннкэрриерз», конце́рн «Финнла́йнс», компа́ния «Акзо Но́бель», фонд «Ра́бо Черноземье», банк «Фундаме́нт-Банк», фи́рма «Си́менс», компа́ния «Раутару́укки», ассоциа́ция «Фи́нско-росси́йская торго́вая пала́та», фи́рма «Тебоди́н», конце́рн «Шелл», банк «АБН АМРО», корпора́ция «Ксе́рокс», фонд «Тусри́ф», банк «Инг Груп», компа́ния «Са́га Фокс», центр «Копенга́генский Фэр Центр», корпора́ция «Ай-Би-Си-Эс» (IBCS), компа́ния «Энергоби́знес», ЗАО «Связно́й», магази́н «Ме́диаМаркт — Сату́рн».

31. **Зако́нчите предложе́ния, соедини́в ле́вую и пра́вую ча́сти.** • **Complete the sentences combining the left and the right parts.**

Этот ... называ́ется ...	фи́рма «Формо́за»
Моя́ ... называ́ется ...	предприя́тие «Элка́т»
Ва́ше ... называ́ется ...	корпора́ция «Ай-Би-Эм»
Эта ... называ́ется ...	объедине́ние «Свет»
Наш ... называ́ется ...	конце́рн «Финнла́йнс»
Этот ... называ́ется ...	магази́ны «Ры́ба» и «Океа́н»
Их ... называ́ются ...	конце́рны «Шко́да» и «Фо́льксваген»
Эти ... называ́ются ...	банк «UBS»

Сравни́те:

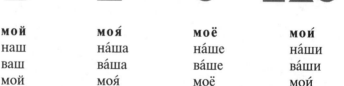

мой	моя́	моё	мои́
наш	на́ша	на́ше	на́ши
ваш	ва́ша	ва́ше	ва́ши
мой	моя́	моё	мои́
э́тот	э́та	э́то	э́ти

32. **Уточни́те назва́ние и хара́ктер фирм.** • **Specify the firms' names and types of activities.**

Моде́ль:
— Как называ́ется *э́тот* банк?   — Этот банк называ́ется «Опти́ма».
— Како́й *э́то* банк?   — Это госуда́рственный, кру́пный банк.

фи́рма «Формо́за» — ча́стная, торго́вая, небольша́я, че́шская
предприя́тие «Элка́т» — совме́стное, росси́йско-фи́нское, ма́лое
корпора́ция «Ай-Би-Эм» — ча́стная, кру́пная, америка́нская
конце́рн «Финнла́йнс» — ча́стный, фи́нский, кру́пный
объедине́ние «Свет» — ча́стное, торго́вое, произво́дственное, кру́пное
магази́ны «Ры́ба» и «Океа́н» — комме́рческие, кру́пные

концéрны «Опель» и «Фольксвáген» — чáстные, крýпные

объединéние «Зарубежнéфть» — крýпное, госудáрственное, росси́йское, торгóвое.

Как уточни́ть значéние слов • How to make clear the meaning of words

—Скажи́те, «предпринимáтель» — как э́то по-англи́йски?
—«Businesman».
—А «interprise» — как э́то по-рýсски?
—«Предприя́тие».

33. Уточни́те у свои́х коллéг значéние нóвых слов урóка в разли́чных языкáх. • Ask your colleagues about the meaning of the words from the unit in various languages.

Модéль:
—Скажи́(те), пожáлуйста, «би́ржа» — как э́то по-испáнски?
—Извини́(те), пожáлуйста, «брóкер» — как э́то по-англи́йски?
—Прости́(те), пожáлуйста, «посóл» — как э́то по-немéцки?
—Вы не знáете (ты не знáешь), «посóльство» — как э́то по-францýзски?

Сравни́те:

Кто	*это?* (он, онá, они́)
Что	*это?* (он, онá, онó, они́)
Что	*такóе...?* (он, онá, онó, они́)
Как	*это по-рýсски?* (он, онá, онó, они́)

Как	называ́ется	э́тот	банк? (он)
		э́та	фи́рма? (онá)
		э́то	агéнтство? (онó)
	называ́ются	э́ти	фáбрики? (они́)

34. Прочитáйте крáткие и пóлные назвáния, котóрые содéржат информáцию о харáктере фирм. • Read short and full names which contain information about the company types.

Модéль:
—Эта фи́рма называ́ется «Продинтóрг». Это торгóвая фи́рма.

(гос-) госудáрственная: «Госстрáх», «Госстрóй», «Госкомитéт»;

(тур-) тристи́ческая: «Академтýр», «Аэротýр», «Автотýр», «Интури́ст», «Евротурсéрвис», «Мостури́зм»;

(строй-) строи́тельная: «Амерустрóй», «Главспецстрóй», «Еврострóй», «Экспо-строймáш», «Инстрóй», «Лакистрóй», «Метрострóй», «Мостехстрóй», «Спецстрóй»;

(торг-) торгóвая: «Коопвнештóрг», «Интеркоммéрс», «Росвнештóрг»;

(пром-) промы́шленная: «Проммаши́мпорт», «Технопроми́мпорт», «Тяжпром-экспорт»;

(мед-) медици́нская: «Мединце́нтр», «Медте́хника»;

(нефть) нефтяна́я: «Росне́фть», «Нефтетра́нс», «Нефтехимэ́кспорт»;

(газ-) га́зовая: «Газпро́м», «Рурга́з»;

(метал-) металлурги́ческая: «Суперме́талл», «Алюминпрода́кт», «Ме́талл-хо́лдинг», «Металлресу́рс»;

(инвест-) инвестицио́нная: «Альтинве́ст», «Инвестпро́д», «Интеринве́ст»;

(ин-) иностра́нная: «Интури́ст», «Интуртра́нс»;

(текс-) тексти́льная: «Центроте́кс», «Комте́кс»;

(лес-) лесна́я: «Росэкспортле́с», «Лесхо́з»;

(риэл-) риелторская: «Мосриэ́лт», «Сити-риэ́лт»;

(проект-) прое́ктная: «Энергопрое́кт», «Промстройпрое́кт»;

(фин-) фина́нсовая: «Альфа-капита́л», «Русинфи́н»;

(страх-) страхова́я: «Ингосстра́х», «Госстра́х»;

(юр-) юриди́ческая: «Инюрколле́гия», «Юрге́нта», «Юринфа́кт».

35. **Скажи́те, кака́я э́то фи́рма, е́сли вы зна́ете, как она́ называ́ется. Обрати́те внима́ние, каки́е мы испо́льзуем выраже́ния, е́сли зна́ем то́чно и́ли то́лько предполага́ем. • Say which company it is if you know its name. Note what expressions we use if we know something for sure of if we just assume something.**

Моде́ль:

— Э́то предприя́тие называ́ется «Росвьетпетро».

— Я зна́ю, что э́то совме́стное росси́йско-вьетна́мское нефтяно́е предприя́тие.

— Я ду́маю, что ...

— По-мо́ему, э́то...

— Ка́жется, э́то ...

— Мо́жет быть, э́то ...

«Мостстро́й», «Воя́ж», «Турсе́рвис», «Стройдормашэ́кспорт», «Комме́рс», «Стройтехиндустри́я», «Металлоэ́кспорт», «Проммаши́мпорт», «Ме́таллик», «Рос-тра́нс», «Медэ́кспорт», «Москва-Ту́р», «Мостехстро́й», «Строймашсе́рвис», «Внешстройи́мпорт», «Стройэле́ктро», «Турэкспре́сс», «Интерстройкомпле́кт», «Росвнешто́рг», «Монтажспецстро́й», «Технопроми́мпорт», «Транса́эро», «Спецстро́й», «Аэросе́рвис», «Транса́кт», «Стро́йка», «Росмортра́нс».

36. **Прочита́йте характери́стику и назва́ние фирм. • Read the firms' descriptions and names.**

• Фи́рма — юриди́ческая фи́рма — ча́стная юриди́ческая фи́рма — ча́стная юриди́ческая фи́рма «Адвока́т»;

• фонд — инвестицио́нный фонд — росси́йско-америка́нский инвестицио́нный фонд — ча́стный росси́йско-америка́нский инвестицио́нный фонд — ча́стный росси́йско-америка́нский инвестицио́нный фонд «Тусри́ф»;

• предприя́тие — совме́стное предприя́тие — совме́стное росси́йско-фи́нское предприя́тие, ма́лое совме́стное росси́йско-фи́нское предприя́тие — ма́лое совме́стное росси́йско-фи́нское предприя́тие «Элка́т»;

• компа́ния — страхова́я компа́ния — кру́пная страхова́я компа́ния — кру́пная междунаро́дная страхова́я компа́ния «Ингосстра́х»;

• банк — Центра́льный банк — Центра́льный банк Росси́йской Федера́ции.

37. а) Вам предоставля́ется возмо́жность побыва́ть в изве́стном ба́нке. • You have a chance to visit a famous bank.

ДОБРО́ ПОЖА́ЛОВАТЬ!

— Вот наш банк. Добро́ пожа́ловать, Бори́с!

— Спаси́бо, Андре́. Како́е высо́кое зда́ние!

— Да. Это большо́й би́знес-центр. Вот наш вход.

— А чей тот вход? То́же ваш?

— Нет, ка́жется, там о́фис «Фунда́мент-ба́нка». Здесь ра́зные ба́нки. Это наш о́фис. Пожа́луйста.

— «UBS». Извини́, Андре́, что тако́е «Ю-Би-Эс»?

— Наш банк называ́ется «UBS».

— Почему́ он так называ́ется?

— Очень про́сто! Смотри́: «ю» — объединённый, «би» — банк, «эс» — Швейца́рии. По-ру́сски э́то зна́чит «Объединённый банк Швейца́рии».

— Поня́тно. А почему́ объединённый?

— Потому́, что э́то о́чень кру́пный мирово́й ба́нковский конце́рн. Его́ о́чень давно́ созда́ли банки́ры из Ба́зеля вме́сте со Швейца́рским ба́нковским сою́зом.

— Я ча́сто ви́жу в Швейца́рии зда́ния «UBS». У вас о́чень большо́й совреме́нный о́фис.

— Бори́с, а скажи́, как по-ру́сски называ́ется компью́терный прибо́р USB?

— Что-что?

— Ну, USB. У меня́ есть тако́й моде́мный порта́л.

— Как компью́терный порта́л? Не мо́жет быть!

— Да, «UBS» и USB — о́чень похо́жие слова́, как у вас в Москве́ «МГУ» и «ГУМ».

— Ничего́ себе́! У вас о́чень интере́сное назва́ние ба́нка. Лю́ди говоря́т: «Век живи́, век учи́сь». Это пра́вда.

— Бори́с, а как называ́ется ваш банк? Како́й э́то банк?

— Наш банк называ́ется о́чень про́сто: «ЦБ» или «Центра́льный банк». Это кру́пный госуда́рственный банк Росси́и.

б) Расскажи́те, что вы узна́ли о ба́нке, где рабо́тает Андре́й. • Tell, what you have learnt about the bank where Andrew works.

в) Расскажи́те о назва́нии и хара́ктере ва́шей фи́рмы. • Speak about the name and the activities of your company.

г) Расспроси́те о фи́рме ва́шего колле́ги. • Question your collegue about his company.

Контро́льные зада́ния

Побесе́дуем • Communicative practice

1. Как вы ду́маете, каку́ю роль игра́ет назва́ние фи́рмы в её рекла́ме, презента́ции? • What do you think about the importance of the company's name in its advertising, presentation?

2. Что лу́чше, коро́ткие и́ли дли́нные назва́ния? Всегда́ ли коро́ткие назва́ния то́чно передаю́т информа́цию о хара́ктере фи́рмы? • What kind of company's name is better: a short or a long one? Does a short name always carry information duly?

3. Как вы счита́ете, назва́ние ва́шей фи́рмы уда́чное? • Is your company's name an appropriate one?

4. Приведи́те приме́ры назва́ний, кото́рые вам нра́вятся или не нра́вятся. Скажи́те, почему́. • Give examples of good and bad company names. Why do you think so?

5. а) Прочита́йте ру́сские погово́рки. • Read Russian proverbs and saying.

   ■ По одёжке встреча́ют. (Good clothes open all doors.)
   ■ Век живи́, век учи́сь. (It is never too late to learn.)

   б) Как вы ду́маете, что они́ зна́чат и в како́й ситуа́ции их говоря́т. • Try to guess their meaning and in what situation they can be used.
   в) Согла́сны ли вы с э́тими выска́зываниями? • Do you agree with this?
   г) Есть ли в ва́шем языке́ погово́рки, в кото́рых говори́тся об э́том же? • Are their any similar sayings in your native language?

Урок 5 (пять) • пятый урок

Речевые образцы:

— Когда начал работать ваш банк?
— Банк «UBS» начал работать сто сорок лет назад.

— Где начал работать ваш банк?
— Банк «UBS» начал работать в Швейцарии, в Базеле.

— Сколько времени ваш банк работает в России?
— Швейцарский банк «UBS» работает в России уже десять лет.

— Кто ваши учредители?
— Наши учредители — частные финансовые компании.

— Сколько человек работает в банке «UBS»?
— Это крупный банк. Там работает 3200 (три тысячи двести) человек.

— У вас есть представительство в Санкт-Петербурге?
— Нет, у нас пока нет представительства.

— Где находится эта фирма?
— В Швейцарии.

— Какой адрес представительства?
— Москва, Павелецкая площадь, дом номер 2/2, этаж 11.
— А какой у вас телефон?

Грамматический материал:

■ Указательные местоимения (конструкция «Где находится этот..?») — продолжение.

■ Имя прилагательное, согласование прилагательных с существительными в роде и числе — продолжение.

■ Родительный падеж существительных единственного числа (№ 2), притяжательных и указательных местоимений в значениях: а) объекта-обладателя (*у этой фирмы...*); б) отрицания наличия (*нет представительства*); в) определения (*адрес фирмы*) — продолжение; г) количества (в сочетаниях с числительными типа *200 человек*) — продолжение.

■ Вини́тельный паде́ж существи́тельных еди́нственного числа́ (№ 4) для выраже́ния вре́мени (*год (неде́лю) наза́д*).

■ Твори́тельный паде́ж существи́тельных еди́нственного числа́ (№ 5) для выраже́ния коли́чества (сочета́ния ти́па *два с полови́ной го́да*) — для пасси́вного усвое́ния.

■ Предло́жный паде́ж существи́тельных еди́нственного числа́ (№ 6) в значе́нии ме́ста — продолже́ние.

■ Образова́ние и употребле́ние проше́дшего вре́мени глаго́лов — для пасси́вного усвое́ния.

■ Образова́ние и употребле́ние сло́жного глаго́льного сказу́емого (констру́кции ти́па *нача́ть рабо́тать*) — для пасси́вного усвое́ния.

Текст «Где э́та у́лица, где э́тот дом...?»

Как сказа́ть о да́те созда́ния фи́рмы (о де́йствии в про́шлом) • How to say when the company was formed (about its past activities)

— Когда́ на́чал рабо́тать ваш банк?
— Банк «UBS» на́чал рабо́тать сто со́рок лет наза́д.

Запо́мните:

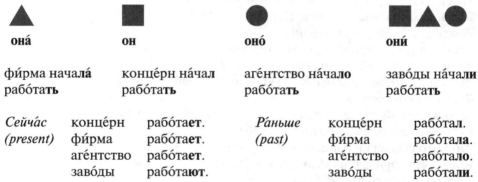

она́	он	оно́	они́
фи́рма начала́ рабо́тать	конце́рн на́чал рабо́тать	аге́нтство на́чало рабо́тать	заво́ды на́чали рабо́тать

Сейча́с (present)		Ра́ньше (past)	
конце́рн рабо́тает.		конце́рн рабо́тал.	
фи́рма рабо́тает.		фи́рма рабо́тала.	
аге́нтство рабо́тает.		аге́нтство рабо́тало.	
заво́ды рабо́тают.		заво́ды рабо́тали.	

1. **Прочита́йте, как мо́жно сказа́ть о де́йствиях в про́шлом, обрати́те внима́ние на ударе́ние. • Read how one speaks about past events, note the stress.**

нача́ть — на́чал — начала́ — на́чало — на́чали
рабо́тать — рабо́тал — рабо́тала — рабо́тало — рабо́тали
нача́ть рабо́тать — на́чал рабо́тать — начала́ рабо́тать — на́чало рабо́тать — на́чали рабо́тать

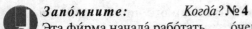

Запо́мните: *Когда́?* № **4**

Эта фи́рма начала́ рабо́тать	о́чень давно́	оди́н год	
	давно́	сто со́рок лет	+ наза́д.
	неда́вно	три го́да	
	совсе́м неда́вно	два ме́сяца	
		неде́лю	
		ме́сяц	
		год	

2. **Испо́льзуя да́нные слова́, скажи́те о рабо́те предприя́тий в про́шлом и сейча́с.** •
Using the words given above, speak about the companies' past and present activities.

Моде́ль:
— Этот конце́рн *на́чал рабо́тать* о́чень давно́.
— А сейча́с он то́же *рабо́тает*?

Фи́рма, аге́нтство, заво́ды, банк, фонд, ассоциа́ция, о́бщество, корпора́ция, компа́нии, предприя́тия, объедине́ние, фа́брики.

3. **Скажи́те, когда́ на́чали рабо́тать э́ти предприя́тия.** • **Say when these enterprises started operating.**

Моде́ль:
• Швейца́рский банк «UBS» — 1865 г.
— Швейца́рский банк «UBS» *на́чал рабо́тать* сто со́рок шесть лет наза́д.

Америка́нская корпора́ция «Ай-Би-Эм» — 1914 г.
Америка́нская фи́рма «Хью́лет Пакка́рд» — 1939 г.
Росси́йско-америка́нский фонд «Тусри́ф» — 1995 г.
Голла́ндская компа́ния «Акзо Но́бель» — 1985 г.
Росси́йский «Фундаме́нт-Банк» — 1992 г.
Фи́нское акционе́рное о́бщество «Раутару́укки» — 1939 г.
Фи́нская фи́рма « Пе́ртти Па́мирут» — 1929 г.
Фи́нское акционе́рное о́бщество «Но́киа Ка́апели» — 1923 г.
Фи́нский конце́рн «Конс» — 1910 г.
Ассоциа́ция «Фи́нско-росси́йская торго́вая пала́та» — 1946 г.
Голла́ндская фи́рма «Тебоди́н» — 1946 г.
Англо-голла́ндский конце́рн «Шелл» — 1907 г.
Коре́йская корпора́ция «Самсу́нг» — 1956 г.
Япо́нская корпора́ция «Со́ни» — 1859 г.
Италья́нская компа́ния «Дизи́ни» — 1964 г.
Неме́цкий конце́рн «Опель» — 1908 г.

4. **Скажи́те, когда́ начала́ рабо́тать ва́ша фи́рма, и спроси́те у ва́ших колле́г о вре́мени созда́ния их предприя́тий.** • **Say when your firm was founded and ask your colleagues about the foundation year of their companies.**

Моде́ль:

—Наш банк «КДБ» на́чал рабо́тать давно́, 25 лет наза́д. А когда́ ва́ша фи́рма начала́ рабо́тать?

—А на́ша фи́рма «Формо́за» начала́ рабо́тать неда́вно, 7 лет наза́д.

Как сказа́ть о ме́сте созда́ния фи́рмы • How to say where the company was formed

—Где на́чал рабо́тать ваш банк?
—Банк «UBS» на́чал рабо́тать в Швейца́рии, в Ба́зеле.

Сравни́те:	*Что? № 1*		*Где? № 6*
	Росси́я	в	Росси́и
	Швейца́рия	в [ф]	Швейца́рии
	Финля́ндия	в [ф]	Финля́ндии
	Коре́я	в [ф]	Коре́е
	Кита́й	в [ф]	Кита́е
	Ира́н	в	Ира́не
	США	в [ф]	США

5. Прочита́йте и сравни́те назва́ния фирм и назва́ния стран. • Read and compare the company and the country names.

швейца́рская — Швейца́рия
росси́йская — Росси́я
фи́нская — Финля́ндия
америка́нская — США
неме́цкая — Герма́ния
норве́жская — Норве́гия
шве́дская — Шве́ция
италья́нская — Ита́лия
коре́йская — Коре́я
япо́нская — Япо́ния
англи́йская — А́нглия
голла́ндская — Голла́ндия
венге́рская — Ве́нгрия
австри́йская — А́встрия

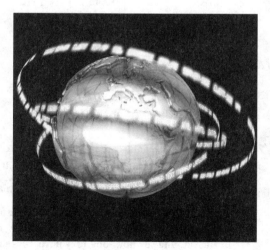

6. Скажи́те, где на́чали рабо́тать э́ти предприя́тия, испо́льзуйте слова́ упражне́ния 3. • Say when these enterprises started operating, use the words from exercise 3.

Моде́ль:

• Швейца́рский банк «UBS» ...
—Швейца́рский банк «UBS» на́чал рабо́тать в Швейца́рии.

7. **Скажи́те, когда́ и где на́чали рабо́тать э́ти предприя́тия, испо́льзуйте слова́ упражне́ния 3.** • Say when and where these enterprises started operating, use the words from exercise 3.

Моде́ль:

• Швейца́рский банк «UBS» — 1865 г.

— Швейца́рский банк «UBS» на́чал рабо́тать сто со́рок шесть лет наза́д в Швейца́рии.

8. **Скажи́те, где и когда́ начала́ рабо́тать ва́ша фи́рма, и спроси́те у ва́ших колле́г о вре́мени и ме́сте созда́ния их предприя́тий.** • Say when and where your company started operating, and ask your colleagues about time and place of foundation of their enterprises.

Моде́ль:

— Наш банк «КДБ» на́чал рабо́тать в Коре́е давно́, 25 лет наза́д. А где и когда́ начала́ рабо́тать ва́ша фи́рма?

— На́ша фи́рма «Формо́за» начала́ рабо́тать в Росси́и неда́вно, 7 лет наза́д.

Как сказа́ть о нача́ле рабо́ты на росси́йском ры́нке • How to indicate the beginning date of working on the Russian market

— Ско́лько вре́мени ваш банк рабо́тает в Росси́и?
— Швейца́рский банк «UBS» рабо́тает в Росси́и уже́ де́сять лет.

Сравни́те:		*Когда́?*
Фи́рма	**начала́** рабо́тать	три го́да *наза́д*
		ме́сяц *наза́д*
		неде́лю *наза́д*
		Ско́лько вре́мени?
Фи́рма	рабо́та**ет**	три го́да
		ме́сяц
		неде́лю

Запо́мните:

2,5; 3,5; 4,5	(два ... *с полови́ной*)	го́да, ме́сяца	(две ... *с полови́ной*) неде́ли
5,5 ...	(пять ... *с полови́ной*)	лет, ме́сяцев	неде́ль

полови́на — № 1   *с полови́ной* — № 5

9. **Прочита́йте, когда́ э́ти фи́рмы на́чали рабо́тать в Росси́и, и скажи́те, ско́лько вре́мени они́ рабо́тают на росси́йском ры́нке.** • Read when these companies started operating in Russia, and say how long they have worked on the Russian market.

Моде́ль:

• СП «Бру́нсвик UBS» — 1995 г.

— СП «Бру́нсвик UBS» рабо́тает в Росси́и шестна́дцать лет.

Америка́нская корпора́ция «Ай-Би-Эм» — 1972 г.
Америка́нская фи́рма «Хью́лет Па́ккард» — 1987 г.

Росси́йско-америка́нский фонд «Тусри́ф» — 1996 г.
Голла́ндская компа́ния «Акзо Но́бель» — 1994 г.
Росси́йский «Фундаме́нт-Банк» — 1992 г.
Фи́нское акционе́рное о́бщество «Финнкэ́рриерз» — 1996 г.
Фи́нская фи́рма «Пе́ртти Па́мирут» — 1985 г.
Фи́нское акционе́рное о́бщество «Но́киа Ка́апели» — 1990 г.
Фи́нский конце́рн «Конс» — 1988 г.
Ассоциа́ция «Фи́нско-росси́йская торго́вая пала́та» — 1946 г.
Голла́ндская фи́рма «Те́бодин» — 1993 г.
Англо-голла́ндский конце́рн «Шелл» — 1892 г.
Коре́йская корпора́ция «Самсу́нг» — 1990 г.
Япо́нская корпора́ция «Со́ни» — 1987 г.
Италья́нская компа́ния «Дизи́ни» — 1996 г.
Неме́цкий конце́рн «Опель» — 1990 г.
Америка́нская корпора́ция «Ай-Би-Си-Эс» — 1994 г.

10. **Скажи́те о рабо́те э́тих фирм на росси́йском ры́нке, испо́льзуя слова́. • Speak about activity of these companies on the Russian market. Use the words.**
всего́, то́лько (е́сли э́то кра́ткий срок); уже́ (е́сли э́то дли́тельный срок).

Моде́ль:

—Коре́йский банк «КДБ» на́чал рабо́тать в Росси́и двена́дцать лет *наза́д*?
—Да, он рабо́тает там *то́лько (всего́)* двена́дцать лет.

—Корпора́ция «Ай-Би-Эм» начала́ рабо́тать в Росси́и со́рок лет *наза́д?*
—Да, оно́ рабо́тает здесь *уже́* со́рок лет.

11. **Поговори́те с колле́гами о вре́мени рабо́ты ва́ших фирм в Росси́и, подчёркивая, что э́то кра́ткий и́ли дли́тельный срок. • Talk to your colleagues about how long your companies have been operating in Russia, emphasize that it is a short or a long time.**

Как спроси́ть об учреди́телях фи́рмы • How to ask about the company founder

—Кто ва́ши учреди́тели?
—На́ши учреди́тели — ча́стные фина́нсовые компа́нии.

Сравни́те:

Чьи?		Чьи? № 2	
ва́ши	учреди́тели	учреди́тели	ва́шего ба́нка, конце́рна
			ва́шей фи́рмы, би́ржи
на́ши	учреди́тели	учреди́тели	на́шего предприя́тия
			э́того
			на́шей компа́нии
			э́той

12. **Узна́йте об учреди́телях э́тих фирм.** • **Inquire about the constitutors of these institutions.**

Моде́ль:
— Кто учреди́тели СП «Бру́нсвик UBS»?

Фи́рма «Финнкэ́рриерз», конце́рн «Финнла́йнс», компа́ния «Акзо Но́бель», фонд «Ра́бо Чернозе́мье», банк «Фундаме́нт-Банк», компа́ния «Раутару́укки», ассоциа́ция «Фи́нско-росси́йская торго́вая пала́та», фи́рма «Те́бодин», конце́рн «Шелл», банк «АБН АМРО», корпора́ция «Ксе́рокс», фонд «Тусри́ф», банк «Инг Груп», компа́ния «Са́га Фокс», центр «Копенга́генский Фэр Центр», корпора́ция «Ай-Би-Си-Эс».

13. **Скажи́те об учреди́телях э́тих предприя́тий.** • **Speak about the constitutors of these enterprises.**

— Кто учреди́тели СП «Бру́нсвик UBS»?
— Учреди́тели *этого* предприя́тия — неме́цкая фина́нсовая компа́ния «Бру́нсвик» и швейца́рский инвестицио́нный банк «UBS».

Америка́нская корпора́ция «Ай-Би-Эм», америка́нская фи́рма «Хью́лет Па́ккард», росси́йско-америка́нский фонд «Тусри́ф», голла́ндская компа́ния «Акзо Но́бель», росси́йский банк «Фундаме́нт-Банк», фи́нское акционе́рное о́бщество «Раутару́укки», фи́нская фи́рма «Пе́ртти Па́мирут», фи́нское акционе́рное о́бщество «Но́киа Ка́апели», фи́нский конце́рн «Конс», ассоциа́ция «Фи́нско-росси́йская торго́вая пала́та», голла́ндская фи́рма «Те́бодин», а́нгло-голла́ндский конце́рн «Шелл», коре́йская корпора́ция «Самсу́нг», япо́нская корпора́ция «Со́ни», италья́нская компа́ния «Дизи́ни», неме́цкий конце́рн «Опель».

Возмо́жны отве́ты: ассоциа́ция, производи́тели, кру́пные предприя́тия Росси́и, прави́тельства Росси́и и Финля́ндии, акционе́рные ба́нки, предприя́тия Москвы́, ча́стные ли́ца, Междунаро́дная организа́ция косми́ческой свя́зи, конце́рн «Финнкэ́риерз», ча́стные компа́нии, муниципалите́т го́рода, страхова́я компа́ния, ба́нковская гру́ппа, кру́пные госуда́рственные предприя́тия, совме́стные предприя́тия, обще́ственные организа́ции.

14. **Расскажи́те об учреди́телях ва́шей фи́рмы и расспроси́те ва́ших колле́г.** • **Speak about the constitutors of your company and question your colleagues.**

Как спроси́ть о чи́сленности персона́ла • How to ask about the number of staff

— Ско́лько челове́к рабо́тает в ба́нке «UBS»?
— Э́то кру́пный ба́нк. Там рабо́тает 3200 (три ты́сячи две́сти) челове́к.

Запо́мните: *Ско́лько?*

1 (оди́н)	челове́к
2 (два) — **4**	челове́ка
5 ..., (не́)ско́лько, ма́ло, мно́го	челове́к

1000	(одна́)	ты́ся**ча**
2000	(две) — 4000	ты́ся**чи**
2500, 3500, 4500 ...	(две, три ... с полови́ной)	— « —
5000 (пять) ...,	(не́)ско́лько, мно́го, немно́го	ты́сяч

1	2	3	4	5
оди́н	два	три	четы́ре	пять
6	7	8	9	10
шесть	семь	во́семь	де́вять	де́сять

11 оди́ннадцать	21 два́дцать оди́н
12 двена́дцать	22 два́дцать два
13 трина́дцать	23 два́дцать три
14 четы́рнадцать	24 два́дцать четы́ре
15 пятна́дцать	25 два́дцать пять
16 шестна́дцать	26 два́дцать шесть
17 семна́дцать	27 два́дцать семь
18 восемна́дцать	28 два́дцать во́семь
19 девятна́дцать	29 два́дцать де́вять
20 два́дцать	30 три́дцать

10	де́сять	100	сто
20	два́дцать	200	две́сти
30	три́дцать	300	три́ста
40	*со́рок*	400	четы́реста
50	пятьдеся́т	500	пятьсо́т
60	шестьдеся́т	600	шестьсо́т
70	семьдеся́т	700	семьсо́т
80	восемьдеся́т	800	восемьсо́т
90	*девяно́сто*	900	девятьсо́т
		1000	ты́сяча

15. **Прочита́йте то́чные да́нные о коли́честве сотру́дников.** • **Read the precise data about the number of employees.**

Моде́ль:
— Ско́лько челове́к? (64)
— Шестьдеся́т четы́ре челове́ка.

117, 23, 51, 47, 15, 250, 367, 417, 531, 618, 705, 802, 1150, 2015, 1999

Сравни́те:

то́чные да́нные	приблизи́тельные да́нные
119 челове́к	*бо́лее чем* 100 челове́к
187 челове́к	*почти́ (приме́рно)* 200 челове́к

16. **Скажи́те приблизи́тельно о коли́честве сотру́дников, испо́льзуя да́нные упражне́ния 15. • Speak about approximate number of employees, using data from exercise 15.**

Моде́ль:
— Ско́лько челове́к? (64)
— Бо́лее чем шестьдеся́т (60) челове́к.

17. **Поговори́те о чи́сленности сотру́дников да́нных фирм. • Speak about number of employees in the companies given below.**

Моде́ль:
• Банк «UBS» — 3200
— Ско́лько челове́к рабо́тает в ба́нке «UBS»?
— Там рабо́тает три ты́сячи две́сти челове́к.

Фонд «Тусри́ф» — 119, корпора́ция «Ай-Би-Си-Эс» (IBCS) — 85, корпора́ция «Ксе́рокс» — 1004, банк «Мо́рган Стэ́нли» — 12 500, компа́ния «Ло́кхид Ма́ртин Интерспу́тник» — 1116, фи́рма «Финнкэ́рриерз» — 287, конце́рн «Финнлайнс» — 1628, фи́рма «Пе́рти Пами́рут» — 781, фи́рма «Но́киа Ка́апели» — 1200, конце́рн «Конс» — 1921, конце́рн «Но́киа» — 32 000, компа́ния «Раутару́укки» — 12 300, предприя́тие «Аспоке́м» — 534, компа́ния «Хе́льсинки Метрополи́тан Деве́лопмент» — 875, фи́рма «Са́га Фокс» — 1150, «Копенга́генский ФЭР центр» — 617, фи́рма «Са́га» — 3360, банк «АБН АМРО» — 32 980, банк «Инг Груп» — 4070, фонд «Ра́бо Чернозе́мье» — 419, компа́ния «Акзо Но́бель» — 70 000, банк «Фунда́мент-Банк» — 223.

18. **Как вы ска́жете о чи́сленности сотру́дников в э́тих фи́рмах приблизи́тельно? • How will you give the approximate number of employees?**

Моде́ль:
• Банк «UBS» — 3200
— Там рабо́тает **бо́лее чем** три ты́сячи челове́к.

19. **Зна́я приблизи́тельную чи́сленность сотру́дников, охарактеризу́йте разме́ры да́нных фирм. • Knowing the approximate number of employees, describe the sizes of the companies.**

Моде́ль:
• Банк «UBS» — 3200
— Э́то кру́пный банк. Там рабо́тает **почти́** три с полови́ной ты́сячи челове́к.

Как спроси́ть/сказа́ть о нали́чии, об отсу́тствии •
How to ask/answer questions about presence
and absence

—У вас есть представи́тельство в Санкт-Петербу́рге?
—Нет, у нас пока́ нет представи́тельства.

Запо́мните:

У кого́? № 2   +   *есть (нет)*
у вас
у нас
у них

у на́шего   ба́нка
у ва́шего   фо́нда
у э́того   конце́рна
                   у посо́льства
                   у предприя́тия

у на́шей   фи́рмы
у ва́шей   компа́нии
у э́той   корпора́ции

20. **Спроси́те о нали́чии представи́тельств у э́тих учрежде́ний. •** Ask if these institutions
have representations.

Моде́ль:

• Фи́рма «Финнкэ́риерз» — представи́тельство
—У фи́рмы «Финнкэ́риерз» есть представи́тельство?

Банк «UBS» — отделе́ние, фонд «Тусри́ф» — представи́тельство, ассоциа́ция
«Фи́нско-росси́йская торго́вая пала́та» — представи́тельство, фи́рма «Са́га» —
представи́тельство, компа́ния «Хе́льсинки Метропо́литан Деве́лопмент» — филиа́л,
конце́рн «Аспо» — представи́тельство.

21. **Скажи́те, где у э́тих учрежде́ний име́ются представи́тельства. •** Say where these
institutions have their representatives.

Моде́ль:

• Фи́рма «Финнкэ́риерз» — представи́тельство (Мос-
ква́, Петербу́рг)
—У э́той фи́рмы есть представи́тельство **в** Москве́ и
в Петербу́рге.

Банк «UBS» — представи́тельство (Ло́ндон, Чика́го,
Нью-Йо́рк, То́кио, Цю́рих, Москва́), фонд «Тусри́ф» —
представи́тельство (Москва́, Петербу́рг, Екатеринбу́рг,

Хаба́ровск, Владивосто́к, Росто́в-на-Дону́, Краснода́р, Новоросси́йск, Южно-Сахали́нск), ассоциа́ция «Фи́нско-росси́йская торго́вая пала́та» — представи́тельство (Хе́льсинки, Москва́, Петербу́рг), фи́рма «Са́га» — представи́тельство (Евро́па, Аме́рика, А́зия) компа́ния «Хе́льсинки Метрополи́тан Деве́лопмент» — филиа́л (Финля́ндия, Росси́я), концѐрн «Аспо» — представи́тельство (Росси́я, Эсто́ния, Литва́, Ла́твия).

22. Уточни́те информа́цию, испо́льзуя приме́ры из упражне́ния 21. • **Get more precise information, using examples from exercise 21.**

Моде́ль:
—У фи́рмы «Но́киа» есть представи́тельство в Росси́и?
—Да, есть. В Москве́ и в Вы́борге.

—У ба́нка «Фундаме́нт-Банк» есть отделе́ние?
—Да, есть. В Петербу́рге.

Сравни́те:

	№ 1		№ 2
есть	*что?*	**нет**	*чего?*
	филиа́л		филиа́ла
	представи́тельство		представи́тельства
	лице́нзия		лице́нзии
	отделе́ние		отделе́ния
	фи́рма		фи́рмы
	электро́нная по́чта		электро́нной по́чты
	визи́тная ка́рточка		визи́тной ка́рточки

23. Скажи́те о нали́чии и отсу́тствии чего́-либо, испо́льзуя да́нные слова́. • **Speak about existence or absence of something using the following words.**

Моде́ль:
—У нас *есть* филиа́л. А у них?
—А у них *нет* филиа́ла.

Представи́тельство, лице́нзия, отделе́ние, магази́н, склад, о́фис, а́дрес, телефо́н, факс, пе́йджер, электро́нная по́чта, вокза́л, автомоби́ль, стоя́нка, ка́сса, страхо́вка, визи́тная ка́рточка, биле́т, приглаше́ние, па́спорт, ви́за, видеока́мера, зажига́лка.

24. Скажи́те, есть ли в ва́шей фи́рме представи́тельства и где они́ нахо́дятся. Получи́те аналоги́чную информа́цию у ва́ших партнёров-колле́г. • **Say if your company has representations and where they are located.**

Моде́ль:
—У на́шего ба́нка есть отделе́ние в Росси́и, в Москве́. А у вас?
—У на́шей фи́рмы нет представи́тельства в Росси́и, но есть в Япо́нии.

Как уточни́ть местонахожде́ние компа́нии • How to specify the location of company

—Где нахо́дится э́та фи́рма?
—В Швейца́рии.

Запо́мните:

Где?		Что? № 1	
вот	нахо́дится	э́тот	банк? (он)
здесь/тут		э́та	фи́рма? (она́)
там		э́то	аге́нтство? (оно́)
сле́ва/спра́ва	нахо́дятся	э́ти	фа́брики? (они́)
внизу́/наверху́			

№ 6

в		Азии	в		Евро́пе
в		Австра́лии	в		Аме́рике
в		Росси́и	в	[ф]	Пра́ге
в	[ф]	Че́хии	в	[ф]	Туни́се
в	[ф]	Коре́е	в	[ф]	То́кио

25. Посмотри́те на план го́рода и спроси́те, где нахо́дятся ну́жные вам объе́кты, испо́льзуя слова́. • Look at the city map and, using the words given below, ask where the objects you need are situated.

Моде́ль:
—Где нахо́дится банк?
—Вот *он.*

Метро́, магази́н, аэропо́рт, гости́ница, вы́ставка, посо́льство, представи́тельство, обме́нный пункт, о́фис, регистрату́ра, канцеля́рия, би́ржа.

26. Уточни́те, где нахо́дятся ну́жные вам объе́кты, испо́льзуя слова́ упражне́ния 25. • Using the words from exercise 25, ask where the objects you need are located.

Моде́ль:
—Это фи́рма «Си́менс»?
—Нет, э́то магази́н.
—А где нахо́дится э́та фи́рма?
—Вот *она́.*

27. Уточни́те, где нахо́дятся ну́жные вам объе́кты, ве́щи, испо́льзуя слова́. • Using the words given below, ask where the objects and things you need are.

Моде́ль:
— Скажи́те, пожа́луйста, где компью́тер?
— *Он* там.

Буфе́т, зал, магази́н, склад, ка́сса, банк, телефо́н, факс, ксе́рокс, я́рмарка, метро́, вы́ставка, ры́нок, фи́рма, кооперати́в, фонд, бюро́, бланк, квита́нция, ко́нсульство, аге́нтство, компа́ния, бухгалте́рия.

28. Спроси́те, где нахо́дятся э́ти учрежде́ния. • Ask where these institutions are located.

Моде́ль:
• Фа́брики.
— Скажи́те, пожа́луйста, где нахо́дятся э́ти фа́брики?

Компа́ния, корпора́ция, фи́рмы, конце́рн, кооперати́в, объедине́ние, магази́ны, заво́д, склад, о́бщество, предприя́тия, филиа́лы, представи́тельство, отделе́ния, аге́нтство, фонд, банк.

29. Вы рабо́таете в большо́м би́знес-це́нтре и хорошо́ зна́ете его́. Скажи́те, где нахо́дятся э́ти учрежде́ния. • You work in a huge business center and you know it well. Say where these institutions are situated.

Моде́ль:
— Скажи́те, где нахо́дится ваш о́фис?
— Наверху́, спра́ва. *Ко́мната* № 12 (но́мер двена́дцать).

Компа́ния, корпора́ция, фи́рма, конце́рн, кооперати́в, объедине́ние, магази́ны, заво́д, склад, представи́тельство, аге́нтство, фонд, банк.

30. Вспо́мните, куда́ вы е́здили в командиро́вки. Скажи́те, где нахо́дятся э́ти стра́ны, города́. • Recall where you have been on business trips. Say where these countries and cities are located.

Контине́нты	Стра́ны	Города́
Азия	Коре́я, Япо́ния, Кита́й,	Сеу́л, То́кио, Пеки́н,
Евро́па	Росси́я, Че́хия, А́нглия, Голла́ндия, Слова́кия, Финля́ндия, А́встрия, Швейца́рия,	Санкт-Петербу́рг, Москва́, Пра́га, Братисла́ва, Ло́ндон, Ве́на, Амстерда́м, Хе́льсинки, Остра́ва,
Африка	Алжи́р, Туни́с, Ниге́рия,	Ора́н, Ха́йдра, Лаго́с,
Аме́рика	Ме́ксика, Кана́да, США,	Ме́хико, Чика́го, Ванку́вер,
Австра́лия	Австра́лия	Ме́льбурн, Си́дней.

102

Моде́ль:

• Евро́па — Швейца́рия — Цю́рих

— Швейца́рия нахо́дится в Евро́пе. Цю́рих нахо́дится в Швейца́рии.

31. **Спроси́те, где нахо́дятся э́ти компа́нии (контине́нт, страна́, го́род).** • **Ask where these companies (continents, countries, cities) are located.**

Моде́ль:

• Швейца́рский банк «UBS»

— Швейца́рский банк «UBS» нахо́дится в Евро́пе, в Швейца́рии, в Ба́зеле.

Америка́нская корпора́ция «Ай-Би-Эм» (IBM), америка́нская фи́рма « Хьюлет Пакка́рд», росси́йско-америка́нский фонд «Тусри́ф», голла́ндская компа́ния «Акзо Нобель», росси́йский банк «Фундаме́нт-Банк», фи́нское акционе́рное о́бщество «Раутару́укки», фи́нская фи́рма «Пе́ртти Пами́рут», фи́нское акционе́рное о́бщество «Но́киа Ка́апели», фи́нский конце́рн «Конс», ассоциа́ция «Фи́нско-росси́йская торго́вая пала́та», голла́ндская фи́рма «Тебоди́н», а́нгло-голла́ндский конце́рн «Шелл», коре́йская корпора́ция «Самсу́нг», япо́нская корпора́ция «Со́ни», италья́нская компа́ния «Дизи́ни», неме́цкий конце́рн «Опель».

Как уточни́ть а́дрес и сре́дства свя́зи с компа́нией • How to specify the address of company and the contacts

> — Како́й а́дрес представи́тельства?
> — Москва́, Павеле́цкая пло́щадь, дом но́мер 2/2, эта́ж 11.
> — А како́й у вас телефо́н?

Сравни́те:		**№ 1**				**№ 2**	
Где нахо́дится	эта	фи́рма? компа́ния?		*Како́й* а́дрес	э́той	фи́рмы? компа́нии?	
	этот	банк?			э́того	ба́нка?	

32. **Уточни́те а́дрес э́тих учрежде́ний.** • **Ask about the address of these institutions.**

Моде́ль:

— Где нахо́дится э́та фи́рма?

— В Москве́.

— А како́й а́дрес фи́рмы?

Компа́ния, корпора́ция, фи́рма, конце́рн, кооперати́в, объедине́ние, магази́н, заво́д, скла́д, представи́тельство, отделе́ние, филиа́л, аге́нтство, фонд, банк.

Обрати́те внима́ние: как ну́жно чита́ть сокраще́ния в а́дресе:

117437 — и́ндекс (чита́йте по три ци́фры): сто семна́дцать четы́реста три́дцать семь

г. — го́род	пер. — переу́лок
ул. — у́лица	наб. — на́бережная
Б. — больша́я	ш. — шоссе́
М. — ма́лая	д. 18/1 — дом но́мер восемна́дцать *дробь* оди́н
Стар. — ста́рая	к. — ко́рпус
Нов. — но́вая	стр. — строе́ние
пл. — пло́щадь	кв. — кварти́ра
бульв. — бульва́р	ком. — ко́мната
пр. — проспе́кт	эт. — эта́ж

33. **Прочита́йте а́дрес э́тих учрежде́ний по́лностью. • Read full names of these institutions.**

Моде́ль:

• Банк «UBS»: 115054, г. Москва́, Павеле́цкая пл., д. 2/2, эт. 11

— Како́й а́дрес ба́нка «UBS»?

— А́дрес э́того ба́нка: сто пятна́дцать ноль пятьдеся́т четы́ре, го́род Москва́, Павеле́цкая пло́щадь, дом но́мер два дробь два, эта́ж оди́ннадцать.

— Фонд «Тусри́ф»: 103057, г. Москва́, Цветно́й бульв., стр. 3, 5-й эт.

— Банк «АБН АМРО»: 117377, г. Москва́, ул. Б. Ники́тская, д. 17, стр. 1

— Корпора́ция «Хе́льсинки Метропо́литэн Деве́лопмент Корпорэ́йшн»: 119121, г. Москва́, 4-й Росто́вский пер., д. 1, стр. 2

— Компа́ния «Но́киа телекомьюнике́йшн»: 117485, г. Москва́, ул.Профсою́зная, д. 23, 9-й эт.

— Фи́рма «Финнкэ́рриерз»: 107066, г. Москва́, ул. Стар. Басма́нная, д. 18/1

— Ассоциа́ция «Фи́нско-росси́йская торго́вая пала́та»: 101000, г. Москва́, Покро́вский бульв., д. 4/17, стр. 4, к. Б

— Конце́рн «Шелл»: 121069, г. Москва́, М. Тру́бниковский пер., д. 30, к. А

— Компа́ния «Акзо Но́бель»: 124445, г. Москва́, ул. Смо́льная, д. 24

— Банк «Фундаме́нт-Банк»: 117485, г. Москва́, ул. Профсою́зная, д.100, к. А

— Представи́тельство фи́рмы «Финнла́йнс»: 195104, Санкт-Петербу́рг, ул. Восста́ния, д. 55

— Филиа́л фо́нда «Ра́бо Черноэ́мье»: 690000, г. Владивосто́к, ул. Пу́шкинская, д. 32, 1-й эт., ком. 53

Запо́мните:

Како́й?	*Кака́я?*	*Како́е?*
а́дрес	страна́	зда́ние
го́род	респу́блика	строе́ние
райо́н	у́лица	метро́
и́ндекс код (города, страны)	пло́щадь	
но́мер (дома, телефона)	ко́мната	

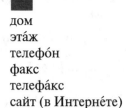

дом
эта́ж
телефо́н
факс
телефа́кс
сайт (в Интерне́те)

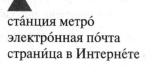

ста́нция метро́
электро́нная по́чта
страни́ца в Интерне́те

34. Испо́льзуя да́нные слова́, уточни́те кана́лы свя́зи с фи́рмой. • Using the words given above, ask about the channels of communication with the company.

Моде́ль:

• у́лица

— Скажи́те, пожа́луйста, кака́я у́лица?

35. Уточни́те но́мер телефо́на, испо́льзуя слова́. • Find out the telephone number, using the words.

Моде́ль:

— Скажи́те, пожа́луйста, како́й телефо́н представи́тельства ба́нка «UBS»?
— (7-495) 726-57-70. Семь (код Росси́и), четы́реста девяно́сто пять (код Москвы́), семьсо́т два́дцать шесть-пятьдеся́т-семь-се́мьдесят.
— А како́й факс?
— 960-31-01 (девятьсо́т шестьдеся́т-три́дцать оди́н-ноль оди́н).

Фи́рма, представи́тельство, банк, заво́д, посо́льство, филиа́л, компа́ния, предприя́тие.

Обрати́те внима́ние: При чте́нии но́мера телефо́на и фа́кса ци́фры объединя́ются по три и по две. • Figures in phone numbers are spelled not separately, but as combination (three and two).

(7-495) 261-26-37
(42-069) 611-23-88
(45-42) 42-33-11
931-91-41
157-98-81
795-05-00
250-62-24
248-14-43

218-06-58
960-31-32
939-28-90
334-91-88
925-90-01
956-30-77
258-69-20

36. Прочита́йте словосочета́ния и переведи́те их на англи́йский язык. • Read word combinations and translate them into English.

презента́ция
рекла́ма
назва́ние + фи́рмы
ста́тус
учреди́тели
представи́тельство

филиа́л
отделе́ние
сотру́дники + ба́нка
а́дрес
о́фис
телефо́н

37. Прочита́йте рекла́мные сообще́ния и уточни́те недостаю́щую информа́цию об а́дресе и́ли спо́собе свя́зи. • Read advertisements and find out missing information.

— Фи́рма «Тебоди́н»: тел.: (7-495) 482-38-58; факс: (7-495) 482-45-10; электро́нная по́чта: tebodin@aha.ru

— Концéрн «Шелл»: М. Тру́бниковский пер., д. 30, корп. А; тел.: 258-69-00; Интерне́т: www.shell.com

— Ассоциа́ция «Фи́нско-росси́йская торго́вая пала́та»: Росси́я, Москва́, Покро́вский бульва́р; тел.: 925-90-01; электро́нная по́чта: root@finruscc.msk.ru

— Банк «UBS»: Росси́я, Москва́; тел.: 726-57-70; факс: 960-31-01

— Банк «Фундаме́нт-Банк»: 117485, Москва́, факс: 330-25-00; электро́нная по́чта: fundam@dol.ru; Интерне́т: www.fundament.ru

38. Прочита́йте диало́ги. Что вы ска́жете в аналоги́чной ситуа́ции? • Read the dialogues. What would you say in similar situation?

Разгово́р по телефо́ну

— Алло́, э́то банк «Империа́л»?

— Нет, э́то не банк.

— Извини́те, а како́й э́то но́мер?

— 124-81-88.

— Прости́те, я *оши́бся (оши́блась)*.

— Пожа́луйста.

Разгово́р в о́фисе

— Скажи́те, пожа́луйста, како́й ваш моби́льный телефо́н?

— 361-54-78 (три́ста шестьдеся́т оди́н, пятьдеся́т четы́ре, се́мьдесят во́семь).

— Како́й? — како́й? Повтори́те, пожа́луйста.

— Пожа́луйста: 361-54-78. А како́й ваш а́дрес и факс?

— Вот моя́ визи́тная ка́рточка. Здесь есть всё.

— Большо́е спаси́бо. А вот моя́. До свида́ния!

— Всего́ хоро́шего!

Запо́мните:	Здра́вствуйте!	=	До́брое у́тро!
			До́брый день!
			До́брый ве́чер!
			Споко́йной но́чи!
	До свида́ния!	=	Всего́ хоро́шего!
			Большо́е спаси́бо!

39. Да́йте утверди́тельный и отрица́тельный отве́ты на вопро́сы. • Give either affirmative or negative answer to the questions.

Моде́ль:

— Вы зна́ете, как называ́ется на́ша фи́рма?

— Да, я зна́ю, как называ́ется ва́ша фи́рма. (Нет, я не зна́ю, как называ́ется ва́ша фи́рма.)

— Чьё это представительство?

— Какая это фирма?

— Когда начала работать ваша фирма?

— Сколько времени ваша фирма работает в России?

— Кто ваши учредители?

— Сколько человек работает в банке «UBS»?

— Где находится этот банк?

— Какой адрес представительства?

— Какой телефон представительства банка «UBS»?

 40. **а) Прочитайте наше рекламное сообщение из газеты. • Read our newspaper advertisement.**

ГДЕ ЭТА УЛИЦА, ГДЕ ЭТОТ ДОМ...?

Коммерческий банк «Объединённый банк Швейцарии» («UBS») — крупное акционерное общество.

Он начал работать сто сорок лет назад в Швейцарии. В России мы работаем уже десять лет.

Учредители СП «Брунсвик UBS» — немецкая финансовая компания «Брунсвик» и швейцарский объединённый банк «UBS».

В банке работает интернациональный персонал — почти 3500 сотрудников.

Отделения банка находятся в Праге и в Москве.

Адрес Московского представительства: 115054, Россия, г. Москва, Павелецкая пл., д. 2/2, эт. 11

Наш телефон: (7-495) 726-57-70

Наш факс: (7-495) 960-31-01

Электронная почта: ubs@online.ru

Наш адрес в Интернете: www.ubs.com

б) Наш сотру́дник разгова́ривает по телефо́ну. Восстанови́те вопро́сы, на кото́рые он отвеча́ет. • Our employee is speaking on the phone. Restore the questions he is answering.

—Алло́. ... ?
—Да, банк.
—... ?
—«UBS».
—... ?
—Инвестицио́нный швейца́рский.
—... ?
—Сто со́рок лет наза́д.
—... ?
—В Росси́и — уже де́сять лет.
—... ?
—Неме́цкая фина́нсовая компа́ния «Бру́нсвик» и швейца́рский объединённый банк «UBS».
—... ?
—Да, в Ба́зеле, Цю́рихе, Ло́ндоне, Чика́го, Нью-Йо́рке.
—... ?
—Почти́ 3500 сотру́дников.
—... ?
—В Москве́.
—... ?
—Павеле́цкая пло́щадь.
—... ?
—Дом 2/2.
—... ?
—(7-495) 726-57-70
—... ?
—Да, есть.
—... ?
—Пожа́луйста, ubs@online.ru
—... ?
—То́же есть.
—... ?
—Пиши́те: www.ubs.com

в) На осно́ве да́нных вопро́сов да́йте по́лную информа́цию о свое́й фи́рме по телефо́ну. • On the base of these questions give full information about your company on the telephone.

г) Напиши́те рекла́мную информа́цию о ва́шей фи́рме в газе́ту. • Write an advertisement about your firm for a newspaper.

108

Контро́льные зада́ния

Побесе́дуем • Communicative practice

1. Прочита́йте электро́нные сообще́ния и вы́берите партнёра, обосну́йте ваш вы́бор. • Read the e-mail messages and choose a partner, explain your choice.

• *Голла́ндский инвестицио́нный банк «АБН АМРО»* — э́то закры́тое акционе́рное о́бщество. Он на́чал рабо́тать де́вять лет наза́д в Голла́ндии. Гла́вный о́фис нахо́дится в Амстерда́ме.

Учреди́тели ба́нка — ча́стный голла́ндский банк и инвестицио́нный фонд.

У ба́нка есть отделе́ния в Евро́пе, Аме́рике, А́зии и Австра́лии. В ба́нке рабо́тает 33 000 сотру́дников.

В Росси́и банк рабо́тает уже́ шесть лет. Его́ отделе́ния нахо́дятся в Москве́ и в Санкт-Петербу́рге.

Áдрес: 117246, Росси́я, г. Москва́, ул. Б. Ники́тская, д. 17, стр.1
Тел.: (7-495) 931-91-41
Факс: (7-495) 931-91-40

• *Ча́стный комме́рческий банк «Фундаме́нт-Банк»* — акционе́рное о́бщество.

Он на́чал рабо́тать семь лет наза́д в Москве́.

Учреди́тели ба́нка — предприя́тия Москвы́.

В ба́нке рабо́тает 223 сотру́дника.

Отделе́ния ба́нка рабо́тают в Санкт-Петербу́рге и Новосиби́рске.

Áдрес: 117485, Росси́я, г. Москва́, ул. Профсою́зная, д.100, кор. А
Тел.: 334-91-88
Факс: 330-25-00
Электро́нная по́чта: fundam@dol.ru
Интерне́т: www. fundament.ru

• *Фи́нская фи́рма «Финнкэ́риерз»* — откры́тое акционе́рное о́бщество.

Она́ начала́ рабо́тать в Финля́ндии, в Хе́льсинки три го́да наза́д.

Учреди́тель фи́рмы — кру́пный фи́нский конце́рн «Финнла́йнс».

Фи́рма рабо́тает в Росси́и то́лько три го́да, но у неё уже́ есть представи́тельства. Одно́ представи́тельство нахо́дится в Москве́, друго́е — в Санкт-Петербу́рге.

У фи́рмы «Финнкэ́рриерз» есть доче́рние фи́рмы. Они́ нахо́дятся в Бе́льгии, Герма́нии, Норве́гии, Шве́ции, Великобрита́нии.

В фи́рме рабо́тает 287 сотру́дников.

Áдрес: 107066, Росси́я, г. Москва́, ул. Стар. Басма́нная, д. 18/1
Тел.: (7-495) 261-26-37
Факс: (7-495) 913-24-80
Электро́нная по́чта: fers77@glasnet.ru
Интерне́т: www.finncarriers.fi

• **Америка́нско-росси́йский инвестицио́нный фонд «Тусри́ф»** — кру́пная ча́стная инвестицио́нная компа́ния.

Фонд на́чал рабо́тать не́сколько лет наза́д в США. Гла́вный о́фис нахо́дится в Нью-Йо́рке.

В Росси́и фонд рабо́тает уже́ не́сколько лет.

У фо́нда есть представи́тельства в Москве́, Санкт-Петербу́рге, Екатеринбу́рге, Хаба́ровске, Росто́ве-на-Дону́, Владивосто́ке, Южно-Сахали́нске, Краснода́ре, Новоросси́йске.

В фо́нде рабо́тает 119 росси́йских сотру́дников.

А́дрес: 103051, Росси́я, г. Москва́, Цветно́й бульв., д. 25, стр. 3, 5-й эт.

Тел.: (7-495) 960-31-31

Факс: (7-495) 960-31-32

Электро́нная по́чта: tusrif@glas.apc.org

Интерне́т: www.tusrif.com

2. **Напиши́те письмо́ в заинтересова́вшую вас фи́рму и расскажи́те о свое́й фи́рме. Обрати́те внима́ние на обраще́ния в нача́ле и в конце́ делово́го письма́.** • Write a letter to the company you are interested in and write about your firm. Note forms of the address at the beginning and the end of a business letter.

Уважа́емые господа́!

Мы зна́ем, что Ва́ша фи́рма «Деко́р» — кру́пное совме́стное росси́йско-че́шское предприя́тие. Вы на́чали рабо́тать то́лько пять лет наза́д, но у Вас уже́ есть представи́тельство в Росси́и и Че́хии.

Напиши́те, пожа́луйста, где нахо́дится Ва́ше представи́тельство в Че́хии. Како́й его́ а́дрес, телефо́н, факс?

На́ша фи́рма «А́ргус» — э́то небольша́я торго́вая фи́рма. В фи́рме рабо́тает почти́ 30 челове́к. Наш учреди́тель — акционе́рное предприя́тие «Стеко́льный заво́д Бы́джов». На́ша фи́рма рабо́тает то́лько три го́да. У нас ещё нет представи́тельства в Росси́и, но у нас уже́ есть магази́н в Волгогра́де. Наш о́фис нахо́дится в Че́хии, в Остра́ве. Наш а́дрес: Ческобра́трска, 17, 70100, Остра́ва, 1, Че́хия.

С уваже́нием,
г-н Бу́зек,
дире́ктор фи́рмы

Запо́мните: Слова́ *господи́н, госпожа́* (сокращённо г-н, г-жа), а та́кже *ми́стер, ми́ссис, мисс, месье́, мада́м* и други́е пи́шутся с ма́ленькой бу́квы. • All these words are written with small letters.

3. **Напиши́те ва́шу визи́тную ка́рточку по образцу́.** • Write your business card according to the pattern.

4. **Прослу́шайте рекла́мные сообще́ния и вы́берите потенциа́льного партнёра. Позвони́те в э́ту компа́нию и узна́йте недостаю́щую информа́цию.** • Listen to advertisements and choose your possible partner. Call this company to find out missing information.

— Кру́пная ча́стная торго́вая компа́ния «Акзо Нобель» на́чала рабо́тать пятна́дцать лет наза́д в Голла́ндии. Штаб-кварти́ра компа́нии нахо́дится в го́роде Арнхеме.

В компа́нии рабо́тает 70 000 челове́к. Представи́тельства компа́нии нахо́дятся в 50 (пяти́десяти) стра́нах. А́дрес представи́тельства в Росси́и: Москва́, ул. Смо́льная, 24.

— Ча́стный голла́ндский комме́рческий банк «Инг Груп» на́чал рабо́тать в Голла́ндии де́вять лет наза́д. Учреди́тели ба́нка — страхова́я компа́ния и ба́нковская гру́ппа. В Росси́и банк рабо́тает уже́ пять лет.

— «Ай-би-си-эс» (IBCS) — ча́стная америка́нская корпора́ция. Её учреди́тели — ча́стные ли́ца. У председа́теля корпора́ции Джéймса Хи́кмана большо́й о́пыт рабо́ты и жи́зни в Росси́и. Здесь корпора́ция рабо́тает уже́ шесть лет. В представи́тельстве корпора́ции в Росси́и рабо́тает 85 сотру́дников. Это о́пытные америка́нские и росси́йские специали́сты.

— Ча́стная компа́ния «Локхид Мартин Интерспутник» начала́ рабо́тать два года наза́д в США. Учреди́тели компа́нии: Междунаро́дная организа́ция косми́ческой свя́зи и ча́стная америка́нская компа́ния. Представи́тельства компа́нии нахо́дятся в Росси́и, Великобрита́нии, Кана́де, США, Португа́лии. Телефо́н представи́тельства в Москве́: 336-80-23.

Но́вые слова́ • New words

авиаре́йс — flight
Австра́лия — Australia
австри́йский — Austrian
А́встрия — Austria
автомоби́ль — car
автосе́рвис — autoservice
аге́нтство — agency
а́дрес — address
А́зия — Asia
акционе́рный — joint-stock
Алжи́р — Algeria
аре́ндный — rent
ассоциа́ция — association
атланти́ческий — Atlantic
аукцио́н — auction
А́фрика — Africa
африка́нский — African
аэропо́рт — airport

бале́т — ballet
ба́нковский — bank
биле́т — ticket
бланк — form

блю́до — course
бо́лее — more
большо́й — large
букле́т — booklet
бульва́р — boulevard
буфе́т — canteen
бюро́ — bureau

валю́тный — currency
ва́ше — your
венге́рский — Hungarian
Ве́нгрия — Hungary
видеока́мера — videocamera
витри́на — show-case
вокза́л — depot
вре́мя — time
всего́ — merely
всесою́зный — All-Union
вход — entrance
вы́ставка — exhibition
вы́ставочный — exhibition
вы́ход — exit
вычисли́тельный — computer

блок — coalition
га́зовый — gas
Герма́ния — Germany
Голла́ндия — Holland
голла́ндский — Holland
го́род — city
гости́ница — hotel
госуда́рственный — State
госуда́рство — State
гостеприи́мство — hospitality

дела́, де́ло — business
демокра́тия — democracy
де́ньги — money
дом — house
догово́р — contract
докуме́нт — document
до́лжность — post
дробь — decimal
душа́ — soul

Евро́па — Europe
европе́йский — European
еди́ный — common

зажига́лка — lighter
закры́тый — closed
зал — hall
зая́вка — application
зда́ние — building

инвестицио́нный — investment
и́ндекс — index
индивидуа́льный — individual
институ́т — institute
Интерне́т — Internet
Ира́н — Iran
иску́сство — art
иссле́довательский — research
их — their

кабине́т — (consulting) room
како́й, -ая, -ое, -ие — what, which
Кана́да — Canada
канцеля́рия — secretariat

кварти́ра — apartment
квита́нция — receipt
ключ — key
когда́ — when
комме́рческий — commercial
ко́мната — room
компа́ния — company
компью́тер — computer
констру́кторский — design
ко́нсульство — consulate
конто́ра — office
контра́кт — contract
конце́рн — concern
кооперати́в — cooperative societies
кооперати́вный — cooperative
корпора́ция — corporation
ко́рпус — building
косми́ческий — space
кру́пный — large
культу́ра — culture
ку́хня — kitchen

Ла́твия — Latvia
лесно́й— forestry
Литва́ — Lithuania
лице́нзия — license
лицо́ — person

ма́лый — small
медици́на — medicine
междунаро́дный — international
Ме́ксика — Mexico
металлурги́ческий — metal
метро́ — subway
моё — my
мо́жет быть — may be
музе́й — museum
му́зыка — music
муниципа́льный — municipal

на́бережная — embankment
наза́д — ago
называ́ться — be called
наро́дный — people's
нау́чно- — scientific

кафе́ — cafe
находи́ться — be located
на́ция — nation
нача́ть — to begin
на́ше — our
небольшо́й — small
неде́ля — week
незави́симый — independent
нефтяно́й — oil
Ниге́рия — Nigeria
но́вый — new
но́мер — number

обме́нный пункт — exchange
обору́дование — equipment
обще́ственный — public
о́бщество — society
объедине́ние — union
объединённый — united
обя́занности — duty
оно́ — it
организа́ция — organization
отделе́ние — department, branch
откры́тый — open
о́фис — office
ошиби́ться — be wrong

пала́та — chamber
пальто́ — coat
парк — park
па́ркинг — parking
па́спорт — passport
пе́йджер — pager
пе́рвый — first
переу́лок — alley-way
печа́ть — stamp
письмо́ — letter
плащ — cloak
пло́щадь — square
по́дпись — signature
подъе́зд — entrance
по-мо́ему — to my mind
почти́ — almost
почто́вый — postal
предложе́ние — suggestion

предприя́тие — enterprise
пресс-центр — press center
приглаше́ние — invitation
приёмная — reception
приме́рно — approximately
при́нтер — printer
пробле́ма — problem
прое́кт — project
прое́ктный — planning
производи́тель — producer
произво́дственный — production
промы́шленный — industrial
про́пуск — omission
проспе́кт — avenue
про́сьба — request

рабо́та — job
райо́н — region
регистрату́ра — reception
река́ — river
рекла́ма — advertising
респу́блика — republic
рестора́н — restaurant
риэ́лторский — realtor
росси́йский — Russian
Росси́я — Russia
руси́сты — Russets

связь — connection, net
се́веро- — north
сигаре́ты — cigarette
систе́ма — system
ско́лько — how much
совме́стный — joint
совсе́м — entirely
содру́жество — community
соединённые (шта́ты) — united (states)
соо́бщество — community
специа́льный — special
стадио́н — stadium
ста́нция — station
ста́рый — old
ста́тус — status
стеко́льный — glass
стенд — exhibit

столи́чный — metropolitan
стол — table
столо́вая — dining room
стоя́нка — parking
страна́ — country
страни́ца — page
страхо́вка — insurance
страхово́й — insurance
строе́ние — building
строи́тельный — building
стро́йка — construction
сувени́р — souvenir
США — USA

тамо́жня — custom
твоё — your
теа́тр — theater
тексти́льный — textile
телефо́н — telephone
техни́ческий — technical
това́рищество — association
торго́вый — trade
то́лько — only
тот — that
тради́ция — tradition
туале́т — toilet
Туни́с — Tunis
туристи́ческий — tourist
ты́сяча — thousand

у́лица — street
универса́льный — universal
учреди́тели — founder

факс — fax
федера́ция — federation
филиа́л — branch
фина́нсовый — financial
фонд — fund
фотогра́фия — photograph

хара́ктер — character

цена́ — price
центр — center
центра́льный — central

ча́стный — private
чек — cheque
что — what
чьё — whose

шоссе́ — high road
шта́ты — States

экспона́т — exhibit
электро́нный — electronic
Эмира́ты — Emirates
Эсто́ния — Estonia
э́та, э́то, э́тот, э́ти — this, these
эта́ж — floor

ю́жно- — south
юриди́ческий — law

Тема IV Деятельность компании

Company activity

Урок 6 (шесть) • шестой урок

Речевые образцы:

— Чем занимается эта фирма?
— Производством и продажей.

— Каким бизнесом занимается фирма «Аргумент»?
— Эта фирма продаёт товары.

— Что продаёт ваша фирма?
— Мы продаём компьютеры.

— Какая цена товара?
— Оптовая — 200 рублей, розничная — 257 рублей.

— Какие услуги оказывает фирма «Ространс»?
— Эта фирма оказывает транспортные услуги.

Грамматический материал:

■ Родительный падеж существительных единственного числа (№ 2):
а) в значении определения в сочетаниях типа *товары из кожи*;
б) для обозначения количества (в сочетании с мерами веса, размера, времени, стоимости);
в) существительных множественного числа в значении объекта, на который направлено действие, в сочетаниях типа *покупка товаров* — для пассивного усвоения.

■ Винительный падеж существительных и прилагательных единственного и множественного числа (№ 4): а) в значении прямого объекта; б) определения в сочетаниях типа *цены на услуги*.

■ Творительный падеж существительных и прилагательных единственного и множественного числа (№ 5): а) в значении рода деятельности в конструкциях типа *заниматься чем, чем занимается фирма*; б) в значении определения в сочетаниях типа *цена со скидкой*.

■ Парадигма глаголов I и II спряжения в настоящем времени (продолжение).

■ Имя прилага́тельное, согласова́ние прилага́тельных с существи́тельными в ро́де и числе́ (продолже́ние).

■ Местоиме́ния *весь, вся, всё, все*, согласова́ние с существи́тельными в ро́де, числе́, падеже́.

Текст «Хоро́шая рекла́ма — полови́на де́ла».

Как спроси́ть о направле́ниях де́ятельности фи́рмы •
How to ask about the trends of company activities

— Чем занима́ется э́та фи́рма?
— Произво́дством и прода́жей.

Запо́мните:

Чем занима́ется	э́та	фи́рма?
	э́тот	банк?
	э́то	предприя́тие?
Чем занима́ются	э́ти	заво́ды?
		фи́рмы?
		предприя́тия?

занима́ться (I гр.) + *чем?* № 5

я	занима́юсь	мы	занима́емся
ты	занима́ешься	вы	занима́етесь
он, она́, оно́	занима́ется	они́	занима́ются

Сравни́те: *Что?* № 1 *Чем?* № 5

он

Како́й?	*Каки́м?*
би́знес	би́знесом
э́кспорт	э́кспортом
и́мпорт	и́мпортом
сбыт	сбы́том
ауди́т	ауди́том
ремо́нт	ремо́нтом
обме́н	обме́ном
поши́в	поши́вом
спорт	спо́ртом
тури́зм	тури́змом
конса́лтинг	конса́лтингом
марке́тинг	марке́тингом

оно́

Како́е?	Каки́м?
произво́дство	произво́дством
посре́дничество	посре́дничеством
изготовле́ние	изготовле́нием
обслу́живание	обслу́живанием
констру́и́рование	констру́и́рованием
обуче́ние	обуче́нием
страхова́ние	страхова́нием
финанси́рование	финанси́рованием

она́

Кака́я?	Како́й?
аре́нда	аре́ндой
рекла́ма	рекла́мой
поку́пка	поку́пкой
поста́вка	поста́вкой
разрабо́тка	разрабо́ткой
перерабо́тка	перерабо́ткой
транспортиро́вка	транспортиро́вкой
прода́жа	прода́жей
торго́вля	торго́влей
добы́ча	добы́чей
культу́ра	культу́рой
нау́ка	нау́кой
те́хника	те́хникой
организа́ция	организа́цией
эксплуата́ция	эксплуата́цией
комме́рция	комме́рцией
реализа́ция	реализа́цией
связь	свя́зью
по́мощь	по́мощью

они́

Каки́е?	Каки́ми?
ка́дры	ка́драми
пла́ны	пла́нами
услу́ги	услу́гами
вы́ставки	вы́ставками
инвести́ции	инвести́циями
креди́ты	креди́тами
фина́нсы	фина́нсами
расчёты	расчётами

Обрати́те внима́ние:
торго́вля, конъюнкту́ра, стро́ительство, страхова́ние, би́знес, тури́зм, аре́нда — то́лько **еди́нственное число́**; *фина́нсы —* то́лько **мно́жественное число́**.

1. **Придума́йте направле́ния де́ятельности сле́дующих учрежде́ний. • Find out activities of the following institutions.**

   Моде́ль:
   — Чем занима́ется э́то аге́нтство?
   — Перево́зками.

   Банк, фи́рма, бюро́, аге́нтства, заво́д, магази́ны, авторы́нок, автошко́ла, компа́ния, представи́тельство, фонд, предприя́тия.

2. **Скажи́те, испо́льзуя да́нные слова́, чем занима́ются э́ти предпринима́тели? • Say what these businessmen do? Use the given words.**

   Моде́ль:
   • продаве́ц — прода́жа
   — Продаве́ц занима́ется прода́жей.

Кто?	*Что?*
продаве́ц	прода́жа, торго́вля
консульта́нт	консульта́ции
производи́тель	произво́дство
строи́тель	строи́тельство
инве́стор	инвести́ции
ауди́тор	ауди́т
проектиро́вщик	прое́кт
поставщи́к	поста́вки
транспортиро́вщик	тра́нспорт, перево́зка
страхово́й аге́нт	страхова́ние
рекла́мный аге́нт	рекла́ма

3. **Расскажи́те, испо́льзуя да́нные слова́, о направле́нии де́ятельности разли́чных фирм. • Speak about activities of various companies. Use the given words.**

   Моде́ль:
   • торго́вый— торго́вля
   — Торго́вая фи́рма занима́ется торго́влей.

Како́й?	*Что?*
комме́рческий, торго́вый	комме́рция, торго́вля, поку́пка, прода́жа
произво́дственный	произво́дство
инвестицио́нный	инвести́ции
тра́нспортный	тра́нспорт, перево́зка
страхово́й	страхова́ние
рекла́мный	рекла́ма
строи́тельный	строи́тельство

4. Узна́йте о хара́ктере и направле́нии де́ятельности разли́чных учрежде́ний. • **Find out activities of various intitutions.**

Моде́ль:

— Кака́я э́то фи́рма?

— *Это* торго́вая фи́рма.

— Чем занима́ется *эта* фи́рма?

— Торго́влей.

Фи́рма: комме́рческая, произво́дственная, произво́дственно-комме́рческая, ауди́торская.

Компа́ния: конса́лтинговая, страхова́я, фина́нсовая.

Аге́нтство: рекла́мное, тра́нспортное.

Предприя́тие: произво́дственное, торго́вое, произво́дственно-торго́вое.

Объедине́ние: произво́дственное, торго́вое, нау́чно-произво́дственное.

Центр: нау́чно-техни́ческий, торго́вый, культу́рный, вы́ставочный, се́рвисный.

Комбина́т: уче́бно-произво́дственный, металлурги́ческий, хими́ческий.

Конто́ра: ремо́нтно-эксплуатацио́нная.

Фонд: инвестицио́нный, культу́рный.

5. Вспо́мните, что зна́чат аббревиату́ры, и скажи́те, чем занима́ются да́нные предприя́тия. • **Recall, what the abbreviations below mean, and say what these enterprises do.**

Моде́ль:

• ТЦ

— Торго́вый центр занима́ется торго́влей.

   ВЦ, НПО, НИИ, ПО

6. Уточни́те направле́ние де́ятельности учрежде́ний. • **Ask a person to specify an activity.**

Моде́ль:

• би́знес

— *Каки́м* би́знесом вы занима́етесь?

— Я занима́юсь ме́лким би́знесом.

Би́знес: ме́лкий, сре́дний, кру́пный, ра́зный, вы́годный, перспекти́вный.

Торго́вля: ро́зничная, опто́вая, вне́шняя.

Произво́дство: промы́шленное, о́пытное, эксперимента́льное.

Расчёты: нали́чные, безнали́чные, рублёвые, валю́тные, межба́нковские.

7. **Определи́в по назва́нию, чем занима́ются фи́рмы, соедини́те ле́вую и пра́вую ча́сти.** •
Look at the title, determine what the companies do and combine the left and the right columns.

Моде́ль:
• Фи́рма «Интерье́р» — произво́дство ме́бели
— Фи́рма «Интерье́р» занима́ется произво́дством ме́бели.

«Шко́да»	междунаро́дные расчёты
«Формо́за»	инвести́ции
«Фундаме́нт-Банк»	поста́вка оде́жды
Банк «UBS»	произво́дство автомоби́лей
Фонд «Тусри́ф»	обме́н валю́ты
«Газпро́м»	междунаро́дный тури́зм
«Аэрофло́т»	прода́жа компью́теров
«Ингосстра́х»	страхова́ние
«Внешто́рг»	добы́ча га́за
«Электронсе́рвис»	возду́шные перево́зки
«Мо́да»	тра́нспорт
«Вы́ставочный центр»	э́кспорт не́фти
«Интури́ст»	ремо́нт электро́ники
«Нефтеэ́кспорт»	организа́ция вы́ставок
«Станкои́мпорт»	и́мпорт обору́дования
«Транса́вто»	вне́шняя торго́вля

8. **Расскажи́те, чем занима́ются ва́ши друзья́, знако́мые.** • **Speak about what your friends and aquaintances do.**

Моде́ль:
— Кака́я ва́ша специа́льность?
— Ру́сская литерату́ра.
— Мой друг то́же занима́ется ру́сской литерату́рой.

Ру́сский язы́к, литерату́рный перево́д, во́дный спорт, музыка́льный теа́тр, совреме́нное иску́сство, ме́неджмент, вне́шняя торго́вля, междунаро́дное пра́во, ру́сская исто́рия, ры́ночная эконо́мика, журнали́стика, политоло́гия, стати́стика, культуроло́гия, мирова́я культу́ра, класси́ческая му́зыка, бале́т, медици́на, матема́тика.

Сравни́те:

Я изуча́ю *ру́сский язы́к.*	*изуча́ть + что? № 4*
Я занима́юсь *ру́сским языко́м.*	*занима́ться + чем? № 5*
Я занима́юсь в *библиоте́ке* ве́чером.	*занима́ться + где? № 6*

— **Каки́м би́знесом занима́ется фи́рма «Аргуме́нт»?**
— **Эта фи́рма продаёт това́ры.**

Запо́мните:

Гру́ппа I: *продава́ть, предлага́ть, покупа́ть, обме́нивать, охраня́ть, печа́тать, экспорти́ровать, импорти́ровать, финанси́ровать, инвести́ровать, кредитова́ть, проекти́ровать, консульти́ровать, транспорти́ровать, страхова́ть, реклами́ровать, программи́ровать, информи́ровать, торгова́ть* (чем?).

Гру́ппа II: *производи́ть* (д⇒ж), *перевози́ть* (з⇒ж), *стро́ить*

я	продаю́	предлага́ю	покупа́ю
ты	продаёшь	предлага́ешь	покупа́ешь
он, она́, оно́	продаёт	предлага́ет	покупа́ет
мы	продаём	предлага́ем	покупа́ем
вы	продаёте	предлага́ете	покупа́ете
они́	продаю́т	предлага́ют	покупа́ют

-ова ⇒ -у

я	экспорти́рую	импорти́рую	финанси́рую
ты	экспорти́руешь	импорти́руешь	финанси́руешь
он, она́, оно́	экспорти́рует	импорти́рует	финанси́рует
мы	экспорти́руем	импорти́руем	финанси́руем
вы	экспорти́руете	импорти́руете	финанси́руете
они́	экспорти́руют	импорти́руют	финанси́руют

я	произвожу́	перевожу́	стро́ю
ты	произво́дишь	перево́зишь	стро́ишь
он, она́, оно́	произво́дит	перево́зит	стро́ит
мы	произво́дим	перево́зим	стро́им
вы	произво́дите	перево́зите	стро́ите
они́	произво́дят	перево́зят	стро́ят

9. Скажи́те, чем конкре́тно занима́ются да́нные фи́рмы. • Specify what these companies do.

Моде́ль:

• торго́вый — продаёт

— Торго́вая фи́рма продаёт.

Како́й?	*Что де́лать?*
торго́вый, комме́рческий	покупа́ть, продава́ть, торгова́ть, поставля́ть
э́кспортный	экспорти́ровать
произво́дственный	производи́ть
прое́ктный	проекти́ровать
инвестицио́нный	инвести́ровать
фина́нсовый	финанси́ровать
конса́лтинговый	консульти́ровать
тра́нспортный	транспорти́ровать, перевози́ть
страхово́й	страхова́ть

рекла́мный	реклами́ровать
стро́ительный	стро́ить
охра́нный	охраня́ть
юриди́ческий	ока́зывать юриди́ческие услу́ги

Описа́ние проду́кции и това́ров • Products and goods description

> — Что продаёт ва́ша фи́рма?
> — Мы продаём компью́теры.

Сравни́те: *продава́ть (что?)* **№ 4** = *торгова́ть (чем?)* **№ 5**

Запо́мните: *Что?* **№ 1**   *Кто?* **№ 1**   *Что?* **№ 4**
     Это лес.   Мы   продаём   лес.

№ 1   **№ 4**

он

Како́й?	=	*Како́й?*
Весь		*Весь*
газ		газ
чай		чай
това́р		това́р
хруста́ль		хруста́ль

оно́

Како́е?	=	*Како́е?*
Всё		*Всё*
зерно́		зерно́
зо́лото		зо́лото
обору́дование		обору́дование
стекло́		стекло́

они́

Каки́е?	=	*Каки́е?*
Все		*Все*
маши́ны		маши́ны
станки́		станки́
автомоби́ли		автомоби́ли
кра́ски		кра́ски
ла́ки		ла́ки

материа́лы	материа́лы
компью́теры	компью́теры
мета́ллы	мета́ллы
проду́кты	проду́кты
изде́лия	изде́лия
това́ры	това́ры
услу́ги	услу́ги

она́

Кака́я?	**=**	*Каку́ю?*
Вся		*Всю*
бума́га		бума́гу
оде́жда		оде́жду
оргте́хника		оргте́хнику
проду́кция		проду́кцию
нефть		нефть
о́бувь		о́бувь

Обрати́те внима́ние:

проду́кция, аппарату́ра, те́хника, ме́бель, обору́дование, оде́жда, о́бувь, валю́та, галантере́я, косме́тика, парфюме́рия, интерье́р — то́лько **еди́нственное число́** (always in the singular);

де́ньги, аксессуа́ры, очки́, часы́, брю́ки, джи́нсы, но́жницы, воро́та, щи — то́лько **мно́жественное число́** (always in the plural);

пальто́, ко́фе, а́удио, ви́део — **не изменя́ется** (are not declined).

10. **Узна́йте, что продаю́т (покупа́ют, произво́дят) ва́ши партнёры.** • **Find out what your partners sell (buy, produce).**

Моде́ль:
— *Что* продаёт ва́ша фи́рма?
— Мы продаём телеви́зоры.

Музыка́льные це́нтры, коре́йские телеви́зоры, неме́цкие видеомагнитофо́ны, япо́нские видеока́меры и фотоаппара́ты, росси́йские самолёты, америка́нские компью́теры, програ́ммное обеспече́ние и расхо́дные материа́лы.

11. **Уточни́те, каку́ю проду́кцию произво́дят ва́ши партнёры.** • **Ask your partner to specify their products.**

Моде́ль:
— *Каку́ю проду́кцию* произво́дит ва́ше предприя́тие?
— Мы произво́дим ла́ки, кра́ски.
— *Каки́е?*
— Автомоби́льные.

Нефтепроду́кты, медици́нская те́хника, промы́шленное обору́дование, но́вые станки́, разли́чные химика́ты, совреме́нная ме́бель, освети́тельные прибо́ры, же́нская одéжда, спортúвная óбувь, кóжаная галантерéя, лечéбная космéтика, парфюмéрия, бытовáя тéхника, спортúвные товáры, солнцезащúтные очкú, ювелúрные издéлия, стройтельные материáлы, сувенúрная продýкция, реклáмные буклéты, дéтские велосипéды, плáстиковые óкна, газéтная бумáга.

Сравнúте:

Что? (материáл)	*Какóй?* =	*Из чегó?* № 2
онá		
бумáга	бумáжный	из бумáги
кóжа	кóжаный	из кóжи
нефть	нефтянóй	из нéфти
медь	мéдный	из мéди
сталь	стальнóй	из стáли
ткань	ткáневый	из ткáни
шерсть	шерстянóй	из шéрсти
рыба	рыбный	из рыбы
он		
картóн	картóнный	из картóна
метáлл	металлúческий	из метáлла
бетóн	бетóнный	из бетóна
хлóпок	хлóпковый	из хлóпка
мех	меховóй	из мéха
шёлк	шёлковый	из шёлка
плáстик	плáстиковый	из плáстика
онó		
желéзо	желéзный	из желéза
серебрó	серéбряный	из серебрá
зóлото	золотóй	из зóлота
дéрево	деревáнный	из дéрева
стеклó	стеклáнный	из стеклá
мясо	мяснóй	из мяса
молокó	молóчный	из молокá

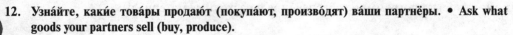

12. Узнáйте, какúе товáры продаю́т (покупáют, произвóдят) вáши партнёры. • Ask what goods your partners sell (buy, produce).

Модéль:
— *Какúе товáры* продаёт вáша фúрма? — *стальные и желéзные* трýбы.
— Мы продаём трýбы *из стáли и желéза.*

Хрустáльные лю́стры; стеклáнная и фарфóровая посýда; мéдный кáбель; металлúческие и плáстиковые детáли; бумáжная, картóнная, плáстиковая упакóвка; ткáневые чехлы; рыбные и мясные консéрвы; молóчные продýкты; кóжаная óбувь и галантерéя; меховáя, шерстянáя, хлóпковая, шёлковая одéжда; деревáнная и плáстиковая мéбель; железобетóнные констрýкции, нефтепродýкты.

Потреби́тельские сво́йства това́ров • Consumer goods qualities

> — Кака́я цена́ това́ра?
> — Опто́вая — 200 рубле́й, ро́зничная — 257 рубле́й.

Сравни́те:

Кака́я?	*Како́й?*	*Како́е?*	*Каки́е?*
цена́	тари́ф	назва́ние	возмо́жности
длина́	разме́р	коли́чество	усло́вия
ширина́	рост	ка́чество	шрифты́
высота́	сорт	то́пливо	програ́ммы
моде́ль	вес		дра́йверы
мо́щность	но́мер		
	вид		
	дви́гатель		
	материа́л		

13. Узна́йте, кака́я цена́ това́ров. Испо́льзуйте слова́. • Find out prices of goods. Use the words.

Ро́зничная, опто́вая, договорна́я, стаби́льная, высо́кая, ни́зкая, специа́льная, вы́годная.

Обрати́те внима́ние:

цена́ (ед. ч.) + *чего́? № 2*
компью́тера

цена́ (ед., мн. ч.) + *кака́я? № 5*
со ски́дкой
со все́ми ски́дками
с НДС (эн-дэ-эс)
НДС — нало́г на доба́вленную сто́имость

Моде́ль:

• цена́ — *компью́тер*
— Кака́я цена́ компью́тера?
— *Ро́зничная, со ски́дками.*

Бума́га, ко́жа, нефть, медь, сталь, ткань, шерсть, ры́ба, карто́н, мета́лл, бето́н, хло́пок, мех, шёлк, пла́стик, фарфо́р, хруста́ль, желе́зо, серебро́, зо́лото, де́рево, стекло́, мя́со, молоко́.

14. Узна́йте, о це́нах на това́ры, испо́льзуя да́нные слова́. • Ask about prices of goods using the given words.

Бума́га, ко́жа, нефть, медь, сталь, ткань, шерсть, ры́ба, карто́н, мета́лл, бето́н, хло́пок, мех, шёлк, пла́стик, фарфо́р, хруста́ль, желе́зо, серебро́, зо́лото, де́рево, стекло́, мя́со, молоко́.

Обратите внимание: Цены (мн. ч.) + *на что?* **№ 4**

на компьютеры

Модель:
- цены — *услуги*
— Какие *цены на* услуги?

15. Вы менеджер офиса, занимаетесь покупкой компьютерного оборудования для вашей фирмы. Используя рекламу выбранных вами товаров, ответьте на вопросы директора. ● **You are an office manager buying IT-equipment for your company. Using advertisements of the goods you have chosen, answer your director's questions.**

Лазерный принтер OKI

Модель — OKIPAGE 4w

Новый самый маленький принтер! Современный персональный лазерный принтер, удобный, компактный, экономичный, скоростной, качественный. Высокое качество и скорость печати! Низкие цены!

Память — 128 Кб

Разрешение — 600 (Micro Res. — точек на дюйм)

Скорость — 4 стр./мин

Ёмкость лотка — 30 листов

Язык управления — русский, английский

Ресурс тонера — 1000 листов

Ресурс барабана — 10 000 листов

Дополнительные возможности — специальный драйвер для Windows, поддержка в окне Windows

Длина — 300 мм

Ширина — 180 мм

Высота — 120 мм

Вес — 3,8 кг

Напряжение — 220 V

Цена — 375 у. е. (*условных единиц); условная единица = 1$ или 1 евро

Вопросы:
— Какая модель принтера?
— Какой это принтер?
— Какая память?
— Какое разрешение?
— Какая скорость?
— Какая ёмкость лотка?
— Какой язык управления?
— Какой ресурс тонера?

— Какóй ресýрс барабáна?

— Какúе дополнúтельные возмóжности?

— Какáя длинá?

— Какáя ширинá?

— Какáя высотá?

— Какóй вес?

— Какóе напряжéние?

— Какáя ценá?

16. **На выставке вы отобрáли и другóе оборýдование для óфиса. Испóльзуя реклáму, кóротко расскажúте о нём. • You have chosen another IT-equipment for your office. Describe it briefly, using the advertisement information.**

Скáнер фúрмы «Хьюлетт— Паккард» (Hewlett Packard)

Модéль — HP ScanJet 4s

Сáмый совремéнный персонáльный настóльный скáнер! Лёгкий, простóй, удóбный. Высóкое кáчество и скóрость сканúрования! Прекрáсная ценá!

Тип скáнера — странúчный

Разрешéние — 400 тóчек на дюйм

Скóрость сканúрования — 10 сек/стр.

Дрáйвер — Windows'95, Windows'98, Macintosh

Напряжéние — 220 V (вольт)

Мóщность — 30 W (ватт)

Габарúты:

Высотá — 88 мм

Ширинá — 76 мм

Длинá — 317 мм

Вес — 1,13 кг

Ценá — 450 у. е.

Смéнные винчéстеры фúрмы «Иомега» (IOMEGA)

Модéль — «JAZ DRIVE»

Нóвые внéшние магнúтные накопúтели. Это совремéнный смéнный винчéстер. Удóбный, эффектúвный, безгранúчный.

Ёмкость — 1000 Мб (мегабáйт)

Врéмя дóступа — 17 миллисекýнд

Врéмя пóиска — 12 миллисекýнд

Скóрость обмéна — 10 Мб/сек

Буфер — 256 Кб (килобайт)
Скорость копи́рования — 1000 Мб за 5 мин
Дра́йвер — Windows 95, Macintosh
Габари́ты:
Длина́ — 203 мм
Ширина́ — 135 мм
Высота́ — 38 мм
Вес — 900 г
Цена́ — 260 у. е.

 17. Прослу́шайте описа́ние това́ра и запиши́те его́ основны́е характери́стики. Расскажи́те об э́том това́ре. • Listen to the description of an article and write down its main characteristics. Speak about this article.

Длина́ —
Высота́ —
Ширина́ —
Вес —
Мо́щность —
Объём дви́гателя —
Расхо́д бензи́на —
Максима́льная ско́рость —
То́пливо —
Цена́ —

Автомоби́ль ВАЗ

Но́вая моде́ль ВАЗ-21099 — э́то са́мый популя́рный на росси́йском ры́нке автомоби́ль. Он экономи́чный, надёжный, удо́бный, совреме́нный. Невысо́кие це́ны.

Характери́стики маши́ны:
Длина́ — 4,2 м
Высота́ — 1,5 м
Ширина́ — 1,5 м
Вес — 1200 кг
Мо́щность — 95 л. с. (лошади́ных сил)
Объём дви́гателя — 1,6 л
Расхо́д бензи́на — 8 ли́тров на 100 км
Максима́льная ско́рость — 200 км/час
То́пливо — А92, А95
Цена́ — 10 500 у. е.

18. Мо́жно ли описа́ть това́ры, проду́кцию ва́шей фи́рмы с по́мощью да́нных слов? • Do these adjectives describe your goods, products?

Но́вый, совреме́нный, мо́дный, краси́вый, элега́нтный, эффекти́вный, надёжный, ка́чественный, экономи́чный, удо́бный, просто́й, безопа́сный, ти́хий, дорого́й, дешёвый.

19. Да́йте описа́ние това́ров, проду́кции, кото́рую произво́дит и́ли покупа́ет ва́ша фи́рма. •
Describe goods and articles which are produced or bought by your company.

20. Прочита́йте описа́ние това́ров и догада́йтесь, каку́ю бытову́ю те́хнику поставля́ет фи́рма.
Каки́е из э́тих това́ров вы хоте́ли бы приобрести́, почему́? • Read description of the goods
and guess what houshold appliances the company delivers. What goods would you like to purchase and why?

а)
Объём — 347 л (ли́тров)
Компре́ссор — 2
Ка́мера — 2
Морози́льная ка́мера — 115 л
Высота́ — 195 см
Ширина́ — 60 см
Длина́ — 60 см
Цена́ — 1195 у. е.

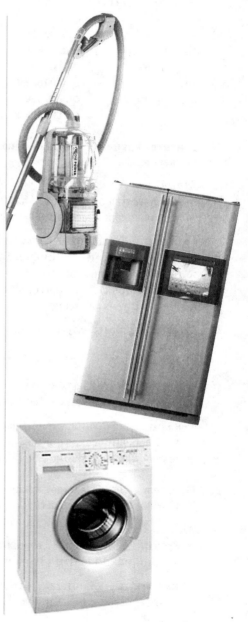

б)
Вес белья́ — 4,5 кг
Загру́зка — фронта́льная
Ско́рость отжи́ма — 1000 об./мин
(оборо́тов в мину́ту)
Ширина́ — 60 см
Высота́ — 85 см
Глубина́ — 44 см
Цена́ — 14 745 руб.

в)
Режи́м рабо́ты — обы́чный, вла́жный
Мо́щность — 1100 W
Цвет — зелёный, си́ний
Цена́ — 390 у. е.

Слова́ для спра́вок: пылесо́с «Вакс» (Vax
2100), стира́льная маши́на «Си́менс» (Siemens
WXS 1063), холоди́льник «Бош» (Bosch KGE —
3501).

Описа́ние ви́дов услу́г • Services description

— Каки́е услу́ги ока́зывает фи́рма «Ростра́нс»?
— Э́та фи́рма ока́зывает тра́нспортные услу́ги.

Запо́мните!
ока́зывать (I гр.) + услу́ги

я	ока́зыва**ю**
ты	ока́зыва**ешь**
он, она́, оно́	ока́зыва**ет**
мы	ока́зыва**ем**
вы	ока́зыва**ете**
они́	ока́зыва**ют**

21. **Узна́йте, каки́е услу́ги ока́зывают ва́ши партнёры. • Find out what services your partners render.**

    Моде́ль:
    — *Каки́е услу́ги* ока́зывает ва́ша (твоя́, его́, её, их) компа́ния?
    — Мы ока́зываем медици́нские услу́ги.

    Пла́тные, беспла́тные; туристи́ческие, тра́нспортные, юриди́ческие, ауди́торские, рекла́мные, информацио́нные, коммуникацио́нные, курье́рские, посре́днические, тамо́женные, фин́ансово-креди́тные, се́рвисные, ви́зовые, тамо́женные, печа́тные, бытовы́е, курье́рские, конса́лтинговые, ауди́торские; би́знес-услу́ги; услу́ги свя́зи.

22. **Скажи́те, каки́е услу́ги ока́зывают фи́рмы. • Say what services the companies render.**

    Моде́ль:
    • Комме́рческий банк «UBS»
    — Комме́рческий банк «UBS» ока́зывает комме́рческие услу́ги.

    Рекла́мная компа́ния, туристи́ческая фи́рма, юриди́ческая конто́ра, тра́нспортное аге́нтство, посре́дническая фи́рма, креди́тно-фина́нсовая гру́ппа, медици́нский центр, ауди́торская фи́рма, охра́нное бюро́, почто́вое отделе́ние.

23. **Определи́те по назва́нию, каки́е услу́ги ока́зывают фи́рмы. • Define by name what services the companies render.**

    Моде́ль:
    • медици́нский центр «Здоро́вье»
    — Медици́нский центр «Здоро́вье» ока́зывает медици́нские услу́ги.

    «Академту́р», «Защи́та», «Мединце́нтр», «Юринфа́кт», «Альфа-капита́л», «Ростелеко́м», «Ве́ра», «Альпиндустри́я», «Интерфа́кс», «Курье́р», «Мосвнешинфо́рм»,

«Медэкспре́сс», «Консульта́нт», «Евра́зия», «Би́знес-анали́тика», «Чистоте́л», «Мосавтотра́нс», «Госстра́х», «Транса́эро», «Транска́рго», «Рашн ви́заз», «Мосюрце́нтр», «Экспре́сс», «Гиппокра́т», «Принт», «Центрауди́т», «Конса́лтинг», «Центрокомме́рс», «Техноконса́лт».

24. **Фи́рма ока́зывает пла́тные услу́ги, узна́йте, како́й у них тари́ф. Испо́льзуйте материа́л упражне́ния 21 и да́нные ни́же слова́. • The company offers services for payment. Find out their tariffs. Use vocabulary from exercise 21 and the words given below.**

Моде́ль:

— *Како́й тари́ф* у вас *на* услу́ги свя́зи?
— Станда́ртный.

Тари́ф: экономи́чный, станда́ртный, универса́льный, специа́льный, семе́йный, би́знес-тари́ф; но́вый, ста́рый.

Сравни́те:

	Кака́я?		*Чего́? № 2*	*На что? № 4*
цена́	вся	ро́зничная	това́ра	
це́ны	все	ро́зничные		на това́р

	Како́й?		*Из чего́? № 2*	
това́р	весь	хруста́льный	из хрусталя́	на услу́ги

	Како́й?			*Что? № 1*
тари́ф	весь	специа́льный		би́знес-тари́ф

25. **Узна́йте о направле́ниях де́ятельности ба́нков, фо́ндов. • Ask about activities of banks and funds.**

Моде́ль:

— Что финанси́рует э́тот банк?
— Банк «UBS» финанси́рует росси́йско-швейца́рскую торго́влю.

Фонд «Тусри́ф» — ма́лый и сре́дний росси́йский би́знес;
«Фундаме́нт-Банк» — кру́пный би́знес:
Банк «Ру́сский станда́рт» — произво́дственные и торго́вые прое́кты;
Банк «Капита́л» — энерге́тика, медици́на, здравоохране́ние, металлурги́я, судострое́ние, образова́ние, тури́зм, лесна́я промы́шленность, полиграфи́ческая промы́шленность, пищева́я промы́шленность, телекоммуникацио́нные техноло́гии, марке́тинговые иссле́дования.

26. **Определи́те по назва́нию, каки́е сфе́ры эконо́мики финанси́руют э́ти ба́нки. • Look at the name and determine what spheres of economy these banks finance.**

Моде́ль:

• «Агрохимба́нк» — хими́ческая промы́шленность, се́льское хозя́йство
— «Агрохимба́нк» финанси́рует хими́ческую промы́шленность и се́льское хозя́йство.

«Агрооптторгба́нк» — се́льское хозя́йство, опто́вая торго́вля

«Агропромстройба́нк» — се́льское хозя́йство, промы́шленное строи́тельство

«Автоба́нк» — автомоби́льная промы́шленность

«Комторгба́нк» — торго́вля

«Газпромба́нк» — га́зовая промы́шленность

«Инстройба́нк» — строи́тельство

«Легпромба́нк» — лёгкая промы́шленность

«Леспромба́нк» — лесна́я промы́шленность

«Мединвестба́нк» — медици́на

«Металлинвестба́нк» — металлурги́я

«Нефтехимба́нк» — нефтехими́ческая промы́шленность

«Промстройба́нк» — строи́тельство

«Промрадтехба́нк» — радиотехни́ческая

«Внешэкономба́нк» — вне́шняя торго́вля

«Желдорба́нк» — желе́зные доро́ги

27. **Узна́йте, что экспорти́рует (импорти́рует) фи́рма (страна́). • Ask what a company (country) exports (imports).**

Моде́ль:
— Что экспорти́рует (импорти́рует) ва́ша фи́рма?
— Мы экспорти́руем лес и бума́гу.

Ла́мпы, тру́бы, маши́ны, компью́теры, мото́ры, тра́кторы;
това́р, мета́лл, лес, газ, у́голь;
о́бувь, нефть, ткань, мука́, бума́га, ко́жа, оде́жда;
зерно́, ма́сло, стекло́, то́пливо.

28. **Отве́тьте на вопро́сы, испо́льзуя слова́:** *весь, вся, всё, все.* **• Answer questions, using the words:** *весь, вся, всё, все.*

Моде́ль:
— *Каки́е това́ры* продаёт ва́ша фи́рма?
— *Все* това́ры.

Како́й това́р покупа́ют ва́ши партнёры?
Каки́е услу́ги они́ ока́зывают?
Каки́е гру́зы они́ перево́зят?
Како́е обору́дование они́ поставля́ют?
Каки́е това́ры они́ импорти́руют?
Каку́ю проду́кцию они́ экспорти́руют?
Каки́е прое́кты они́ финанси́руют?
Каки́е докуме́нты они́ оформля́ют?
Како́й груз они́ страху́ют?

Сравни́те:

поку́пка + *чего?* № 2	покупа́ть + *что?* № 4
прода́жа	продава́ть
поста́вка	поставля́ть
перево́зка	перевози́ть
э́кспорт	экспорти́ровать
и́мпорт	импорти́ровать
произво́дство	производи́ть
инвести́рование	инвести́ровать
финанси́рование	финанси́ровать
кредитова́ние	кредитова́ть
страхова́ние	страхова́ть
рекла́ма	реклами́ровать
строи́тельство	стро́ить
ремо́нт	ремонти́ровать
обме́н	обме́нивать
организа́ция	организо́вывать

29. **Замени́те констру́кции на синоними́чные. • Replace the constructions with synonyms.**

Моде́ль:
• Перево́зка гру́зов.
— Перевози́ть гру́зы.

Экспорт мета́ллов, и́мпорт не́фти и га́за, поку́пка оде́жды, прода́жа сантéхники, произво́дство компью́терной тéхники, проекти́рование заво́дов, инвести́рование прое́ктов, финанси́рование ма́лых предприя́тий, кредитова́ние сре́днего би́знеса, перево́зка гру́зов, страхова́ние жилья́, рекла́ма но́вых автомоби́лей, ремо́нт кварти́р и о́фисов, строи́тельство домо́в и коттéджей, обме́н валю́ты, поста́вка труб и обору́дования, организа́ция вы́ставок и аукцио́нов.

30. **Замени́те констру́кции упражне́ния 29 на синоними́чные. • Replace the constructions from exercise 29 with the synonyms.**

Моде́ль:
— Эта фи́рма занима́ется произво́дством стройматериа́лов?
— Да, она́ произво́дит стройматериа́лы.

31. **Прочита́йте те́мы рекла́мных электро́нных сообще́ний и скажи́те, чем занима́ются да́нные фи́рмы. • Listen to advertisements and say what these companies do.**

Моде́ль:
• Организа́ция презента́ций и семина́ров.
— Эта фи́рма занима́ется организа́цией презента́ций и семина́ров.

Поста́вка телекоммуникацио́нных систе́м.

Экспорт компью́терной те́хники.

Произво́дство и прода́жа о́фисной ме́бели.

Ремо́нт часо́в. Бы́стро и ка́чественно!

Инвести́рование прое́ктов и програ́мм.

Эффекти́вная рекла́ма това́ров и услу́г.

Ремо́нт автомоби́лей. Евростанда́рт.

Прода́жа това́ров из ко́жи. Недо́рого.

Экспорт ле́са. Лице́нзия.

Импорт не́фти и га́за.

Поста́вка зерна́.

Импорт цветны́х мета́ллов. Лега́льно.

Прода́жа ювели́рных изде́лий. Эксклюзи́в.

Произво́дство нефтяно́го обору́дования. Росси́йский станда́рт.

32. **Вы не о́чень хорошо́ по́няли, како́й хара́ктер де́ятельности фи́рмы. Переспроси́те, испо́льзуя слова́ упражне́ния 31.** • **You have not quite understood the type of activity of a firm. Using the vocabulary from exercise 31, ask the presentation managers once more.**

Моде́ль:

• Произво́дство бытово́й те́хники.

— Прости́те, я не по́нял. Повтори́те, пожа́луйста. Что произво́дит ва́ша фи́рма?

— Бытову́ю те́хнику.

33. **Прочита́йте рекла́мные сообще́ния и отве́тьте на вопро́сы: а) чем занима́ются фи́рмы; произво́дством (прода́жей, поста́вкой и т.п.) чего они́ занима́ются; б) что они́ произво́дят (продаю́т, оформля́ют, гаранти́руют и т.п.).** • **Read the advertisements and say: what these companies do; what they produce (sell, register, guarantee etc.)**

• Произво́дственно-торго́вое предприя́тие «Автова́з». Произво́дство и прода́жа росси́йских автомоби́лей «Ла́да». Се́рвисное обслу́живание. Оформле́ние докуме́нтов. Гара́нтия высо́кого ка́чества и ни́зких цен.

• Крупне́йшая ча́стная корпора́ция «Нью́з Корп.» (News Corp. Ltd.). Изда́тельский, телевизио́нный, телекоммуникацио́нный, информацио́нный, спорти́вный, рекла́мный и кинематографи́ческий би́знес. Произво́дство и дистрибу́ция кино-, теле- и видеопроду́кции; спу́тниковое и ка́бельное телевеща́ние; проекти́рование телевизио́нных техноло́гий.

• Госуда́рственная компа́ния «Хе́льсинки Метропо́литан Деве́лопмент корпоре́йшн». Марке́тинг. Подде́ржка и финанси́рование совме́стных предприя́тий.

• Швейца́рский объединённый банк «UBS». Разви́тие фина́нсово- экономи́ческих и торго́вых отноше́ний. Финанси́рование совме́стных прое́ктов и кредитова́ние че́шских и росси́йских предприя́тий.

• Произво́дственная фи́рма «Пе́ртти Па́мирут». Произво́дство о́буви.

• Концерн «Нокиа телекоммьюникейшн». Проектирование систем теле-коммуникации. Производство мобильных и сотовых телефонов.

• Предприятие «Аспокем». Производство, хранение, продажа авто-химикатов.

• Фирма «Финнкэрриерз». Транспортные услуги. Перевозка грузов. Производство контейнеров, вагонов.

• Ассоциация «Финско-российская торговая палата». Информационные, консультационные услуги. Организация контактов, презентаций, деловых встреч. Поддержка мелкого и среднего бизнеса.

• Фирма «Тебодин». Маркетинговые услуги. Проектирование строительства.

• Концерн «Шелл». Разведка и добыча нефти, газа. Нефтепереработка. Маркетинг. Производство нефтепродуктов.

• Компания «Копенгагенский ФЭР центр». Организация и проведение меховых аукционов. Производство меха. Создание системы сортировки.

• Инвестиционный банк «АБН АМРО». Создание инвестиционных фондов. Финансирование производства и торговли.

• Инвестиционный фонд «Тусриф». Инвестиционные, консультационные, маркетинговые услуги. Финансирование мелкого и среднего бизнеса в России.

• Торговая компания «Акзо Нобель». Поставки фармацевтической продукции, красок, химикатов.

Вопросы:

1. Чем занимается эта фирма? (Производством, продажей, поставкой...)

2. Производством (продажей, поставкой...) чего именно занимается эта фирма? (Производством автомобилей)

3. Что производит (продаёт, оформляет, гарантирует...) эта фирма? (Автомобили)

34. Напишите рекламные сообщения для этих фирм по-другому. • Write the advertisement for these companies in a different way.

Модель 1:

• Производственно-торговое предприятие «Автоваз». Производство и продажа российских автомобилей «Лада».Сервисное обслуживание. Оформление документов. Гарантия высокого качества и низких цен.

— Производственно-торговое предприятие «Автоваз» *занимается* производством и продажей российских автомобилей «Лада», их сервисным обслуживанием, а также оформлением документов.

Модель 2:

• Производственно-торговое предприятие «Автоваз». Производство и продажа российских автомобилей «Лада».Сервисное обслуживание. Оформление документов. Гарантия высокого качества и низких цен.

— Производственно-торговое предприятие «Автоваз» *производит и продаёт* российские автомобили «Лада». Наше предприятие *оказывает* сервисные *услуги, оформляет* все документы. Мы гарантируем высокое качество и низкие цены.

35. **а)** Послу́шайте телефо́нный разгово́р с ме́неджером тра́нспортной компа́нии. • **Listen to a telephone conversation with a manager of transport company.**

— Алло́, здра́вствуйте. Это тра́нспортная компа́ния «Финнкэ́риерз»?
— Да. Слу́шаем вас.
— Это дире́ктор торго́вой фи́рмы «Аргуме́нт» Ива́н Чесноко́в.
— До́брый день. Ме́неджер Серге́й Кири́ллов.
— Скажи́те, пожа́луйста, вы занима́етесь перево́зками по СНГ?
— Да, мы ока́зываем таки́е услу́ги.
— Помоги́те, пожа́луйста.
— С ра́достью. Како́й у вас груз?
— Мы продаём календари́ в Казахста́н.
— Календари́? Каки́е?
— Да ра́зные: насте́нные, насто́льные, карма́нные, годовы́е, кварта́льные. Из бума́ги, карто́на, стекла́ и пла́стика.
— Это специфи́ческий груз...
— Не беспоко́йтесь. Они́ в коро́бках.
— Каки́е габари́ты коро́бки? Кака́я длина́, ширина́, высота́?
— 80×50×70 см (во́семьдесят на пятьдеся́т на се́мьдесят сантиме́тров).
— Како́й вес коро́бки?
— 15 кг (пятна́дцать килогра́ммов).
— Ско́лько коро́бок?
— 154 коро́бки.
— Это всё? Или что́-нибудь ещё?
— Нет, э́то весь това́р.
— Кака́я цена́ календаре́й?
— От двадцати́ до ста́ е́вро.
— Кака́я вся сто́имость гру́за?
— Два́дцать ты́сяч е́вро.
— Это всё?
— Да, спаси́бо. До свида́ния.

б) **Запиши́те основны́е да́нные о гру́зе.** • **Write down basic cargo information.**

Описа́ние гру́за:
— Календари́.
— Куда́...
— Упако́вка...
— Габари́ты коро́бки:
        длина́ — ... см
        ширина́ — ... см
        высота́ — ... см
— Вес коро́бки — ... кг
— Коли́чество коро́бок — ...
— Цена́ календаре́й — ...
— Сто́имость гру́за — ...

в) Позвоните в транспортную компанию и расскажите о характере вашего груза. • Call a transport company and inform them about your cargo.

36. а) Послушайте телефонный разговор с директором торговой фирмы. • Listen to a telephone conversation with a director of trade company.

—Торговая фирма «Аргумент». Добрый день.

—Алло, здравствуйте. Это менеджер транспортной компании «Финнкэриерз» Кириллов. Можно поговорить с директором Иваном Чесноковым.

—Я вас слушаю. Очень рад, что вы перезвонили. Скажите, пожалуйста, какие у вас условия перевозки?

—А какой вид перевозки? Авиа-, морская, железнодорожная или автомобильная?

—У нас специфический товар, из бумаги, стекла, пластика... Наверное, лучше автомобильная.

—Пожалуйста.

—Какой срок перевозки?

—Весь груз — в Казахстан?

—Да, всю партию товара отправляем в Казахстан.

—Тогда — 5 дней.

—Так долго? «Время — деньги».

—Это не долго. У нас современные трейлеры.

—А у нас прекрасные календари... Ну ладно: сколько трейлеров?

—Два трейлера.

—Почему два? Какие габариты вашего трейлера? Какая длина, ширина, высота?

—14×2×2,5 м (четырнадцать на два и на два с половиной метра).

—А какая грузоподъёмность?

—Двадцать пять тонн (25 т).

—Простите, сколько?

—Двадцать пять тысяч килограммов (25 000 кг).

—Вы перевозите весь груз сразу?

—Да, всё сразу.

—Какие у вас цены на перевозки?

—Минуточку. От тысячи до полутора тысяч евро за тонну. Извините, у нас новые цены.

—Пришлите, пожалуйста, по факсу счёт-фактуру.

—Хорошо.

—Спасибо. Всего доброго.

—До свидания.

б) Запишите основные данные об условиях перевозки. • Write down basic data on the conditions of transportation.

Условия перево́зки

Вид перево́зки — ...
Габари́ты тре́йлера:

длина́ — ... м
ширина́ — ... м
высота́ — ... м

Грузоподъёмность — ... т (... кг)
Коли́чество тре́йлеров — ...
Срок перево́зки — ... дней
Цена́ перево́зки — ...

37. **а) Познако́мьтесь с рекла́мой фи́рмы.** • **Read the advertisement.**

ХОРО́ШАЯ РЕКЛА́МА — ПОЛОВИ́НА ДЕ́ЛА

Уважа́емые да́мы и господа́! Мы ра́ды ви́деть вас на на́шей презента́ции.

Я ме́неджер фи́рмы «Финнкэ́риерз» в Москве́ Серге́й Кири́ллов.

«Финнкэ́риерз» — э́то ча́стная фи́нская фи́рма. Она́ начала́ рабо́тать в Финля́ндии три го́да наза́д.

«Финнкэ́риерз» — э́то кру́пное откры́тое акционе́рное о́бщество. Наш учреди́тель — изве́стный фи́нский тра́нспортный конце́рн «Финнла́йнс».

На́ша фи́рма молода́я, но уже́ изве́стная. У нас есть доче́рние компа́нии в Че́хии, По́льше, Герма́нии, А́нглии, Бе́льгии, Шве́ции и Норве́гии. Гла́вный о́фис нахо́дится в Хе́льсинки.

Фи́рма «Финнкэ́риерз» занима́ется морски́ми, конте́йнерными, железно-доро́жными, автомоби́льными перево́зками в Евро́пе и А́зии.

Мы перево́зим разли́чные гру́зы: лес, мета́лл, у́голь, нефть, конте́йнеры, ваго́ны, автомоби́ли, строи́тельную и грузову́ю те́хнику.

На́ша фи́рма не то́лько ока́зывает бы́стрые и эффекти́вные тра́нспортные, э́кспортно-и́мпортные услу́ги, но и сама́ произво́дит но́вое тра́нспортное обо-ру́дование. У нас большо́й совреме́нный флот и прекра́сный персона́л — почти́ 200 челове́к.

Фи́рма «Финнкэ́риерз» рабо́тает в Росси́и то́лько три го́да, но нас уже́ хорошо́ зна́ют здесь. У нас есть два представи́тельства. Одно́ представи́тельство нахо́дится в Москве́, друго́е — в Петербу́рге.

В Росси́и огро́мные возмо́жности, широ́кие перспекти́вы... и больши́е тру́дности. Но Финля́ндия — э́то се́верный сосе́д Росси́и. Мы рабо́таем весь год, да́же холо́дная ру́сская зима́ для нас не пробле́ма. У нас о́бщая грани́ца, така́я же ширина́ желе́зной доро́ги, как в Росси́и.

Росси́йский ры́нок — э́то осо́бый ры́нок, потому́ что э́то и ры́нок СНГ.

Фи́рма «Финнкэ́риерз» гаранти́рует безопа́сность, надёжность, высо́кое ка́чество, минима́льные сро́ки и уме́ренные це́ны.

На́ши гара́нтии — э́то ваш успе́х в би́знесе!

Благодарю́ за внима́ние.

б) Сотру́дник ва́шей фи́рмы, кото́рый был на презента́ции, ко́ротко записа́л основну́ю информа́цию. Как вы ду́маете, каки́е он за́дал вопро́сы? • One of your employees visited the presentation and made brief notes. What questions did he ask there?

— ...

— Ме́неджер.

— ...

— Серге́й Кири́ллов.

— ...

— «Фи́ннкэ́риерз».

— ...

— Ча́стная фи́нская фи́рма.

— ...

— В Финля́ндии три го́да наза́д.

— ...

— Кру́пное откры́тое акционе́рное о́бщество.

— ...

— Изве́стный фи́нский тра́нспортный конце́рн «Фи́ннла́йнс».

— ...

— Че́хия, По́льша, Герма́ния, Англия, Бе́льгия, Шве́ция, Норве́гия. Хе́льсинки.

— ...

— Морски́е, конте́йнерные, железнодоро́жные, автомоби́льные перево́зки.

— ...

— Лес, мета́лл, у́голь, нефть, конте́йнеры, ваго́ны, автомоби́ли, строи́тельную, грузову́ю те́хнику.

— ...

— Тра́нспортные, э́кспортно-и́мпортные услу́ги; но́вое тра́нспортное обору́-дование; совреме́нный флот.

— ...

— Почти́ 200 челове́к.

— ...

— В Росси́и три го́да.

— ...

— Два представи́тельства.

— ...

— Москва́, Петербу́рг.

— ...

— Возмо́жности, перспекти́вы, се́верный сосе́д, о́бщая грани́ца, така́я же желе́зная доро́га, осо́бый ры́нок, СНГ.

— ...

— Безопа́сность, надёжность, ка́чество, сро́ки, це́ны.

в) Напиши́те, как бы вы отве́тили на э́ти вопро́сы, реклами́руя ва́шу фи́рму. • Write down how you would answer these questions if you were advertising your company.

г) Напиши́те по́лный текст ва́шего выступле́ния на презента́ции ва́шей фи́рмы. • Write down your speech for the presentation of your company.

д) Сотру́дник ва́шей фи́рмы ещё записа́л вопро́сы, кото́рые он не успе́л зада́ть на презента́-ции. • Your employee wrote down questions which he didn't manage to ask during the presentation.

е) О чём вы хоте́ли бы спроси́ть ме́неджера С. Кири́ллова в сле́дующий раз? • What would you ask manager Kirillov about next time?

Вопро́сы:
— Кака́я структу́ра фи́рмы?
— Како́й персона́л?
— Каки́е фина́нсовые показа́тели?
— Како́й уста́вный капита́л?
— Како́й товарооборо́т (годово́й оборо́т)?
— Каки́е результа́ты?
— Каки́е пла́ны?

Контро́льные зада́ния

Побесе́дуем • Communicative practice

1. а) Прочита́йте рекла́мные сло́ганы. • Read the advertisements.
   — Опыт и ка́чество!
   — Дёшево, сро́чно, про́сто, удо́бно, ка́чественно, экономи́чно!
   — Высо́кое ка́чество — ни́зкие це́ны!
   — Хоро́шее вре́мя — за хоро́шую це́ну!
   — Ко́смос — откры́тая дверь в бу́дущее!
   — На́ши компью́теры — э́то ваш шанс!
   — На́ши инвести́ции — э́то гара́нтия ва́шего успе́ха!
   — Мы рабо́таем для вас!
   — Жду тебя́ до́ма!
   — О́бувь на́ша — но́жка ва́ша!
   — Ва́ша ки́ска купи́ла бы «Ви́скас»!

   б) Определи́те по рекла́ме, чем занима́ются э́ти фи́рмы. • Judging by advertisements, define what these companies do.

   в) Кака́я из них вам понра́вилась, вызыва́ет у вас дове́рие, почему́? • What company you liked better, which one you can trust and why?

   г) Напиши́те сло́ган для ва́шей фи́рмы. • Whrite the slogan for your company.

2. а) Прочита́йте ру́сские посло́вицы и погово́рки. • Read Russian proverbs and sayings.

   ■ Труд челове́ка ко́рмит, а лень по́ртит.
   ■ Не ме́сто кра́сит челове́ка, а челове́к — ме́сто.
   ■ Не всё то зо́лото, что блести́т.
   ■ Сло́во — серебро́, молча́ние — зо́лото.
   ■ За мо́рем телу́шка полу́шка, да перево́з до́рог.
   ■ Хорошо́ дёшево не быва́ет.
   ■ Не солга́ть, так и не прода́ть.

- Товáр лицóм продаю́т.
- Проси́ мнóго, а бери́, что даю́т.
- Вáши дéньги, наш товáр.

б) Как вы дýмаете, что они́ знáчат и в какóй ситуáции их говоря́т? • Try to guess what they mean and in which situation they are used?

в) Соглáсны ли вы с э́тими выскáзываниями? • Do you agree with these sayings?

г) Есть ли в вáшем языкé послóвицы, в котóрых говори́тся об э́том же? • Are their any similar proverbs in your native language?

3. Состáвьте описáние продýкции и́ли услýг вáшей фи́рмы. • Write a description of your company's products and services.

4. Что бы вы могли́ подари́ть бýдущим клиéнтам по слýчаю презентáции фи́рмы? Опиши́те потреби́тельские свóйства э́тих товáров. • What kind of presents could you give to your clients on occasion of the presentation? Describe consumer characteristics of these goods.

5. На вáшей фи́рме при́нято поздравля́ть сотрýдников с днём рождéния. Опиши́те, что вы хотéли бы получи́ть в подáрок так, чтóбы вáши коллéги догадáлись. Не забýдьте, что ценá должнá быть разýмной! • Employees in your company usually give birthday presents to each other. Give a hint to your colleagues what you would like to receive. Don't forget that the price should be reasonable!

Нóвые словá • New words

аксессуáры — accessories
áкция — stock
аппаратýра — equipment
аспéкт — aspect
áудио — audio
ауди́торская провéрка — audit

безнали́чный — not involving cash
безопáсный — safe
бельё — linen
бесплóтный — free
беспокóиться — to worry
бетóнный — concrete
брю́ки — trousers
бумáга — paper
бумáжный — paper
бýфер обмéна — clipboard
бытовáя тéхника — household appliancies

вагóн — carriage
вáжный — important
велосипéд — bicycle

вертикáльный — vertical
вес — weight
взаимовы́годный — mutually advantageous
вид — type
видеомагнитофóн — video tape recorder
визовóй — visa
винчéстер — hard drive
внéшний — external
воздýшный трáнспорт — air transport
возмóжность — opportunity
ворóта — gates
врéмя рабóты — working hours
вы́годный — advantageous
выпускáть — to issue
высотá — height

габари́ты — dimensions
газ — gas
галантерéя — haberdashery
гаранти́ровать — to guarantee

главный инжене́р — chief engineer
годово́й оборо́т — annual turnover
грузово́й — freight

дви́гатель — engine
делова́я жизнь — business life
деревя́нный — wooden
дета́ль — detail
де́тский —children's
дешёвый — cheap
де́ятельность — activity
джи́нсы — jeans
ди́лер — dealer
дистрибу́ция — distribution
длина́ — lenghth
добы́ча — extractioin
договорна́я цена́ — agreed price
докла́д — report
дополни́тельный до́ступ — additional
    access
дорого́й — expensive
дра́йвер — driver

ёмкость — capacity

железнодоро́жный — railway
желе́зо — iron
железобето́нный — reinforced concrete
же́нский — feminine

загру́зка — loading
здравоохране́ние — public health
зерно́ — grain
зна́ние — knowledge
зо́лото — gold

изве́стный — famous
изготовле́ние — manufacture
изде́лие — item
и́мпорт — import
импортёр — importer
импорти́ровать — to import
и́мпортный — imported
инвести́ровать — to invest
инвести́ция — investment

интерье́р — interior
информи́ровать — to inform
исто́рия — history

календа́рь — calendar
ка́бель — cable
ка́дры — personnel
кана́л свя́зи — commumications link
капита́л — capital
карто́н — cardboard
ка́чество — quality
клие́нт — client
ко́жа — leather
ко́жаный — leather
коли́чество — quantity
комбина́т — industrial complex
комме́рция — commerce
коммуникацио́нный — communication
ко́мплекс — complex
компре́ссор — compressor
конса́лтинг — consulting
конса́лтинговый — cosulting
консе́рвы — cannel food
конструи́рование — design
констру́кция — construction
консульта́ция — consultation
консульти́ровать — to cosult
конте́йнер — container
коро́бка — box
косме́тика — cosmetics
котте́дж — cottage
кра́ска — paint
креди́т — credit
креди́тный — credit
кредитова́ть — to credit
креди́тор — creditor
культу́рный — cultural
курье́рский — courier's

ла́зерный — lazer
лак — laquer
ла́мпа — lamp
лече́бный — medical

марке́тинг — marketing

маркéтинговый — marketing
материáл — material
мéбель — furniture
мéдный — copper
медь — copper
межбáнковский — inter-bank
мéлкий — small
местонахождéние — location
метáлл — metal
мех — fur
мобúльный телефóн — mobile phone
молóчный — milk
морозúльная (кáмера) — freezer
мóщность — capacity
мóщный — powerful
музыкáльный — musical
мяснóй — meat

назвáние — name
налúчный — cash
налóговый — tax
напряжéние — tension
наýка — science
НДС — Налóг на добáвленную стóимость — value-added tax, VAT
нефтепродýкты — oil products
нефть — oil
нóжницы — scissors

обмéн — exchange
обменя́ть — to exchange
оборóт — turnover
образовáние — education
обслýживание — service
óбувь — shoes
обучéние — training
объём двúгателя — engine capacity
одéжда — clothes
одúн — one
окáзывать услýги — to render services
окнó — window
оптóвая ценá — wholesale price
óпытное производство — experimental worts
оргтéхника — office equipment

ориентирóвочная ценá — approximate price
осветúтельный прибóр — illuminator
основнóй — main
оформля́ть — to legalize
охрáнный — guarding
охраня́ть — to guard
очкú — glasses

пáмять — memory
парфюмéрия — perfums
перевóд — translation
перевозúть — to transport
перевóзка — transportation
переработка — processing
переспросúть — to ask again
персонáл — personnel
персонáльный — personal
перспектúва — perspective
перспектúвный — perspective
печáтать — to print
пищевóй — food
план — plan
плáстиковый — plastic
платúть — to pay
плáтный — requiring payment
поддéржка — support
поздравля́ть — to congratulate
показáтель — index
покупáть — to buy
покýпка — purchase
полиграфúческий — printing
пóмощь — help
посрéднический — intermediary
посрéдничество — mediation
постáвка — delivery
поставля́ть — to deliver
поставщúк — supplier
посýда — dishes
потребúтельский — consumer
пошúв — serving
прáво — right
прайс-лист — price list
предлагáть — to offer, to suggest
прекрáсный — worderful

прибо́р — device
при́быль (высо́кая) — profit (high)
програ́мма — program
программи́ровать — to programme
програ́ммное обеспе́чение — software
продава́ть — to sell
прода́жа — sale
проду́кты пита́ния — food products
проду́кция — production
проекти́ровать — to design
проекти́ровщик — designer
произво́дство — production,
    manufacture
производи́ть — to produce
просто́й — simple
пылесо́с — vacuum cleaner

радиотехни́ческий — radio engineering
(с) ра́достью — with joy
разме́р — size
ра́зный — different
разрабо́тка — development, working up
разреше́ние — permission
рассказа́ть — to tell
расхо́дный — expense
расчёт — calculation
реализа́ция — realization
результа́т — result
реклами́ровать — to advertise
рекла́мный ро́лик — advertisement
ремо́нт — repair
ремонти́ровать — to repair
ремо́нтный — repair
ресу́рс — resource
ро́зничная цена́ — retail price
рост — growth
рублёвый счёт — rouble account
ры́бный — fish
ры́ночный — market

са́мый — the most
сбо́рное произво́дство — assembly
    production
сбыт — market, sale
све́жий — fresh

свети́льник — lamp
сво́йство — property
сельскохозя́йственный — agricultural
се́рвисный — service
серебро́ — silver
сере́бряный — silver
ска́нер — scanner
скани́рование — scan
ски́дка — discount
ско́рость — speed
сме́нный — removable
совреме́нный — modern
солнцезащи́тный — sun-proof
сорт — sort
сотру́дничество — cooperation
специа́льность — speciality
спорт — sport
спорти́вный — sportive
стаби́льный — stable
стально́й — steel
станда́рт — standard
стано́к — machine-tool
ста́рший — senior
стекло́ — glass
стекля́нный — glass
стира́льная маши́на — washing machine
страхова́ние — insurance
страхова́ть — to insure
стро́ить — to build
структу́ра — structure
судостро́ение — ship-building
счёт-факту́ра — invoice

тамо́женный — customs
тари́ф — tariff
телевеща́ние — broadcasting
телевизио́нный — television
телеви́зор — television set
телекоммуникацио́нный —
    telecommunicational
те́ма — topic
те́хника — equipment
ти́хий — quiet
тка́невый —tissue
ткань — fabric

товáр — commodity
товарооборóт — commodity turnover
тóнер — toner
тóпливо — fuel
торговáть — to trade
торгóвля — trade
трáнспорт — transport
транспортúровать — to transport
транспортирóвка — transportation
транспортирóвщик —carrier
трéйлер — trailer
трубá — pipe
трýдность — difficulty
трýдный — difficult
турúзм — tourism

(с) удовóльствием — with pleasure
узнáть — to learn
умéренные цéны — moderate prices
упакóвка — package
услóвие — condition
услýга — service
устóйчивая ценá — stable price
устáвный капитáл — authorized capital
учéбный центр — training centre

фармацевтúческий — pharmaceutical
фарфóр — porcelain
фарфóровый — porcelain
фиксúрованная ценá — fixed price
финансúрование — financing
финансúровать — to finance
финáнсы — finances
флот — fleet
фóрум — forum
фотоаппарáт — camera

химикáты — chemicals
химúческий — chemical
хлóпковый — cotton
хлóпок — cotton
холодúльник — refrigerator
хрустáль — crystal
хрустáльный — crystal

чай — tea
часы́ — clock
чехóл — cover

шёлк — silk
шёлковый — silk
шерсть — wool
шерстянóй — woollen
ширинá — width
шрифт — print

щи — cabbage soup

экономúчный — economical
экспериментáльный — experimental
эксплуатациóнный — operating
эксплуатáция — operation
э́кспорт — export
экспортёр — exporter
экспортúровать — to export
э́кспортный — export
элегáнтный — elegant
электрóника — electronics
эффектúвный — effective

ювелúрный — jewellery
юридúческое лицó — juridical person

Речевы́е образцы́:

— Расскажи́те, пожа́луйста, о ва́шей фи́рме.
— С удово́льствием. А мо́жно спроси́ть о ва́шем ба́нке?

— Расскажи́те, пожа́луйста, о структу́ре фи́рмы.
— В фи́рме есть произво́дственный отде́л, отде́л снабже́ния и други́е.

— Каки́е специали́сты рабо́тают в ба́нке «UBS»?
— Швейца́рские и иностра́нные.

— Како́й штат сотру́дников в ва́шей фи́рме?
— У нас рабо́тает полторы́ ты́сячи челове́к.

— Кака́я у вас до́лжность?
— Я представи́тель тра́нспортной компа́нии.

— Каки́е у вас обя́занности?
— Я руковожу́ тра́нспортным отде́лом, отвеча́ю за перево́зки.

— Я ищу́ рабо́ту. Каки́е у вас есть вака́нсии?
— Мы и́щем ме́неджера по рабо́те с персона́лом.

— С кем вы сотру́дничаете?
— Мы сотру́дничаем с росси́йскими предприя́тиями.

Граммати́ческий материа́л:

■ Согласова́ние прилага́тельного с определя́емым существи́тельным ед. и мн. числа́ в имени́тельном падеже́ (№ 1).
■ Роди́тельный паде́ж (№ 2) существи́тельных и прилага́тельных в значе́нии: а) определе́ния коли́чества — продолже́ние; б) определе́ния (сочета́ния ти́па *отде́л плани́рования*) — продолже́ние.
■ Вини́тельный паде́ж (№ 4) существи́тельных и прилага́тельных ед. и мн. числа́ в значе́нии: а) обозначе́ния субъе́кта; б) объе́кта в констру́кциях ти́па *отвеча́ть за прода́жу*.
■ Твори́тельный паде́ж (№ 5) существи́тельных и прилага́тельных ед. и мн. числа́: а) в значе́нии определе́ния ро́да де́ятельности (констру́кция *занима́ться чем?*); б) в значе́нии объе́кта де́ятельности (констру́кция *руководи́ть чем?*); в) для обозначе́ния

субъе́кта совме́стной де́ятельности (констру́кция *вме́сте с кем*); г) в значе́нии определе́ния (сочета́ния ти́па *догово́р ме́жду фи́рмами*); д) в значе́нии обстоя́тельства де́йствия (в сочета́ниях ти́па *с ра́достью*); е) в значе́нии коли́чества (в сочета́ниях ти́па ... *с полови́ной*).

■ Предло́жный паде́ж (№ 6) существи́тельных и прилага́тельных ед. и мн. числа́ в значе́нии объе́кта ре́чи.

■ Образова́ние и употребле́ние повели́тельного наклоне́ния глаго́лов.

■ Образова́ние и употребле́ние степене́й сравне́ния прилага́тельных — для пасси́вного усвое́ния.

■ Сло́жные предложе́ния с сою́зами: *как ..., так и ...; потому́ что; поэ́тому; е́сли ..., то ... .*

Текст «Ме́жду Восто́ком и За́падом».

Как сказа́ть об аспе́ктах де́ятельности фи́рмы • How to say about the aspects of company's activities

—Расскажи́те, пожа́луйста, о ва́шей фи́рме.
—С удово́льствием. А мо́жно спроси́ть о ва́шем ба́нке?

Запо́мните:
рассказа́ть (I), спроси́ть (II), узна́ть (I), дать (I), получи́ть (II) (информа́цию), чита́ть (I), писа́ть (I), ду́мать (I), говори́ть (II), сказа́ть (I) + *о чём?, о ком?* № 6

Сравни́те:

Кто? Что? № 1	*О ком? О чём?* № 6
я	о́бо мне
ты	о тебе́
он	о нём
оно́	о нём
она́	о ней
мы	о нас
вы	о вас
они́	о них
она́	**о ней**
фи́рма	о фи́рме
проду́кция	о проду́кции
госпожа́ Петро́ва	о госпоже́ Петро́вой

Кака́я?		*о Како́й?*	
ва́ша	рабо́та	о ва́шей	рабо́те
но́вая	структу́ра фи́рмы	о но́вой	структу́ре фи́рмы
торго́вая	компа́ния	о торго́вой	компа́нии

о́пытная	перево́дчица	об о́пытной	перево́дчице
вся	при́быль	обо всей	при́были
делова́я	жи́знь	о делово́й	жи́зни

	-ой, -ей	-е, -и, -ии

он	**о нём**
банк	о ба́нке
ауди́тор	об ауди́торе
господи́н Петро́в	о господи́не Петро́ве

Како́й?	*о Како́м?*	
ваш	о ва́шем	представи́теле
представи́тель	о гла́вном	инжене́ре
гла́вный инжене́р	о ́ешском	ба́нке
че́шский банк		

годово́й оборо́т	о годово́м	оборо́те
уста́вный капита́л	об уста́вном	капита́ле

-ом, -ем	-е

оно́	**о нём**
аге́нтство	об аге́нтстве
предприя́тие	о предприя́тии
*вре́мя (рабо́ты)	о вре́мени (рабо́ты)

Како́е?	*о Како́м?*	
ста́рое	о ста́ром	назва́нии
назва́ние	о ва́шем	местонахожде́нии
ва́ше	об о́пытном	произво́дстве
местонахожде́ние	обо всём	обору́довании
о́пытное произво́дство		
всё оборудование		

-ом, -ем	-е, -ии

они́	**о них**
сотру́дники	о сотру́дниках
партнёры	о партнёрах
клие́нты	о клие́нтах
поста́вки	о поста́вках
пла́ны	о пла́нах
результа́ты	о результа́тах

Каки́е?	*о Каки́х?*	
нало́говые ски́дки	о нало́говых	ски́дках
ва́ши	о ва́ших	представи́телях
представи́тели	об основны́х	партнёрах
основны́е партнёры	обо всех	отделе́ниях ба́нка
все отделе́ния ба́нка		

-ых, -их	-ах, -ях

1. **Попроси́те дать информа́цию.** • **Ask for information.**

   Моде́ль:
   — Вот на́ша фи́рма.
   — Расскажи́те мне о ней.

Это наш ста́рший экспе́рт. Вот на́ши фина́нсовые показа́тели. Это наш товарооборо́т. Вот наши ски́дки. Это на́ши клие́нты. Это структу́ра на́шей фи́рмы. Вот наш персона́л. Вот на́ше обору́дование. Это наш секрета́рь. Это наш юри́ст. Вот на́ше но́вое зда́ние. Это наш комме́рческий ба́нк. Это на́ши учреди́тели.

2. **Попроси́те рассказа́ть о фи́рме.** • **Ask your partner to speak about his company.**

   Моде́ль:
   • ва́ше произво́дство
   — Расскажи́те, пожа́луйста, о ва́шем произво́дстве.

Ва́ше назва́ние, ваш ста́тус, ваш а́дрес, ваш телефо́н, ваши кана́лы свя́зи, ва́ша де́ятельность, ва́ши пла́ны, ва́ши результа́ты, вре́мя рабо́ты фи́рмы, ва́ши това́ры, ва́ши услу́ги, ва́ши це́ны, ва́ши ски́дки, ва́ши поста́вки, ва́ше произво́дство.

3. **Получи́те бо́лее подро́бную информа́цию о фи́рме, испо́льзуя другу́ю констру́кцию.** • **Get more detailed information about the company, using different grammar construction.**

   Моде́ль:
   — Каки́е у вас кана́лы свя́зи?
   — Расскажи́те, пожа́луйста, о кана́лах свя́зи.
   Кака́я структу́ра ва́шей фи́рмы?
   Како́й у вас персона́л?
   Каки́е фина́нсовые показа́тели ва́шей фи́рмы?
   Како́й уста́вный капита́л ва́шей фи́рмы?
   Како́й товарооборо́т (годово́й оборо́т) ва́шей фи́рмы?
   Каки́е у вас результа́ты рабо́ты?
   Каки́е у вас пла́ны рабо́ты?

4. **Переспроси́те, е́сли вы не по́няли, о чём вас про́сят рассказа́ть.** • **Ask again if you don't understand what they have just asked.**

   Моде́ль:
   — Расскажи́те, пожа́луйста, о ва́ших партнёрах.
   — О ком? О партнёрах?
   — Да, о них.

Ва́ши пла́ны, ва́ша при́быль, ва́ша проду́кция, ва́ши това́ры, ва́ше про-
изво́дство, ваш экономи́ст, ваш ауди́тор, ва́ши результа́ты, ва́ши поста́вки, ва́ши
це́ны, их перево́дчица, их ста́тус, его́ назва́ние, её структу́ра, ваш уста́вный капита́л,
твой партнёры.

5. **Попроси́те ва́ших колле́г рассказа́ть на би́знес-фо́руме о фи́рмах, где они́ рабо́тают.** •
Ask your colleagues to talk about the companies they are working for during business forum.

Моде́ль:
— Я рабо́таю в росси́йской торго́вой фи́рме «Аргуме́нт».
— Расскажи́те, пожа́луйста, об э́той фи́рме.
— С удово́льствием. (С ра́достью.)

Сравни́те:	рабо́тать	в фи́рме	*Где?*	№ 6
	рассказа́ть	о фи́рме	*О чём?*	№ 6

6. **Послу́шайте, где рабо́тают уча́стники би́знес-фо́рума, и попроси́те их рассказа́ть о свои́х
учрежде́ниях.** • **Listen to the participants of business forum and ask them questions about
their institutions.**

Моде́ль:
— **1.** Я рабо́таю в росси́йской торго́вой фи́рме «Аргуме́нт».
— **2.** Расскажи́те, пожа́луйста, об э́той фи́рме.
— **1 + 2.** Вы рабо́таете в росси́йской торго́вой фи́рме «Аргуме́нт», *поэ́тому*
расскажи́те, пожа́луйста, об э́той фи́рме.

7. **Объясни́те, почему́ они́ расска́зывают об э́тих учрежде́ниях на би́знес-фо́руме.** • **Explain
why they are speaking about their institutions during business forum.**

Моде́ль:
— **2.** Он расска́зывает о росси́йской торго́вой фи́рме «Аргуме́нт».
— **1.** Он рабо́тает в э́той фи́рме.
— **2 + 1.** Он расска́зывает о росси́йской торго́вой фи́рме «Аргуме́нт», *потому́ что*
он рабо́тает в э́той фи́рме.

8. **Расспроси́те о содержа́нии све́жего но́мера газе́ты «Коммерса́нтъ».** • **Ask in details about
the contents of the latest issue of Commersant newspaper.**

Моде́ль:
• инвестицио́нные прое́кты
— О чём э́та статья́?
— Об инвестицио́нных прое́ктах.

Вне́шняя торго́вля, вы́годное сотру́дничество, швейца́рский банк «UBS»,
акционе́рное предприя́тие «Элкат», перспекти́вы разви́тия, росси́йский ры́нок.

9. **Узнáйте, о чём говоря́т учáстники би́знес-фóрума.** • **Find out what the participants of business forum are speaking about.**

Модéль:

- инвестициóнный фонд
- — О чём они́ говоря́т?
- — Об инвестициóнном фóнде.

Тéма конферéнции, интерéсные доклáды, вáжные вопрóсы, трýдные проблéмы, результáты переговóров, откры́тие нóвого магази́на, строи́тельство метрó, создáние предприя́тия, нóвые докумéнты, послéдний контрáкт, оптóвые цéны, кáчество продýкции, налóги.

Как спроси́ть о структýре фи́рмы • How to ask about the company's structure

— Расскажи́те, пожáлуйста, о структýре фи́рмы.
— В фи́рме есть произвóдственный отдéл, отдéл снабжéния и другúе.

Сравни́те:

Какóй? + отдéл	Отдéл + *чегó?* № 2
произвóдственный	плани́рования
техни́ческий	продáж
технологи́ческий	сбы́та
коммéрческий	маркéтинга
междунарóдный	э́кспорта
трáнспортный	и́мпорта
реклáмный	перевóзок
финáнсовый	ауди́та
креди́тный	свя́зи
оптóвый	кáдров
сéрвисный	снабжéния

10. **Спроси́те, чем занимáются отдéлы. Испóльзуйте приведённые вы́ше словá.** • **Ask what the departments do, using the vocabulary mentioned above.**

Модéль:

- произвóдственный отдéл
- — Чем занимáется произвóдственный отдéл?

11. **Познакóмьтесь со стрýктурой фи́рмы «Формóза».** • **Get familiar with the company structure of «Phormoza».**

Произвóдственно-торгóвая фи́рма «Формóза»

Отдéл снабжéния
снабжéние
закáз оборýдования
покýпка оргтéхники

Отдéл маркéтинга
изучéние ры́нка
продáжа
реклáма

Техни́ческий отде́л
техни́ческие разрабо́тки
нау́чные иссле́дования

Опто́вый отде́л
упако́вка
доста́вка

Фина́нсовый отде́л
финанси́рование
опла́та услу́г
зарпла́та сотру́дников
нало́ги
инвести́ции

Произво́дственный отде́л
произво́дство
контро́ль ка́чества
ремо́нт обору́дования

Отде́л ка́дров
обуче́ние персона́ла
ка́дровая поли́тика
найм но́вых сотру́дников

Се́рвисный центр
гаранти́йное обслу́живание

12. Узна́йте, чем занима́ется отде́л. • **Find out the responsibilities of the department.**

Моде́ль:
— Чем занима́ется отде́л снабже́ния?
— Снабже́нием, зака́зом обору́дования, поку́пкой оргте́хники.

13. Скажи́те, како́й отде́л занима́ется да́нной сфе́рой, испо́льзуя материа́л упражне́ния 11. • **Say which department is responsible for this field, used exercise 11.**

Моде́ль:
— Како́й отде́л занима́ется зарпла́той?
— Фина́нсовый отде́л.

14. Нарису́йте структу́ру вашей фи́рмы. Расскажи́те, каки́е отде́лы есть в ва́шей фи́рме и чем они́ занима́ются. • **Draw the structure of your company. Explain which departments exist in your company and their duties.**

15. Узна́йте, в каки́х отде́лах рабо́тают ва́ши колле́ги и чем они́ там занима́ются. • **Find out in which departments your colleagues work and what their tasks are there.**

Моде́ль:
— В како́м отде́ле вы рабо́таете?
— Я рабо́таю в отде́ле ка́дров.
— Чем вы там занима́етесь?
— Я занима́юсь ка́драми.

16. Как вы ду́маете, чем занима́ются э́ти сотру́дники, е́сли вы зна́ете, где они́ рабо́тают? • **What do you think about the responsibilities of the employees if you know where they work?**

Моде́ль:
— 1. Они́ рабо́тают в торго́вой фи́рме.
— 2. Они́ занима́ются торго́влей.
— 1 + 2. *Е́сли* они́ рабо́тают в торго́вой фи́рме, *то* они́ занима́ются торго́влей.

Сравни́те:

Где? № 6	Чем? № 5	Отку́да? № 2
в торго́в**ой** фи́рм**е**	торго́вл**ей**	**из** торго́в**ой** фи́рм**ы**
в фина́нсов**ом** отде́л**е**	фина́нс**ами**	**из** фина́нсов**ого** отде́л**а**

17. **Узна́йте, отку́да уча́стники би́знес-фо́рума.** • **Find out which companies the participants of business forum work for.**

Моде́ль:
— Прости́те, вы из како́й фи́рмы?
— Из фи́рмы «Формо́за».
— А из како́го вы отде́ла?
— Я из комме́рческого отде́ла.

Швейца́рский банк «UBS» (отде́л плани́рования), америка́нская корпора́ция «Ай-Би-Эм» (отде́л рекла́мы), америка́нская фи́рма «Хью́лет Па́ккард» (отде́л марке́тинга), инвестицио́нный фонд «Тусри́ф» (отде́л кредитова́ния), голла́ндская компа́ния «Акзо Но́бель» (произво́дственный отде́л), фи́нское акционе́рное о́бщество «Финнкэ́риерз» (тра́нспортный отде́л), фи́нская фи́рма «Пе́ртти Па́мирут» (торго́вый отде́л).

18. **Узна́йте, каку́ю фи́рму и како́й отде́л представля́ют уча́стники би́знес-фо́рума.** • **Find out what company and what department the participants of business forum represent.**

Моде́ль:
— Прости́те, вы представи́тель како́й фи́рмы?
— Я представи́тель фи́рмы «Формо́за», ме́неджер комме́рческого отде́ла.

Фи́нское акционе́рное о́бщество «Но́киа Ка́апели» (отде́л снабже́ния), фи́нский конце́рн «Конс» (технологи́ческий отде́л), ассоциа́ция «Фи́нско-росси́йская торго́вая пала́та» (информацио́нный отде́л), голла́ндская фи́рма «Те́бодин» (отде́л прода́жи), а́нгло-голла́ндский конце́рн «Шелл» (отде́л ка́дров), коре́йская корпора́ция «Самсу́нг» (нау́чно-техни́ческий отде́л), япо́нская корпора́ция «Со́ни» (се́рвисный центр), росси́йско-италья́нское предприя́тие «Дизи́ни» (рекла́мный отде́л), неме́цкий конце́рн «Опель» (опто́вый отде́л), америка́нская корпора́ция «Ай-Би-Си-Эс» (фина́нсовый отде́л).

19. **Узна́йте, каку́ю фи́рму представля́ют ва́ши колле́ги.** • **Find out what company your colleagues represent.**

Моде́ль:
— Прости́те, вы *из како́й* фи́рмы?
— Я представи́тель фи́рмы «Формо́за».

Акционе́рный комме́рческий банк «Газба́нк», хо́лдинг «Волгопромга́з», ча́стное предприя́тие «Тольяттига́з», обувна́я фа́брика «Ли́дер», Моско́вский телевизио́нный заво́д «Руби́н», акционе́рное о́бщество «Росси́йская электро́ника», произво́дственное объединение «Горизонт», голландский концерн «Филипс» (Philips), английская компания «Мотор Виклз Импортс» (МВИ).

20. Прослушайте вступительные слова участников бизнес-форума. Расскажите, из каких они фирм (отделов), чем там занимаются. • Listen to the opening address of the participants of business forum. Tell us what they are responsible for and in what companies.

— Я представитель торговой фирмы «Формоза». Я работаю в отделе перевозок. Там я занимаюсь перевозками.

— Я представитель коммерческого банка «Возрождение». Я работаю в отделе аудита. Там я занимаюсь аудитом.

— Я представитель инвестиционного фонда. Я работаю в отделе кредитования. Там я занимаюсь кредитованием.

— Я представитель транспортной компании «Финнкэриерз». Я работаю в отделе маркетинга. Там я занимаюсь маркетингом.

— Я представитель агентства «Перфект». Я работаю в рекламном отделе. Там я занимаюсь рекламой.

— Я представитель производственно-торговой фирмы «Формоза». Я работаю в производственном отделе. Там я занимаюсь производством. А моя подруга работает в торговом отделе. Она занимается продажей.

21. а) Прослушайте диалог и скажите, кто встретился на бизнес-форуме. • Listen to the conversation and say who met during business forum.

— Наташа, здравствуйте! Очень рада видеть вас снова. Как дела?
— Прекрасно, спасибо, Татьяна. А как у вас?
— Спасибо, тоже хорошо. *Всё в порядке.* Что вы думаете о бизнес-форуме?
— По-моему, очень интересно, не правда ли ?
— Да, очень полезно. Можно познакомиться с разными людьми. Как дела у Филиппова Бориса? Он *по-прежнему* работает в отделе сбыта?
— К сожалению, не знаю. Я *больше* не работаю с ним. Я теперь в отделе кадров, работаю с Антоновой Анной Дмитриевной.
— *Правда?! (Неужели?!)* И когда вы начали работать там?
— Неделю назад.
— *Ну и как?*
— Очень хорошо. Я занимаюсь там только персоналом. А вы где, всё там же?
— Да, в фирме «Формоза», в отделе маркетинга.

б) О чём и о ком разговаривали Наташа и Татьяна? • What and who have Natasha and Tatiana spoken about?

в) Что они́ ду́мают о презента́ции? • What do they think about the presentation?

г) Из како́й они́ фи́рмы, где и ско́лько вре́мени там рабо́тают, чем занима́ются? • What firm do they work for, for how long, what is their job?

22. а) Познако́мьтесь с содержа́нием типово́го контра́кта и скажи́те, о чём в нём гово-ри́тся. • Read a standard contract and tell us about its main points.

КОНТРА́КТ

1. Фи́рма «Продаве́ц» и фи́рма «Покупа́тель».
2. Предме́т контра́кта.
3. Цена́ и о́бщая су́мма контра́кта.
4. Срок и да́та поста́вки.
5. Ка́чество.
6. Упако́вка и маркиро́вка.
7. Платёж.
8. Испыта́ния и прове́рка.
9. Гара́нтии и прете́нзии.
10. Са́нкции.
11. Юриди́ческие адреса́ партнёров.

б) Как вы переведёте на ваш родно́й язы́к назва́ния основны́х стате́й контра́кта. • Translate into your mother language the main points of the contract.

Как спроси́ть о персона́ле фи́рмы • How to ask about the company's personnel

— Каки́е специали́сты рабо́тают в ба́нке «UBS»?
— Швейца́рские и иностра́нные.

23. Расспроси́те о сотру́дниках да́нных сов-ме́стных предприя́тий. • Ask questions about employees of the joint companies mentioned below.

Моде́ль:

• росси́йско-америка́нский инвести-цио́нный фонд «Тусри́ф»

— Каки́е сотру́дники рабо́тают в фо́нде «Тусри́ф»?

— Росси́йские и америка́нские.

Росси́йская фи́рма «Аргуме́нт», швейца́рский ба́нк «UBS», америка́нская корпора́ция «Ай-Би-Эм», америка́нская фи́рма «Хью́лет Па́ккард», росси́йско-америка́нский фонд «Тусри́ф», голла́ндская компа́ния «Акзо Но́бель», фи́нское акционе́рное о́бщество «Финнкэ́риерз», фи́нская фи́рма «Пе́ртти Па́мирут», фи́нское акционе́рное о́бщество «Но́киа Ка́апели», фи́нский конце́рн «Конс», ассоциа́ция «Фи́нско-росси́йская торго́вая пала́та», голла́ндская фи́рма «Тебоди́н», а́нгло-голла́ндский конце́рн «Шелл», коре́йская корпора́ция «Самсу́нг», япо́нская корпора́ция «Со́ни», росси́йско-италья́нское предприя́тие «Дизи́ни», неме́цкий конце́рн «Опель», америка́нская корпора́ция «Ай-Би-Си-Эс».

Сравни́те:

он	она́	они́
Како́й?	*Кака́я?*	*Каки́е?*
интере́с**ный**	интере́с**ная**	интере́с**ные**
хоро́**ший**	хоро́**шая**	хоро́**шие**
моло́**дой**	молод**а́я**	молод**ы́е**
прекра́с**ный**	прекра́с**ная**	прекра́с**ные**
о́пыт**ный**	о́пыт**ная**	о́пыт**ные**
ста́р**ший**	ста́р**шая**	ста́р**шие**
мла́д**ший**	мла́д**шая**	мла́д**шие**
-ый, -ий, -ой	**-ая, -яя**	**-ые, -ие**

24. Попроси́те охарактеризова́ть э́тих сотру́дников, испо́льзуя да́нные вы́ше слова́. • Ask to describe these employees, using given above words.

— Како́й он (она́) инжене́р?
— Како́й он (она́) ме́неджер?
— Како́й он (она́) специали́ст?
— Како́й он (она́) бухга́лтер?
— Како́й он (она́) ауди́тор?
— Како́й он (она́) челове́к?
— Како́й он журнали́ст?
— Кака́я она́ журнали́стка?
— Како́й он перево́дчик?
— Кака́я она́ перево́дчица?
— Каки́е они́ специали́сты?
— Каки́е они́ перево́дчики?

25. Расскажи́те о персона́ле ва́шей фи́рмы, испо́льзуя слова́. • Speak about the staff of your company, using mentioned above words.

Моде́ль:
— Каки́е сотру́дники рабо́тают у вас?
— Швейца́рские. Это о́чень о́пытные специали́сты.

Опытный, (высоко-)профессиональный, квалифицированный, молодой, талантливый, перспективный, отличный, прекрасный.

26. **В вашей фирме тоже работают прекрасные сотрудники. Как вы их охарактеризуете? Используйте данные слова. •** There are some wonderful employees in your company. How can you describe/characterize them? Use given words.

Модель:
— Какой он человек?
— Он умный, трудолюбивый и строгий.

— Какая она женщина?
— Она молодая, красивая и добрая.

— Какой человек ваш менеджер?
— Он умный, интересный человек.

Хороший — плохой, добрый — злой, весёлый — грустный, угрюмый, общительный — замкнутый, внимательный — безразличный, серьёзный — легкомысленный, приятный — неприятный, молодой — старый, умный — глупый, трудолюбивый — ленивый.

27. **Задайте вопросы по модели, используя антонимы. •** Ask questions according to the pattern, using antonyms.

Модель:
— Он хороший сотрудник?
— Нет, плохой.

28. **Расспросите о новых сотрудниках вашей фирмы, о ваших конкурентах. •** Ask questions about the new employees of your firm, about your competitors.

Модель:
— Какой у него переводчик?
— У него очень опытный переводчик.

У них маленькие дети. У него большой опыт. У неё взрослая дочь. У нас хороший водитель. У них новый эксперт. У него очень симпатичная жена. У них взрослый сын. У них прекрасный главный бухгалтер.

29. **Получите интересующую вас конкретную информацию о сотрудниках, используя ИК-3. •** Get using IP-3 information you need about the employees.

Модель:
— У него опытный переводчик?
— Да, опытный.

30. Что вы ска́жете в аналоги́чной ситуа́ции, когда́ вас хва́лят и́ли говоря́т вам комплиме́нт? • What do you say in the same situation when someone is praising you or is telling you compliments?

— Како́й хоро́ший перево́дчик! Вы прекра́сно говори́те по-ру́сски.
— Ну что вы.

— Кака́я симпати́чная сотру́дница! Вы прекра́сно вы́глядите!
— Спаси́бо за комплиме́нт.

— Вы прекра́сный води́тель. Как хорошо́ вы во́дите маши́ну!
— Спаси́бо. Я рабо́таю води́телем уже́ 20 лет.

Как сказа́ть о коли́честве сотру́дников фи́рмы • How to state the number of company's employees

— Како́й штат сотру́дников в ва́шей фи́рме?
— У нас рабо́тает полторы́ ты́сячи челове́к.

Запо́мните:

	он	она́
1	*оди́н*	*одна́*
2	*два*	*две*
1,5	*полтора́*	*полторы́*
2,5	два *с полови́ной*	две *с полови́ной*
3,5	три *с полови́ной*	три *с полови́ной*
4,5	четы́ре *с полови́ной*	четы́ре *с полови́ной*

1	+ № 1	одна́ ты́сяча сотру́дников
1,5–2, 3, 4	+ № 2 *ед. ч.*	две ты́сячи сотру́дников
5 ..., (не)мно́го, (не)ско́лько	+ № 2 *мн. ч.*	пять ты́сяч сотру́дников

1	челове́к	экспе́рт, сотру́дница
2–4	челове́ка	экспе́рта, сотру́дницы
5 ...	челове́к	экспе́ртов, сотру́дниц
ско́лько, (не)мно́го, (не)ма́ло	челове́к, люде́й	экспе́ртов, сотру́дниц

Сравни́те:

У нас есть *аге́нты.* (№ 1)   Ско́лько у вас *аге́нтов?* (№ 2)

31. Расспроси́те о ва́ших колле́гах, конкуре́нтах. • Ask questions about your colleagues and competitors.

Моде́ль:
— У них есть юри́сты.
— Ско́лько у них юри́стов?

У меня́ есть помо́щники. У него́ есть перево́дчики. У нас есть экспе́рты. У них есть води́тели. У неё есть сотру́дники. У нас есть клие́нты. У него́ есть помо́щники. У неё есть сове́тники. У них есть ауди́торы. У нас есть ди́леры.

Как спроси́ть о до́лжности • How to ask about position

— Кака́я у вас до́лжность?
— Я представи́тель тра́нспортной компа́нии.

32. **Прочита́йте, как называ́ются основны́е до́лжности, и скажи́те, каки́е из них име́ются в шта́те ва́шей фи́рмы. • Read names of the main positions and tell what positions your company has.**

а) *Вы́сшее руково́дство:*
президе́нт (вице-президе́нт);
генера́льный дире́ктор (дире́ктор);
дире́ктор (замести́тель дире́ктора);

б) *Сре́днее руково́дство:*
нача́льник (замести́тель нача́льника);

в) *Сре́дний персона́л:*
ауди́тор, бухга́лтер, инжене́р, ме́неджер, представи́тель, перево́дчик, рефере́нт, секрета́рь, экономи́ст, экспе́рт;

г) *Техни́ческий персона́л:*
вахтёр, курье́р, по́вар, охра́нник, рабо́чий, убо́рщица, води́тель.

33. **Скажи́те, како́й ста́тус у руководи́теля ва́шей фи́рмы и как его́ зову́т. • Say what status your boss has and give his name.**

Моде́ль:
— Соколо́в Фёдор Серге́евич — генера́льный дире́ктор на́шего заво́да.

34. **Прочита́йте назва́ния основны́х специали́стов и скажи́те, кто из них рабо́тает в ва́шей фи́рме. • Read positions of leading specialists and say who works in your company.**

а) *Како́й?*
прилага́тельное
adjective

пе́рвый		вице-президе́нт
ста́рший		
генера́льный		
исполни́тельный		дире́ктор
комме́рческий		
техни́ческий		
фина́нсовый		

торго́вый		представи́тель
гла́вный		бухга́лтер, техно́лог, инжене́р
ста́рший		экспе́рт, касси́р, преподава́тель

б) *+ чего? № 2*

глава́	тра́нспортной	компа́нии
руководи́тель	промы́шленной	
представи́тель	торго́вой	фи́рмы
дире́ктор	комме́рческого	ба́нка
президе́нт	инвестицио́нного	фо́нда
нача́льник	тра́нспортного	отде́ла
	э́кспортного	
	рекла́много	
	техни́ческого	
	произво́дственного	
	опто́вого	

в) *+ чего? № 2*   *+ чего? № 2*

нача́льник	отде́ла	ка́дров
руководи́тель		марке́тинга
		снабже́ния
		повыше́ния квалифика́ции
		перспекти́вного плани́рования
		вну́треннего ауди́та

г) *+ по чему? № 3*

дире́ктор **по**	произво́дству
ме́неджер	марке́тингу
	сбы́ту
	персона́лу
	разви́тию
	снабже́нию
	рекла́ме
	рабо́те (с клие́нтами, с магази́нами)
	нало́гам
	поку́пкам
	ка́драм
	прода́жам
	иссле́дованиям

д) *+ чем? № 5*

заве́дующий (-ая)	отде́лом
	лаборато́рией
	ка́федрой

35. Слу́шайте и повторя́йте. • **Listen and repeat.**

дире́ктор
дире́ктор фи́рмы
дире́ктор фи́рмы «Элка́т»
генера́льный дире́ктор фи́рмы «Элка́т»
генера́льный дире́ктор произво́дственной фи́рмы «Элка́т»

нача́льник
нача́льник отде́ла
нача́льник отде́ла плани́рования
нача́льник отде́ла перспекти́вного плани́рования

замести́тель
замести́тель дире́ктора
замести́тель дире́ктора по произво́дству
замести́тель дире́ктора по произво́дству и сбы́ту

помо́щник
помо́щник ме́неджера
помо́щник ме́неджера по рекла́ме
помо́щник ме́неджера по рекла́ме и марке́тингу

 36. Скажи́те, где рабо́тают э́ти сотру́дники. • **Say, where the employees work.**

Моде́ль:
• нача́льник отде́ла ка́дров
— Нача́льник отде́ла ка́дров рабо́тает в отде́ле ка́дров.

Нача́льник тра́нспортного отде́ла, заве́дующая торго́вым отде́лом, ме́неджер комме́рческого ба́нка, вице-президе́нт инвестицио́нного отде́ла, нача́льник рекла́много отде́ла, дире́ктор техни́ческого отде́ла, нача́льник опто́вого отде́ла, руководи́тель отде́ла снабже́ния, замести́тель дире́ктора по произво́дству, замести́тель дире́ктора по марке́тингу, ме́неджер по рекла́ме.

37. Уточни́те, кто из госте́й прису́тствует на презента́ции. • **Ask what guests are participating in the presentation.**

Моде́ль:
• Мари́на Ю́рьевна Ли́сина — вице-президе́нт фо́нда.
— Извини́те, кто э́то?
— Э́то моя́ колле́га Мари́на Ю́рьевна Ли́сина.
— Прости́те, а кто она́?
— Она́ вице-президе́нт фо́нда.

Дэ́вид Джо́унс — президе́нт инвестицио́нного фо́нда.

Моро́зов Серге́й Алекса́ндрович — пе́рвый вице-президе́нт фо́нда «Тусри́ф».

Матс Йо́хансон — представи́тель тра́нспортной компа́нии «Финнкэ́риерз».

Дави́на Фэрве́за — нача́льник отде́ла комме́рческого разви́тия компа́нии «Финнкэ́риерз».

Андре́ Ми́хель — ста́рший консульта́нт ба́нка «UBS».

38. **Узна́йте, как зову́т э́тих уча́стников презента́ции. • Find out the names of the partici-pants of the presentation.**

Моде́ль:

• Вице-президе́нт фо́нда «Тусри́ф» — Ли́сина Ма́рина Юрьевна.
— Прости́те, вы не зна́ете, как зову́т вице-президе́нта фо́нда «Тусри́ф»?
— Да, зна́ю. Мы уже́ познако́мились с ней. Её зову́т Мари́на Юрьевна Ли́сина.

39. **Попроси́те к телефо́ну ну́жного вам специали́ста. • Ask the specialist you need to come to answer the phone.**

Моде́ль:

• генера́льный дире́ктор
— *Мо́жно* поговори́ть *с* генера́льным дире́ктором?
— Да, пожа́луйста.

Ста́рший вице-президе́нт, комме́рческий дире́ктор, торго́вый представи́тель, дире́ктор комме́рческого ба́нка, нача́льник э́кспортного отде́ла, нача́льник отде́ла ка́дров, нача́льник отде́ла марке́тинга, ме́неджер по марке́тингу, ме́неджер по разви́тию.

40. **Уточни́те, кто занима́ет интересу́ющую вас до́лжность. • Find out who holds the position you are interested in.**

Моде́ль:

— Извини́те, *кто* у вас нача́льник отде́ла сбы́та?
— Господи́н Фили́ппов *рабо́тает* нача́льником отде́ла сбы́та.

Пе́рвый вице-президе́нт, исполни́тельный дире́ктор, глава́ тра́нспортной компа́нии, руководи́тель торго́во-промы́шленной фи́рмы, президе́нт инвестицио́нного фо́нда, нача́льник тра́нспортного отде́ла, ме́неджер по сбы́ту, ме́неджер по персона́лу, ме́неджер по снабже́нию.

41. **На фи́рме но́вый секрета́рь. Познако́мьтесь со спи́ском сотру́дников и попроси́те к телефо́ну ну́жного вам специали́ста. • There is a new secretary in the company. Get familiar with the list of the staff and ask the necessary specialist to come to the phone.**

Моде́ль:

• Анто́нова Ири́на Влади́мировна — ста́рший экспе́рт.
— Мо́жно поговори́ть с Анто́новой Ири́ной Влади́мировной.
— Прости́те, а кто она́?

— Она́ рабо́тает у вас ста́ршим экспе́ртом.
— Мину́точку.

Произво́дственная фи́рма «Элка́т»

Президе́нт СП «Элка́т» — Юхани Ла́уринен;
Генера́льный дире́ктор — Соколо́в Фёдор Серге́евич;
Дире́ктор по стра́нам СНГ — Ми́рта Ти́ммонен;
Исполни́тельный дире́ктор — Ла́зарев Ива́н Миха́йлович;
Комме́рческий дире́ктор — Ти́хонов Алекса́ндр Влади́мирович;
Гла́вный ауди́тор — Петро́в Алекса́ндр Ива́нович;
Гла́вный бухга́лтер — Ивано́ва Ната́лья Ива́новна;
Замести́тель дире́ктора по произво́дству — Ми́тин Влади́мир Ива́нович;
Нача́льник отде́ла внешнеэкономи́ческих свя́зей — Кири́ллов Алекса́ндр Ильи́ч;
Нача́льник отде́ла сбы́та — Фили́ппов Бори́с Ви́кторович;
Ста́рший техно́лог — Кузьми́н Оле́г Никола́евич;
Нача́льник отде́ла ка́дров — Анто́нова Анна Дми́триевна;
Секрета́рь дире́ктора — Смирно́ва Анастаси́я Серге́евна;
Води́тель дире́ктора — Ду́бов Влади́мир Миха́йлович.

 42. Уточни́те по телефо́ну, как зову́т ну́жного вам сотру́дника фи́рмы «Элка́т», и попроси́те соедини́ть с ним (с ней). • On the phone find out the name of the specialist of Elkat company you need and ask to speak to him (her).

Моде́ль:

• Ста́рший экспе́рт — Анто́нова Ири́на Влади́мировна.
— Алло́. Прости́те, как зову́т ва́шего ста́ршего экспе́рта?
— Её зову́т Ири́на Влади́мировна.
— Мо́жно поговори́ть с ней?

 43. Как вы попро́сите к телефо́ну э́того же сотру́дника в сле́дующий раз? • How will you ask on the phone for the same specialist next time?

Моде́ль:

• Ста́рший экспе́рт — Анто́нова Ири́на Влади́мировна.
— Алло́. Попроси́те, пожа́луйста, ста́ршего экспе́рта Анто́нову Ири́ну Влади́мировну.

 Сравни́те:

| Как зову́т...
 Попроси́те... | + кого́? № 4 | Рабо́тает...
 Мо́жно поговори́ть с ...
 Познако́мились с ... | + кем? № 5 |

 44. Послу́шайте разгово́р по телефо́ну. Что вы ска́жете в аналоги́чной ситуа́ции? • Listen to a telephone conversation. What would you say in similar situation?

— Алло́, здра́вствуйте!

— Фи́рма «Элка́т». До́брый день! Слу́шаю вас.

— Мо́жно поговори́ть с генера́льным дире́ктором, господи́ном Соколо́вым?

— Предста́вьтесь, пожа́луйста.

— Извини́те. Я гла́вный инжене́р заво́да «Моска́бель» Васи́льев.

— К сожале́нию, дире́ктора сейча́с нет. Позвони́те за́втра.

— Как жаль! А с кем я могу́ поговори́ть сего́дня?

— С его́ замести́телем — комме́рческим дире́ктором.

— Хорошо́. А как его́ зову́т?

— Комме́рческого дире́ктора зову́т Ти́хонов Алекса́ндр Влади́мирович.

— Спаси́бо. *Соедини́те*, пожа́луйста, с ним.

— Пожа́луйста.

Как спроси́ть о до́лжностных обя́занностях • How to ask about job description

— Каки́е у вас обя́занности?
— Я руковожу́ тра́нспортным отде́лом, отвеча́ю за перево́зки.

Запо́мните!

Кто?

руководи́тель + *чего?* № 2

Что де́лать?

руководи́ть + *чем?* № 5
отвеча́ть + *за что?* № 4

руководи́ть (д/ж) (II гр.), отвеча́ть (I гр.)

45. Скажи́те, чем руково́дят э́ти сотру́дники. • Say, what these employees are in charge of.

Моде́ль:
• нача́льник отде́ла ма́ркетинга
— Нача́льник отде́ла ма́ркетинга руководи́т отде́лом ма́ркетинга.

Руководи́тель торго́во-промы́шленной фи́рмы, дире́ктор комме́рческого ба́нка, дире́ктор по ка́дровой поли́тике, дире́ктор по иссле́дованиям и разви́тию, фина́нсовый дире́ктор, дире́ктор произво́дства, президе́нт инвестицио́нного фо́нда, нача́льник э́кспортного отде́ла, нача́льник рекла́много отде́ла, нача́льник произво́дственного отде́ла, нача́льник отде́ла ка́дров, заве́дующий лаборато́рией, заве́дующий отде́лом повыше́ния квалифика́ции, заве́дующий отде́лом перспекти́вного плани́рования, заве́дующий отде́лом вну́треннего ауди́та, гла́вный бухга́лтер, гла́вный техно́лог.

46. Скажи́те, за что отвеча́ют э́ти сотру́дники. • Say, what these employees are responsible for.

Моде́ль:
• рекла́ма
— Он (она́, они́...) отвеча́ет за рекла́му.

Пи́сьма, зая́вки, перепи́ска, сбыт, произво́дство, прода́жа, поста́вка, марке́тинг, ремо́нт, контра́кты, перегово́ры, це́ны, услу́ги, вы́ставка.

47. **Скажи́те, каки́е должностны́е обя́занности у сотру́дников, е́сли мы зна́ем, как называ́ются их до́лжности.** • **Say, what duties the employees have if you know their actual positions.**

Моде́ль:
• нача́льник рекла́много отде́ла
— Нача́льник рекла́много отде́ла отвеча́ет за рекла́му.

Ме́неджер по сбы́ту (персона́лу, разви́тию, рабо́те с клие́нтами), нало́гам, прода́жам, поку́пкам; нача́льник отде́ла ка́дров (отде́ла марке́тинга, отде́ла снабже́ния); руководи́тель тра́нспортного отде́ла (э́кспортного отде́ла, фина́нсового отде́ла, произво́дственного отде́ла).

48. **Отве́тьте на вопро́сы и соста́вьте предложе́ние, испо́льзуя да́нные ни́же слова́.** • **Answer questions and make sentences, using the words mentioned below.**

Моде́ль:
• рекла́мный аге́нт (кто?), рекла́ма (что?), реклами́ровать (что де́лать?), рекла́мный (како́й?)

— Чем занима́ется рекла́мный аге́нт? ⇒   Рекла́мный аге́нт занима́ется рекла́мой.
— За что отвеча́ет рекла́мный аге́нт? ⇒   Рекла́мный аге́нт отвеча́ет за рекла́му.
— Что де́лает рекла́мный аге́нт? ⇒   Рекла́мный аге́нт реклами́рует.
— В како́й фи́рме (отде́ле) он рабо́тает? ⇒ Он рабо́тает в рекла́мной фи́рме.

Запо́мните: Рекла́мный аге́нт занима́ется рекла́мой, он отвеча́ет за рекла́му, реклами́рует и рабо́тает в рекла́мной фи́рме.

Кто?	*Что?*	*Что де́лать?*	*Како́й?*
продаве́ц	прода́жа	продава́ть	торго́вый
продаве́ц	торго́вля	торгова́ть	торго́вый
экспортёр	э́кспорт	экспорти́ровать	э́кспортный
импортёр	и́мпорт	импорти́ровать	и́мпортный
производи́тель	произво́дство	производи́ть	произво́дственный
проекти́ро́вщик	прое́кт	проекти́ровать	прое́ктный
инве́стор	инвести́ции	инвести́ровать	инвестицио́нный
финанси́ст	фина́нсы	финанси́ровать	фина́нсовый
консульта́нт	консульта́ции	консульти́ровать	консультацио́нный
перево́зчик	перево́зка	перевози́ть	тра́нспортный
страхово́й аге́нт	страхова́ние	страхова́ть	страхово́й
рекла́мный аге́нт	рекла́ма	реклами́ровать	рекла́мный
строи́тель	строи́тельство	стро́ить	строи́тельный
охра́нник	охра́на	охраня́ть	охра́нный
поставщи́к	поста́вка	поставля́ть	отде́л поста́вки
ауди́тор	ауди́т	проводи́ть прове́рку	ауди́торский

49. Послу́шайте диало́г и продо́лжите расска́з о други́х сотру́дниках фи́рмы «Элка́т», испо́льзуя материа́л упражне́ния 41. • Listen to the conversation and continue the story about other employees of Elkat company, using vocabulary of exercise 41.

— Господи́н Ла́уринен, разреши́те мне предста́вить вам мою́ колле́гу. Это — Мари́на Ю́рьевна Ли́сина. Она́ рабо́тает в на́шем инвестицио́нном фо́нде вице-президе́нтом. Она́ руководи́т отде́лом кредитова́ния и отвеча́ет за фина́нсовые прое́кты. Мари́на, э́то господи́н Ла́уринен — президе́нт росси́йско-фи́нского совме́стного предприя́тия. Он руководи́т произво́дственной фи́рмой «Элка́т».

— Очень прия́тно.

— Рад познако́миться. Разреши́те предста́вить руководи́телей на́шей фи́рмы: господи́н Соколо́в...

50. Прочита́йте бесе́ду сотру́дников ба́нка с клие́нтами и расскажи́те, что вы узна́ли о структу́ре и персона́ле э́того ба́нка. • Read the conversation between the bank staff and their clients and tell us what you have learnt about the structure and staff of the bank.

— До́брый день, уважа́емые да́мы и господа́! Разреши́те предста́виться. Я ста́рший консульта́нт швейца́рского ба́нка «UBS» Андре́ Ми́хель. Я рабо́таю в ба́нке «UBS», в информацио́нно-аналити́ческом отде́ле три го́да. Я отвеча́ю за конта́кты с клие́нтами. Пожа́луйста, каки́е у вас вопро́сы?

— Расскажи́те, пожа́луйста, о назва́нии ва́шего ба́нка.

— С удово́льствием. Наш банк называ́ется «Объединённый банк Швейца́рии», и́ли «UBS». Его́ учреди́тели — Швейца́рский ба́нковский сою́з, Швейца́рское ба́нковское сообщество.

— Скажи́те, пожа́луйста, когда́ ваш банк на́чал рабо́тать на росси́йском ры́нке?

— Мы на́чали рабо́тать уже́ 12 лет наза́д. На́ше представи́тельство нахо́дится в Москве́.

— Скажи́те, мо́жно получи́ть в ва́шем ба́нке информа́цию о мировы́х фина́нсах?

— Да, мы даём э́ту информа́цию *круглосу́точно,* потому́ что мы ока́зываем междунаро́дные услу́ги по управле́нию капита́лом.

— Прости́те, как? Я пло́хо понима́ю по-ру́сски...

— Круглосу́точно — э́то зна́чит весь день и всю ночь. У нас та́кже всегда́ есть све́жая информа́ция о це́нах на нефть, газ и зо́лото, о сто́имости а́кций. За э́ту информа́цию отвеча́ет наш фина́нсовый дире́ктор.

166

— Прости́те, како́й ваш конта́ктный телефо́н?

— Пожа́луйста, пиши́те. Моско́вский но́мер: (495)726-57-70. В на́шей рекла́ме есть вся информа́ция о кана́лах свя́зи. Разреши́те предста́вить вам нача́льника отде́ла рекла́мы и марке́тинга Светла́ну Кулешо́ву.

— Мо́жно спроси́ть о фина́нсовых показа́телях? Коне́чно, е́сли э́то не комме́рческая та́йна.

— Ну что вы. Я нача́льник фина́нсового отде́ла. Пове́рьте, наш банк о́чень соли́дный, поэ́тому у нас нет секре́тов. Пожа́луйста, э́то годово́й фина́нсовый отчёт на́шего ба́нка. Посмотри́те, почита́йте. Наш банк — ли́дер ба́нковских услу́г ча́стным клие́нтам.

— Расскажи́те, пожа́луйста, о структу́ре ва́шего ба́нка.

— С ра́достью. Как вы зна́ете, в «UBS» 146 представи́тельств и 46 о́фисов в разли́чных стра́нах ми́ра, одно́ — в Москве́. В Моско́вском отделе́нии ба́нка есть не́сколько отде́лов: отде́л по рабо́те с клие́нтами, отде́л ба́нковских услу́г ча́стным ли́цам, отде́л управле́ния ли́чным капита́лом, отде́л бро́керских услу́г, отде́л по рабо́те с нерезиде́нтами, отде́л по расчётам ме́жду стра́нами СНГ и За́падом, отде́л по валю́тным опера́циям, отде́л креди́тов, отде́л инвести́ций и так да́лее. Мы ока́зываем все ба́нковские услу́ги *как* на росси́йском, *так и* на междунаро́дном ры́нке ба́нковских услу́г. Есть ещё вопро́сы?

— Да. Скажи́те, пожа́луйста, не́сколько слов о персона́ле ва́шего ба́нка.

— В на́шем ба́нке рабо́тают почти́ 66 000 сотру́дников. У нас всегда́ мо́жно получи́ть консульта́цию, сове́т о́пытных сотру́дников. Э́то квалифици́рованные специа́листы, настоя́щие профессиона́лы. Все на́ши сотру́дники говоря́т по-англи́йски, по-неме́цки, по-францу́зски, по-италья́нски. А сотру́дники отде́ла по рабо́те с клие́нтами из Росси́и и Восто́чной Евро́пы хорошо́ говоря́т по-ру́сски. Наш банк управля́ет акти́вами 790 млрд долл. США, обслу́живает ты́сячи клие́нтов. Они́ расска́зывают о на́шем ба́нке свои́м партнёрам. Поэ́тому наш банк — ли́дер по коли́честву счето́в, кото́рые мы открыва́ем для но́вых клие́нтов. У ба́нка «UBS» о́чень высо́кий мирово́й рейтинг АА+. В 2003−2005 года́х мы получи́ли награ́ду журна́лов «Eromoney» и «Global Finance» как лу́чший банк ми́ра.

— Спаси́бо за информа́цию.

— Благодарю́ за ва́ше внима́ние к на́шему ба́нку. Всего́ хоро́шего!

Обрати́те внима́ние:

Повели́тельное наклоне́ние (imperative)

Соедини́те! Пиши́те! Посмотри́те! Почита́йте! Скажи́те! Расскажи́те!

Как ...1, так и ... 2. = **1 и 2** *то́же.*

Как на росси́йском, *так и* на междунаро́дном ры́нке. = На росси́йском *и* на междунаро́дном ры́нке *то́же.*

Как наня́ть/устро́иться на рабо́ту •
How to take/to apply for a job

— Я ищу́ рабо́ту. Каки́е у вас есть вака́нсии?
— Мы и́щем ме́неджера по рабо́те с персона́лом.

 Запо́мните: иска́ть (I гр.) + кого́?, что? **№ 4**

я	ищу́	мы	и́щем
ты	и́щешь	вы	и́щете
он, она́ и́щет		они́	и́щут

51. Проведи́те ми́ни-интервью́, испо́льзуя да́нные слова́. • Conduct mini-interviews, using words given below.

Моде́ль:

• квалифика́ция — высо́кая
— Кака́я у вас квалифика́ция?
— У меня́ высо́кая квалифика́ция.

Опыт (стаж) рабо́ты — бога́тый/небога́тый, многоле́тний, большо́й/небольшо́й;

до́лжность — руководя́щая, прести́жная/непрести́жная;

рабо́та — интере́сная/неинтере́сная, сло́жная/проста́я, перспекти́вная/неперспекти́вная, отве́тственная;

зарпла́та (з/п) — высо́кая/ни́зкая, стаби́льная/нестаби́льная;

на́выки — хоро́шие, профессиона́льные; зна́ние иностра́нных языко́в, зна́ние компью́тера (ПК), зна́ние междунаро́дных станда́ртов;

образова́ние — вы́сшее (в/о), специа́льное, юриди́ческое, экономи́ческое, фина́нсовое;

ли́чные ка́чества — отве́тственный, коммуника́бельный, доброжела́тельный, организо́ванный;

льго́ты — медици́нские, тра́нспортные, креди́тные;

пре́мии — ежеме́сячные, ежекварта́льные, ежего́дные;

тре́бования — обы́чные/осо́бые, высо́кие/невысо́кие, профессиона́льные, ли́чные.

52. а) Познако́мьтесь со структу́рой станда́ртного те́кста «Резюме́» и скажи́те, о чём в нём говори́тся? • Get familiar with the structure of a standard resume and tell us about its main points.

• Фами́лия, и́мя, о́тчество;
• Да́та и ме́сто рожде́ния;
• Семе́йное положе́ние (де́ти);
• Гражда́нство;
• А́дрес и телефо́н (дома́шний, рабо́чий); факс, электро́нная по́чта;

- Вака́нсия (код вака́нсии);
- Образова́ние (в обра́тном поря́дке);
- О́пыт рабо́ты (в обра́тном поря́дке);
- Профессиона́льные на́выки;
- Ли́чные ка́чества;
- Да́та.

б) На осно́ве да́нной схе́мы напиши́те своё резюме́. • Based on the above, write down jour own resume.

53. а) Послу́шайте разгово́р в слу́жбе за́нятости и скажи́те, каку́ю рабо́ту вы́брал претенде́нт. • Listen to the dialogue in the employment office and name the job the candidate has chosen.

—До́брый день. Разреши́те предста́виться, я консульта́нт слу́жбы за́нятости «Конта́кт» Светла́на Никола́ева. Вме́сте со мной сего́дня рабо́тают сотру́дники: дире́ктор по персона́лу г-н Мато́хин, замнача́льника отде́ла ка́дров г-жа Горбуно́ва, замнача́льника отде́ла по рабо́те с персона́лом г-н Его́ров.

—Здра́вствуйте. Меня́ зову́т Васи́лий Кры́лов. Скажи́те, каки́е сейча́с у вас есть вака́нсии? Вот моё резюме́, по-ру́сски и по-англи́йски.

—Расскажи́те, пожа́луйста, о себе́. Почему́ вы и́щете рабо́ту? Каку́ю вы и́щете рабо́ту? Где вы сейча́с рабо́таете?

—Я сотру́дник ба́нка. Наш банк небольшо́й, в нём рабо́тает 300 челове́к. У меня́ небольшо́й о́пыт рабо́ты в ба́нке, я рабо́таю там 5 лет. Зарпла́та невысо́кая, перспекти́вы нет, сейча́с фина́нсовый кри́зис...

—Кака́я ва́ша до́лжность?

—Я фина́нсовый анали́тик и специали́ст по це́нным бума́гам. Рабо́таю в отде́ле прое́ктного финанси́рования.

—Чем вы там занима́етесь? Расскажи́те, пожа́луйста, о свое́й рабо́те.

—Я занима́юсь ана́лизом де́ятельности предприя́тий, регио́нов, а та́кже оце́нкой инвестицио́нных прое́ктов в металлурги́и. Я отвеча́ю за совреме́нные мето́дики ана́лиза и руковожу́ небольшо́й гру́ппой сотру́дников.

—Прекра́сно! У нас есть хоро́шие вака́нсии для вас. Мы и́щем нача́льника клие́нтского отде́ла и экспе́рта креди́тного отде́ла. «Импэксбанк» мно́го лет акти́вно сотру́дничает с кру́пными металлурги́ческими и нефтехими́ческими предприя́тиями. Мы консульти́руем э́ти заво́ды, на́ши ме́неджеры и руководи́тели прое́ктов ча́сто рабо́тают там в командиро́вках. Кро́ме того, у нас есть совме́стные прое́кты со страхово́й компа́нией «Ингосстра́х». Поэ́тому о́чень хорошо́, что у вас есть о́пыт прое́ктного финанси́рования.

—Каки́е у вас зарпла́ты?

—Зарпла́ты, к сожале́нию, невысо́кие. Нача́льники отде́лов получа́ют ты́сячу до́лларов, а все остальны́е сотру́дники — пятьсо́т до́лларов.

—Каки́е у вас пре́мии, бо́нусы?

— У нас ежегóдные прéмии — 100 % зарплáты.

— А какúе у вас есть перспектúвы?

— Наш банк занимáется повышéнием квалификáции своúх сотрýдников. У нас есть свой учéбный центр — институ́т эконóмики, финáнсов и прáва. Сотрýдники нáшего бáнка тóже ýчатся в э́том институ́те. Для них — специáльные цéны за обучéние, со скúдкой. Крóме тогó, онú получáют льгóтный кредúт на обучéние, у них гúбкий грáфик рабóты, поэ́тому онú ýчатся и рабóтают одноврéменно. В нáшем институ́те óчень высóкое кáчество обучéния, потому́ что сотрýдники, котóрые ýчатся там, сáми контролúруют егó. Ещё у нас есть годовóй курс для антикрúзисных руководúтелей, котóрые потóм занимáются банкрóтством финáнсовых организáций.

— Какúе у вас есть льгóты?

— У нас есть целевы́е льгóтные кредúты, напримéр на обучéние, как я ужé сказáл, úли на покýпку квартúры, автомобúля. Тáкже у нас есть беспла́тная медицúнская страхóвка, беспла́тные обéды, беспла́тные проездны́е билéты úли служéбный автомобúль для руководúтелей отдéлов. У нáших сотрýдников есть служéбные мобúльные телефóны, клýбные кáрты в спортúвный тéннис úли гольф-клуб.

— Да, зарпла́ты у вас невысóкие, но у вас есть перспектúвы и хорóший социáльный пакéт. А какúе у вас трéбования?

— Профессионáльные трéбования, конéчно, у нас высóкие: вóзраст до 30 лет, óпыт рабóты в бáнке — 5 лет, знáние иностра́нных языкóв, знáние компью́тера, знáние междунарóдных финáнсовых стандáртов и метóдики анáлиза; вы́сшее экономúческое úли финáнсовое образовáние.

— Простúте, а какúе ещё вакáнсии есть в вáшей слýжбе зáнятости для бáнковских слýжащих?

— Не мнóго, но есть... Напримéр, бы́вшие вице-президéнты úли руководúтели отдéлов получáют дóлжность руководúтеля в разлúчных крýпных организáциях, госудáрственных и чáстных. Руководúтели финáнсовых отдéлов бáнков рабóтают финáнсовыми директорáми на предприя́тиях. В интернéт-компáниях сейчáс рабóтают мнóгие специалúсты из консультатúвных, финáнсовых, торгóвых и реклáмных фирм. А глáвные бухгáлтеры — в бáнковских отдéлах аудúторских и консáлтинговых фирм. Эти фúрмы одúн раз в год провóдят аудúторские провéрки во всех бáнках. Сейчáс в Россúи 1300 бáнков, поэ́тому у аудúторов мнóго рабóты.

Мнóгие фúрмы, как всегдá, úщут юрúстов, сотрýдников отдéла кáдров, мéнеджеров по рабóте с персонáлом, компью́терщиков-программúстов, секретарéй.

— Спасúбо за информáцию. Я дýмаю, что дóлжность экспéрта кредúтного отдéла — вы́годное для меня́ предложéние.

б) **Скажúте, кто проводúл интервью́ с претендéнтом. • Say who was interviewing an applicant.**

в) **Что вы узнáли о претендéнте? Почему́ емý предложúли э́ту дóлжность? • What have you learnt about the applicant? Why has he been offered the job?**

г) **Как вы дýмаете, почему́ претендéнт прúнял э́то предложéние? • Why do you think the applicant has accepted the offer?**

д) **Кем ещё мо́гут рабо́тать бы́вшие ба́нковские слу́жащие?** • **What more positions can the former bank employees apply for?**

54. **а) Прочита́йте образцы́ объявле́ний и скажи́те, како́е предложе́ние вас заинтересова́ло.** • **Read the advertisements samples and tell us what offers you have been interested in.**

— Региона́льный ди́лер (торго́во-произво́дственная фи́рма, прода́жа металлурги́ческой проду́кции — ме́дный ка́бель): сбыт проду́кции, по́иск клие́нтов, мужчи́на, 30—35 лет, о́пыт рабо́ты — 3 го́да; в/о, англи́йский язы́к, ПК, командиро́вки, води́тельские права́; организо́ванность, коммуника́бельность, з/п — 700 до́лларов + пре́мии.

— Руководи́тель страхово́го отде́ла ба́нка: о́пыт рабо́ты в страхово́м и́ли клие́нтском отде́ле 5 лет; в/о юриди́ческое, экономи́ческое; англи́йский, че́шский язы́к; ПК; до 50 лет; з/п 1000 до́лларов + социа́льный паке́т.

— Консалтинговая компа́ния и́щет юри́ста по налогообложе́нию. Тре́бования: специализа́ция — хозя́йственное, нало́говое пра́во; в/о юриди́ческое; нало́говая пра́ктика, стаж рабо́ты 5 лет. З/п 1500 до́лларов. Резюме́ по фа́ксу: 283-34-17.

— Ауди́торская фи́рма и́щет ауди́торов (о́бщий ауди́т). Тре́бования: в/о; зна́ние ауди́торских междунаро́дных станда́ртов; о́пыт рабо́ты 3 го́да; командиро́вки. З/п по́сле резюме́ и интервью́. Резюме́ по фа́ксу: 286-53-53, E-mail: presid@dol.ru.

— Торго́вый представи́тель в росси́йскую торго́вую компа́нию (и́мпортные проду́кты пита́ния): 25—35 л., в/о, о́пыт рабо́ты в сфе́ре прода́ж 2 го́да, ПК. Резюме́ по фа́ксу 284-75-11.

— Специали́ст по перево́зкам лесопроду́кции по ж/д в тра́нспортно-энергети́ческий конце́рн на постоя́нную рабо́ту: в/о; о́пыт рабо́ты 5 лет; ПК; зна́ние тари́фов. З/п 500 у. е. Факс для резюме́ 937-19-81.

— Нача́льник отде́ла капита́льного строи́тельства на Моско́вский металлурги́ческий заво́д «Моска́бель». Тре́бования: 30—50 лет; о́пыт рабо́ты в промы́шленном строи́тельстве 10 лет; в/о специа́льное; ПК (Word, Excel); ли́чный автомоби́ль; води́тельские права́, командиро́вки. Зада́чи: капита́льный ремо́нт и реконстру́кция произво́дственных и о́фисных помеще́ний, строи́тельство и реконстру́кция цехо́в. З/п высо́кая.

б) **Вы реши́ли смени́ть рабо́ту и подыскиваете но́вое ме́сто. Да́йте объявле́ние в газе́ту.** • **You decided to change the job and look for a new position. Send your resume to a newspaper.**

в) **Вы организу́ете СП в Росси́и. Да́йте объявле́ние в газе́ту о вака́нсиях с указа́нием тре́бований к кандида́там.** • **You start a joint-venture in Russia. Publish information on vacancies stating requirements for the applicants.**

Как спроси́ть о партнёрах • How to ask about partners

— С кем вы сотру́дничаете?
— Мы сотру́дничаем с росси́йскими предприя́тиями.

Запо́мните: *сотру́дничать* (I гр.) *+ с кем? с чем?* **№ 5** *+ как?*

акти́вно
широко́
давно́
сотру́дничать *+ вме́сте (совме́стно) + с кем? с чем?* традицио́нно
успе́шно
эффекти́вно
взаимовы́годно

рабо́тать
бесе́довать
разгова́ривать
познако́миться *+ вме́сте (совме́стно) + с кем? с чем?*
ознако́миться
торгова́ть
производи́ть

Сравни́те:

Кто?	Что?	Что де́лать?
сотру́дник	сотру́дничество	сотру́дничать

55. Расспроси́те ва́ших колле́г об их партнёрах. • Ask your colleagues about their partners.

Моде́ль:
— С кем вы сотру́дничаете?
— С росси́йскими ба́нками.

Швейца́рские фи́рмы, неме́цкие фи́рмы, по́льские предприя́тия, росси́йские заво́ды, америка́нские партнёры, францу́зские компа́нии, япо́нские поставщики́.

56. Расскажи́те о сотру́дничестве ва́шей фи́рмы по образцу́. • Speak about your company's cooperation according to the pattern.

Моде́ль:
• на́ши партнёры
— Мы сотру́дничаем с на́шими партнёрами.

Постоя́нные и но́вые клие́нты, опто́вые покупа́тели, региона́льные ди́леры, росси́йские производи́тели, неме́цкие поставщики́, комме́рческие ба́нки, инвестицио́нные фо́нды, страховы́е компа́нии, строи́тельные фи́рмы, риёлторские аге́нтства, ча́стные ли́ца, фина́нсовые структу́ры.

57. **Узна́йте и скажи́те, с каки́ми фи́рмами сотру́дничают ва́ши колле́ги. • Get information about the companies your colleagues cooperate with.**

Моде́ль:
• поставщики́ — ура́льские предприя́тия
— С кем вы сотру́дничаете?
— Мы сотру́дничаем с поставщика́ми — ура́льскими предприя́тиями.

Покупа́тели — разли́чные росси́йские предприя́тия.
Зака́зчики — заво́ды стран СНГ.
Клие́нты — предприя́тия ма́лого и сре́днего би́знеса.

58. **Узна́йте и скажи́те, с каки́ми фи́рмами торгу́ют ва́ши партнёры. • Get information about the companies your colleagues deal with.**

Моде́ль:
— С каки́ми фи́рмами вы торгу́ете?
— С фи́рмами Герма́нии, По́льши.

Росси́я, А́встрия, Ве́нгрия, По́льша, Фра́нция, Ита́лия, США, Швейца́рия, За́падная Евро́па, Центра́льная Евро́па, Восто́чная Евро́па, Се́верная Евро́па, Ю́жная Аме́рика, стра́ны СНГ.

59. **Скажи́те, с чем ознако́мились сотру́дники ва́шего предприя́тия? • Say what your colleagues have acquainted with.**

Моде́ль:
• рабо́чие — но́вое обору́дование
— На́ши рабо́чие ознако́мились с но́вым обору́дованием.

Техно́логи — совреме́нная техноло́гия
инжене́ры — техни́ческая документа́ция
дире́ктор — контра́кт
юри́ст — прое́кт соглаше́ния
ауди́тор — фина́нсовый отчёт
сотру́дники — план рабо́ты
бухга́лтер — результа́т рабо́ты
нача́льник отде́ла марке́тинга — но́вые це́ны
нача́льник отде́ла рекла́мы — но́вые катало́ги
но́вый сотру́дник — должностны́е обя́занности
журнали́сты — на́ши това́ры, услу́ги, предложе́ния
ме́неджер — структу́ра предприя́тия
клие́нты — на́ша рекла́ма
партнёры — информа́ция на са́йте

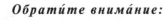

Обрати́те внима́ние: познако́миться + *с кем? с чем?*
ознако́миться + *с чем?* (с докуме́нтами)

60. **Что вы скáжете в аналогúчной ситуáции?** • **What would you say in similar situation.**

— С кем вы сотрýдничаете?
— С россúйскими и фúнскими фúрмами.
— Что вы им поставлЯете?
— СырьЁ и металлургúческое оборýдование.

Сравнúте:

договóр   *с кем?* №5   *какóй?*
контрáкт   *о чЁм?* №6
соглашéние

61. **Скажúте, какóй договóр есть у вáшей фúрмы.** • **Say what kind of contract your company has.**

Модéль:
• арéнда
— У нас есть дóговор об арéнде.

Услýги, обмéн, налóги, оплáта, постáвка, продáжа, покýпка, экспорт, úмпорт, ремóнт, охрáна, гарантúйное обслýживание, страховáние, финансúрование, реклáма, рабóта, скúдки, цéны.

62. **Узнáйте, в какóй сфéре сотрýдничают вáши коллéги.** • **Find out what field your colleagues cooperate in.**

Модéль:
— Какóй у вас есть договóр с партнЁрами?
— У нас есть договóр о финáнсовом сотрýд-
    ничестве.

сотрýдничество + *какóе?*
             экономúческое
             наýчное
             технúческое
             наýчно-технúческое
             торгóвое
             политúческое
             культýрное

63. **Скажúте, какúе соглашéния мóгут быть у вáших партнЁров, éсли вы знáете, чем онú занимáются.** • **Say what contracts your partners could have, if you know the field of their activity.**

Модéль:
• поставлЯть сырьЁ
— Мóжет быть, у них есть соглашéние о постáвке сырья.

Производи́ть това́ры, продава́ть зерно́, экспорти́ровать лес, импорти́ровать медь, покупа́ть бума́гу, продава́ть ме́бель, финанси́ровать прое́кты, инвести́ровать в строи́тельство, покупа́ть обору́дование, гаранти́ровать ка́чество, реклами́ровать проду́кцию, страхова́ть зда́ние.

64. Скажи́те, испо́льзуя приведённые слова́, о чём говоря́т уча́стники би́знес-фо́рума. • Say what the participants of business forum speak about, using the words below.

Моде́ль:

• торго́вля — на́ши стра́ны
— Они́ говоря́т о торго́вле ме́жду на́шими стра́нами.

	+ ме́жду кем? (чем?) **№ 5** *(мн. ч.)*
сотру́дничество	ба́нки, заво́ды, предприя́тия
отноше́ния	сотру́дники, аге́нты, клие́нты
конта́кты	партнёры, посре́дники, ауди́торы
свя́зи	фи́рмы, аге́нтства, финанси́сты
переговоры	компа́нии, делега́ции
догово́р	инве́сторы, кредито́ры
соглаше́ние	экспортёры, импортёры
контра́кт	поставщики́, объедине́ния

65. Зако́нчите микродиало́ги, вы́разив наде́жду на сотру́дничество. • Finish these mini-conversations expressing your hope for cooperation.

Моде́ль:
— Мы наде́емся на сотру́дничество.
— Я то́же наде́юсь.

Обрати́те внима́ние: надея́ться (I гр.) + *на что?* **№ 4**

— Наш отде́л занима́ется поку́пкой торго́вого обору́дования.
— А мы отвеча́ем за прода́жу тако́го обору́дования.
— ...

— Основно́е направле́ние де́ятельности на́шей компа́нии — э́то э́кспорт не́фти и га́за.
— Прекра́сно! А мы импорти́руем нефть и газ.
— ...

— Наш заво́д — кру́пный производи́тель ме́ди.
— А на́ше нау́чное объедине́ние занима́ется проекти́рованием металлурги́ческих ли́ний.
— ...

— На́ша инвестицио́нная компа́ния отвеча́ет за инвести́ции в строи́тельство жилья́.

— А наш фонд финанси́рует жили́щное строи́тельство.

— ...

— На́ша фина́нсовая компа́ния занима́ется кредитова́нием ма́лого и сре́днего би́знеса.

— А на́ша ауди́торская фи́рма произво́дит ауди́торские прове́рки.

— ...

66. а) Прочита́йте фрагме́нты рекла́мных проспе́ктов компа́ний. Расскажи́те, что вы узна́ли об э́тих фи́рмах и их партнёрах. • Read extracts from advertisements of some companies. Say what you have learned about these companies and their partners.

— Инвестицио́нный фонд «Тусри́ф» предоставля́ет креди́ты предприя́тиям ма́лого би́знеса в Росто́ве-на-Дону́, в Хаба́ровске, в Екатеринбу́рге, на Сахали́не и Камча́тке.

— «СОТЕЛ» — э́то со́товый телефо́н Росси́и. Автомати́ческий междунаро́дный ро́уминг со мно́гими стра́нами ми́ра: Болга́рия, Да́ния, Ла́твия, Литва́, Норве́гия, По́льша, Финля́ндия, Шве́ция, Эсто́ния, Украи́на.

— Наш да́вний надёжный партнёр — телепрова́йдер «Евротелефо́н»: Австра́лия, А́встрия, Азербайджа́н, Бе́льгия, Великобрита́ния, Ве́нгрия, Герма́ния, Гибралта́р, Гонко́нг, Гре́ция, Ирла́ндия, Исла́ндия, Испа́ния, Ита́лия, Кипр, Люксембу́рг, Нидерла́нды, Но́вая Зела́ндия, ОАЭ, Португа́лия, Сингапу́р, Слова́кия, Слове́ния, Ту́рция, Фра́нция, Хорва́тия, Че́хия, Швейца́рия, ЮАР.

— «Аспоке́м» — предприя́тие кру́пного фи́нского конце́рна «Аспо». Мы занима́емся произво́дством, хране́нием и торго́влей промы́шленных и автомоби́льных химика́тов. Мы произво́дим и поставля́ем сырьё для произво́дства пластма́ссы, а та́кже ка́менный у́голь. Мы отвеча́ем за экологи́ческую безопа́сность на́шей проду́кции. «Аспоке́м» эффекти́вно сотру́дничает с кру́пными междунаро́дными корпора́циями «Амоко», «Арко», «Ке́микал», «Бри́тиш Петро́леум», «Хе́нкел», «Фи́липс 66», «Юнион Са́рбайт».

— ОАО «Седьмо́й контине́нт» — торго́вая сеть (15 магази́нов) предлага́ет: а́кции ОАО «Торго́вый дом на Смоле́нской», диско́нтная ка́рта, расчётная ка́рта, суперце́ны, ски́дка 5 %, креди́ты на поку́пку совме́стно с МДМ Ба́нком. Хоро́шие вака́нсии на ко́нкурсной осно́ве: ме́неджеры, товарове́ды, опера́торы, заве́дующие отде́лами, замести́тели заве́дующих, бухга́лтеры, продавцы́, касси́ры, администра́торы торго́вого за́ла, убо́рщицы, рабо́чие, электросле́сари, санте́хники. Спра́вки по телефо́нам: 330-32-86; 429-71-81.

— Корпора́ция «Би́знес-ра́дио» ока́зывает широ́кий спектр рекла́мных услу́г. Мы предлага́ем: организа́ция рекла́мной кампа́нии в печа́ти, на ра́дио и телеви́дении; подгото́вка маке́тов и изготовле́ние печа́тной рекла́мной проду́кции (букле́тов, пресс-рели́зов, листо́вок); рекла́мные аудио- и видеоро́лики; организа́ция презента́ций, пресс-конфере́нций, юбиле́ев и пра́здников; рекла́мные сте́нды, щиты́, вы́вески, табли́чки; изготовле́ние визи́ток, шта́мпов, печа́тей; фотоуслу́ги; сувени́рная проду́кция; изготовле́ние карто́нных коро́бок любо́го ви́да с рису́нком. Мы гаранти́руем высо́кое ка́чество, минима́льные сро́ки выполне́ния зака́зов, ни́зкие це́ны. У нас есть вака́нсия специали́ста по шелкогра́фии и фотогра́фии. Телефо́н/факс: 330-06-01.

— Ваш морско́й партнёр — норве́жский конце́рн «Марити́м Ресо́рс Груп» ока́зывает разли́чные услу́ги. *Эксплуата́ция судо́в:* ме́неджмент, техни́ческое обслу́живание и снабже́ние; техни́ческое анкети́рование. *Техни́ческое обслу́живание:* разрабо́тка ремо́нтных специфика́ций, переобору́дование, техни́ческие инспе́кции и наблюде́ние. *Рыбопроду́кция:* сбыт ва́шей рыбопроду́кции на предприя́тиях на́шего конце́рна. *Суда́:* прое́кты по переобору́дованию и новострои́, размеще́ние зака́зов на ве́рфях За́падной Евро́пы, Росси́и и стран Ба́лтии. *Марке́тинг:* организа́ция марке́тинга това́ров и услу́г предприя́тий морско́й о́трасли, нефтяно́й и га́зовой промы́шленности; ры́ночные иссле́дования. *Предприя́тия:* инспе́кция и оце́нка предприя́тий ры́бной о́трасли в За́падной Евро́пе, Росси́и и стра́нах Ба́лтии. Конта́ктные телефо́ны: Тел. +47-776-79-733; Факс +47-776-78-197; Моб. +47-90-55-87-97.

— Фи́рма «Финнкэ́риерз» — фи́нский специали́ст по перево́зкам. Мы ока́зываем бы́стрые и высокоэффекти́вные тра́нспортные услу́ги ме́жду Финля́ндией и Шве́цией, Да́нией, Норве́гией, Герма́нией, По́льшей, Нидерла́ндами, Бе́льгией, Великобрита́нией. Мы занима́емся перево́зками из Финля́ндии в Росси́ю и стра́ны Ба́лтии и обра́тно. Мы перево́зим разли́чные ти́пы гру́зов по мо́рю и по су́ше, морски́м, железнодоро́жным и автомоби́льным тра́нспортом. Мы перево́зим ва́ши гру́зы кру́глый год эффекти́вно и надёжно. В ва́жных тра́нспортных це́нтрах Евро́пы, Росси́и у нас есть партнёры — тра́нспортные компа́нии, кото́рые контроли́руют ва́ши гру́зы, зна́ют всё об их местонахожде́нии.

— «IBCS» (International Business Communication Systems) — э́то кру́пная ча́стная америка́нская корпора́ция. Мы занима́емся разви́тием ча́стных региона́льных телефо́нных компа́ний в Росси́и и стра́нах СНГ. Мы ока́зываем услу́ги телефо́нной свя́зи предприя́тиям, организа́циям и фи́рмам в разли́чных города́х. Основа́тели компа́нии «IBCS» — председа́тель Джеймс Хи́кман и исполни́тельный дире́ктор Арно́льд Пэт име́ют большо́й о́пыт рабо́ты в Росси́и, они́ живу́т здесь уже́ почти́ 20 лет. Ме́неджеры компа́нии «IBCS» — э́то о́пытные америка́нские и росси́йские специали́сты в о́бласти телекоммуника́ции. Наш успе́х в Росси́и — э́то сотру́дничество росси́йского и америка́нского персона́ла, сочета́ние за́падного и росси́йского сти́ля руково́дства.

— Междунаро́дная компа́ния «Интерспу́тник» — ваш стратеги́ческий партнёр. Либерализа́ция и глобализа́ция ры́нка информацио́нных и коммуникацио́нных техноло́гий де́лает на́шу компа́нию ли́дером. Мы по́чти 30 лет ока́зываем телекоммуникацио́нные услу́ги в разли́чных стра́нах Центра́льной и Восто́чной Евро́пы. Спу́тниковая связь — са́мая экономи́чная и во мно́гих регио́нах Росси́и еди́нственная связь. Поэ́тому сейча́с на́ши клие́нты — э́то 100 госуда́рственных организа́ций и ча́стных компа́ний мно́гих стран. Наприме́р, «НТВ», «НТВ+», «ТВ-Центр», «АСТ», «ЕВ-6», ЦБ РФ — Росси́я, «Ре́йтер» («Reuters») — Великобрита́ния, «Телегло́б» («Teleglobe») — Кана́да, «АТ и Т» («AT&T»), «Дайре́ктнет» («DirectNET») и «Ай-ди-би» («IDB») — США. Сейча́с в систе́ме «Интерспу́тник» рабо́тает 80 земны́х ста́нций, кото́рые нахо́дятся на разли́чных контине́нтах.

— «Ньюз корп.» («News Corp.») — э́то изве́стная америка́нская ме́диа-импе́рия. Де́ятельность э́той компа́нии — изда́тельский, телевизио́нный, телекоммуникацио́нный, спорти́вный, рекла́мный и киноб
и́знес. Она́ занима́ется произво́дством и дистрибу́цией кино-, теле- и видеопроду́кции, спу́тниковым и ка́бельным телеви́дением, но́выми телевизио́нными техноло́гиями. «Ньюз корп.» — э́то семе́йная импе́рия. Её основа́тель — Ру́перт Мэ́рдок. Его́ сын Ланчлэ́нд Мэ́рдок — пе́рвый вице-президе́нт компа́нии. Он руководи́т изда́тельским би́знесом компа́нии — кни́жным изда́тельством «Ха́рпер Ко́ллинс» («Harper Collins»), популя́рной газе́той «Нью-Йо́рк Пост» («New York Post»). Он та́кже отвеча́ет за весь рекла́мный и марке́тинговый би́знес компа́нии в США. Кро́ме того́, Ланчлэ́нд Мэ́рдок продолжа́ет рабо́тать исполни́тельным дире́ктором компа́нии в Австра́лии. «Ньюз корп.» совме́стно с америка́нской инвестицио́нной компа́нией «ПЛД -Телеко́м» сотру́дничает с петербу́ргскими компа́ниями «Петерста́р» и «БЦЛ», кото́рые ока́зывают услу́ги телефо́нной свя́зи; с опера́тором спу́тниковой свя́зи — моско́вской компа́нией «Телепо́рт ТП», а та́кже с казахста́нской со́товой компа́нией «Бе́сет».

б) **Вы́берите на осно́ве предло́женных вы́ше рекла́мных букле́тов ва́шего потенциа́льного партнёра.** • **Choose your possible partner, using the advertisements mentioned above.**

67. **Прочита́йте станда́ртное делово́е письмо́ и электро́нное сообще́ние партнёру. Обрати́те внима́ние на текст и фо́рму выраже́ния наме́рения сотру́дничать.** • **Read standard business letter and e-mail message to a partner. Pay attention to the text and the forms to express intention to cooperate.**

Уважа́емые господа́!

Поздравля́ем вас с откры́тием представи́тельства во Владивосто́ке. Жела́ем успе́хов в разви́тии ва́шего би́знеса.

В отве́т на ва́ше письмо́ № 255 от 15.06.2007 г. сообща́ем, что за рекла́мную де́ятельность на́шего предприя́тия отвеча́ет г-н Ти́хонов А.В. Он комме́рческий дире́ктор и нача́льник отде́ла рекла́мы и марке́тинга.

Ра́ды сотру́дничать с ва́шим фо́ндом и развива́ть отноше́ния ме́жду на́шими отде́лами.

С благода́рностью и ра́достью принима́ем ва́ше предложе́ние.

С уваже́нием,
исполни́тельный дире́ктор фи́рмы «Элка́т»   г-н Ла́зарев И.М.

От:	Лáзарев И.	<lasarev@elkaf.ru>
Комý:	Джонс Д.	<djones@tusrif.org.ru>
Отпрáвлено:	9 марта 2006 г. 10:18	
Тéма:	Поздравлéние	

Г-н Джонс.
Поздравлáем с открытием представительства. Пóлный текст нáшего письмá прилагáется как влóженный файл.
С уважéнием,

Лáзарев И.М.

Обратите внимáние:

Как? № 5 +   поздравлять (I гр.) + кого? № 4 + с чем? № 5

с рáдост**ью**   с откры́ти**ем** (óфиса)
с благодáрност**ью**   с создáни**ем** (фи́рмы)
с уважéни**ем**   с произвóдст**вом** (нóвых товáров)
                          с развити**ем** (сотрýдничества)
                          с презентáци**ей** (нóвой модéли)

б) **Напиши́те вáшему потенциáльному партнёру деловóе письмó и электрóнное сообщéние по предлóженному образцý.** • Write business letter and e-mail message to your possible partner, using the pattern mentioned above.

68. **а) Прочитáйте стеногрáмму встрéчи с учáстниками би́знес-фóрума. Расскажи́те, каки́е аспéкты дéятельности компáний они́ обсуждáли.** • Read the minutes of the meeting with the business forum participants. Say what aspects of cooperation were discussed.

МÉЖДУ ВОСТÓКОМ И ЗÁПАДОМ

— Уважáемые учáстники семинáра! Разреши́те предстáвить организáтора нáшего бизнес-фóрума — господи́на Маунýлла, дирéктора представи́тельства Фи́нско-росси́йской торгóвой палáты в Москвé.

— Дáмы и господá! Финля́ндия — э́то надёжный мост мéжду Востóком и Зáпадом. У Финля́ндии дáвние полити́ческие, торгóво-экономи́ческие и культýрные свя́зи с Росси́ей. Поэ́тому Фи́нско-росси́йская торгóвая палáта — сáмая стáрая из четырёх совмéстных торгóвых палáт госудáрств, с котóрыми сотрýдничает Финля́ндия.

Моско́вское представи́тельство — са́мое пе́рвое, оно́ рабо́тает почти́ 30 лет. Сейча́с у нас есть три представи́тельства: в Хе́льсинки, в Москве́ и в Санкт-Петербу́рге.

Мы ока́зываем разли́чные услу́ги: фи́рмы получа́ют информа́цию о возмо́жных партнёрах, мы организу́ем презента́ции, деловы́е встре́чи, темати́ческие семина́ры, вы́ставки. На́ши услу́ги — пла́тные, но для чле́нов Пала́ты есть специа́льные це́ны со ски́дкой 20 %. Вот наш прайс-лист, здесь все це́ны с НДС. На́ши са́мые акти́вные и да́вние чле́ны — э́то 200 фи́нских и 150 росси́йских партнёров.

Мы та́кже издаём информацио́нный журна́л на ру́сском и фи́нском языка́х. Там мы расска́зываем об эконо́мике на́ших стран, о налогообложе́нии, о тамо́женных зако́нах и сертифика́ции това́ров и услу́г и, коне́чно, о на́ших партнёрах.

Основна́я зада́ча Пала́ты — организа́ция конта́ктов ме́жду росси́йскими и фи́нскими партнёрами. Мы ду́маем, что осо́бенно ва́жно развива́ть сотру́дничество с предприя́тиями ме́лкого и сре́днего би́знеса, создава́ть совме́стные предприя́тия.

Коне́чно, разви́тие сотру́дничества ме́жду Финля́ндией и Росси́ей тре́бует инвести́ций. Поэ́тому мы мно́го ду́маем о сотру́дничестве с фина́нсовыми структу́рами. Мы о́чень ра́ды, что у нас есть надёжный фина́нсовый партнёр — банк «UBS». Э́тот банк произво́дит все расчёты ме́жду на́шими клие́нтами. С уча́стием э́того ба́нка они́ произво́дят внешнеэкономи́ческие опера́ции.

Разреши́те предста́вить вам на́ших но́вых клие́нтов — *представи́телей совме́стного росси́йско-фи́нского предприя́тия «Элка́т», его́ генера́льного дире́ктора господи́на Соколо́ва.* Фёдор Серге́евич, пожа́луйста, вам сло́во.

— До́брый день, уважа́емые колле́ги! Мы о́чень ра́ды ви́деть вас на на́шем заво́де. А сейча́с не́сколько слов о на́шем предприя́тии. Е́сли я не ошиба́юсь, вы все понима́ете по-ру́сски? Произво́дственная фи́рма «Элка́т» — э́то ча́стное росси́йско-фи́нское предприя́тие. Мы занима́емся произво́дством ме́дного ка́беля и ока́зываем други́е высокока́чественные услу́ги. Учреди́тели на́шего предприя́тия — заво́д «Моска́бель» совме́стно с фи́нским конце́рном «Но́киа Капе́лли». Познако́мьтесь, пожа́луйста, э́то наш дире́ктор по стра́нам СНГ госпожа́ Ти́ммонен. Ми́рта Ти́ммонен — одна́ из немно́гих же́нщин, кото́рые руководя́т металлурги́ческими предприя́тиями в Росси́и и в стра́нах СНГ.

— Госпожа́ Ти́ммонен, скажи́те, пожа́луйста, что зна́чит быть же́нщиной и руководи́телем кру́пной фи́рмы в Росси́и?

— Во-пе́рвых, я говорю́ по-ру́сски, поэ́тому мы с сотру́дниками понима́ем друг дру́га, как говоря́т ру́сские, с полусло́ва, бы́стро и хорошо́. Я ду́маю, что иногда́ э́то да́же лу́чше, что я же́нщина. Почти́ все сотру́дники моего́ отде́ла — э́то мужчи́ны. Они́ ча́сто не понима́ют, почему́ я, иностра́нка, живу́ в Росси́и. Они́ не зна́ют, чего́ от меня́ ждать, не спо́рят и с удово́льствием принима́ют всё но́вое. Поэ́тому мы эффекти́вно создаём на на́шем предприя́тии совреме́нный стиль руково́дства, но́вую корпорати́вную культу́ру. А во всех остальны́х дела́х нет ра́зницы ме́жду мужчи́нами и же́нщинами. Как говоря́т, би́знес есть би́знес.

Во-вторы́х, на на́шем предприя́тии 30 % сотру́дников — э́то же́нщины. Они́ о́чень профессиона́льные, аккура́тные и дисциплини́рованные рабо́тницы. Я знако́млюсь со мно́гими росси́йскими и за́падными деловы́ми же́нщинами на рабо́те, на предприя́тиях, на деловы́х встре́чах, на вы́ставках. Поэ́тому я ду́маю, что лу́чшие мужчи́ны в Росси́и — э́то же́нщины. Да, в Росси́и мно́гие же́нщины рабо́тают руководи́телями в сфе́ре образова́ния, медици́ны. Но в росси́йском би́знесе, к сожале́нию, нет тради́ции помога́ть же́нщинам де́лать их карье́ру.

А сейча́с разреши́те вам предста́вить *замдире́ктора по произво́дству Ми́тина Влади́мира Ива́новича.*

— Здра́вствуйте, дороги́е друзья́. У нас но́вые, передовы́е оте́чественные техноло́гии. В произво́дстве мы испо́льзуем то́лько ка́чественное сырьё, кото́рое мы покупа́ем у на́ших поставщи́ков с Ура́ла. Познако́мьтесь, пожа́луйста. Вме́сте со мной мно́го лет рабо́тает *ста́рший техно́лог Кузьми́н Алекса́ндр Никола́евич.* Он руководи́т технологи́ческим отде́лом и отвеча́ет за техноло́гию произво́дства ка́беля и ка́чество проду́кции.

— Сейча́с мы нахо́димся в гла́вном це́хе. Он на́чал рабо́тать три го́да наза́д. Это отде́л плавле́ния. Там вы ви́дите нача́льника сме́ны, он отвеча́ет за пла́вку мета́лла и рабо́ту печи́. Спра́ва нахо́дится отде́л микши́рования, сме́си мета́лла. Там рабо́чие сме́шивают распла́вленный мета́лл в больши́х ми́ксерах. Сле́ва нахо́дится отде́л прока́тки и охлажде́ния про́вода. На э́том уча́стке инжене́ры-металлу́рги произво́дят ме́дный про́вод и охлажда́ют его́. За э́тот проце́сс отвеча́ет компью́тер. А в конце́ ли́нии вы ви́дите отде́л упако́вки и транспортиро́вки проду́кции. Там рабо́чие упако́вывают ка́бель в больши́е паке́ты и транспорти́руют на склад. Сейча́с вы зна́ете всё о на́шем произво́дстве. Пожа́луйста, каки́е у вас вопро́сы?

— Кака́я у вас зарпла́та?

— У меня́ — хоро́шая. Зарпла́ту пла́тят стаби́льно, а ка́ждый кварта́л и в конце́ го́да мы ещё получа́ем пре́мии. Так что на жизнь хвата́ет, не жа́луемся. Мно́гие рабо́чие со мной вме́сте на э́том заво́де уже́ три го́да. Да вот, наш *нача́льник отде́ла ка́дров* об э́том бо́льше зна́ет. Познако́мьтесь, пожа́луйста, *Анто́нова Анна Дми́триевна.*

— Уважа́емые го́сти! Вы са́ми ви́дите, что рабо́та э́та нелёгкая. Но у нас хоро́шие усло́вия труда́, совреме́нное обору́дование, прекра́сный персона́л, квалифици́рованные руководи́тели, ка́чественная проду́кция и поэ́тому высо́кая зарпла́та. У нас почти́ 300 сотру́дников. Они́ с удово́льствием рабо́тают на э́том заво́де мно́го лет. Сейча́с мы расширя́ем произво́дство, поэ́тому мы приглаша́ем рабо́чих-металлу́ргов, инжене́ров, техно́логов, ме́неджеров по рабо́те с клие́нтами. Не забу́дьте наш а́дрес: Москва́, ул. 2-я Ка́бельная, дом 2. У вас есть ещё вопро́сы?

— Кто покупа́ет ва́шу проду́кцию? С кем вы сотру́дничаете?

— Извини́те, я не занима́юсь э́той сфе́рой де́ятельности предприя́тий. Поэ́тому с удово́льствием представля́ю вам на́шего *комме́рческого дире́ктора Ти́хонова Алекса́ндра Влади́мировича,* он отвеча́ет за контра́кты и це́ны, а та́кже *нача́льника отде́ла сбы́та Фили́ппова Бори́са Ви́кторовича,* кото́рый отвеча́ет за сбыт проду́кции.

— Наш заво́д — са́мое совреме́нное предприя́тие металлурги́ческой про-мы́шленности. Мы выпуска́ем ме́дный ка́бель и постоя́нно обновля́ем проду́кцию. Мы гаранти́руем высо́кое ка́чество проду́кции и услу́г, кото́рые мы ока́зываем. У нас ги́бкая систе́ма усло́вий поста́вки проду́кции и форм расчётов. У нас разу́мные це́ны и разли́чные ски́дки. У нас ра́звитая ди́лерская сеть.

Мы акти́вно сотру́дничаем с региона́льными ди́лерами. Шестьдеся́т проце́нтов проду́кции мы экспорти́руем в разли́чные регио́ны Росси́и, стран СНГ, а та́кже в Финля́ндию, Шве́цию, Норве́гию и в други́е стра́ны Евро́пы. В то же вре́мя мы импорти́руем обору́дование, запасны́е ча́сти, стройматериа́лы для пе́чи. Мно́гие фи́рмы и предприя́тия сотру́дничают с на́ми. Мы име́ем широ́кие делавы́е свя́зи со мно́гими регио́нами Росси́и, стран СНГ, со стра́нами Евро́пы, Азии, Африки и Аме́рики.

В кома́нде ме́неджеров рабо́тают о́пытные росси́йские и фи́нские специали́сты в о́бласти металлурги́и. Мно́го иностра́нных экспе́ртов рабо́тает на на́шем предприя́тии. Они́ ока́зывают консультацио́нные услу́ги. Всё бо́льше иностра́нных сотру́дников на́шего предприя́тия изуча́ют ру́сский язы́к. Это помога́ет не то́лько лу́чше понима́ть друг дру́га на рабо́те, но и бо́льше узна́ть о лю́дях, о поли́тике, эконо́мике, исто́рии, культу́ре, *одни́м сло́вом* — о жи́зни на́ших стран.

Мы акти́вно уча́ствуем в междунаро́дных промы́шленных вы́ставках, а та́кже са́ми ежего́дно организу́ем семина́ры, би́знес-тре́нинги для молоды́х предпринима́телей. У нас регуля́рно рабо́тает на пра́ктике гру́ппа студе́нтов Моско́вского институ́та ста́ли и спла́вов.

Постоя́нно расширя́ются на́ши прямы́е свя́зи с предприя́тиями и заво́дами, акционе́рными о́бществами, инвестицио́нными фо́ндами и ба́нками. Среди́ на́ших партнёров — са́мые изве́стные нау́чные и прое́ктно-констру́кторские организа́ции. Большу́ю по́мощь в разви́тии сотру́дничества, в по́иске но́вых клие́нтов, зака́зчиков, поставщико́в нам ока́зывает Фи́нско-росси́йская торго́вая пала́та. Поэ́тому мы с благода́рностью при́няли предложе́ние уча́ствовать в э́том би́знес-фо́руме.

—Уважа́емые колле́ги! Сейча́с у вас есть по́лная информа́ция о возмо́жностях предприя́тия «Элка́т». Мы всегда́ ра́ды ока́зывать вам услу́ги. Наде́емся на ва́ше сотру́дничество с Фи́нско-росси́йской торго́вой пала́той. Благодари́м за внима́ние.

Обрати́те внима́ние: *Како́й?*

нейтра́льная сте́пень	*сравни́тельная сте́пень*	*превосхо́дная сте́пень*
ста́рый	**бо́лее** ста́рый	**са́мый** ста́рый
изве́стный	**бо́лее** изве́стный	**са́мый** изве́стный
акти́вный	**бо́лее** акти́вный	**са́мый** акти́вный
совреме́нный	**бо́лее** совреме́нный	**са́мый** совреме́нный
кру́пный	**бо́лее** кру́пный	**са́мый** кру́пный

б) **Отве́тьте на вопро́сы. • Answer questions.**

—Кто уча́ствовал в би́знес-фо́руме и кто его́ организова́л?

—Где проходи́л би́знес-фо́рум?

—Каки́е вопро́сы за́дали его́ уча́стники?

—Что рассказа́ли представи́тели о де́ятельности, структу́ре, персона́ле компа́ний, о свои́х партнёрах?

—О чём ещё вы хоте́ли бы их спроси́ть?

—Расскажи́те о ва́шей компа́нии.

69. Проверьте, как вы поняли новые слова по теме. Переведите на ваш родной язык данные ниже словосочетания и отметьте те, которые непосредственно связаны с деятельностью вашей фирмы. • Check which words of this topic you do not understand. Translate into your mother tongue the phrases given below and underline those which deal with the activity of the company directly.

Коды — международные, телефонные _____ ;

услуги — телекоммуникационные, бытовые, медицинские, транспортные _____
_____ ;

информация — массовая_____ ;

торговля — оптовая, розничная _____ ;

отдел — оптовый_____ ;

конъюнктура — рыночная_____ ;

инициатива — деловая_____ ;

подготовка — предпродажная_____ ;

экономика — российская _____ ;

риск — оправданный_____ ;

центр — сервисный_____ ;

центры — музыкальные_____ ;

подходы — нестандартные_____ ;

рынок — потребительский_____ ;

обслуживание — гарантийное_____ ;

(кож)галантерея — кожаная_____ ;

обеспечение — компьютерное, программное_____ ;

*средства массовой информации*_____ ;

*повышение квалификации*_____ ;

*бизнес-услуги, бизнес-центр*_____ ;

Контрольные задания

Побеседуем • Communicative practice

1. **Скажите, о чём можно узнать на презентации фирмы. • Say what one can learn at the company presentation.**

2. **Расспросите вашего коллегу о визите на завод, фирму и т.д., откуда он только что вернулся. Узнайте, о чём ему рассказывали, что он узнал, с кем познакомился. • Ask your colleague about the plant, the company he has just visited. Find out what he has learnt, whom he has met.**

3. **Расскажите о различных аспектах деятельности вашей фирмы: какие существуют отделы и чем они занимаются, какой персонал фирмы и должностные обязанности сотрудников, кто ваши партнёры и с кем вы сотрудничаете. • Speak about various aspects of your company activities, that is, what departments it has and what they are engaged in, speak about the company's staff, their positions and duties, who your partners are and with whom you cooperate.**

4. **Вы принима́ете уча́стие в би́знес-фо́руме. Скажи́те, о каки́х аспе́ктах де́ятельности предприя́тий вы хоти́те узна́ть. • You take part in business forum. Say what aspects of the enterprises, activities you would like to learn about.**

5. **Ва́ша фи́рма собира́ется откры́ть сайт в Интерне́те. Напиши́те ва́ши предложе́ния о том, каку́ю информа́цию он до́лжен содержа́ть. • Your company is planning to open Internet site. Write down your proposals regarding information it should contain.**

6. **Вы хоти́те, что́бы для вас изгото́вили визи́тные ка́рточки. Напиши́те всю необходи́мую для э́того информа́цию. • You want business cards to be made for you. Write down all necessary information for it.**

7. **Запо́лните анке́ту для посети́телей промы́шленной вы́ставки. • Fill in the form for visitors of the international industrial exhibition.**

До́лжность • *Position:*
— Вы́сшее руково́дство • Highest Management
— Сре́днее руково́дство • Middle Management
— Экспе́рт • Expert
— Про́чее • Other
Отрасль • *Company's branch:*
— Промы́шленность • Industry
— Торго́вля • Trade
— Сфе́ра услу́г • Service
— Городско́е управле́ние • Public Administration
— Индустри́я тури́зма • Tourist industry
— Про́чее • Other
Коли́чество сотру́дников • *Company's size:*
— 50
— 51—500
— 501—1000
— 1001
Фами́лия • *Surname:*
Имя • *Name:*
До́лжность • *Position in the company:*
Организа́ция • *Company:*
Рабо́чий а́дрес • *Company's address :*
Го́род и страна́ • *Town and postal code, country:*

8. **На промы́шленной вы́ставке вас заинтересова́ла проду́кция одно́й фи́рмы. Вы́ясните, како́й заво́д выпуска́ет обору́дование и в каки́е стра́ны оно́ экспорти́руется. • At the industrial exhibition one company has caught your attention. Find out what plant manufactures this product and to which countries it is exported.**

9. **Вы посети́ли вы́ставку металлурги́ческой промы́шленности. Расскажи́те свои́м колле́гам о проду́кции, обору́довании и предприя́тиях, кото́рые вас заинтересова́ли. • You've visited an exhibition of metallurgical industry. Tell your colleagues about production, equipment and enterprises you became interested in.**

10. **Мо́жете ли вы са́ми побесе́довать во вре́мя обе́да с ва́шим но́вым ру́сским партнёром и узна́ть о нём всё, что вас интересу́ет?** • Can you make conversation with your new Russian partner at lunch and find out all necessary details about him?

11. **Мо́жете ли вы на презента́ции (би́знес-фо́руме) предста́виться и дать характери́стику де́ятельности ва́ших сотру́дников?** • Can you introduce yourself and speak about your colleagues at a business forum or a presentation?

12. **Да́йте характери́стику ва́шему сотру́днику, знако́мому, ва́шим де́тям.** • Characterize an employee of yours, an acquaintance, your children.

13. **При́нято ли у вас в стране́, среди́ бизнесме́нов, хвали́ть себя́?** • Is it customary in your country for businessmen to praise themselves?

14. **Волну́ет ли вас, что ду́мают о вас руководи́тели, подчинённые?** • Do you care what your boss or your subordinates think about you?

15. **Согла́сны ли вы с утвержде́нием, что «лу́чшие мужчи́ны — э́то же́нщины»? Существу́ет ли в делово́й жи́зни в ва́шей стране́ принципиа́льная ра́зница ме́жду бизнесме́нами и бизнесме́нками?** • Do you agree with a statement that «the best men are women»? Is there a principle difference between a businessman and a businesswoman in your country?

16. **О чём в ва́шей стране́ при́нято говори́ть с колле́гами по рабо́те (о пого́де, о семье́, о де́тях, о друзья́х, о же́нщинах, о нача́льниках, о поли́тике, о рели́гии, о национа́льности, о зарпла́те, о поку́пках, о се́ксе...)?** • What is customary in your country to discuss with your colleagues at work (weather, family, children, friends, bosses, politics, religion, nationalities, salaries, buys, sex...)?

 17. **Прочита́йте, улыбни́тесь... и расскажи́те колле́гам.** • Read, smile... and share with your colleagues.

СОБЕСЕ́ДОВАНИЕ

Студе́нтка и́щет рабо́ту на фи́рме. На интервью́ её спра́шивают:
— Вы рабо́таете на компью́тере?
— Рабо́таю.
— Вы во́дите маши́ну?
— Да.
— Вы ку́рите?
— Нет.
— Опа́здываете на рабо́ту?
— Нет.
— Каки́е иностра́нные языки́ вы зна́ете?
— Англи́йский и неме́цкий.
— Да? Скажи́те, как по-англи́йски «благодарю́»?
— «Мерси́».
— Но э́то же по-францу́зски!
— Пра́вильно! Зна́чит, я зна́ю ещё оди́н язы́к — францу́зский.
— Каки́е у вас ли́чные ка́чества?
— Я о́чень скро́мная.
— У вас нет недоста́тков?
— Есть. Но то́лько оди́н: я иногда́ говорю́ непра́вду.

18. **а) Прочитáйте реклáмные слóганы. • Read the advertisements.**

— Прáвильная рабóта сегóдня — гарáнтия бýдущего.

— Хорóшее врéмя за хорóшую цéну.

— Лýчше эконóмно говорúть, чем дёшево молчáть.

— Без свя́зи нет бúзнеса.

— Без нас мóжно. С нáми лýчше!

— Сотрýдничество с нáми — услóвие вáшего успéха!

— Все рабóтают с недвúжимостью, а мы — с людьмú.

— Не вáжно, какáя у тебя́ скóрость. Вáжно, какáя скóрость у твоегó провáй-
дера.

— «Тефáль», ты всегдá дýмаешь о нас.

— Прóсто мы дýмаем о вас.

— Сáмое высóкое кáчество, сáмые корóткие срóки!

— Высóкое кáчество — нúзкие цéны!

— Гарáнтии — госудáрственные, срóки — минимáльные, цéны — достýпные!

б) **Определúте по реклáме, чем занимáются э́ти фúрмы. • Judging by advertisements
define what these companies do.**

в) **Какáя из них вам понрáвилась, почемý? • Which one did you like and why?**

19. **а) Прочитáйте рýсские послóвицы и поговóрки. • Read Russian proverbs and sayings.**

■ Сам себя́ не похвáлишь — никтó не похвáлит.

■ Скрóмность украшáет человéка.

■ По одёжке встречáют, провожáют — по умý.

■ В чужóй монасты́рь со свoúм устáвом не хóдят.

■ Короля́ дéлает свúта.

■ Какóв поп, такóв и прихóд.

■ Одúн в пóле — не вóин.

■ Одúн — за всех, все — за одногó.

■ Плох тот солдáт, котóрый не мечтáет стать генерáлом.

■ Дéлаешь дéло, дýмай о дéле.

■ Не говорú, что дýмаешь, а дýмай, что говорúшь.

■ Стáрый друг лýчше нóвых двух.

■ Дрýжба дрýжбой, а слýжба слýжбой.

■ Не в слýжбу, а в дрýжбу.

■ Федóт, да не тот.

■ Доверя́й, но проверя́й.

б) **Как вы дýмаете, что онú знáчат и в какóй ситуáции их говоря́т? • Try to guess what they
mean and in which situation they are used?**

в) **Соглáсны ли вы с э́тими выскáзываниями? • Do you agree with these sayings?**

г) **Есть ли в вáшем языкé послóвицы, в котóрых говорúтся об э́том же? • Are there similar
proverbs in your native language?**

20. Выполните тест, который поможет определить, соответствуете ли вы своей должности.
  • Do the test, which will help you to determine whether the job you are in suits you.

ТЕСТ

1. Какую профессию вы выбираете?
а) капитан торгового судна;
б) космонавт-исследователь;
в) профессиональный спортсмен.

2. Если вы потеряли на столе нужную вам вещь, вы:
а) ищете её;
б) думаете, что кто-то её взял;
в) сразу забываете об этом и продолжаете спокойно работать.

3. Все сотрудники отдела, которым вы руководите, старше вас. О чём вы беспокоитесь?
а) вы знаете меньше, чем они;
б) они спорят с вами и критикуют ваши решения;
в) вы не делаете работу так, как хотите.

4. Если у вас неудача в важном деле, то вы:
а) забываете об этом и отдыхаете, например, на концерте;
б) думаете о том, кто или что мешает вам;
в) думаете о причинах, ищете свои ошибки;
г) у вас депрессия.

5. Какой (какая) вы?
а) скромный, общительный, добрый, медлительный, послушный;
б) приветливый, настойчивый, энергичный, требовательный, ответственный, решительный;
в) трудолюбивый, сдержанный, уверенный в себе, старательный, аккуратный, исполнительный.

6. За что отвечает руководитель?
а) за хорошую атмосферу в коллективе;
б) за отличное качество и точные сроки работы.

7. Когда вы отвечаете за свои обязанности, вы отвечаете за результат работы всего коллектива?
а) да;
б) нет.

8. Что лучше приносит успех?
а) премии;
б) наказание.

9. Вы любите сами принимать решения?
а) да;
б) нет.

1. а) 10, б) 5, в) 3
2. а) 5, б) 3, в) 10
3. а) 0, б) 2, в) 4
4. а) 2, б) 0, в) 6, г) 0
5. а) 0, б) 3, в) 2
6. а) 3, б) 5
7. а) 6, б) 0
8. а) 3, б) 0
9. а) 3, б) 0

• У вас 40 бáллов. Вы — прекрáсный руководи́тель и ме́неджер.
• У вас ме́ньше, чем 40 бáллов. Вы мóжете руководи́ть тóлько своéй рабóтой, отвечáть за небольши́е задáния. Ме́ньше дýмайте о своём настроéнии.

Нóвые словá • New words

автомоби́ль — car
автомоби́льный — automobile
администрáтор — administrator
аккурáтный — accurate
аксессуáры — accessories
áкция — share
аналити́ческий — analytical
аппаратýра — apparatus, equipment
аре́нда — lease
áудио — audi
ауди́т — audit
ауди́торская (прове́рка) — audit
аукциóн — auction

барабáн — drum
безграни́чный — infinite
безнали́чный — invoiced
безопáсный — safe
безразли́чный — indifferent
бельё — linen
бензи́н — petrol
бесе́довать — talk
бесплáтный — free
беспокóиться — be worried
бетóн — concrete
бетóнный — concrete
(с) благодáрностью — with appreciation

блесте́ть — gleam
брю́ки — trousers
бýдущее — future
буклéт — booklet
бумáга — paper
бумáжный — paper
бýфер — buffer
бы́вшие — former
бытовáя (те́хника) — domestic

вагóн — truck
вакáнсия — vacancy
валю́тный — currency
велосипéд — bicycle
вес — weight
весёлый — gay
весь, вся, всё, все — whole, all
взаимовы́годный — mutually beneficial
вид — view
видеокáмера — video camera
видеомагнитофóн — video recorder
винче́стер — hard disk
влáжный — humid
внешнеторгóвый — foreign trade
вне́шний — foreign
внимáтельный — attentive
води́тельские (правá) — driver's licence

води́ть — to drive
возмо́жность — possibility
во-пе́рвых, во-вторы́х... — in the first ...
воро́та — gate
вы́веска — sign
вы́глядеть — look
вы́годный — profitable
высо́кий — high
высота́ — height
вы́ставка — exhibition
вы́сший — higher

габари́ты — dimentions
газ — gaz
газе́тный — newsprint
галантере́я — fancy goods
гара́нт — guarantor
гаранти́йный — guarantee
гаранти́ровать — guarantee
гара́нтия — guarantee
генера́льный (дире́ктор) — general
ги́бкий — flexible
гла́вный (инжене́р) — chief
глобализа́ция — globalization
глу́пый — stupid
годово́й (оборо́т) — annual (turnover)
гражда́нство — citizenship
грамм — gram
грани́ца — border
гра́фик — schedule
груз — load, cargo
грузово́й — truck
грузоподъёмность — load-lifting
    capacity
гру́стный — sad

да́та — date
дать — give
дверь — door
дви́гатель — motor
делова́я (жизнь) — business
де́ньги — money
де́рево — wood
деревя́нный — wooden
дета́ли — parts

де́тский — children's
дешёвый — cheap
джи́нсы — jeans
ди́лер — dealer
диско́нтная ка́рта — discount
дистрибу́ция — distribution
дисциплини́рованный — disciplined
длина́ — length
доброжела́тельный — friendly
добы́ча — extraction
договорна́я (цена́) — negotiated (price)
до́лго — long
должностны́е (обя́занности) — job
    description
до́лжность — position
дополни́тельный (до́ступ) — additional
доро́га — road
дорого́й — dear; expensive
доста́вка — delivery
дра́йвер — driver

еди́нственный — only, unique
ёмкость — capacity

жела́ть — wish
желе́зная (доро́га) — railway
железнодоро́жный — railway
желе́зо — iron
железобето́нный — ferro-concrete
жили́щный — housing
жильё — habitation

заве́дующий — head
за́нятость (слу́жба) — employment
зая́вка — tender

изготовле́ние — manufacture
изда́тельский — publishing
и́мпорт — import
импортёр — importer
импорти́ровать — to import
и́мпортный — import
инвести́ровать — to invest
инвести́ция — investment
инве́стор — investor

инжене́р — engineer
информацио́нный — informational
информа́ция — information
иска́ть — to look for
исполни́тельный (дире́ктор) — executive
испыта́ния — test
иссле́дования — research

ка́бель — cable
ка́бельный — cable
ка́дры — personnel
кана́л (свя́зи) — channel
карто́н — cardboard
карто́нный — cardboard
ка́ртридж — cartridge
касси́р — cashier
ка́федра — faculty
ка́чественный — qualitative
ка́чество — quality
квалифици́рованный — qualified
килогра́мм — kilogram
кинематографи́ческий — cinema
клие́нт — client
клие́нтский — custom
клу́бный — club
ко́жа — leather
ко́жаный — leather
коли́чество — quantity, number
командиро́вка — business trip
коммерса́нт — merchant
комме́рция — commerce, trade
комме́рческий — commercial
коммуникацио́нный — communicational
коммуника́ция — communication
компа́ктный — compact
комплиме́нт — compliment
компре́ссор — compressor
конса́лтинг — consulting
конса́лтинговый — consulting
консе́рвы — tinned food
констру́ировать — design
констру́ктор — desigher
констру́кторский — designers
консульта́нт — advicer
консультацио́нный — advice

консульта́ция — advice
консульти́ровать — to advice
конте́йнер — container
контроли́ровать — check
контро́ль — cheking
копи́ровать — copy
ко́пия — copy
корми́ть — feed
коро́бка — box
косме́тика — cosmetics
ко́смос — space
котте́дж — cottage
ко́фе — coffee
кра́сить — paint
кра́ска — colour, paint
креди́т — credit
креди́тный — credit
кредитова́ть — to credit
кредито́р — creditor
круглосу́точно — round-the-clock
курс — rate
курье́р — courier
курье́рские — express

лаборато́рия — laboratory
ла́зерный — laser
лак — lacquer
ла́мпа — lamp
лёгкая (промы́шленность) — light
легкомы́сленный — lightminded
лени́вый — lazy
лень — laziness
лес — wood
лесно́й — timber
лече́бный — medical
либера́льный — liberal
ли́дер — leader
ли́ния — line
ли́чные (ка́чества) — personal
лото́к — bin, tray
льго́ты — soft
лю́стра — chandelier

магни́тный — magnetic
ма́ло — little

маркéтинг — marketing
маркéтинговый — marketing
маркирóвка — marking
материáл — fabric
машúна — machine, car, lorry
мéбель — furniture
мéдный — copper
медь — copper
межбáнковский — interbank
местонахождéние — location
метáлл — metal
металлúческий — metal
металлургúческий — metallurgy
металлургúя — metallurgy
метр — metre
мех — fur
меховóй — fur
мúксер — mixer
микшúровать — mix
миллимéтр — millimetre
минимáльный — minimum
млáдший (кассúр) — junior
мнóго — much, a lot
мобúльный (телефóн) — mobile
модéль — model
мóдный — fashionable
молокó — milk
молóчный — milk
молчáние — silence
момéнтáльный — instantaneous
мóре — sea
морозúльная (кáмера) — freezer
морскóй — sea
мотóр — motor
мóщность — power
мóщный — powerful
музыкáльный (центр) — music
мукá — flow
мя́со — meat
мяснóй — meaty

НДС — VAT (value added tax)
наблюдéние — observation
нáвык — skill
надёжность — reliable

надёжный — firm
надéяться — expect
найм — hiring, employment
налúчный — cash
налóг — taxes
напряжéние — voltage
настóльный — desk
настоя́щий — present
наýка — science
наýчный — scientific
начáльник — manager
начáльный — primary
нефтепродýкты — oil products
нефтехимúческий — oil-chemical
нефть — oil
нúзкий — low
нóжницы — scirssors
нóмер — number

обеспéчение (прогрáммное) — software
обмéн — exchange
обменя́ть — exchange
оборóт — turnover
образовáние — education
обрáтный (поря́док) — riverse
обслýживание — service
óбувь — footwear
обучéние — instruction
óбщий — common
общúтельный — sociable
объём (двúгателя) — capacity
обы́чный — ordinary
обя́занность — duty
одéжда — clothes
ожидáние — waiting
ознакóмиться — acquaint
оказы́вать (услýги) — to render
окнó — window
оконча́тельный — final
опера́тор — operator
опера́ции (валю́тные) — operation
оплáта — payment
оптóвый — wholesale
óпыт — experience
óпытное (произвóдство) — experimental

организа́ция — organization
организо́вывать — organize
оргте́хника — technical means
ориентиро́вочная (цена́) — tentative
освети́тельный (прибо́р) — lighting
отве́тственный — responsible
отвеча́ть — to be responsible
отде́л — department
отжи́м — spin
отли́чный — exellent
отноше́ние — attitude
о́трасль — branch
оформле́ние — decor
охлажда́ть — cool
охлажде́ние — cooling
охра́на — guard
охра́нник — security
охра́нный — security
охраня́ть — to guard
очки́ — glasses

паке́т — package
па́мять — memory
па́ртия (това́ра) — consignment
партнёр — partner
парфюме́рия — perfumery
перевози́ть — carry, transport
перево́зка — transportation
перево́зчик — ferryman
переоору́дование — re-equipment
перерабо́тка — conversion
персона́л — staff
перспекти́ва — perspective
печа́тный — pinting
печа́ть — printing
печь — kiln
пла́вка — melt
пла́вленый — melt
план — plan
плани́рование — planning
пла́стиковый — plastic
платёж — payment
пла́тный — paid
повы́шение (квалифика́ции) —
    improvement

подде́ржка — support
поздравля́ть — congratulate
по́иск — search
показа́тели — indicator
покупа́тель — buyer
покупа́ть — buy
поку́пка — buying
положе́ние — position
получи́ть — receive
по́мощь — help
популя́рный — popular
посре́дник — middleman
посре́днический — mediational
посре́дничество — intermadiary
поста́вка — supply
поставля́ть — supply
поставщи́к — supplier
посу́да — table service
поши́в — sewing
права́ (води́тельские) — licence
прайс-лист — price list
предложе́ние — suggestion
прекра́сный — beatiful
пре́мия — prize
прете́нзии — claim
при́бор — instrument
при́быль — profit
приём — reception
прия́тный — pleasant
прове́рка — inspection
про́вод — wire
програ́мма — program
програ́ммное (обеспе́чение) — software
продава́ть — sell
продаве́ц — seller
прода́жа — sale
проду́кция — production
проездно́й (биле́т) — ticket
прое́кт — project
проекти́ровать — design, plan
прое́ктный — design
проектиро́вщик — designer
производи́ть — to produce
произво́дство — production
прока́тка — rolling

промы́шленность — industry
просто́й — simple
профессиона́льный — professional
пылесо́с — vacuum cleaner

рабо́чий — worker
радиотехни́ческий — radio engineering
(с) ра́достью — with pleasure
разви́тие — development
разме́р — size
размеще́ние — arrangement, placing
ра́зница — difference
ра́зный — different
разрабо́тка — elaboration
разреше́ние — resolution
рассказа́ть — to tell
расхо́д (бензи́на) — expense
расчёт — payment
расчётная (ка́рта) — payment
реализа́ция — realization
режи́м — conditions, duty
результа́т — result
резюме́ — resume
реклами́ровать — advertise
рекла́мный — advertising
реконстру́кция — reconstruction
ремо́нт — repars
ремонти́ровать — to repair
ремо́нтный — repairs
ресу́рс — resource
рису́нок — drawing
ро́зничная (цена́) — retail
ро́лик (рекла́мный) — clip
рост — height
рублёвый (счёт) — rouble
руководи́ть — to head
ры́ба — fish
ры́бный — fish
ры́ночный — market

СМИ — mass media
СНГ — CIS Commonwealth of
    Independent States
сам, сама́, са́ми — self
самолёт — plane

са́мый — most
санте́хник — plumber
санте́хника — lavatory and bathroom
    equipment
сантиме́тр — centimetre
сбо́рное (произво́дство) — assembling
сбыт — sale
свети́льник — lamp
связь — connection
се́верный — northern
сельскохозя́йственный — agrucultural
семе́йное (положе́ние) — marital
    status
семина́р — seminar
се́рвисный — service
серебро́ — silver
сере́бряный — silver
сертифика́ция — certification
серьёзный — serious
сеть — net
симпати́чный — nice
сказа́ть — to say
скани́рование — scan
ска́ннер — scanner
ски́дка — discount
скоростно́й — fast
ско́рость — speed
сле́сарь — plumber
сло́во — word
слу́жба (за́нятости) — service
служе́бный — official
сме́нный — removable
смесь — mixture
сме́шивать — to mix
снабже́ние — supply
сове́тник — adviser
совме́стный — joint
совреме́нный — modern
соглаше́ние — agreement
(со)лга́ть — to lie
соли́дный — established
солнцезащи́тный — sunproof
сорт — grade, quality
со́товый (телефо́н) — mobile
сотру́дник — employee

сотру́дничать — to cooperate
сотру́дничество — cooperation
социа́льный — social
сочета́ние — combination
спектр — spectrum
специфи́ческий — specific
спо́рить — to argue
спорти́вный — sport
спроси́ть — to ask
спу́тниковые — satellite
сра́зу — immediately
сре́дний — middle
срок — term
сро́чно — urgently
стаби́льный — stable
стаж — experiece
стально́й — steel
станда́рт — standard
стано́к (станки́) — mashine
ста́рший — senior
стекло́ — glass
стекля́нный — glass
стиль — style
стира́льный — washing
сто́имость — cost
стратеги́ческий — strategic
страхова́ние — insurance
страхова́ть — insure
стро́гий — strict
стро́ить — build
строи́тель — builder
строи́тельство — building
структу́ра — structure
сувени́рный — souvenir
су́дно (суда́) — ship
су́мма — amount
су́ша — land
счастли́вый — happy
счёт-факту́ра — invoice
сырьё — raw material

табли́ца — table
та́йна — secret
тала́нтливый — talented
тамо́женный — custom

тари́ф — tariff
телевеща́ние — television
телевизио́нный — television
телеви́зор — television
телекоммуникацио́нный —
    telecommunical
те́хника — techniques
техно́лог — technologist
технологи́ческий — technological
техноло́гия — technology
ти́хий — soft
тка́невый — fabric
ткань — fabric
това́р — goods
товарове́д — expert on merchandise
товарооборо́т — trade turnover
то́нер — toner
то́нна — ton
то́пливо — fuel
торгова́ть — trade
торго́вля — trade
тра́ктор — tractor
тра́нспорт — transport
транспорти́ровать — transport
транспортиро́вщик — transporter
тра́нспортный — transport
тре́бование — requirement
тре́бовать — require
тре́йлер — trailer
труба́ — stock, steam
тру́дность — difficulty
тру́дный — difficult
трудолюби́вый — diligent
тури́зм — tourism
тури́ст — tourist
туристи́ческий — tourist
убо́рщица — cleaner
уважа́емый — dear
(с) уваже́нием — yours truly
у́голь — coal
угрю́мый — gloomy
удо́бный — convenient
у. е. = 1 dollar US
уме́ренные (це́ны) — moderate
у́мный — clever

упако́вка — packaging
упако́вывать — pack
управле́ние — management
услу́га — service
успе́х — achievement
успе́шный — successful
уста́вный (капита́л) — authorized
усто́йчивая (цена́) — steady

фармацевти́ческий — pharmaceutical
фарфо́р — porcelain
фарфо́ровый — porcelain
фикси́рованная (цена́) — fixed
финанси́рование — financing
финанси́ст — financier
фина́нсы — finances
флот — fleet
фо́рум — forum

химика́ты — chemicals
хими́ческий — chemical
хи́мия — chemistry
хло́пковый — cotton
хло́пок — cotton
хозя́йство — economy
холоди́льник — refrigerator
хране́ние — storage
хруста́ль — crystal
хруста́льный — crystal

цветно́й — colour
цех — shop

чай — tea

часы́ — watch
чехо́л — cover
член — member

шанс — chance
шерстяно́й — wool
шерсть — wool
шёлк — silk
шёлковый — silk
шёлкография — silk dawing
шрифт — print
штамп — stamp
штат — staff
щи — cabbage soup
щит — shield

экономи́ческий — economic
экономи́чный — economical
эксперимента́льный — experimental
эксплуата́ция — operating
эксплуатацио́нный — operating
э́кспорт — export
экспортёр — exporter
экспорти́ровать — to export
э́кспортный — export
элега́нтный — elegant
электрооборудование — electric
    equipment
электросле́сари — electric plumber
эффекти́вный — effective

юбиле́й — celebration
ювели́рный — jeweller's
юриди́ческое (лицо́) — juridical person

Те́ма V

Организа́ция де́ятельности фи́рмы, бы́та

Making arrangements for life and business

Уро́к 8 (во́семь) • восьмо́й уро́к

Речевы́е образцы́:

— Где вчера́ была́ презента́ция изда́тельства?
— В би́знес-це́нтре.
— А прода́жа книг там была́?
— Нет, прода́жи не́ было, была́ то́лько вы́ставка.

— Где вы бы́ли вчера́ днём?
— Я был на презента́ции.
— А Тама́ра была́?
— Её не́ было там.
— Кто был с ва́ми?

— Где ты был вчера́ у́тром? Я звони́л тебе́.
— Ходи́л на заво́д, смотре́л но́вое обору́дование.

— Когда́ вы смотре́ли на́ше обору́дование?
— На про́шлой неде́ле, в пя́тницу.

— Ско́лько сто́ит аре́нда кварти́ры?
— 1000 до́лларов в ме́сяц.

— Вчера́ я смотре́л кварти́ру. Мне она́ о́чень понра́вилась.

— Мне нра́вятся автомоби́ли, поэ́тому я ча́сто быва́ю в автосало́нах.
— На про́шлой неде́ле вы то́же бы́ли там?

— Вы позвони́ли на склад?
— Нет. Я звони́л туда́ два часа́, но так и не дозвони́лся.

Граммати́ческий материа́л:

■ Образова́ние и употребле́ние форм проше́дшего вре́мени глаго́лов несоверше́нного и соверше́нного ви́да.

■ Имени́тельный паде́ж (№ 1) существи́тельных и прилага́тельных ед. ч. в констру́кции *кварти́ра сто́ит.*

■ Роди́тельный паде́ж (№ 2) существи́тельных ед. и мн. ч.:

а) в констру́кциях с отрица́нием;

б) в значе́нии субъе́кта местоположе́ния (*быть у кого́?*);

в) в сочета́нии с числи́тельными (продолже́ние).

■ Да́тельный паде́ж (№ 3), вини́тельный паде́ж (№ 4), твори́тельный паде́ж (№ 5), предло́жный паде́ж (№ 6) существи́тельных и прилага́тельных в значе́нии выраже́ния вре́мени.

■ Предло́жный паде́ж (№ 6) существи́тельных и прилага́тельных ед. ч.:

а) в значе́нии ме́ста (продолже́ние);

б) употребле́ние предло́гов *в* и *на.*

■ Да́тельный паде́ж (№ 3) существи́тельных, прилага́тельных ед. ч. в значе́нии выраже́ния отноше́ния к чему́-либо (*мне нра́вится*).

■ Общее поня́тие о ви́дах (нсв и св).

Текст: «Не говори́, что де́лал, а говори́, что сде́лал». • Don`t tell us what you were doing but tell us you did.

Как спроси́ть/сказа́ть о фа́кте, мероприя́тии в про́шлом • How to ask/say about a fact, an event which took place in the past

— Где вчера́ была́ презента́ция изда́тельства?
— В би́знес-це́нтре.
— А прода́жа книг там была́?
— Нет, прода́жи не́ было, была́ то́лько вы́ставка.

Сравни́те: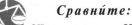

он		она́		оно́		они́	
факс	был	презента́ция	была́	приглаше́ние	бы́ло	переговоры	бы́ли
звоно́к		вы́ставка		совеща́ние		докуме́нты	
обе́д		встре́ча		собра́ние		вопро́сы	
приём		конфере́нция		заседа́ние		фа́ксы	

Что бы́ло?

Обрати́те внима́ние: Изменéние ме́ста ударе́ния

• *The change of stress position.*

был — не́ был
была́ — не была́
бы́ло — не́ было
бы́ли — не́ были

1. **Уточни́те ме́сто проведе́ния мероприя́тий, испо́льзуя да́нные ни́же слова́.** • **Clarify where the given below events take place, use the words below.**

   Моде́ль:
   — Где *была́* конфере́нция?
   — В Моско́вском торго́вом це́нтре.

   Презента́ция, обе́д, совеща́ние, симпо́зиум, вы́ставка, приём, совеща́ние, встре́ча, заседа́ние, перегово́ры, у́жин, ремо́нт.

2. **Как вы спро́сите, е́сли всё э́то бы́ло в про́шлом?** • **How can you ask about event which happened in the past?**

   Моде́ль:
   — Сейча́с у него́ но́вая маши́на.
   — А ра́ньше кака́я у него́ была́ маши́на?

   Сейча́с в Москве́ хоро́шая пого́да. У него́ моби́льный телефо́н «Но́киа». У них но́вый а́дрес. Сейча́с э́тот рестора́н дорого́й. У них росси́йские программи́сты. У них о́пытный перево́дчик. У него́ ску́чный докла́д. Их дире́ктор — у́мный, энерги́чный челове́к. У него́ сего́дня большо́й бага́ж. У ме́неджера есть свой сайт в Интерне́те.

3. **Как мо́жно отве́тить на вопро́сы, е́сли всё бы́ло в про́шлом?** • **How can you answer questions about events happened in the past?**

   Моде́ль:
   — У них валю́тный счёт в ба́нке?
   — Ра́ньше у них был валю́тный счёт в ба́нке, а сейча́с то́лько рублёвый.

   Сейча́с в Москве́ хоро́шая пого́да? У него́ моби́льный телефо́н «Но́киа»? У них но́вый о́фис? Сейча́с э́тот рестора́н дорого́й? У них росси́йские программи́сты? У них о́пытный перево́дчик? У него́ интере́сный докла́д? У него́ сего́дня большо́й бага́ж? У ме́неджера есть моби́льный телефо́н?

4. **Уточни́те содержа́ние да́нных мероприя́тий, фа́ктов.** • **Ask more details about the given events, facts.**

   Моде́ль:
   • би́знес-центр — симпо́зиум
   — *Что* **бы́ло** вчера́ в би́знес-це́нтре?
   — Там был симпо́зиум «Фина́нсы и ба́нки».

   Офис — совеща́ние; перегово́ры — но́вый прое́кт; вы́ставка — презента́ция фи́рмы «Инко»; автосало́н — распрода́жа автомоби́лей; склад — ремо́нт; встре́ча — консульта́ция юри́ста; стро́йка — осмо́тр помеще́ний; банк — оформле́ние креди́та; электро́нная по́чта — но́вое сообще́ние.

Сравните:

был	**Что? № 1**		**Чего? № 2**
	валю́тн**ый** счёт		валю́тн**ого** счёт**а**
	звоно́к		звонк**а́**
	приём		приём**а**
бы́ло	свобо́дн**ое** вре́мя		свобо́дн**ого** врем**ё**н**и**
	совеща́ние	**не́ было**	совеща́н**ия**
	сообще́ние		сообще́н**ия**
была́	медици́нск**ая** страхо́вка		медици́нск**ой** страхо́вк**и**
	встре́ча		встре́ч**и**
	презента́ция		презента́**ции**
бы́ли	перегово́ры		перегово́р**ов**
	звонки́		звонк**о́в**

5. Да́йте отрица́тельный отве́т, испо́льзуя да́нные ни́же слова́. • Using the words below, give negative answer:

Моде́ль:

— Вчера́ *была́* встре́ча?
— Нет, встре́чи *не́ было.*

Обе́д, симпо́зиум, заседа́ние, перегово́ры, у́жин, ремо́нт, факс, конфере́нция, конгре́сс.

6. Да́йте отрица́тельный отве́т, испо́льзуя да́нные ни́же слова́. • Using the words below, give negative answer:

Моде́ль:

— Вы не зна́ете, ра́ньше у него́ была́ маши́на?
— Нет, у него́ не́ было маши́ны.

Автомоби́ль, кварти́ра, медици́нская страхо́вка, рублёвый счёт, ба́нковский креди́т, аккредита́ция, про́пуск, ви́за, визи́тная ка́рточка, моби́льный телефо́н, электро́нная по́чта.

7. Прочита́йте диало́ги. Что вы ска́жете в аналоги́чной ситуа́ции? • Read the dialogues. What would you say in similar situation?

— Прости́те. У вас есть свобо́дное вре́мя?
— Днём бы́ло, а сейча́с, извини́те, у меня́ нет вре́мени.

— У вас бы́ли рубли́ и́ли до́ллары?
— У меня́ не́ было нали́чных де́нег, но была́ креди́тная ка́рточка.

— Ра́ньше у вас уже́ была́ медици́нская страхо́вка?
— До́ма была́, а в Росси́и у меня́ никогда́ не́ было страхо́вки.

— Скажи́те, ра́ньше у вас уже́ была́ кварти́ра?

— Нет, не́ было. Но у меня́ была́ своя́ ко́мната в общежи́тии.

— А кака́я была́ пла́та за общежи́тие?

— Небольша́я.

— Скажи́те, ра́ньше у вас был айфо́н?

— Нет. У меня́ никогда́ не́ было айфо́на, зато́ у меня́ был моби́льный телефо́н.

— А како́й у вас был телефо́н?

— «Но́киа».

— Прости́те, пожа́луйста, у вас есть зажига́лка?

— Мину́точку, где́-то была́. Но где же она́? Ведь то́чно была́.

— Ничего́, извини́те. Мо́жет быть, у Ви́ктора есть спи́чки?

— Нет, у него́ нет. Он не ку́рит.

— Вы не зна́ете, у них есть свобо́дные хоро́шие автомоби́ли?

— У́тром ещё бы́ли, а уже́ час наза́д ничего́ не́ было, то́лько ста́рые.

— Кака́я у тебя́ ра́ньше была́ маши́на?

— Снача́ла была́ «Тойо́та», краси́вая, больша́я, бе́лая.

— Но́вая?

— Нет, поде́ржанная, но хоро́шая. Ты зна́ешь, 20 лет наза́д у меня́ не́ было вы́бора. А у тебя́ кака́я?

— Снача́ла у меня́ совсе́м не́ было маши́ны. У меня́ тогда́ не́ было де́нег, не́ было рабо́ты. Пото́м был «Москви́ч», бы́ли «Жигули́»...

— А сейча́с?

— Сейча́с у меня́ «Форд». Я дово́лен: маши́на но́вая, больша́я, удо́бная, надёжная.

Как спроси́ть/сказа́ть о прису́тствии/отсу́тствии кого́-либо в про́шлом • How to ask/say about somebody's presence/absence at some place, event in the past

— Где вы бы́ли вчера́ днём?

— Я был на презента́ции.

— А Тама́ра была́?

— Её не́ было там.

— Кто был с ва́ми?

Запо́мните:

я, ты, он	был	не́ был
я, ты, она́	была́	не была́
мы, вы, они́	бы́ли	не́ были

Кто́ был?

Сравни́те:

Сего́дня	Алекса́ндр	в о́фисе.		*Вчера́*	Алекса́ндр	был	в о́фисе.
	Тама́ра	в ба́нке.			Тама́ра	была́	в ба́нке.

	Кто? № 1		*Кого́? № 2*
был	он, я	**не́ было**	его́ (меня́)
была́	она́		её
бы́ли	они́		их

8. **Вам сро́чно нужны́ сотру́дники, кото́рых сейча́с нет на ме́сте. Спроси́те, где они́ мо́гут быть, испо́льзуя да́нные ни́же слова́. • You need the employees who are absent at present very urgently. Ask where they can be, using the words.**

Моде́ль:

— Вы не зна́ете, где господи́н Чесноко́в?

— Утром он *был* на ме́сте (в о́фисе).

— А бухга́лтер?

— Бухга́лтер *была́* в ба́нке.

HA	B

Дире́ктор, замдире́ктора, врач, секрета́рь, перево́дчик, юри́ст, консульта́нт, экспе́рты, аге́нты, шофёр, представи́тель, рефере́нт, инжене́р, строи́тели, рабо́чие, помо́щник.

Запо́мните:

НА

1) откры́тое простра́нство (*на пло́щади, на стадио́не, на сце́не, на вы́ставке*);

2) мероприя́тие, собы́тие, собра́ние (*на приёме, на презента́ции, на встре́че, на конфере́нции, на совеща́нии, на симпо́зиуме, на обе́де, на ве́чере, на ле́кции*);

3) исключе́ния (*на по́чте, на фа́брике, на заво́де, на вокза́ле, на предприя́тии, на рабо́те*)

В

все остальны́е слу́чаи (*в магази́не, в ба́нке, в аге́нтстве, в посо́льстве, в теа́тре, в поликли́нике, в рестора́не, в о́фисе...*)

9. **Скажи́те, где сотру́дники бы́ли вчера́, испо́льзуя да́нные ни́же слова́. • Say where the employees were yesterday using the words.**

Моде́ль:

— Сего́дня Алекса́ндр в о́фисе.

— Вчера́ он то́же *был* там.

На вы́ставке, на фи́рме, на совеща́нии, на фа́брике, на заво́де, на предприя́тии, на би́рже, на перегово́рах, на семина́ре, на симпо́зиуме, на конфере́нции; в ба́нке, в компа́нии, в фо́нде, в о́фисе, в посо́льстве, в ко́нсульстве, в министе́рстве, в аге́нтстве, в нало́говой инспе́кции, в ГИБДД, в поликли́нике.

(ГИБДД — Госуда́рственная инспе́кция по безопа́сности движе́ния)

Сравни́те: *был где?* №6   *у кого́?* №2
              в аге́нтстве   у аге́нта
              в о́фисе   у секретаря́

10. Скажи́те, где и у кого́ бы́ли ва́ши сотру́дники, испо́льзуя да́нные ни́же слова́. • **Say where and who your employees have been with, using the words.**

Моде́ль:
• Банк — касси́р
— Тама́ра была́ в ба́нке у касси́ра.

Би́ржа — бро́кер, фонд — финанси́ст, фи́рма — юри́ст, конто́ра — нота́риус, инспе́кция — инспе́ктор, посо́льство, приём — посо́л, министе́рство — мини́стр, заво́д — инжене́р, фа́брика — техно́лог, склад — логи́ст, аге́нтство — перево́дчица, поликли́ника — врач, сало́н — парикма́хер.

11. Ва́ши колле́ги де́лятся впечатле́ниями о командиро́вке в Росси́ю. Уточни́те, испо́льзуя да́нные выска́зывания, где и́ли у кого́ они́ бы́ли. • **Your colleagues are sharing their impressions of the trip to Russia. Ask for details using the below information.**

Моде́ль:
ИК-5
— Кака́я интере́сная вы́ставка!
— Ты был на вы́ставке?

Како́й интере́сный докла́д! Кака́я дли́нная презента́ция! Како́й коро́ткий о́тпуск! Како́й большо́й заво́д! Ни́жний Но́вгород — огро́мный промы́шленный го́род! Како́й высо́кий курс! Кака́я высо́кая аре́ндная пла́та! Каки́е больши́е нало́ги! Како́й бюрокра́т! Отли́чный врач! Хоро́ший сове́т! Прекра́сный перево́д!

12. Уточни́те, испо́льзуя да́нные выраже́ния, был ли ваш колле́га там, куда́ собира́лся. • **Using given expressions, find out if your colleague visited the place he planned to go to.**

Моде́ль:
— Вы бы́ли вчера́ на совеща́нии?
— Нет. К сожале́нию, не́ был.
— А почему́?
— Совеща́ния не́ было.

Вы́ставка, семина́р «Экономи́ческое образова́ние», презента́ция «Совреме́нные систе́мы безопа́сности», би́знес-фо́рум «Инвести́ции и ба́нки», у́жин, встре́ча, консульта́ция, перегово́ры.

13. **Что вы ска́жете в аналоги́чной ситуа́ции?** • **What would you say in similar situation?**

Моде́ль:
— Вы бы́ли вчера́ у́тром на рабо́те?
— Да, была́.
— А днём?
— Днём меня́ не́ было. Я была́ в ба́нке.

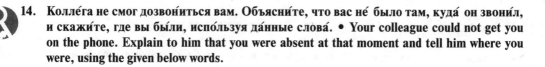

14. **Колле́га не смог дозвони́ться вам. Объясни́те, что вас не́ было там, куда́ он звони́л, и скажи́те, где вы бы́ли, испо́льзуя да́нные слова́.** • **Your colleague could not get you on the phone. Explain to him that you were absent at that moment and tell him where you were, using the given below words.**

Моде́ль:
— Тама́ра, где вы бы́ли?
— Меня́ не́ было в Петербу́рге. Я была́ в Бе́рне.

Москва́, Остра́ва, о́фис, дома́, презента́ция, заво́д.

Как спроси́ть/сказа́ть о де́йствии в про́шлом •
How to ask/say about an action which took place in the past

— Где ты был вчера́ у́тром? Я звони́л тебе́.
— Ходи́л на заво́д, смотре́л но́вое обору́дование.

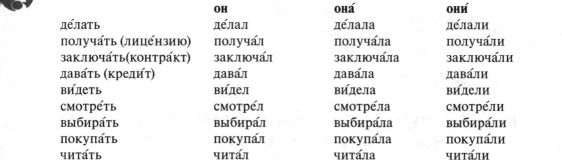

Запо́мните:	*Проше́дшее вре́мя*		
	он	**она́**	**они́**
де́лать	де́лал	де́лала	де́лали
получа́ть (лице́нзию)	получа́л	получа́ла	получа́ли
заключа́ть(контра́кт)	заключа́л	заключа́ла	заключа́ли
дава́ть (креди́т)	дава́л	дава́ла	дава́ли
ви́деть	ви́дел	ви́дела	ви́дели
смотре́ть	смотре́л	смотре́ла	смотре́ли
выбира́ть	выбира́л	выбира́ла	выбира́ли
покупа́ть	покупа́л	покупа́ла	покупа́ли
чита́ть	чита́л	чита́ла	чита́ли
писа́ть	писа́л	писа́ла	писа́ли
подпи́сывать	подпи́сывал	подпи́сывала	подпи́сывали

15. **a) Скажи́те, что ра́ньше вы то́же э́тим занима́лись, испо́льзуя да́нные ни́же выраже́ния.** • Using given expressions say that you were engaged in the same activities.

Моде́ль:

— Сейча́с Бори́с подпи́сывает догово́р.
— Ра́ньше я то́же подпи́сывал догово́р.

Звони́ть по телефо́ну, заключа́ть контра́кт, получа́ть лице́нзию, чита́ть рекла́мные проспе́кты и иска́ть интере́сные предложе́ния, фотографи́ровать жило́й дом, изуча́ть план о́фиса, смотре́ть образцы́ ме́бели, встреча́ться с но́выми партнёрами, жить в гости́ницах и обе́дать в рестора́нах, покупа́ть компью́терное обору́дование, отправля́ть фа́ксы, рабо́тать на компью́тере, не спать, не отдыха́ть.

б) Как ска́жет об э́том Анна? • How will Anna explain this?

16. **Скажи́те, чем вы занима́лись вчера́, испо́льзуя да́нные ни́же выраже́ния.** • Say what you did yesterday using given expressions.

Моде́ль:

— Где вы бы́ли вчера́ у́тром? Я вам звони́л.
— Я был на перегово́рах.
— И что там бы́ло?
— Подпи́сывали контра́кт.

Совеща́ние — рассма́тривать экономи́ческие вопро́сы, встре́ча — обсужда́ть аре́ндную пла́ту, вы́ставка — презента́ция фи́рмы «Инко», ГИБДД — получа́ть води́тельские права́, магази́н — покупа́ть моби́льный телефо́н, страхова́я компа́ния — оформля́ть страхо́вку, риелторская конто́ра — рассма́тривать предложе́ния, о́фис — писа́ть но́вый прое́кт, рабо́та — чита́ть но́вые сообще́ния, юриди́ческая фи́рма — консульти́роваться, заво́д — смотре́ть но́вое обору́дование.

17. **Что вы ска́жете в аналоги́чной ситуа́ции?** • What would you say in similar situation?

— Бори́с, вы вчера́ смотре́ли телеви́зор?
— Нет. Бы́ло что́-нибудь интере́сное?
— Да, пока́зывали интере́сное интервью́.
— С кем?
— С ва́шим посло́м.

Как спроси́ть/сказа́ть о вре́мени соверше́ния де́йствия • How to ask/say when the action occured

— Когда́ вы смотре́ли на́ше обору́дование?
— На про́шлой неде́ле, в пя́тницу.

Сравни́те: **Когда́?**
никогда́ (не), сего́дня, вчера́, позавчера́, ра́ньше, давно́, неда́вно, ра́но, по́здно

№ 5	**№ 6**	**№ 4**	**№ 4**	
у́тром	в э́том году́	в понеде́льник	через мину́ту	наза́д
днём	в про́шлом году́	во вто́рник	час	наза́д
ве́чером	в э́том ме́сяце	в сре́ду	день	наза́д
но́чью	в про́шлом ме́сяце	в четве́рг	неде́лю	наза́д
	на э́той неде́ле	в пя́тницу	ме́сяц	наза́д
	на про́шлой неде́ле	в суббо́ту	год	наза́д
	в воскресе́нье			

№ 4

в 1 (оди́н), 21	час	в 1 (одну́), 21, 31	мину́ту
в 2 (два), 3, 4, 22, 23, 24	часа́	в 2 (две), 22, 32...	мину́ты
в 5,6 ...	часо́в	в 5, 25, 35, 45 ...	мину́т

18. **Что вы ска́жете в аналоги́чной ситуа́ции?** • **What would you say in similar situation?**

Моде́ль:

— Тама́ра, како́й сего́дня день?
— Вы забы́ли? Сего́дня же пя́тница, коне́ц неде́ли!
— А когда́ у нас бы́ло совеща́ние?
— Позавчера́, в сре́ду. А что?
— Так, ничего́.

19. **Познако́мьтесь с расписа́нием рабо́ты г-на Чесноко́ва.** • **Get familiar with Mr Chesnokov's schedule.**

а) **Расскажи́те, что он де́лал на про́шлой неде́ле.** • **Say what he did last week.**

Пн.	8.00 — ру́сский язы́к
	10.00 — позвони́ть в Жене́ву
	14.00 — встре́ча с г-ном Петро́вым
	16.00 — перегово́ры, посмотре́ть прое́кт
Вт.	11.00 — фи́рма «Инко»
	12.30 — совеща́ние, обсуди́ть план о́фиса
	14.00 — Би́знес-центр, презента́ция «Телеко́м»
	17.00 — строи́тельная фи́рма, вы́брать образцы́
	19.00 — у́жин с г-ном Све́йном
Ср.	8.00 — ру́сский язы́к
	9.00 — Автосе́рвис, поменя́ть ма́сло
	12.00 — фи́рма «Апекс», компью́тер
	20.00 — спортклу́б

Чт.	9.30 — министе́рство, за́втрак
	11.00 — центра́льный банк, получи́ть лице́нзию
Пт.	8.00 — ру́сский язы́к
	18.00 — гольф-клуб, са́уна
Сб.	10.00 — фа́брика, прове́рить обору́дование
	18.00 — Шереме́тьево, рейс из Цю́риха, получи́ть ка́рго
Вс.	19.00 — Большо́й теа́тр, «Лебеди́ное о́зеро»

б) **Расскажи́те, что вы де́лали на про́шлой неде́ле.** • **Say what you did last week?**

20. Послу́шайте телефо́нный разгово́р. • **Listen to telephone conversation.**

а) **Расскажи́те, что де́лал сего́дня Бори́с.** • **Say what Boris was doing today.**

— Алло́, Бори́с?

— Слу́шаю. Это ты, Алекса́ндр?

— Да, я. Ну как дела́, как жи́знь? Что ты сейча́с де́лаешь?

— Ничего́. Про́сто отдыха́ю, смотрю́ телеви́зор, пью пи́во. У меня́ был тру́дный день. С утра́ бы́ло мно́го дел. Снача́ла заключа́л контра́кт, получа́л лице́нзию, чита́л рекла́мные проспе́кты, иска́л интере́сные предложе́ния. Пото́м звони́л в рекла́мное аге́нтство, зака́зывал ме́бель, обору́дование, тра́нспорт, встреча́лся с но́выми партнёрами. Хорошо́, что мой помо́щник Васи́лий помога́л мне во всём.

б) **Как расска́жет об э́том Алекса́ндр, е́сли они́ всё де́лали вме́сте?** • **How will Alexander tell us about what they have been doing together?**

Как спроси́ть/сказа́ть о цене́ •
How to ask/inform about the price

— Ско́лько сто́ит аре́нда кварти́ры?
— 1000 (ты́сячу) до́лларов в ме́сяц.

Запо́мните:
сто́ить (II гр.) + *ско́лько?*

Настоя́щее вре́мя		*Проше́дшее вре́мя*	
он (она́, оно́)	сто́ит	он	сто́ил
		она́	сто́ила
они́	сто́ят	они́	сто́или

21. Вы хоти́те купи́ть. • **You would like to buy the following item.**

Дом, маши́ну, кварти́ру, биле́ты в теа́тр, но́вое обору́дование, компью́теры, телефо́нную ста́нцию.

а) Узна́йте це́ну. • **Ask the price.**

Моде́ль:

• Я хочу́ купи́ть при́нтер.
— Ско́лько сто́ит э́тот при́нтер?
— Две́сти до́лларов.

б) Чита́йте. • **Read.**

100 сто
200 две́сти
300 три́ста
400 четы́реста
500 пятьсо́т
600 шестьсо́т
700 семьсо́т
800 восемьсо́т
900 девятьсо́т
1000 ты́сяча
1 000 000 миллио́н
1 000 000 000 миллиа́рд
101, 422, 869, 1002, 367, 912, 219, 739, 1997, 3652

Сравни́те:

1 (он) + № 1	оди́н рубль, до́ллар, е́вро, миллио́н, проце́нт
1 (она́) + № 1	одна́ ты́сяча, е́вро, ие́на
1 (оно́) + № 1	одно́ помеще́ние, зда́ние
2, 3, 4 (он, оно́) + № 2 ед. ч.	два (три, четы́ре) рубля́, до́ллара, е́вро, миллио́на, помеще́ния, зда́ния
2, 3, 4 (она́) + № 2 ед. ч.	две (три, четы́ре) ты́сячи, е́вро, ие́ны
5—20 мно́го, немно́го, не́сколько, ма́ло + № 2 мн. ч.	рубле́й, до́лларов, миллио́нов, проце́нтов, ты́сяч, е́вро, ие́н, помеще́ний, зда́ний

22. Спроси́те (и скажи́те) о цене́, испо́льзуя да́нные ни́же слова́. • **Ask about the price using the words below.**

Моде́ль:

• гара́ж
— Ско́лько сто́ит гара́ж?
— Гара́ж сто́ит 20 (два́дцать) ты́сяч до́лларов.

Аре́нда о́фиса, но́вый автомоби́ль, рекла́мное объявле́ние, но́вая ме́бель, моби́льный телефо́н, но́вый катало́г.

23. Скажи́те, как измени́лись це́ны, приведённые в табли́це. • **Say how the prices presented in the table have changed.**

Моде́ль:

— Ра́ньше ви́за *сто́ила* 20 е́вро, а сейча́с она́ *сто́ит* 35 е́вро.

	Ра́ньше	*Сейча́с*
аре́нда	200 до́лларов в ме́сяц	400 до́лларов в ме́сяц
автомоби́ль	15 000 до́лларов	18 000 до́лларов
сырьё	3000 до́лларов	2000 до́лларов
кварти́ра	140 000 до́лларов	250 000 до́лларов
биле́т в Цю́рих	300 до́лларов	380 до́лларов

24. Прочита́йте диало́г. • Read the dialogue.

а) Скажи́те, каки́е усло́вия аре́нды в э́той фи́рме? • Speak about the terms of lease in this company.

—Алло́! Это аге́нтство по аре́нде нежилы́х помеще́ний?

—Да, аге́нтство «Столи́ца» слу́шает вас. Здра́вствуйте, меня́ зову́т Анна.

—На́ша фи́рма хо́чет арендова́ть у вас помеще́ние на Большо́й Поля́нке.

—Пожа́луйста. На како́й срок?

—Пока́ на год. Ско́лько сто́ит квадра́тный метр?

—Если на год — ты́сячу до́лларов, на три — восемьсо́т. А ско́лько ме́тров вам ну́жно?

—Мы должны́ поду́мать. Я перезвоню́ вам за́втра.

—До свида́ния.

б) Вы позвони́ли в другу́ю фи́рму и узна́ли, что це́ны там в два ра́за ни́же, но помеще́ние нахо́дится далеко́ от це́нтра (у метро́ «Вы́хино»). Соста́вьте диало́г, кото́рый мог произойти́ ме́жду ва́ми и аге́нтом. • You called another firm and you were informed that their prices were twice less but the house was far from downtown (near «Vykhino» metro station). Make up the dialogue which could have taken place between you and an agent.

в) Прочита́йте электро́нные сообще́ния, кото́рые пришли́ на ваш а́дрес, и доложи́те своему́ нача́льнику об усло́виях аре́нды. • Read the e-mail messages an tell your supervisor about the terms of lease.

От:	МИАН <mian@moscow.ru>
Кому́:	All
Отпра́влено:	4 февраля́ 2011 г. 10:51
Те́ма:	Сдаю́ о́фис на Павеле́цкой

**Сдаю в аренду О Ф И С в бизнес-центре кл. «В+», м. «Павеле́цкая».
БЕЗ КОМИССИОННЫХ**

Блок 340 кв. м, 1 эта́ж
Еврopeмо́нт
Откры́тая плани́ро́вка
Вентиля́ция, кондиционе́ры
Охраня́емая парко́вка
Аре́ндная пла́та: $650 кв. м/год, включа́я НДС, эксп. расхо́ды
Конта́ктные телефо́ны: 651-21-73, 137-50-68, 504-73-00 Нина,
моб 8-926-528-13-55 Галина

Как вы́разить отноше́ние к чему́-либо, к кому́-либо • How to express one's attitude towards something, somebody

— Вчера́ я смотре́л кварти́ру. Мне она́ о́чень понра́вилась.

Запо́мните:

Кому́?	№ 3	нра́вится (понра́вилось)	+	кто? что? № 1
			+	что де́лать?

Кто? Что? нра́виться — понра́виться (II гр.)

Настоя́щее вре́мя

я	нра́влюсь	мы	нра́вимся
ты	нра́вишься	вы	нра́витесь
он, она́, оно́	нра́вится	они́	нра́вятся

Проше́дшее вре́мя

он	понра́вился
она́	понра́вилась
оно́	понра́вилось
мы, вы, они́	понра́вились

Сравни́те:

Мне	нра́вится нра́вятся	о́фис фи́рма зда́ние прое́кты	Мне	понра́вился понра́вилась понра́вилось понра́вились	о́фис фи́рма зда́ние прое́кты

Обрати́те внима́ние:

нра́вится — *вообще́, всегда́, указа́ние на факт* • *in general, always, pointing the fact*
понра́вился — *конста́тация впечатле́ния от конкре́тного собы́тия* • *you state your
impression from a concrete event*

25. Вы́разите своё отноше́ние к тому́, что вы ви́дите, испо́льзуя да́нные ни́же слова́. •
Express your attitude towards what you see using given words.

Моде́ль:
— Вам нра́вится заво́д?
— Да, мне нра́вится э́тот заво́д.

Обору́дование, прое́кты, предложе́ние, цена́, цвет, разме́р, проду́кция, вы́ставка,
презента́ция, экспона́ты, автомоби́ль, компью́теры, ва́ша рабо́та, ва́ши сотру́дники,
ваш но́мер в гости́нице, програ́мма семина́ра.

26. Скажи́те, что вам нра́вится, испо́льзуя да́нные ни́же слова́. • **Say what you like using
words given below.**

Моде́ль:
• автомоби́ли
— Каки́е тебе́ нра́вятся автомоби́ли?
— Мне нра́вятся на́ши, росси́йские. А тебе́?

Автомоби́ли: росси́йские, америка́нские, япо́нские, коре́йские, шве́дские,
неме́цкие; больши́е, представи́тельские, ма́ленькие, спорти́вные, скоростны́е.
Офис: просто́рный, ма́ленький, ую́тный, больши́е о́кна, высо́кие потолки́, све́тлые
сте́ны.
Ме́бель: све́тлая, тёмная, я́ркая, совреме́нная, класси́ческая, деревя́нная,
пла́стиковая.
Оргте́хника: ла́зерный (ма́тричный, стру́йный) при́нтер, цветно́й (широ́кий)
монито́р, большо́й компью́тер, ноутбу́к.
Часы́: электро́нные, ква́рцевые, механи́ческие, спорти́вные, класси́ческие,
металли́ческие, золоты́е, больши́е, ма́ленькие.
Эта́ж: второ́й, четвёртый, деся́тый, пе́рвый...
Кварти́ра (ва́нная, ку́хня): больша́я, просто́рная, ма́ленькая, ую́тная.

**27. Расспроси́те ва́ших колле́г об их отноше́нии к веща́м, собы́тиям, испо́льзуя да́нные
слова́.** • **Question your colleagues about their attitude to some things, events using given
words.**

Моде́ль:
— Ей понра́вился э́тот моби́льный телефо́н?
— Нет, ей не понра́вился, а мне понра́вился.

Обору́дование, прое́кты, предложе́ние, цена́, стройматериа́лы, усло́вия аре́нды,
вы́ставка, презента́ция, экспона́ты, автомоби́ль, компью́теры.

28. Узнайте мнение ваших коллег о том, где они были, используя данные ниже предложения. • Find out your colleagues, opinions about the places they have been to, using the sentences given below.

Модель:

— Вчера я был в центре города, смотрел новое здание.
— Тебе понравилось это здание?

В четверг я был на выставке «Комтэк-2011».
Вчера мы смотрели новые помещения для офиса.
Сегодня мы обедали в кафе «Пушкин».
Я только что приехал из Петербурга.
В среду мы покупали оборудование для фирмы.
В понедельник у меня был урок русского языка.
А потом у нас были переговоры.
Во вторник я ужинал с г-ном Свейном.
На прошлой неделе я был на презентации фирмы «Телеком».

29. Догадайтесь, где были ваши коллеги и что они делали, если вы узнали их впечатления. Используйте данные ниже высказывания. • Your colleagues shared their impressions, guess where they have been and what they have been busy with.

Модель:

• Мне понравился этот врач.
— Я думаю, что он был в поликлинике у врача.

Мне понравился этот проект.
Мне понравилась цена автомобиля и его состояние.
Мне понравилась эта квартира и арендная плата.
Мне понравился этот район и здание.
Мне понравилось это оборудование.
Мне понравился этот мобильный телефон.
Мне понравилась эта мебель.

30. Скажите, кому что не понравилось, используя данные ниже слова. • Say what they didn't like using the given words.

Модель:

• Наш бухгалтер — арендная плата
— Нашему бухгалтеру не понравилась арендная плата.

Его жена — московская квартира; ваш шеф — образцы рекламы; наши эксперты — новая продукция; главный инженер — это предложение; руководство фирмы — новый проект; ваш водитель — автомобиль; я — большие города; моя подруга — готовить.

31. Послу́шайте разгово́р колле́г. • Listen to your colleagues' conversation.

а) Расскажи́те, где они́ бы́ли вчера́, что де́лали и почему́. • Say where they were yesterday and what they did. Explain why.

—До́брое у́тро, Бори́с!

—Приве́т!

—Как ты себя́ чу́вствуешь?

—Спаси́бо, *ничего́*. А ты, Са́ша?

—Отли́чно! Что вчера́ де́лал?

—*Ничего́*. Я ра́но лёг спать, о́чень уста́л. Давно́ не́ был в о́тпуске... А ты чем занима́лся вчера́?

—Смотре́л телеви́зор весь ве́чер.

—А что бы́ло вчера́ по телеви́зору?

— Ра́зве ты не зна́ешь? Хокке́й! Очень интере́сный матч.

—Кто игра́л?

—Кана́дцы и фи́нны. Фи́нны победи́ли.

—Молодцы́! С каки́м счётом?

—3:2 (три-два). Вообще́-то я всегда́ боле́ю за кана́дцев, но вчера́ ва́ши игра́ли кла́ссно. Я боле́л за фи́ннов.

—А я не знал, что тебе́ нра́вится хокке́й.

—Ты ду́мал, что мне нра́вится то́лько рабо́та? Нет, мне нра́вится жизнь и рабо́та.

б) А вам нра́вится смотре́ть телеви́зор? Что вы де́лаете по́сле рабо́ты ве́чером? Вы лю́бите хокке́й? • Do you like watching TV? What are you doing after work in the evening? Do you like hockey?

Как вы́разить повторя́емость и однокра́тность де́йствий • How to express the repeated and single action

—Мне нра́вятся автомоби́ли, поэ́тому я ча́сто быва́ю в автосало́нах.

—На про́шлой неде́ле вы то́же бы́ли там?

Сравни́те:

Несоверше́нный вид (НСВ)

Я ча́сто *быва́ю* в аге́нтстве недви́жимости.

Риелторские фи́рмы всегда́ *про́сят* предопла́ту.

Мы два́жды *заключа́ли* догово́р с э́той фи́рмой.

Мы всегда́ *подпи́сываем* контра́кты в нача́ле го́да.

Этот банк мно́го раз *дава́л* нам краткосро́чные креди́ты.

Соверше́нный вид (СВ)

Вчера́ я то́же *был* там.

А в э́той фи́рме не *попроси́ли*.

Неда́вно мы *заключи́ли* догово́р с друго́й фи́рмой.

В сре́ду мы *подписа́ли* о́чень ва́жный контра́кт.

Неда́вно банк *дал* нам кру́пный долгосро́чный креди́т.

Обы́чно я *покупа́ю* проду́кты сам.

Я всегда́ *плачу́* в гости́ницах рубли́.

Обы́чно я *даю́* в рестора́нах креди́тную ка́рточку.

Ра́ньше я всегда́ *чита́л* журна́л «Карье́ра».

Мой секрета́рь ча́сто *опа́здывает* на рабо́ту.

Обы́чно я *снима́ю* кварти́ру в це́нтре.

Сего́дня подру́га *купи́ла* мне проду́кты.

А сейча́с *заплати́л* до́ллары.

А вчера́ я *дал* нали́чные (де́ньги).

Неда́вно я *прочита́л* журна́л «Про́филь», он мне понра́вился.

А сего́дня она́ не *опозда́ла*.

А тепе́рь я *снял* кварти́ру в но́вом райо́не.

32. Скажи́те, в каки́х из приведённых вы́ше фраз подчёркивается повторя́емость, регуля́рность де́йствий, а в каки́х — однокра́тность. • Say which of the above phrases express frequency of actions and which phrases show a single action.

Обрати́те внима́ние:

Как ча́сто? *(повторя́емость)*		*Когда́?* *(однокра́тность)*	
мно́го раз неоднокра́тно два́жды ча́сто всегда́ иногда́ ка́ждый день регуля́рно обы́чно	+ нсв	вчера́ сего́дня у́тром днём ве́чером в пя́тницу неда́вно в 10 часо́в	+ св

№ 3 *мн. ч.*	№ 4
по понеде́льникам	в понеде́льник
по вто́рникам	во вто́рник
по сре́дам	в сре́ду
по четверга́м	в четве́рг
по пя́тницам	в пя́тницу
по суббо́там	в суббо́ту
по воскресе́ньям	в воскресе́нье

33. Зако́нчите предложе́ния, вы́брав пра́вильный вариа́нт. • Finish the sentences, choosing right variant.

- Обы́чно на́ша фи́рма (посыла́ть — посла́ть) клие́нту катало́г това́ра.
- Неда́вно мы (продава́ть — прода́ть) па́ртию това́ра в Росси́ю.
- Мы неоднокра́тно (дава́ть — дать) креди́ты предприя́тиям.
- К сожале́нию, вы (опозда́ть — опа́здывать) пода́ть зая́вку.

34. Посмотри́те ва́ше расписа́ние и скажи́те, что вы де́лаете регуля́рно. • Look through your schedule and say what you do regularly.

Моде́ль:

— Когда́ у вас ру́сский язы́к?

— Я занима́юсь ру́сским языко́м по вто́рникам и четверга́м, два ра́за в неде́лю. А вы ча́сто звони́те домо́й?

— Я звоню́ по воскресе́ньям (ка́ждое воскресе́нье).Ча́ще у меня́ нет вре́мени. А вот электро́нные сообще́ния пишу́ ка́ждый день, и́ли посыла́ю SMS-ки (эс-эм-эс-ки).

Как сказа́ть о дли́тельности де́йствия и́ли подчеркну́ть его́ результати́вность • How to indicate the duration of action or to stress it's result

— Вы позвони́ли на склад?

— Нет. Я звони́л туда́ два часа́, но так и не дозвони́лся.

Сравни́те:

Несоверше́нный вид (НСВ)	Соверше́нный вид (СВ)
Вчера́ я до́лго *чита́л* по-ру́сски интере́сную статью́ о нало́гах.	Вчера́ я *прочита́л* в газе́те о нало́гах в газе́те «Эконо́мика и жизнь».
Утром я це́лый час *звони́л* в э́ту фи́рму.	Я *позвони́л* в э́ту фи́рму и спроси́л, каки́е у них це́ны.

35. Скажи́те, в каки́х из приведённых вы́ше фраз подчёркивается дли́тельность де́йствий, а в каки́х — результати́вность. • Say which of the above phrases denote duration or result of the action.

Сравни́те:

Как до́лго?	Когда́?
(пери́од вре́мени)	(моме́нт)
2 часа́	в 2 часа́
весь понеде́льник	в понеде́льник
всю сре́ду	в сре́ду

Сравни́те: *смотре́ть* (нсв II гр.) — *ви́деть* (нсв II гр.)

Тама́ра регуля́рно смо́трит журна́лы, газе́ты и и́щет там информа́цию о вы́ставках.

Я уже́ ви́дела э́ту информа́цию в друго́м журна́ле.

Она́ мно́го рабо́тает на компью́тере, но, к сожале́нию, пло́хо ви́дит. Поэ́тому у неё специа́льные очки́.

214

36. Узнáйте, вы́брав нýжный глагóл и измени́в фóрму, что они́ дéлали. • By choosing correct verb, find out what they were doing.

—Бори́с, ты вчерá (смотрéть — ви́деть) телеви́зор?

—Нет, не (смотрéть — ви́деть).

—Знáчит, ты не (смотрéть — ви́деть) прекрáсный хоккéйный матч.

—Вы вчерá (смотрéть — ви́деть) по телеви́зору передáчу «Фина́нсы и креди́т»?

—Да, (смотрéть — ви́деть).

—А (смотрéть — ви́деть) там нáшего мéнеджера? Он сидéл спрáва и говори́л о налóгах.

—Натáша, вы (смотрéть — ви́деть) шофёра Сергéя?

—Нет, ещё не (смотрéть — ви́деть). Он был в óтпуске.

—Купи́те, пожáлуйста, в óфис нóвый компью́тер и большóй монитóр: я читáю и совсéм ничегó не (смотрéть — ви́деть).

—Я на кáждой вы́ставке (смотрéть — ви́деть) ноутбýки, но покá ничегó хорóшего не (смотрéть — ви́деть). Всё дорогóе.

37. Послýшайте телефóнный разговóр начáльника с секретарём. • Listen to the phone conversation of a supervisor and his/her secretary.

а) Расскажи́те, каки́е у Тамáры обя́занности. • Say about Tamara's duties.

НЕ ГОВОРИ́, ЧТО ДÉЛАЛ, А ГОВОРИ́, ЧТО СДÉЛАЛ

—Алло́, Тамáра, как делá? Что ты сейчáс дéлаешь? Чем занимáешься? Почемý телефóн всегдá зáнят? Опя́ть в рабóчее врéмя разговáриваешь с подрýгами по телефóну?

—Нет, Алексáндр Ивáнович. Я весь день дéлаю то, что вы проси́ли: отправля́ю фáксы, пишý пи́сьма, составля́ю тéксты договорóв, готóвлю докумéнты к совещáнию, перевожý статью́ о налóгах с англи́йского языкá, ищý информáцию о вы́ставках, читáю объявлéния об арéнде кварти́р.

—Ну лáдно-лáдно. И какóй результáт? Пи́сьма написáла, по фáксу отпрáвила, тéксты договорóв состáвила, докумéнты пригото́вила, статью́ перевелá, реклáму вы́ставок посмотрéла, вариáнт арéнды нашлá? Лю́ди говоря́т: «Не говори́, что дéлал, а говори́, что сдéлал».

—Покá нет. Ведь всё э́то я дéлаю однá! Никтó мне не помогáет...

—Ничегó. Молодéц, рабóтай дáльше.

б) Как вы дýмаете, что рассказáла Тамáра своéй подрýге во врéмя обéденного переры́ва? Закóнчите её расскáз. • What has Tamara told her friend during her lunch time? Finish her story.

—Тама́ра, ты ещё не е́ла?

—Нет, ещё не обе́дала.

—Иди́ обе́дать!

—Но у меня́ ещё мно́го рабо́ты.

—Рабо́ты всегда́ мно́го. А что ты у́тром де́лала?

—Всё у́тро я де́лала то, что проси́л дире́ктор...

в) **Расскажи́те, испо́льзуя приведённые ни́же глаго́лы, что сказа́ла дире́ктору секрета́рь в конце́ рабо́чего дня.** • **Say what secretary has told her director at the end of the working day using the words given below.**

Моде́ль:

—Алекса́ндр Ива́нович! Я сде́лала всё, что вы проси́ли...

Де́лать — сде́лать; отправля́ть — отпра́вить; писа́ть — написа́ть; составля́ть — соста́вить; гото́вить — подгото́вить; переводи́ть — перевести́; смотре́ть — посмотре́ть; чита́ть — прочита́ть.

г) **Расскажи́те, что вы сде́лали за вчера́шний день.** • **Say what you did yesterday.**

Контро́льные зада́ния

Побесе́дуем • Communicative practice

1. **Колле́га пригласи́л вас на вы́ставку. Вам ка́жется, что э́то неинтере́сная вы́ставка. Откажи́тесь в ве́жливой фо́рме.** • **You colleague invited you to visit an exhibition. You think that the exhibition is not interesting. Turn the invitation down politely.**

2. **Вы не смогли́ прийти́ на рабо́ту во́время. Извини́тесь, скажи́те, где вы бы́ли в э́то вре́мя и что де́лали.** • **You could not come to work in time. Apologize and explain where you were and what you did.**

3. **Вы встре́тились с колле́гами по́сле пра́здников (выходны́х). Спроси́те, как они́ провели́ вре́мя. Расскажи́те, что вы (ваш друг, подру́га, чле́ны ва́шей семьи́) де́лали на про́шлой неде́ле. Испо́льзуйте да́нные вопро́сы.** • **You have met your colleagues after holidays. Ask them how they spent time. Say what you (your he/she friend, members of your family) did last week. Use given questions.**

Как вы провели́ пра́здники (выходны́е)?

Как вы отдыха́ли (отдохну́ли)?

Где вы бы́ли?

Что ви́дели?

Что вам понра́вилось (не понра́вилось)?

4. **Мо́жете ли вы вспо́мнить и рассказа́ть, где бы́ли, что ви́дели и что де́лали на про́шлой неде́ле?** • **Could you remember and say where you were and what you did last week.**

5. Ваш колле́га уве́рен, что благодаря́ здоро́вому о́бразу жи́зни он достига́ет больши́х успе́хов в би́знесе. А как вы могли́ бы отве́тить на э́ти вопро́сы? • **Your colleague is sure that due to his healthy style of life he has achieved great success in his business. How could you answer the same questions?**

- Вы мно́го и ча́сто еди́те?
- Вы еди́те то́лько оди́н раз в день?
- Вы совсе́м не еди́те по понеде́льникам?
- Вы ежедне́вно де́лаете гимна́стику?
- Вы бе́гаете по утра́м (по вечера́м)?
- Вы занима́етесь спо́ртом?
- У вас стро́гий режи́м дня?
- Вы всегда́ встаёте и ложи́тесь спать в одно́ вре́мя?
- Вы лю́бите мно́го спать в выходны́е?

6. а) Прочита́йте ру́сские посло́вицы и погово́рки. • **Read Russian proverbs and sayings.**

- Была́ — не была́.
- Что бы́ло, то бы́ло.
- Что сде́лано, то сде́лано.
- Не́ было у ба́бы хлопо́т, так купи́ла порося́.
- На вкус и цвет това́рищей нет.
- Лу́чше оди́н раз уви́деть, чем сто раз услы́шать.
- Дал сло́во — держи́.
- Не говори́, что де́лал, а говори́, что сде́лал.
- Не ошиба́ется тот, кто ничего́ не де́лает.
- Глаза́ боя́тся — ру́ки де́лают.
- Вы́слушай же́нщину и сде́лай наоборо́т.

б) Как вы ду́маете, что они́ зна́чат и в како́й ситуа́ции их говоря́т? • **Try to guess what they mean and in which situation they are used?**

в) Согла́сны ли вы с э́тими выска́зываниями? • **Do you agree with these sayings?**

г) Есть ли в ва́шем языке́ посло́вицы, в кото́рых говори́тся об э́том же? • **Are there any similar proverbs in your language?**

Но́вые слова́ • New words

автосало́н — automobile showroom
аккредита́ция — accreditation
аре́ндная пла́та — rent

бага́ж — luggage
боле́ть (за кого́) — to be a fan of

бюрокра́т — bureaucrat
ва́нная — bathroom
ве́жливая фо́рма — polite form
ви́деть по телеви́зору — to see on TV
вку́сный — tasty
входи́ть/войти́ — to enter

впечатле́ние — impression
встава́ть/встать — to get up
вчера́ — yesterday
выбира́ть/вы́брать — to choose
вы́бор — choice
выходно́й — day off

ГИБДД — road police
гимна́стика — gymnastics
гото́вить — to cook
подгото́вить/пригото́вить — to prepare

дава́ть/дать — to give
де́лать/сде́лать — to make
дли́нный — long
днём — in the daytime
дово́лен, -а, -о, -ы — to be pleased
дозва́ниваться/дозвони́ться — to get smb on the phone

есть/пое́сть — to eat

жило́й дом — apartment house

заброни́ровать но́мер — to book a room
забыва́ть/забы́ть — to forget
заключа́ть/заключи́ть (контра́кт) — to sign a contract
зака́нчивать/зако́нчить — to finish
зака́зывать/заказа́ть — to order
за́нято — to be occupied
заседа́ние — meeting
звони́ть/позвони́ть — to call
извиня́ться/извини́ться (пе́ред кем) — to apologize

иска́ть/найти́ — to look for/to find
испо́льзовать — to use

кана́дец — Canadian
ка́рго — cargo
класси́ческий — classical
конгре́сс — congress
консульти́роваться (о чём) — to consult on smth
коро́ткий — short

ла́дно! — o'key
логи́ст — logistics manager
ложи́ться/лечь — to lie down

ма́сло — butter
матч — match
медици́нская страхо́вка — medical insurance
меня́ть/поменя́ть — to change
мероприя́тие — event
молоде́ц — good boy
монито́р — monitor
мочь/смочь — to be able to do smth

на про́шлой неде́ле — last week
нало́говая инспе́кция — tax inspection
неоднокра́тно — more than once
ничего́! — not at all!
нота́риус — notary
ноутбу́к — notebook
но́чью — at night
нра́виться/понра́виться — to like
ну́жный — necessary

обе́д — dinner

обе́дать/пообе́дать — to have dinner
о́браз жи́зни — mode of life
образе́ц — sample
обсужда́ть/обсуди́ть — to discuss
общежи́тие — hostel
огро́мный — huge
опа́здывать/опозда́ть — to be late
отка́зываться/отказа́ться — to refuse
отправля́ть/отпра́вить — to send
о́тпуск — vacation
оформля́ть/офо́рмить — to arrange

парикма́хер — hairdresser
переда́ча — TV show
писа́ть/написа́ть — to write
пить/попи́ть — to drink
плита́ — fee
плати́ть/заплати́ть — to pay
побежда́ть/победи́ть (кого́) —
    to win
пого́да — weather
подава́ть/пода́ть — to bring
поде́ржанный — second hand
подпи́сывать/подписа́ть
    (контра́кт) — to sign (a contract)
покупа́ть/купи́ть — to buy
поликли́ника — polyclinic
получа́ть/получи́ть — to receive
потоло́к — ceiling
пра́здник — holiday
предопла́та — advance payment
представи́тельский — representative
прие́хать/приезжа́ть — to come
Приве́т! — Hello!
приобрета́ть/приобрести́
    (маши́ну) — to buy (a car)
проверя́ть/прове́рить — to check

проводи́ть/провести́ (вре́мя) —
    to pass time
проси́ть/попроси́ть — to ask
просто́рный — vast
про́шлое — past

распрода́жа — sale
рассма́тривать/рассмотре́ть
    (прое́кт) — to consider
регуля́рно — regularly
риелторская конто́ра — realtor office
руково́дство фи́рмы — leadership of a
    company

све́тлый — light
сдава́ть/сдать — to let
симпо́зиум — symposium
ску́чный — boring
смотре́ть/посмотре́ть — to see/to have
    a look at
снима́ть/снять кварти́ру — to rent an
    apartment
собра́ние — meeting
состоя́ние помеще́ния — state of
    office
Спаси́бо, ничего́! — Thanks, not bad!
сове́т — advice
составля́ть/соста́вить — to make up;
    to form
спекта́кль — performance
спи́чки — matches
стру́йный при́нтер — ink-jet printer
схо́дство — likeness
счёт — bill

уве́ренный — confident
у́жин — supper

успева́ть/успе́ть — to be in time

уточня́ть/уточни́ть — to clarify

у́тром — in the morning

ую́тный — cosy

фотографи́ровать/сфотографи́ро-
    вать — to take pictures

фурше́т — welcome drinks, buffet lunch

хокке́й — hockey

цвет — color

цветно́й — colored

чу́вствовать себя́ — to feel

шеф — chief

Речевы́е образцы́:

— Мо́жно мне поговори́ть с ва́ми?
— Извини́те, сейча́с не могу́: у меня́ совеща́ние.

— Не хоти́те посмотре́ть на́ши образцы́?
— Да, хоте́ла бы.
— Пожа́луйста. Вот катало́г.

— Вы мо́жете сего́дня посмотре́ть на́ши образцы́?
— Да, я хочу́, что́бы вы их нам показа́ли.

— Мы хоти́м получи́ть лице́нзию. Что мы должны́ де́лать?
— Вам ну́жно обрати́ться в Лицензио́нную пала́ту.

— Заче́м ты звони́л мне вчера́?
— Хоте́л посове́товаться. Мне ну́жно снять кварти́ру.
— Для того́ что́бы снять кварти́ру, ну́жно обрати́ться в аге́нтство.

Граммати́ческий материа́л:

■ Да́тельный паде́ж (№ 3) существи́тельных, прилага́тельных ед. и мн. ч.:
а) в сочета́ниях ти́па *мне + мо́жно, на́до, хо́чется; ду́шно;*
б) в значе́нии определе́ния в сочета́ниях ти́па *по це́нам производи́теля.*

■ Вини́тельный паде́ж (№ 4) существи́тельных и прилага́тельных ед. ч. в значе́нии ме́ста назначе́ния в констру́кциях ти́па *идти́, обрати́ться + куда́?*

■ Глаго́лы движе́ния (*идти́*) — для пасси́вного усвое́ния.

■ Выраже́ние мода́льности в констру́кциях *мочь, хоте́ть, до́лжен, на́до, ну́жно + инфинити́в.*

■ Сложноподчинённые предложе́ния с сою́зом *что́бы.*

Текст «Понеде́льник — день тяжёлый».

Как спроси́ть разреше́ние, вы́разить возмо́жность/невозмо́жность, про́сьбу • How to ask permission, to express (imp) possibility, to make request

— Мо́жно мне поговори́ть с ва́ми?
— Извини́те, сейча́с не могу́: у меня́ совеща́ние.

Сравни́те:

№ 3				№ 1
мо́жно нельзя́	мне + инфинити́в		я	могу́ не могу́ + инфинити́в

а) *Мо́жно* (мне) позвони́ть? = *Разреши́те* (мне) позвони́ть.
   (*Мо́жно вас?* = *Разреши́те* поговори́ть с ва́ми?)

б) *Мо́жно* мне оста́вить сообще́ние? = Это *возмо́жно*? (Есть автоотве́тчик?)

в) *Не могли́ бы* вы оста́вить сообще́ние? = *Пожа́луйста,* оста́вьте сообще́ние.
   (*в настоя́щем и бу́дущем*)

Согла́сие:	*Отка́з:*
Мо́жно.	Нельзя́.
Да, мо́жно.	Нет, нельзя́.
Да, с удово́льствием.	К сожале́нию, нет.
Пожа́луйста.	Это невозмо́жно.
Да, пожа́луйста.	Очень жаль, но нельзя́.
Ду́маю, что мо́жно.	Бою́сь, что нет.
Коне́чно, мо́жно.	Извини́те, я за́нят.
	Подожди́те, пожа́луйста.

1. **Спроси́те разреше́ния, да́йте согла́сие и́ли откажи́те, испо́льзуя да́нные ни́же слова́ и выраже́ния. • Using expressions below, ask for permission, agree or disagree.**

Моде́ль:
— Мо́жно кури́ть?
— Извини́те, здесь нельзя́ кури́ть.

Вы́йти, сесть, поговори́ть с ва́ми, взять ва́шу ру́чку на мину́ту, оста́вить вам докуме́нты, откры́ть окно́, закры́ть дверь, включи́ть свет, вы́ключить ра́дио, посмотре́ть, поме́рить.

2. Что вы скáжете в аналогúчной ситуáции? • **What would you say in similar situation?**

— Простúте, мóжно снять пиджáк? У вас óчень дýшно.
— Конéчно. Откры́ть окнó?
— Нет, лýчше включúть кондиционéр, а то бýдет шýмно.
— Минýтку, я сейчáс.
— Спасúбо.

— Мóжно мне позвонúть отсю́да?
— Конéчно. Это внýтренний телефóн. Звонúте чéрез «9» (девя́тку).
— Аллó, это фúрма «Формóза»?
— Да.
— Мóжно мне поговорúть с вáшим бухгáлтером, госпожóй Ивáновой?
— Извинúте, но её сейчáс нет. Онá в бáнке. Позвонúте, пожáлуйста, чéрез час.
— А мóжно остáвить ей сообщéние?
— Да, пожáлуйста.

мочь/смочь (г/ж) — I гр.		
я могý	мы мóжем	подписáть
ты мóжешь	вы мóжете	купúть
он мóжет	онú мóгут + инфинитúв	заключúть
он мог	онú моглú	получúть
онá моглá		

3. Вы́ясните возмóжность дéйствий, испóльзуя дáнные нúже выражéния. • **Using expressions given below, ask about the possibility of actions.**

Модéль:
— Могý я заказáть билéты на вечéрний рейс в Санкт-Петербýрг?
— Пожáлуйста, я вас слýшаю.

Поговорúть с г-ном Петрóвым, остáвить сообщéние на автоотвéтчик, сообщúть по фáксу, переслáть по электрóнной пóчте, перезвонúть ещё раз, подписáть контрáкт, заключúть договóр, получúть вúзу, купúть машúну, снять кóмнату, арендовáть помещéние под óфис.

4. Восстановúте вопрóсы, котóрые бы́ли зáданы. • **Restore the questions that were asked.**

— ... ?
— Да, мы мóжем забронúровать нóмер сегóдня.
— ... ?
— Нет, мы не мóжем показáть вам образцы́ продýкции.
— ... ?
— Нáши партнёры мóгут оплатúть всё тóлько в концé недéли.

5. Получи́те необходи́мую информа́цию, испо́льзуя да́нные ни́же выраже́ния. • Using the expressions given, get the necessary information.

Моде́ль:

— Где я могу́ получи́ть лице́нзию (на де́ятельность фи́рмы)?
— В Лицензио́нной пала́те.
— Как э́то мо́жно сде́лать?
— Позвони́те (обрати́тесь) пря́мо в Лицензио́нную пала́ту.

Узна́ть а́дрес магази́на — в спра́вочной; взять ключи́ — у дежу́рного в ко́мнате № 3; оплати́ть счёт — у администра́тора; получи́ть ко́пию контра́кта — в канцеля́рии; купи́ть обо́и и кра́ску — в магази́не «Стройматериа́лы»; отпра́вить электро́нную по́чту — в интернéт-кафé.

Позвони́те, обрати́тесь + куда? № 4

6. Обрати́тесь с про́сьбой к ва́шим колле́гам, испо́льзуя да́нные ни́же выраже́ния. • Using the expressions below, ask your collegues a favor.

Моде́ль:

— Не могли́ бы вы помо́чь нам снять кварти́ру?
— Хорошо́. С удово́льствием.

Сде́лать ски́дку, продли́ть гара́нтию, измени́ть усло́вия поста́вки, уско́рить отпра́вку ме́бели, дать сове́т, запо́лнить деклара́цию, сказа́ть ме́стное вре́мя, получи́ть лице́нзию, перевести́ докуме́нты на ру́сский язы́к, пересла́ть контра́кт по электро́нной по́чте, поменя́ть компью́тер, замени́ть ка́ртридж.

7. Зада́йте вопро́сы по образцу́. • Ask questions using the pattern.

Моде́ль:

• *Я* могу́ позвони́ть вам ве́чером.
— Мо́жно *мне* позвони́ть вам ве́чером?

Ме́неджер мо́жет узна́ть э́ту информа́цию по телефо́ну.
Перево́дчик мо́жет не переводи́ть э́тот докуме́нт на англи́йский язы́к.
Хозя́ин мо́жет прода́ть автомоби́ль по дове́ренности.
Покупа́тели мо́гут заказа́ть ме́бель по электро́нной по́чте.
Рабо́чие мо́гут собра́ть ме́бель пря́мо в о́фисе.
Разреши́те мне спроси́ть вас о нало́гах.
На́ши клие́нты мо́гут оплати́ть услу́ги по моби́льному телефо́ну.
Пожа́луйста, пришли́те нам прайс-лист.
Разреши́те Анто́ну за́втра немно́го опозда́ть.
Секрета́рь не мо́жет опа́здывать на рабо́ту.
Перево́дчик не мо́жет перебива́ть.

Как вы́разить жела́ние, предложе́ние •
How to express desire, intention, suggestion

— Не хоти́те посмотре́ть на́ши образцы́?
— Да, хоте́ла бы.
— Пожа́луйста. Вот катало́г.

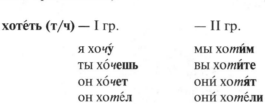

Сравни́те:
Я хочу́ посмотре́ть ва́ши това́ры.
(категори́чное жела́ние)
Я хоте́л *бы* посмотре́ть ва́ши това́ры.
(про́сьба-предложе́ние)

хоте́ть (т/ч) — I гр.	— II гр.
я хочу́	мы хоти́м
ты хо́чешь	вы хоти́те
он хо́чет	они́ хотя́т
он хоте́л	они́ хоте́ли
она́ хоте́ла	

8. Прочита́йте и скажи́те, что вы то́же хоти́те сде́лать э́то, испо́льзуйте да́нные ни́же выраже́ния. • First read, then using the expressions below, say what you would like to do.

Моде́ль:
— Господи́н Пирого́в *хо́чет* купи́ть маши́ну.
— Я то́же *хочу́* купи́ть маши́ну.

Снять двухко́мнатную кварти́ру, сдать биле́т, заказа́ть у́жин, размести́ть рекла́му, обменя́ть валю́ту, сфотографи́ровать э́ту у́лицу, посмотре́ть катало́ги, встре́титься с аге́нтом, есть, пить, кури́ть, спать.

9. Отве́тьте на вопро́с, испо́льзуя да́нные ни́же слова́. • Using words, answer questions.

Моде́ль:
— Кому́ вы хоти́те заказа́ть биле́ты?
— *На́шему гла́вному экспе́рту.*

Комме́рческий дире́ктор фи́рмы, о́фис-ме́неджер, наш но́вый сотру́дник.

10. **a)** Скажи́те, кто что хо́чет сде́лать. • Say what they want to do.

Моде́ль:

• Тама́ра: *Я хочу́ пообе́дать.*
— Тама́ра хо́чет пообе́дать.

Ната́ша: *Я хочу́ вы́брать но́вые обо́и и но́вую ме́бель.*
Алекса́ндр Петро́в: *Я хочу́ посмотре́ть но́вые образцы́ компью́теров.*
Ни́на Ива́новна: *Я хочу́ купи́ть проду́кты.*
Г-н Чесноко́в: *Я хочу́ откры́ть счёт и обменя́ть де́ньги.*

Запо́мните: *идти́* (II гр.) + *куда́?* № 4

Я	иду́	МЫ	идём
ТЫ	идёшь	ВЫ	идёте
он, она́	идёт	они́	иду́т

Сравни́те:

Что? № 1

Вот рестора́н.
Вот вы́ставка.
Вот аге́нтство.

Куда? № 4

Он/она́ идёт в рестора́н.
Он/она́ идёт на вы́ставку.
Он/она́ идёт в аге́нтство.

Обрати́те внима́ние:

в
универса́м
магази́н
банк
обме́нный пункт
рестора́н
столо́вую
бар
буфе́т
кафе́

Куда? № 4

на
вы́ставку
заво́д
склад
би́ржу
ры́нок
стадио́н
хокке́й
встре́чу
перегово́ры
рабо́ту
вокза́л

б) Скажи́те, кто куда́ идёт и почему́. • Say where they are going to and why.

Моде́ль:

• Столо́вая.

— Тама́ра идёт *в столо́вую*, потому́ что она́ хо́чет пообе́дать. = Тама́ра идёт в *столо́вую* пообе́дать.

Магази́н «Обо́и», магази́н «Дом ме́бели», банк, обме́нный пункт, вы́ставка «Комтэ́к», универса́м «Дие́та».

в) Зако́нчите диало́ги. • **Complete dialogues.**

— Ви́дишь, Тама́ра идёт _____ пообе́дать.
— Да, поня́тно. Зна́чит, она́ _____.

— Ви́дишь, Ната́ша идёт в магази́н «Обо́и» _____.
— Нет, в э́том магази́не она́ уже́ была́. Она́ идёт в магази́н «Дом ме́бели» _____
_____.

— Смотри́, Алекса́ндр Петро́в! А куда́ он идёт? В рестора́н?
— Коне́чно, _____.

— Смотри́! Ни́на Ива́новна идёт _____.
— Ско́лько мо́жно есть!

— Ви́дишь, Бори́с Чесноко́в идёт _____.
— Да, у нас ещё вчера́ ко́нчились нали́чные де́ньги.

г) Скажи́те, кто где был и что там сде́лал. • **Say who and where was and what they did there.**

— Тама́ра была́ в столо́вой. Она́ там пообе́дала.
— Алекса́ндр Петро́в был _____, он там
_____.
— Ни́на Ива́новна _____.
— Бори́с Чесноко́в _____.
— Ната́ша _____.

11. Как мо́жно по-ра́зному вы́разить жела́ние? • **Using different ways, compose sentences expressing desire.**

Моде́ль:
— Тама́ра проголода́лась и хо́чет пообе́дать.
— Я то́же *хочу́* есть. *Мо́жно* мне пообе́дать (перекуси́ть)?

Бори́с хо́чет включи́ть ра́дио.
Ната́ша хо́чет включи́ть телеви́зор.
Алекса́ндр хо́чет закры́ть окно́.
Серге́й не хо́чет включа́ть ра́дио.
И́горь не хо́чет плати́ть нали́чные де́ньги.

12. Что вы ска́жете в аналоги́чной ситуа́ции? • **What would you say in similar situation?**

— Где мо́жно отпра́вить факс?
— Здесь.
— Очень хорошо́. Я та́кже хочу́ посла́ть сообще́ние по электро́нной по́чте.
— Пожа́луйста. Там компью́теры.

— Я хоте́ла бы отпра́вить текст на ру́сском языке́. Мо́жно?

— Там есть консульта́нт, он мо́жет вам помо́чь.

— Спаси́бо.

— Я хоте́ла бы снять кварти́ру.

— Каку́ю?

— Однокóмнатную (двухкóмнатную, трёхкóмнатную). Жела́тельно с ме́белью и телефо́ном. Не могли́ бы вы помо́чь мне?

— С удово́льствием.

— Мы хоте́ли бы арендова́ть помеще́ние для о́фиса.

— Како́е?

— Общей плóщадью 100 квадра́тных ме́тров. Жела́тельно в нóвом зда́нии, с автостоя́нкой и недалекó от метрó.

— Пожа́луйста, у нас есть подходя́щие вариа́нты.

Сравни́те:

снять	+	*что?* № 4
		кварти́ру
		кóмнату
		да́чу

арендова́ть	+	*что?* № 4	*аре́нда*	+	*чего́?* № 2
		о́фис			о́фис**а**
		помеще́ние			помеще́ни**я**
		склад			скла́д**а**
		за́городный дом			за́городн**ого** дó**ма**
		автомоби́ль			автомоби́л**я**
		маши́ну			маши́**ны**
		лóдку			лóд**ки**

снима́ть/снять (I гр.)

я	снима́ю	мы	снима́ем	он	снял
	сниму́		сни́мем		
ты	снима́ешь	вы	снима́ете	она́	сняла́
	сни́мешь		сни́мете		
он, она́, онó	снима́ет	они́	снима́ют	онó	снялó
	сни́мет		сни́мут	они́	сня́ли

арендова́ть (ова-/у-) (I гр.)

я	аренду́ю	мы	аренду́ем	он	арендова́л
ты	аренду́ешь	вы	аренду́ете	она́	арендова́ла
он, она́, онó	аренду́ет	они́	аренду́ют	онó	арендова́ло
				они́	арендова́ли

228

13. **Зако́нчите предложе́ния, употреби́в ну́жные глаго́лы.** • Using appropriate verbs, complete the sentences.

Снима́ть — снять, арендова́ть.

1. Ты давно́ ... э́ту кварти́ру?
2. Мы ... э́тот о́фис, потому́ что он понра́вился на́шим сотру́дникам.
3. Я не хочу́ ... э́ту кварти́ру, потому́ что она́ нахо́дится сли́шком далеко́.
4. Ра́ньше я ... ко́мнату в ста́ром зда́нии на Арба́те, а сейча́с ... на ю́го-за́паде Москвы́.
5. Вчера́ мой колле́га ... хоро́шую кварти́ру в це́нтре го́рода и недо́рого.
6. Ле́том я всегда́ ... да́чу. А в э́том году́ на́ша компа́ния ... за́городный дом.

14. **Находя́сь в аге́нтстве, вы случа́йно услы́шали разгово́р аге́нта по телефо́ну.** • Being in the agency, you happened to hear the agent's phone call.

а) **Догада́йтесь, что говори́л клие́нт.** • Guess what a client have asked about.

— ... ?
— Да, э́то аге́нтство «Недви́жимость-М».
— ... .
— Пожа́луйста. Где вы хоти́те арендова́ть помеще́ние?
— ... .
— В райо́не метро́ «Профсою́зная» у нас сейча́с ничего́ нет. Мо́жет быть, у метро́ «Университе́т»?
— ... ?
— 500 до́лларов квадра́тный метр в год.
— ... ?
— О́бщая пло́щадь 150 квадра́тных ме́тров. Помеще́ние в хоро́шем состоя́нии, по́сле ремо́нта.
— ... ?
— Мо́жно за́втра у́тром.
— ... .
— До свида́ния.
— ... .

б) **Как вы ду́маете, о чём ещё ну́жно бы́ло спроси́ть аге́нта?** • What other questions could you have asked?

15. **Прочита́йте диало́ги. Обрати́те внима́ние на делика́тную фо́рму выраже́ния предложе́ния.** • Read the dialogues. Pay attention to polite way of asking.

— Не хоти́те посети́ть наш стенд на вы́ставке?
— С удово́льствием.

— Не хоти́те посмотре́ть наш заво́д?
— Э́то как раз то, что я хоте́л сде́лать.

— Не хоти́те обсуди́ть э́то предложе́ние?
— Прости́те, но я сейча́с за́нят.

— Не хоти́те офо́рмить докуме́нты?
— Извини́те, но я сейча́с не могу́.

 16. **Прочита́йте электро́нные сообще́ния и напиши́те аналоги́чные.** • **Read messages and write your e-mail.**

От:	Orientals F. Harder [ask@crewstart.com]
Отправлено:	25 jrnz,hz 2011 г. 5:55
Кому:	All
Тема:	Сниму квартиру

Сниму 1–2 комнатную квартиру в Москве для себя.
Низ серой, оранжевой, красной ветки метро.
До $500.
Порядок и своевременную оплату гарантирую.
Агентствам просьба не беспокоить.
Тел.: (495) 788-63-55

От:	Евгений Леонидович [dzubpkk@aaa-calif.com]
Отправлено:	3 августа 2011 г. 14:56
Кому:	Alex
Тема:	Сниму квартиру

Организация снимет квартиры в Москве для своих сотрудников.

1–2 комн., в хорошем состоянии, рядом с метро, до $500,
на длительный срок. Не агентство.

Телефоны: 746-26-35, 299-18-20

17. **Соста́вьте диало́ги по анало́гии с упр. 15, испо́льзуя да́нные ни́же выраже́ния.** • **Make similar dialogues using the expressions.**

Моде́ль:
— Не хоти́те пообе́дать с на́ми?
— Вы о́чень любе́зны.

Офо́рмить разреше́ние, офо́рмить вид на жи́тельство, получи́ть лице́нзию, получи́ть страхово́й по́лис, продли́ть ви́зу, откры́ть счёт, вы́писать счёт, обсуди́ть усло́вия аре́нды

18. **Да́йте отве́т на ве́жливое предложе́ние.** • **Answer a polite offer.**

Моде́ль:
— Ва́ш дире́ктор не хо́чет отремонти́ровать о́фис?
— Да, наш дире́ктор давно́ хо́чет э́то сде́лать.

Господи́ну Чеснако́ву не хочется пообе́дать?
Вам не хо́чется кури́ть?
Твой води́тель не хо́тел бы купи́ть но́вую маши́ну?
Ва́шему ме́неджеру не хо́чется поменя́ть моби́льный телефо́н?
Тебе́ не хо́чется пое́хать в Санкт-Петербу́рг?
Твоему́ секретарю́ не хо́чется изуча́ть ру́сский язы́к?
Твое́й жене́ не хо́чется гото́вить?

19. Что вы скáжете в аналогúчной ситуáции? • What would you say in similar situation?

—Что вы хотéли бы посмотрéть в Москвé?
—Я хотéла бы посмотрéть автомобúльные завóды, автомагазúны, авторы́нки, автозапрáвки и стáнции автосéрвиса.

—Аллó.
—Дóбрый день.
—Я бы хотéл поговорúть с мéнеджером по продáжам.
—Егó сейчáс нет на мéсте, к сожалéнию.
—А вы не скáжете, когдá он бýдет?
—Позвонúте чéрез час. Что-нибýдь передáть емý?
—Передáйте, что звонúл Пирогóв.
—Повторúте, пожáлуйста, по бýквам.
—Пётр — Ивáн — Ромáн — Óльга — Глеб — Óльга — Владúмир.
—Спасúбо. Обязáтельно передáм.

Как вы́разить побуждéние к дéятельности другóго человéка • How to induce somebody to do something

—Вы мóжете сегóдня посмотрéть нáши образцы́?
—Да, я хочý, чтóбы вы их нам показáли.

Сравнúте:

А хóчет + инфинитúв
Онú хотя́т показáть нам образцы́.

А хóчет, чтóбы Б + прошéдшее врéмя
Мы хотúм, *чтóбы* **онú** показáли нам образцы́.

20. Поручúте вáшим сотрýдникам сдéлать то, что вы сáми не успевáете, испóльзуя дáнные выражéния. • You have no time to finish some work. Using the expressions, ask your collegues to help you.

Модéль:
• заместúтель — подписáть контрáкт
—Я бы хотéл, чтóбы мой заместúтель подписáл контрáкт.

Мéнеджер по реклáме — дать реклáму в газéте, начáльник трáнспортного отдéла — купúть нóвую машúну, начáльник охрáны — приобрестú нóвую охрáнную систéму, финáнсовый дирéктор — купúть дешёвое оборýдование.

21. Скажи́те, что господи́н Чесноко́в мо́жет сде́лать сам, а что он пору́чит своему́ ме́неджеру. Испо́льзуйте да́нные выраже́ния. • Say what Mr. Chesnokov can do himself and what he asks his manager to do. Use the following expressions.

Моде́ль:
• сдать биле́т в ка́ссу
— Господи́н Чесноко́в хо́чет, что́бы ме́неджер сдал биле́т в ка́ссу.

Снять двухко́мнатную кварти́ру, сдать биле́т, заброни́ровать но́мер в гости́нице, заказа́ть у́жин, размести́ть рекла́му, посмотре́ть катало́ги, встре́титься с аге́нтом, обменя́ть валю́ту, сфотографи́ровать э́ту у́лицу, есть, пить, кури́ть, спать.

22. Прочита́йте диало́ги. Что вы ска́жете в аналоги́чной ситуа́ции? • Read the dialogues. What would you say in similar situation?

На вы́ставке

— Прости́те, где мо́жно взять ва́ши рекла́мные материа́лы? Я хочу́ познако́миться с ва́шими стройматериа́лами.
— Вот, пожа́луйста, возьми́те, прочита́йте. Вы мо́жете уви́деть, что на́ша проду́кция са́мая совреме́нная и экологи́чная. А здесь мо́жно посмотре́ть катало́ги и образцы́.
— Спаси́бо. Мно́го бы́ло клие́нтов?
— Да, на вы́ставке мы заключи́ли 10 кру́пных контра́ктов. Ка́жется, э́то всё, что я хо́тел вам показа́ть.
— Благодарю́. Жела́ю вам успе́хов. Извини́те, а сейча́с нам хоте́лось бы посмотре́ть сте́нды други́х фирм.

23. а) Послу́шайте диало́г и скажи́те, где хо́чет рабо́тать претенде́нт на вака́нсию. • Listen to the dialogue and tell us where the applicant would like to work.

Приём на рабо́ту

— До́брое у́тро. Меня́ зову́т Соколо́в Алекса́ндр Влади́мирович. Я нача́льник отде́ла ка́дров. Вы Васи́лий Крыло́в?
— Да, э́то я. Здра́вствуйте.
— Вы хоти́те у нас рабо́тать? А что вы зна́ете о на́шей фи́рме?
— Я зна́ю, что ва́ша фи́рма «Комфо́рт» — э́то кру́пная ремо́нтно-строи́тельная компа́ния. Вы на́чали рабо́тать на росси́йском ры́нке 5 лет наза́д. Вы произво́дите и продаёте стройматериа́лы, занима́етесь ремо́нтом и строи́тельством.
— А каку́ю рабо́ту вы хоте́ли бы получи́ть? Кто вы по профе́ссии?
— Я инжене́р, хочу́ рабо́тать на ва́шей фи́рме.
— Да, в Росси́и мно́го инжене́ров... А где и кем вы сейча́с рабо́таете?
— В прое́ктном институ́те, гла́вным специали́стом.
— Ско́лько лет вы там рабо́таете?

— Ужé 10 лет, срáзу пóсле институ́та.
— Почему́ вы хоти́те поменя́ть рабóту?
— Мне не нрáвится зарплáта и услóвия рабóты, нет перспекти́вы.
— А каку́ю зарплáту вы хотéли бы получáть? Что вы мóжете дéлать?
— Всё. За 5000 дóлларов.

б) Как вы ду́маете, каки́е обя́занности мóжет выполня́ть Васи́лий на нóвой рабóте? ● **What duties you think Vasili can be responsible for at his new work?**

в) Как по-вáшему, начáльник кáдров вы́берет егó кандидату́ру? Почему́? ● **Do you think head of personnel department is going to hire Vasili? Explain "why".**

24. Прочитáйте письмó из компáнии и скажи́те, что хотéла г-жа Ивáнова. ● **Read the letter from the company and say what Ms. Ivanova wanted.**

 **STATOIL**

Норвежская государственная
нефтяная компания Статойл
Представительство в РФ

Госпоже А. Ивановой
117437 Москва
ул. Арцимовича 2-2-55

Адрес: Россия,
          103051 Москва
          Цветной бульвар, 16/1
Телефон: (495) 967-38-18
Факс: (495) 967-38-25

11.07.2010

Уважаемая госпожа Иванова!

Мы благодарим Вас за письмо от 07.07.2010, а также за интерес, проявленный к компании «Статойл».
К сожалению, в настоящее время в Представительстве государственной нефтяной норвежской компании «Статойл» отсутствуют вакансии.
Направляем Вам пакет документов, отправленный Вами 7.07.2010 г.

С уважением,   Пер Линдберг

Как вы́разить необходи́мость • How to express necessity

> — Мы хоти́м получи́ть лице́нзию. Что мы должны́ де́лать?
> — Вам ну́жно обрати́ться в Лицензио́нную пала́ту.

Сравни́те:

	Кто? № 1			*Кому?* № 3
Мы	*должны́* + инф.		Нам	*на́до* + инф.
				ну́жно
				необходи́мо

Запо́мните:

он	*до́лжен*	был		ему́		
она́	*должна́*	была́	бу́дет	ей	*ну́жно*	бы́ло
оно́	*должно́*	бы́ло		ему́		бу́дет
они́	*должны́*	бы́ли	бу́дут	им		

25. Посмотри́те ещё раз расписа́ние на неде́лю г-на Чесноко́ва (упр. 19, с. 23) и скажи́те, что ему́ ну́жно бы́ло сде́лать на про́шлой неде́ле? • Look through Mr. Chesnokov's week schedule once again (ex. 19, p. 23) and say what he had to do last week.

Моде́ль:

• Пн. 8.00 — ру́сский язы́к
— В понеде́льник в 8 часо́в господи́ну Чесноко́ву ну́жно бы́ло занима́ться ру́сским языко́м.

26. Скажи́те, что вам ну́жно (на́до) купи́ть в да́нных ситуа́циях. • Say what stuff you need to buy in the following situation.

Моде́ль:

• На у́лице дождь, а вы потеря́ли зо́нтик.
— Мне на́до купи́ть но́вый зо́нтик.

На́чали изуча́ть ру́сский язы́к; лю́бите смотре́ть телеви́зор, но у вас его́ нет; давно́ не чита́ли газе́т на родно́м языке́; не лю́бите гото́вить; нет электро́нной по́чты; у вас высо́кая температу́ра, вы больны́.

27. Вы́берите зака́зчиков и отве́тьте на вопро́сы, испо́льзуя да́нные ни́же слова́. • Choose the customers and answer questions using the words.

Моде́ль:

— Кому́ я должна́ отпра́вить э́ти докуме́нты?
— Отпра́вьте их, пожа́луйста, исполни́тельному дире́ктору фи́рмы «Фе́никс».

Кому́ мне на́до отпра́вить письмо́ (факс, сообще́ние, ко́пию докуме́нтов)?

Кому́ я должна́ сообщи́ть о встре́че (о переговóрах, о реше́нии, о поста́вке, об измене́нии контра́кта)?

Фина́нсовый дире́ктор, гла́вный бухга́лтер, ста́рший касси́р, представи́тель компа́нии, зака́зчик, покупа́тель, поставщи́к, ауди́тор, води́тель.

28. Расскажи́те о свои́х должностны́х обя́занностях и об обя́занностях ва́ших колле́г, испо́льзуя да́нные выраже́ния. • **Speak about your and your collegues' duties using given expressions:**

Моде́ль:
— Я до́лжен *найти́* помеще́ние под о́фис. (св)
— Мне то́же на́до бы́ло *иска́ть* помеще́ние под о́фис. (нсв)

Отпра́вить (рассмотре́ть) запро́с; сде́лать (приня́ть, отклони́ть, подтверди́ть) предложе́ние; изучи́ть (обсуди́ть, согласова́ть) усло́вия контра́кта; подгото́вить (переда́ть, обсуди́ть) прое́кт контра́кта.

29. Отве́тьте на вопро́сы по образцу́. • **Answer questions following the pattern.**

Моде́ль:
— Ста́рший касси́р *до́лжен* оплати́ть счёт?
— Да, ста́ршему касси́ру *ну́жно* сро́чно оплати́ть счёт.

Ва́ше предприя́тие должно́ арендова́ть склад?
Секрета́рь должна́ приобрести́ креди́тную ка́рточку?
Перево́дчик до́лжен перевести́ текст контра́кта на ру́сский язы́к?
Исполни́тельный дире́ктор до́лжен посмотре́ть помеще́ние под о́фис?
Ваш води́тель до́лжен позвони́ть на автосе́рвис?
Офис-ме́неджер до́лжен снять на ле́то за́городный дом?
Гла́вный инжене́р до́лжен вы́брать стройматериа́лы?

30. Скажи́те, куда́ необходи́мо обрати́ться в да́нных ситуа́циях. • **Say where you should apply to in the following situations.**

Моде́ль:
— Как мо́жно получи́ть груз «Ка́рго»?
— Я ду́маю, вам ну́жно обрати́ться в тра́нспортную компа́нию.

пра́вильно офо́рмить нало́говые докуме́нты
получи́ть лице́нзию на де́ятельность фи́рмы
получи́ть кру́пный креди́т
дать рекла́му
получи́ть сове́т юри́ста
получи́ть ви́зу в Росси́ю

юриди́ческая фи́рма
нало́говая инспе́кция
рекла́мное аге́нтство
Лицензио́нная пала́та
комме́рческий банк
росси́йское ко́нсульство

Запо́мните:

Кому́? № 3		Кто? Что? № 1	
Мне	*ну́жен*	води́тель, сове́т	(муж. р.)
	нужна́	лице́нзия	(жен. р.)
	ну́жно	разреше́ние	(ср. р.)
	нужны́	аге́нты, гара́нтии	(мн. ч.)

31. **Вы́ясните потре́бности ва́шего колле́ги, испо́льзуя да́нные слова́.** • **Using given words, find out what your colleague needs.**

Моде́ль:
— Вам нужна́ на́ша консульта́ция?
— Да, нужна́. (Нет, не нужна́.)

На́ша по́мощь, наш сове́т, но́вый автомоби́ль, просто́рный склад, большо́е помеще́ние, совреме́нное обору́дование, удо́бный о́фис, двухко́мнатная кварти́ра, профессиона́льный води́тель, но́вая маши́на, хоро́ший перево́дчик, синхро́нный перево́д, о́пытный секрета́рь, надёжный партнёр, вы́годные клие́нты.

32. **Попроси́те и да́йте сове́т, испо́льзуя да́нные ни́же выраже́ния.** • **Ask for advice or give advice using the expressions below.**

Моде́ль:
— Мне ну́жен ваш сове́т (посове́туйте, да́йте сове́т), как мо́жно снять кварти́ру?
— Сове́тую вам (вам ну́жно) обрати́ться в риéлторскую фи́рму.

Приобрести́ факс, установи́ть электро́нную по́чту, отремонти́ровать компью́тер, подключи́ть ещё оди́н моби́льный телефо́н, получи́ть прямо́й моско́вский но́мер, измени́ть тари́ф телесвя́зи, подключи́ть беспроводно́й Интерне́т, оплати́ть моби́льный терефо́н.

33. **Послу́шайте диало́г и отве́тьте на вопро́сы.** • **Listen to the dialogue and answer questions.**

а) **Как мо́жно зарегистри́ровать фи́рму?** • **How can a firm be registered?**

— Скажи́те, пожа́луйста, как я могу́ зарегистри́ровать фи́рму?
— Снача́ла вам ну́жно офо́рмить докуме́нты, а пото́м обрати́ться с ни́ми в ра́зные организа́ции. Вы мо́жете сде́лать э́то са́ми, но лу́чше обрати́ться в юриди́ческую фи́рму. В пе́рвом слу́чае — деше́вле, но ну́жно тра́тить вре́мя, а во второ́м – быстре́е, но на́до тра́тить де́ньги.

б) **А что вы предпочита́ете?** • **What do you prefer?**

34. Что вы ска́жете в аналоги́чной ситуа́ции? • What would you say in similar situation?

Телефо́нный разгово́р

— Извини́те, отку́да я могу́ позвони́ть?
— Там, на пе́рвом этаже́ есть телефо́н.
— Господи́н Петро́в, у вас нет телефо́нной ка́рточки?
— Вам не нужна́ телефо́нная ка́рточка. Вы мо́жете позвони́ть беспла́тно.
— Прекра́сно! Спаси́бо.

Акклиматиза́ция

— Кака́я ужа́сная пого́да! Ка́ждый день идёт дождь. Вчера́ был до́ждь, сего́дня опя́ть чёрные ту́чи. Я не люблю́ дождли́вую пого́ду.

— А мне нра́вится така́я пого́да. Свежо́, хо́чется глубоко́ дыша́ть.

— Вам не хо́лодно? Закры́ть окно́?

— Спаси́бо, не на́до.

— А у вас сейча́с кака́я пого́да?

— На про́шлой неде́ле бы́ло тепло́, со́лнечно. Но о́сенью то́же ча́сто идёт дождь, а в октябре́ да́же снег. Но до́ма мне не нужна́ тёплая зи́мняя ша́пка и шу́ба.

— Ничего́. Лю́ди говоря́т: «У приро́ды нет плохо́й пого́ды».

В парикма́херской

— Что вы хоти́те?
— Мне ну́жно постри́чься.
— Не хоти́те уложи́ть фе́ном?
— Да, пожа́луйста.
— Вот и всё. Вам нра́вится?
— Да, вполне́.
— С вас 850 рубле́й.
— Где я могу́ заплати́ть?
— Мо́жно мне.
— Благодарю́ вас. Вот 900 рубле́й. *Сда́чи* не на́до.

В магази́не «Свет»

— Покажи́те, пожа́луйста, насто́льную ла́мпу!
— Каку́ю вам?
— Вон ту, чёрную.

— Пожа́луйста.

— А ещё покажи́те, пожа́луйста, вентиля́тор.

— Како́й вам?

— Вот э́тот, напо́льный, за ты́сячу рубле́й.

— Пожа́луйста.

— Вы́пишите, пожа́луйста, това́рный счёт и да́йте мне ка́ссовый чек.

— Вот това́рный счёт, вам ну́жно оплати́ть его́ в ка́ссе. Там же вы должны́ получи́ть и ка́ссовый чек.

В универма́ге

— До́брый день. Могу́ я вам помо́чь? Что вы хоти́те?

— Бу́дьте любе́зны, мне хоте́лось бы посмотре́ть э́то кольцо́.

— Како́й вам ну́жен разме́р?

— То́чно не зна́ю. Мо́жно семна́дцатый.

— Вот, пожа́луйста, 17,5 (семна́дцать с полови́ной)

— Мо́жно приме́рить?

— Коне́чно.

— Де́вушка, извини́те, мо́жно вас?

— Да, пожа́луйста.

— Вы не могли́ бы приме́рить э́то кольцо́?

— С удово́льствием. Краси́вое коле́чко. Да́же не хо́чется снима́ть.

— Вам нра́вится?

— Очень. Вообще́ я люблю́ украше́ния. Я ча́сто быва́ю в э́том универма́ге.

— Вы арти́стка?

— Нет, я манеке́нщица.

— И вы рабо́таете ка́ждый день?

— Да, почти́ ка́ждый день я ме́ряю но́вые украше́ния, но ре́дко покупа́ю их.

— И вам нра́вится ва́ша рабо́та?

— Да, нра́вится. А вам нра́вится э́то кольцо́?

— Коне́чно!

— Тогда́ сове́тую вам купи́ть его́ побыстре́е...

35. **a) Послу́шайте диало́г и скажи́те, каки́е вопро́сы обсужда́ли уча́стники перегово́ров.** •
Listen to the dialogue and say what questions were discussed by the participants of the talks.

На перегово́рах

— Господа́! Сего́дня мы сде́лали о́чень мно́го: согласова́ли все серьёзные вопро́сы, обсуди́ли созда́ние фо́ндов на́шего СП, налогообложе́ние, страхова́ние иму́щества и персона́ла.

— Да, господи́н Чесноко́в. Но я хоте́л бы вы́яснить ещё оди́н вопро́с — э́то поря́док управле́ния СП. Я ду́маю, что мы могли́ бы созда́ть правле́ние, дире́кцию и ауди́торскую слу́жбу.

— Господи́н Петро́в, мне необходи́мо обсуди́ть ва́ше предложе́ние с на́шим руково́дством.

— Господи́н Чесноко́в, вы уже́ получи́ли катало́ги с образца́ми на́шей о́фисной ме́бели?

— Да. В це́лом нам нра́вится ва́ша проду́кция. Это то, что на́до. Одна́ко мы не мо́жем согласи́ться с ва́шими це́нами и усло́виями поста́вки.

— Дава́йте обсу́дим э́ти вопро́сы.

— Скажи́те, не могли́ бы вы сни́зить це́ны?

— Ду́маю, что э́то невозмо́жно. На́ши це́ны нахо́дятся на у́ровне мировы́х цен. В любо́м слу́чае для э́того нужна́ по́дпись комме́рческого дире́ктора.

— А мо́жно уско́рить отпра́вку ме́бели и оргте́хники?

— К сожале́нию, я не могу́ дать вам отве́т пря́мо сейча́с. Мне на́до прове́рить накладны́е.

— Ме́бель ме́белью, а куда́ её ста́вить? Вы, господи́н Петро́в, уже́ нашли́ ме́сто для о́фиса?

— Да, нам о́чень повезло́. Мы нашли́ совреме́нное зда́ние.

— Вы его́ арендова́ли?

— Нет, купи́ли.

— А где оно́ нахо́дится?

— На юго-за́паде Москвы́. Ря́дом с метро́, есть подзе́мный гара́ж, но нужна́ дополни́тельная автостоя́нка.

— Прекра́сно, мне нра́вится ваш вы́бор.

— Мы хоти́м, что́бы вы при́няли э́то зда́ние как на́шу часть в уста́вный капита́л. Кста́ти, мы мо́жем его́ посмотре́ть пря́мо сейча́с. Господа́, кто хо́чет посмотре́ть помеще́ния на́шего бу́дущего о́фиса?

— Мы, с удово́льствием.

— Я то́же. Но снача́ла мне ну́жно дозвони́ться в тра́нспортный отде́л и узна́ть о доста́вке ме́бели. Подожди́те меня́ мину́тку. А там мо́жно фотографи́ровать?

— Коне́чно, везде́: и о́коло зда́ния, и в помеще́ниях. Не забу́дьте взять фотоаппара́т. Вы с на́ми, господи́н Чесноко́в?

— Жаль, не могу́. За́втра у меня́ командиро́вка в Ни́жний Но́вгород. Мне на́до купи́ть биле́т и собра́ться.

— Ната́ша, а где Серге́й? Вы ви́дели води́теля сего́дня?

— Нет. А ра́зве он уже́ верну́лся из о́тпуска? Сего́дня у́тром был Генна́дий.

— Но Серге́й то́же до́лжен быть на рабо́те сего́дня. Е́сли уви́дите его́, скажи́те, что он мне сро́чно ну́жен. Идёмте!

б) Скажи́те, как партнёры хотя́т управля́ть СП. • Explain how the partners are going to manage a joint venture.

в) Каки́е у них бы́ли сло́жности в приобрете́нии о́фисной ме́бели? • What difficulties they faced while buying office furniture?

г) Како́е помеще́ние они́ нашли́ для о́фиса? • What type of room have they found for their office?

д) Почему́ г-н Чесноко́в не мог пое́хать со все́ми посмотре́ть о́фис? • Why Mr. Chesnokov could not come to see the office together with everybody?

Как вы́разить цель • How to express purpose

— Заче́м ты звони́л мне вчера́?
— Хоте́л посове́товаться. Мне ну́жно снять кварти́ру.
— Для того́ что́бы снять кварти́ру, ну́жно обрати́ться в аге́нтство.

Запо́мните:

Заче́м?

| **Что́бы (для того́ что́бы)** | + инф., | **ну́жно** | + инф. |
| Что́бы | снять кварти́ру, | ну́жно | обрати́ться... |

Обрати́те внима́ние:

обраща́ться (I гр.) — *обрати́ться* (II гр.) + *куда́?* **№ 4**

36. Скажи́те, заче́м ну́жно обрати́ться в да́нные организа́ции? • Say why it was necessary to address these organizations?

Моде́ль:

• страхова́я компа́ния
— Для того́ что́бы получи́ть медици́нскую страхо́вку, тебе́ ну́жно обрати́ться в страхову́ю компа́нию.

Для того́ что́бы заплати́ть нало́ги,	Лицензио́нная пала́та
Для того́ что́бы получи́ть креди́т,	ко́нсульство
Для того́ что́бы получи́ть ви́зу,	комме́рческий банк
Для того́ что́бы получи́ть лице́нзию,	нало́говая инспе́кция

37. **Посове́туйте, куда́ необходи́мо обрати́ться с да́нной це́лью.** • **Recommend where one should go to in this case.**

Моде́ль:

• получи́ть междунаро́дные води́тельские права́ — обрати́ться в ГИБДД
— Для того́ что́бы получи́ть междунаро́дные води́тельские права́, вам необходи́мо обрати́ться в ГИБДД.

откры́ть фи́рму	банк
взять креди́т	юриди́ческая конто́ра
получи́ть лице́нзию	«Связно́й»
продли́ть ви́зу	Лицензио́нная пала́та
откры́ть счёт в ба́нке	сберка́сса
подключи́ть моби́льный телефо́н	ко́нсульство

38. **Послу́шайте телефо́нный разгово́р г-на Ки́ма с г-ном Петро́вым.** • **Listen to Mr. Kim and Mr. Petrov speaking on the phone.**

a) **Скажи́те, что ну́жно сде́лать, что́бы снять кварти́ру.** • **Say what you should do to rent a flat.**

— Алло́, э́то Алекса́ндр?

— Да, э́то я. Слу́шаю.

— До́брый день. Э́то говори́т Ин Чул.

— Здра́вствуй! А я тебя́ не узна́л. Как дела́?

— Спаси́бо, всё в поря́дке. Но, как всегда́, мне ну́жен твой сове́т.

— А что случи́лось?

— Да ничего́ осо́бенного. Про́сто хочу́ снять кварти́ру и не зна́ю, с чего́ нача́ть. Куда́ мне обрати́ться? Сам понима́ешь — в гости́нице до́рого и не о́чень удо́бно. Тем бо́лее — прие́хала жена́, и э́то ей совсе́м не нра́вится.

— Ещё бы! Зна́ешь, у тебя́ две возмо́жности: спроси́ть знако́мых, то есть снять кварти́ру че́рез знако́мых, и́ли обрати́ться в аге́нтство.

— А что лу́чше?

— Ду́маю, че́рез знако́мых.

Позвони́ть по по́воду аре́нды кварти́ры
232.0099

— К сожале́нию, у меня́ их почти́ нет. Не мо́жешь мне помо́чь?

— Коне́чно, о чём разгово́р? Но снача́ла сове́тую тебе́ всё-таки позвони́ть в аге́нтство и узна́ть, что они́ мо́гут тебе́ предложи́ть (что у них есть). Их телефо́ны есть в любо́й рекла́мной газе́те. Кста́ти, и в той газе́те, что я тебе́ дал вчера́.

— Извини́, но я хочу́, что́бы ты позвони́л им. Я пло́хо понима́ю по-ру́сски, когда́ говорю́ по телефо́ну. Прости́, что помеша́л тебе́.

— Каки́е мо́гут быть извине́ния! Всегда́ рад тебе́ помо́чь. Тогда́ нам ну́жно за́втра встре́титься и всё обсуди́ть.

— Спаси́бо. До свида́ния.

— Не за что. До за́втра.

б) **Послу́шайте диало́г ещё раз и отве́тьте на вопро́сы. • Listen to the dialogue once more and answer questions:**

Кому́ и заче́м позвони́л г-н Ким?
Где сейча́с живёт г-н Ким?
Почему́ он хо́чет снять кварти́ру?
Что посове́товал ему́ г-н Петро́в?

в) **Как вы ду́маете, что рассказа́л г-н Петро́в об э́том звонке́ свое́й жене́? • What do you think Mr. Petrov has told his wife about that phone call?**

39. a) **На сле́дующий день г-н Ким всё-таки позвони́л в риѐлторское аге́нтство. Послу́шайте э́тот телефо́нный разгово́р и скажи́те, что предложи́ли г-ну Ки́му. • Mr. Kim has called an estate agency the following day. Listen to the phone conversation and say what Mr. Kim has been offered.**

— До́брый день, э́то аге́нтство недви́жимости «Аре́нда»?

— Да, мы вас слу́шаем.

— Я хоте́л бы снять кварти́ру...

— Мину́точку, поговори́те с аге́нтом.

— Здра́вствуйте, меня́ зову́т Никола́й. Вы хоти́те купи́ть и́ли прода́ть?

— Ни то ни друго́е. Мне на́до снять кварти́ру.

— Поня́тно. Каку́ю кварти́ру вы хоти́те снять?

— Мне нужна́ двухко́мнатная, на ю́го-за́паде Москвы́, ря́дом с метро́.

— Мы мо́жем предложи́ть вам прекра́сную кварти́ру недалеко́ от метро́ «Университе́т».

— А ско́лько она́ сто́ит?

— 1000 до́лларов в ме́сяц.

— Э́то сли́шком до́рого.

— А ско́лько вы могли́ бы плати́ть?

— Не бо́льше чем 700.

— Извини́те, вам не повезло́. Ещё на про́шлой неде́ле у нас была́ хоро́шая кварти́ра, но её уже сня́ли.

— Ну что же, о́чень жаль. Спаси́бо. До свида́ния.

— Звони́те, пожа́луйста, ещё. У нас ка́ждый день быва́ет но́вая информа́ция.

б) Что рассказа́л на сле́дующий день г-н Ким колле́ге г-ну Петро́ву об э́том звонке́? Продо́лжите его́ расска́з. • What has Mr. Kim told his colleague Mr. Petrov about his phone call next day? Continue his story.

— Ты зна́ешь, вчера́ я всё-таки позвони́л в аге́нтство. У них...

в) Предста́вьте, что вам ну́жно снять кварти́ру, поговори́те с аге́нтом по телефо́ну, испо́льзуя да́нные слова́. • Imagine you need to rent a flat. Call an agent using the words given below.

Недалеко́ от рабо́ты; в це́нтре; ря́дом с метро́ «Беля́ево»; на юго-за́паде (за́паде, ю́ге, се́вере, восто́ке) Москвы́; телефо́н, ме́бель, бытова́я те́хника, охра́на, гара́ж и́ли стоя́нка; однокомнатная; балко́н.

40. а) По вечера́м Тама́ра обы́чно вспомина́ет всё, что случи́лось с ней днём, и пи́шет об э́том в своём дневнике́. Она́ счита́ет, что сего́дня у неё был тру́дный день. А как вы ду́маете? • In the evenings Tamara remembers the whole day and describes it in her diary. She considers that this day has been rather complicated. What do you think about that?

ПОНЕДЕ́ЛЬНИК — ДЕНЬ ТЯЖЁЛЫЙ

Сего́дня понеде́льник, 13-е число́. Мо́жет быть, поэ́тому у меня́ был о́чень тру́дный день. Наконе́ц он зако́нчился, и я могу́ отдохну́ть.

Неприя́тности начали́сь у́тром — у меня́ останови́лся буди́льник: ко́нчилась батаре́йка. Из-за э́того я да́же не поза́втракала и чуть не опозда́ла на рабо́ту.

Коне́чно, в 9 утра́ я была́ в о́фисе, но чего́ мне э́то сто́ило! В 9.15 у меня́ была́ ва́жная встре́ча. Неда́вно мы про́дали па́ртию това́ра фи́рме «Восто́к», и их представи́тель хоте́л подписа́ть но́вый догово́р.

Обы́чно по понеде́льникам у нас быва́ют совеща́ния. Сего́дня шеф был о́чень недово́лен. Он сказа́л, что мы непра́вильно офо́рмили нало́говые докуме́нты и у нас бы́ли пробле́мы в нало́говой инспе́кции. Ду́маю, на́шему фина́нсовому дире́ктору ну́жно иска́ть но́вую рабо́ту.

По́сле совеща́ния я весь ве́чер звони́ла в юриди́ческую фи́рму, но так и не дозвони́лась: бы́ло уже по́здно. Я хоте́ла узна́ть, как мо́жно перерегистри́ровать на́шу фи́рму. Это зада́ние я получи́ла ещё в пя́тницу. Мне повезло́, что шеф забы́л меня́ спроси́ть об э́том.

Шеф сказа́л, что мы должны́ снять но́вое помеще́ние под о́фис. Он хо́чет, чтобы э́тим то́же занима́лась я. Для того́ что́бы арендова́ть помеще́ние, ну́жно обрати́ться в

агéнтство. Так я и сдéлала. В агéнтстве мне предложи́ли два помещéния, и сегóдня я их посмотрéла. К сожалéнию, они́ мне не понрáвились. Однó óчень дóрого стóит, а вторóе нахóдится так далекó, что я хотéла спроси́ть: «Почемý мы éдем в Подмоскóвье?»

В 3 часá я хотéла быть на вы́ставке «Комтэк-2011». Сегóдня был послéдний день её рабóты. К сожалéнию, я былá там тóлько час и посмотрéла всё бы́стро, невнимáтельно. Как говори́тся, «галóпом по Еврóпам».

Мы договори́лись встрéтиться с Петрóвым, но я опоздáла. Потóм я снóва вернýлась в óфис, потомý что забы́ла отпрáвить фáксы.

И вот наконéц я дóма. Рабóтает телеви́зор, но я ничегó не ви́жу, не слы́шу и не понимáю. Я ýжинаю, обéдаю и зáвтракаю одноврéменно. Моя́ подрýга говори́т, что так жить нельзя́: нáдо рабóтать, чтóбы жить, а не жить, чтóбы рабóтать.

Мне кáжется, что онá прáва. Я óчень устáла, хочý спать… и мне ужé не нужнá моя́ большáя зарплáта.

б) **Прочитáйте текст ещё раз и скажи́те, что сдéлала за день Тамáра и чего онá сдéлать не смоглá.** • Read the text one more time and say what Tamara has done and what she has not been able to do during the day.

в) **Предстáвьте себé, что вы — шеф Тамáры. Довóльны ли вы её рабóтой? Что вы мóжете о ней сказáть?** • Imagine that you are Tamara's boss. Are you pleased with the results of her work? What can you say about her?

г) **Как ещё мóжно охарактеризовáть день, о котóром рассказáла Тамáра? Испóльзуйте словá.** • How successful is the day Tamara has described? Use the following words.
Хорóший, плохóй, удáчный, неудáчный

д) **Что вы дéлали в понедéльник? Какóй день был у вас сегóдня?** • What did you do on Monday? How was your day today?

Контрóльные задáния

Побесéдуем • Communicative practice

1. **Вы собирáетесь откры́ть óфис в Москвé, вам нýжен секретáрь. Проведи́те интервью́ с претендéнтом на вакáнсию.** • You are about to open a new office in Moscow. You need a secretary. Conduct an interview with an applicant.

2. **Позвони́те своемý потенциáльному закáзчику и предложи́те емý приéхать на склад, так как он хотéл бы посмотрéть мéбель для óфиса, котóрую его фи́рма собирáется у вас заказáть. Расскажи́те емý, где располóжен склад, договори́тесь о встрéче.** • Call your potential customer and ask him to visit your warehouse because he wanted to buy some furniture for his office. Tell him where the warehouse is located and make arrangements for the meeting.

3. **Прочитáйте объявлéния, электрóнное сообщéние и скажи́те, какóе жильё вы хотéли бы снять и почемý.** • Read advertisements, e-mail message and explain what type of housing you would like to rent.

СДАЁТСЯ

От:	«Квартиры» ‹acme@forum.dk›
Кому:	Пирогов Б. ‹pirogov@ubs.ru›
Отправлено:	30 августа 2011 г. 1:29
Тема:	Сдаю в аренду недорогие квартиры

Аренда квартир в Москве — новые варианты за сегодня

1. Огромный выбор в любом районе
2. Оплата после заселения
3. Гарантия от досрочного выселения
4. Цена не меняется в течение всего договора
5. Подбор и показ любых вариантов — бесплатно!

Заказы на подбор квартир принимаем по тел.: 101-14-30

Цены на квартиры в настоящее время:

Районы	1 кв	2 кв	3 кв
Центр	от 500 до 1000	от 650 до 1500	от 1300 до 2500
Юго-Запад, Запад и Северо-Запад	от 400 до 600	от 550 до 700	от 750 до 1800
Север, Северо-Восток и Юг	от 400 до 550	от 550 до 650	от 700 до 1500
Восток и Юго-Восток	от 400 до 500	от 530 до 600	от 650 до 1200
Ближнее Подмосковье	от 250 до 350	от 400 до 450	от 450 до 600

Каталог «горящих» поступлений за сегодня:

1. Семеновская, 420
ул. Пр-т Буденного, 7/14эт., комн. 19, кухня 11, телефон, балкон, мебель.

1. Октябрьское Поле, 420
ул. Расплетина, 3/9эт., комн. 19, кухня 7, телефон, мебель.

1. Пролетарская, 500
ул. Симоновский Вал, 6/9эт., комн. 18, кухня 9, после косм. ремонта, мебель.

1. Марьино, 500
Новочеркасский б-р, 14/17эт., комн. 20, кухня 9, застекленный балкон, после ремонта, мягкая мебель, кухонный гарнитур.

1. Царицыно, 530
ул. Бирюлевская, 15/17эт., комн. 20, кухня 8, стеклопакеты, мебель, кухня, техника.

1. Каховская, 500
ул. Керченская, 6/14эт., комн. 20, кухня 10, застекленная лоджия, мебель, встроенная кухня, техника.

2. Свиблово, 550
ул. Молодцова, 4/5эт., комн. 17-12, кухня 6, из мебели только кухня, вся бытовая техника.

2. Пр-т Вернадского, 600
ул. Лобачевского, 3/5эт., комн. 18-12, кухня 7, после ремонта, телефон, мебель, кухонный гарнитур, вся бытовая техника.

2. Октябрьское Поле, 600
ул. М. Тухачевского, 2/9эт., комн. 18-10, кухня 6, после ремонта, застекленная лоджия, есть вся необходимая мебель.

2. Алтуфьево, 600
Шенкурский пр., 11/12эт., комн. 19-12, кухня 8, мет. дверь, балкон, мебель.

2. Пражская, 600
Востряковский пр., 3/9эт., комн. 18-10, кухня 7, везде гарнитуры, вся бытовая техника.

3. Водный Стадион, 650
ул. Лавочкина, 4/9 эт., комн. 16-14-12, кухня 8, телефон, балкон, мебель гарнитурная.

Обращайтесь: 101-14-30
Пишите на адрес augkv@bonbon.net

а)

Сдаю 2-х комнатную квартиру со всеми удобствами в новом районе в 10 (десяти) минутах ходьбы от станции метро «Беляево» — 4-й этаж, лифт, домофон, мусоропровод, телефон, б/балк., санузел раздельный. Звонить по телефону 336-66-60.

б)

Сдаю квартиру недорого. Экологически чистый юго-западный район Москвы, рядом лес; три комнаты, с/у раздельный, с балк., 5-й этаж 12-этажного дома. Остановка автобуса рядом с домом. Тел. 411-13-13. Спросить Наташу.

в)

Сдаю или продаю прекрасную четырёхкомнатную квартиру (250 кв. м) в новом элитном доме на Арбате (зимний сад, подземный гараж, охрана). Дорого, оформление покупки за мой счёт. Тел. 203-45-78.

г)

Сдаю комнату в коммунальной квартире с одним соседом без вредных привычек. Центр, рядом с метро, большая кухня, ванная, все удобства, мебель. Звонить вечером: 337-00-40.

4. Расскажи́те, снима́ют ли ва́ши знако́мые жильё, каки́е кварти́ры. • Say what type of housing your friends rent.

5. Ваш но́вый колле́га хо́чет снять кварти́ру. Что вы ему́ посове́туете? • Your new colleague would like to rent a flat. Give him advice.

6. Вы хоти́те снять помеще́ние для о́фиса в Москве́. Позвони́те в риелторскую компа́нию и вы́ясните, какова́ пло́щадь помеще́ния, в како́м оно́ состоя́нии, есть ли ме́бель, телефо́н и друга́я оргте́хника. Узна́йте а́дрес, договори́тесь о встре́че, что́бы посмотре́ть помеще́ние. • You would like to rent an office in Moscow. Call an estate agency and ask in details about its size, its condition. Does it have any furniture, a telephone and any other equipment? Ask for its address; make arrangements about seeing the place.

7. Ваш знако́мый неда́вно прие́хал в Росси́ю. Он хо́чет откры́ть в Москве́ торго́вый дом. Ему́ ну́жен ваш сове́т: что ну́жно сде́лать, что́бы зарегистри́ровать фи́рму, арендова́ть помеще́ние под о́фис (магази́н, склад). • Your friend has arrived in Moscow recently. He is going to open a new shopping center. He needs your advice: what is necessary to do to register his firm, to rent the house for his office (shop or warehouse).

8. Ваш колле́га неда́вно живёт в Москве́. Объясни́те ему́, куда́ ну́жно обрати́ться (позвони́ть) в э́кстренных слу́чаях. • Your friend has come to Moscow recently. Explain to him where he should address to in case of emergency.

Э́КСТРЕННЫЕ СЛУ́ЧАИ

	Ну́жно сказа́ть		*Ну́жно обрати́ться*
1. Пожа́р	У меня́	пожа́р ого́нь (возгора́ние) дым (задымле́ние)	01
2. Электри́чество	У меня́ нет	све́та электри́чества	в жили́щную контору (ЖЭК)
3. Отопле́ние	У меня́	не то́пят хо́лодно	в ЖЭК
4. Водопрово́д	У меня́ нет	холо́дной воды́ горя́чей	в ЖЭК
5. Кра́жа, разбо́й	У меня́	укра́ли + *что?* № 4 па́спорт де́ньги це́нности ве́щи бага́ж откры́ли дверь слома́ли сигнализа́цию	в мили́цию — 02 в посо́льство

6. Болезнь	Меня	ударили избили	03 травмопункт
	У меня	высокая температура 37,6 (тридцать семь и шесть)	03
		грипп насморк кашель	поликлиника больница
		очень	высокое низкое болит	давление	сердце голова горло желудок

* Оплата услуг	Сколько	это стоит? с меня?	банкомат обменный пункт
	У меня	нет	рублей наличных денег	
	Можно	доллары? кредитную карточку?	

9. **Расскажите об удачном (неудачном) дне своей жизни.** • **Speak about successful and unsuccessful day of your life.**

10. **Позвоните вашему коллеге и узнайте, как у него прошёл день.** • **Call your friend and ask him about how successful his day has been.**

11. **Понедельник, 13-е число... А вы верите в приметы? Согласны ли вы с тем, что если день хорошо начался, он обязательно хорошо закончится? Какие приметы существуют в вашей стране?** • **It is Monday, 13. Do you believe in omens? Do you agree that good beginning brings successful finishing? What omens does your country have?**

12. **Ваш коллега жалуется, что он плохо себя чувствует. Дайте ему несколько советов, как можно улучшить своё здоровье.** • **Your colleague doesn't feel well. Give him some advice how to improve his health.**

13. Согла́сны ли вы с э́тими карти́нками? • Do you agree with the pictures? (см./see e-mail attachment)

СОТРУ́ДНИКИ СТА́РШЕ 30 ЛЕТ

понеде́льник вто́рник среда́ четве́рг пя́тница

СОТРУ́ДНИКИ МЛА́ДШЕ 30 ЛЕТ

понеде́льник вто́рник среда́ четве́рг пя́тница

По кра́йней ме́ре, в сре́ду они́ понима́ют друг дру́га.

14. Прочита́йте, улыбни́тесь… и расскажи́те колле́гам. • Read, smile… and share with your colleagues.

ПРЕДЛОЖЕ́НИЕ

Наконе́ц-то он сде́лал ей предложе́ние. Она́ засмея́лась:

— Вы хоти́те жени́ться на мне?

— Да, — отве́тил он.

— Но вы зна́ете меня́ то́лько три дня!

— Ошиба́етесь. Я уже́ два го́да рабо́таю в ба́нке, где ваш оте́ц откры́л счёт.

ПИСЬМО́

Сын — начина́ющий бизнесме́н присла́л роди́телям письмо́.

— Са́ша, — обраща́ется жена́ к му́жу. — Хо́чешь, я прочита́ю тебе́, что он написа́л?

— Не на́до. Лу́чше скажи́, ско́лько де́нег он про́сит.

15. а) **Прочита́йте ру́сские посло́вицы и погово́рки.** • **Read the Russian proverbs and sayings.**

- ■ Не откла́дывай на за́втра то, что мо́жно сде́лать сего́дня.
- ■ Хоте́ть не вре́дно.
- ■ На́до так на́до (ничего́ не поде́лаешь).
- ■ (Кто́-либо, что́-либо) ну́жен как соба́ке пя́тая нога́.

б) **Как вы ду́маете, что они зна́чат и в како́й ситуа́ции их говоря́т?** • **Try to guess what they mean and in which situation they are used?**

в) **Согла́сны ли вы с э́тими выска́зываниями?** • **Do you agree with these sayings?**

г) **Есть ли в ва́шем языке́ посло́вицы, в кото́рых говори́тся об э́том же?** • **Are there any similar proverbs in your native language?**

Но́вые слова́ • New words

автозапра́вка — gas station
автосало́н — auto market
автостоя́нка — parking
акклиматиза́ция — acclimatization
аккредита́ция — accreditation
аре́нда — lease
аре́ндная пла́та — rent
арендова́ть — to rent

балко́н — balcony
батаре́йка — battery
боле́знь — disease
боле́ть/заболе́ть — to be sick
боле́ть (за кого́?) — to support
боя́ться — to be afraid
брать/взять — to take
буди́льник — alarm-clock
быва́ть/побыва́ть — to be

ва́нная — bath-room
вентиля́тор — ventilator
вид на жи́тельство — Green card

ви́деть/уви́деть — to see
вку́сный — delicious
вну́тренний (телефо́н) — local line
води́тельские права́ — driver's license
води́ть (маши́ну) — to drive
водопрово́д — plumbing
во́зле (чего́?) — near
возмо́жно — probably
войти́ — to come in
восто́к — east
восто́чный — eastern
вре́дная (привы́чка) — bad (habit)
вряд ли — it's unlikely
встреча́ться/встре́титься — to meet
вчера́ — yesterday
вы́бор — choice
выбира́ть/вы́брать — to choose
вы́йти — to come out
выпи́сывать/вы́писать (счёт) — to make out
высыла́ть/вы́слать — to send

ГИБДД — road police
глубоко́ (дыша́ть) — deeply (breathe)
гото́в — to be ready
гото́вить/при-(под-)гото́вить —
    1) to prepare; 2) to cook

дава́ть/дать — to give
давно́ — long time
два́жды — twice
двухко́мнатная кварти́ра — two-room flat
деклара́ция — declaration
де́лать/сде́лать — to do, to make
дешёвый — cheap
дли́нный — long
дове́ренность — attorney
дово́лен, -а, -о, -ы — satisfied
договори́ться — to make arrangements
дождли́вый — rainy
дождь — rain
дозва́ниваться/дозвони́ться — to get on
    the phone
докла́д — lecture (paper)
до́лжен, должна́, должны́ — must
дорого́й — 1) dear; 2) expensive
ду́шно — stuffy
дым — smoke
дыша́ть — to breathe

есть — to eat

ждать — to wait
жела́тельно — preferably
ЖЭК — housing municipal service

забыва́ть/забы́ть — to forget
за́втракать/поза́втракать — to have
    breakfast
за́городный (дом) — country house
зака́зывать/заказа́ть — to order
заключа́ть/заключи́ть (контра́кт,
    догово́р) — to conclude
зако́нчиться — to be over
    (о мероприя́тии, собы́тии)
закрыва́ть/закры́ть — to close
заменя́ть/замени́ть — to recharge

за́пад — west
за́падный — western
заполня́ть/запо́лнить — to fill in
заседа́ние — meeting
зарпла́та — salary
звони́ть/позвони́ть — to ring up
звоно́к (звонки́) — call
зонт — umbrella

идти́ — to go
извине́ние — apology
извиня́ться/извини́ться — to apologize
инста́нция — authority
интервью́ — interview
иска́ть/найти́ — to search/to find

ка́рго — cargo
квадра́тный (метр) — square meter
кольцо́ — ring
коммуна́льный (кварти́ра) — communal
кондиционе́р — air-condition
коне́ц — end
консульти́роваться — to ask for advice
конча́ться/ко́нчиться — to stop
коро́ткий — short
костю́м — suit
кра́жа — theft
кра́ска — colour, dye
креди́т — credit
креди́тная ка́рточка — credit card
кста́ти — by the way
кури́ть/покури́ть — to smoke
ку́хня — kitchen

Лицензио́нная пала́та — Licence
    Charmber
лице́нзия — licence
ло́дка — boat
любе́зен, любе́зна, любе́зны — kind,
    amiable

матч — match
ме́бель — furniture
медици́нская страхо́вка — medical
    insurance

меня́ть/поменя́ть — to exchange
ме́рить/поме́рить — to measure
моби́льный (телефо́н) — mobile
мо́жно — may
молоде́ц! — well done!
мочь — смочь be able

надёжный — reliable
на́до — must
накладны́е (докуме́нты) — invoice
нали́чные (де́ньги, расчёты) — cash
нало́ги — taxes
налогообложе́ние — taxation
начина́ться/нача́ться — to start,
    to begin
находи́ть/найти́ — to find
неда́вно — recently
недви́жимость — real estate
нельзя́ — is not allowed
необходи́мо — necessary
неоднокра́тно — repeatedly
неприя́тность — trouble
никогда́ — never
нра́виться/понра́виться — to like
ну́жно — must, need, necessary

обе́дать/пообе́дать — to dine, to have
    lunch
обо́и — wall paper
образцы́ — samples
обраща́ться/обрати́ться — to appeal
обсужда́ть/обсуди́ть — to discuss
ОВИР — visa and registration office
ого́нь — fire
одновреме́нно — simultaneously
опа́здывать/опозда́ть — to be late
освеще́ние — light
оставля́ть/оста́вить — to leave
останови́ться — to stop
отклоня́ть/отклони́ть (предложе́ние) —
    to reject
открыва́ть/откры́ть — to open
отопле́ние — heating
отправля́ть/отпра́вить — to send
о́тпуск — vocation

оформля́ть/офо́рмить — to put in order
охра́на — guard
охра́нный — guard
очки́ — glasses

парикма́хер — hairdresser
перебива́ть/переби́ть — to interrupt
перегово́ры — negotiations
перспекти́ва — perspective
писа́ть/написа́ть — to write
пи́во — beer
пить/попи́ть — to drink
пла́та — payment
плати́ть/заплати́ть — to pay
пло́щадь (о́бщей пло́щадью) — space
побежда́ть/победи́ть — to defeat
повезло́ (кому́?) — to be lucky
поде́ржанный — second-hand
подключа́ться/подключи́ться — to be
    connected up
Подмоско́вье — Moscow region
подпи́сывать/подписа́ть (контра́кт) —
    to sigh up
по́дпись — signature
подходя́щий — proper
пожа́р — fire
позавчера́ — the day before yesterday
по́здно — late
покупа́ть/купи́ть — to buy
поликли́ника — polyclinic
получа́ть/получи́ть — to receive
помеще́ние (под о́фис) — building
посыла́ть/посла́ть — to send
потоло́к — ceiling
права́ (води́тельские) — license
предлага́ть/предложи́ть — to suggest,
    to offer
предложе́ние — suggestion
привы́чка — habit
принима́ть/приня́ть (предложе́ние) —
    to assume
проверя́ть/прове́рить — to verify,
    to check up
продава́ть/прода́ть — to sell
продлева́ть/продли́ть (ви́зу) — to prolong

проси́ть/попроси́ть — to ask
просто́рный — spacious
проше́дшее (вре́мя) — past (tense)

разбо́й — robbery
разреши́те — may I...
ра́но — early
рассма́тривать/рассмотре́ть
    (предложе́ние) — to consider
регистра́ция — registration
регистри́ровать/зарегистри́ровать —
    to register
регуля́рно — regularly
рейс — trip
ремо́нт — repairs
ремонти́ровать/отремонти́ровать —
    to repair

сану́зел — toilet facilities
сберка́сса — saving bank
свежо́ — cool
све́тлый — bright
связь (телефо́нная) — telephone line
сда́ча — change
се́вер — north
се́верный — northern
сего́дня — today
сесть — to seat
ску́чный — bore, dull
сли́шком (до́рого, дёшево) — too
случа́ться/случи́ться — to happen
смотре́ть/посмотре́ть — to look
снима́ть/снять (кварти́ру) — to rent
собира́ться (в доро́гу) — to get ready
    for...
собра́ние — meeting
сове́т — advice
сове́товать/посове́товать — to advise
совеща́ние — meeting
совмещённый — combined
совреме́нный — modern
согласо́вывать/согласова́ть —
    to coordinate
соглаша́ться/согласи́ться — to agree

составля́ть/соста́вить — to compose
состоя́ние (помеще́ния) — condition
станда́рт — standard
сте́ны — walls
страхова́ние — insuring
страхо́вка — insurance
стри́чься/постри́чься — to have hair cut
счёт — bill, account

телесвя́зь — teleconnection
тем бо́лее — the more so, that...
тёмный — dark
това́рный счёт — invoice
топи́ть — to heat
травмопу́нкт — first-aid station
тра́тить/потра́тить (де́ньги, вре́мя) —
    to spend
тру́дный — difficult
ту́ча — cloud

удо́бно — comfortably
у́жинать/поу́жинать — to have supper
узна́вать/узна́ть — hear, find out
укла́дывать/уложи́ть (во́лосы) —
    to style
украше́ния — jewelry
усло́вие — condition
уста́вный капита́л — authorized capital
ую́тный — cosy

фен — hair dryer

ходьба́ — walking
хокке́й — ice hockey
хоте́ть/захоте́ть — to want

ча́сто — often
ча́ще — more often
чек — receipt
че́рез (час) — in an hour
чи́стый — clean
чита́ть/прочита́ть — to read

ша́пка — hat

шу́ба — fur-coat
шу́мно — noisy

це́нности — valuables

экологи́ческий — ecological
э́кстренный слу́чай — emergency

электри́чество — electric light

юг — south
ю́жный — southern

я́ркий — bright

Тéма VI Визи́ты, го́сти

Visiting, guests

Уро́к 10 (де́сять) • деся́тый уро́к

Речевы́е образцы́:

— Вы бу́дете за́втра на вы́ставке?
— Да, бу́ду.

— Что вы бу́дете де́лать за́втра?
— Мы бу́дем принима́ть госте́й.

— Когда́ бу́дет презента́ция?
— В ма́рте.
— А точне́е?
— Второ́го ма́рта, в 10 часо́в.

— Приходи́ к нам в го́сти!
— Спаси́бо, с удово́льствием приду́.

— Кому́ ты бу́дешь звони́ть?
— На́шему но́вому сотру́днику.

— Где вы живёте?
— Я живу́ в большо́м но́вом до́ме.
— Мно́гие мои́ знако́мые живу́т в но́вых райо́нах.

— Куда́ ты идёшь?
— В магази́н «Арба́т Прести́ж».

— Куда́ ты е́дешь?
— В посо́льство.

— Куда́ вы идёте обе́дать? Опя́ть в кафе́?
— Да, я хожу́ туда́ ка́ждый день.

— Вы ча́сто е́здите в посо́льство?
— Не о́чень, раз в ме́сяц.

Граммати́ческий материа́л:

■ Роди́тельный паде́ж (№ 2) существи́тельных и поря́дковых числи́тельных для обозначе́ния то́чной да́ты (число́, ме́сяц).

■ Да́тельный паде́ж (№ 3) существи́тельных, прилага́тельных ед. и мн. числа́ в значе́нии адреса́та.

■ Вини́тельный паде́ж (№ 4) существи́тельных и прилага́тельных ед. числа́.

■ Предло́жный паде́ж (№ 6) существи́тельных и прилага́тельных ед. и мн. числа́ в значе́нии ме́ста.

■ Образова́ние и употребле́ние бу́дущего вре́мени глаго́лов несоверше́нного ви́да.

■ Образова́ние и употребле́ние форм глаго́лов движе́ния в настоя́щем и бу́дущем вре́мени *идти́ — е́хать, ходи́ть — е́здить, прийти́ — прие́хать.*

Текст «Как мы хо́дим в го́сти».

Как спроси́ть/сказа́ть о прису́тствии где́-либо в бу́дущем • How to ask/say about smb's future presence

— Вы бу́дете за́втра на вы́ставке?
— Да, бу́ду.

Запо́мните:	*Бу́дущее вре́мя*	
Быть (I гр.)	я бу́ду	мы бу́дем
	ты бу́дешь	вы бу́дете
	он бу́дет	они́ бу́дут

Быть	*где?* № 6	*у кого́?* № 2	*когда́?*
	в рестора́не	у дру́га	сего́дня
	в поликли́нике	у врача́	ве́чером
	в теа́тре		у́тром
	в гостя́х		днём
			за́втра
			послеза́втра
			в понеде́льник
			в пя́тницу

1. Скажи́те, испо́льзуя да́нные ни́же слова́, где вы бу́дете за́втра у́тром (днём, ве́чером). • Say where you are going to be tomorrow morning (afternoon, evening) using the words.

Моде́ль:

• за́втра — вы́ставка
— За́втра я бу́ду на вы́ставке.

Днём — о́фис, послеза́втра — фи́рма, понеде́льник — презента́ция, ве́чером — теа́тр, пя́тница — го́сти.

2. Скажи́те, где и у кого́ бу́дет за́втра г-н Ким, е́сли в его́ ежедне́внике есть таки́е за́писи. • Say where and who Mr. Kim visits tomorrow if he has the following notes in his day schedule.

Моде́ль:

• Сове́тник – приём
— За́втра г-н Ким бу́дет на приёме у сове́тника.

Поликли́ника — врач Ивано́в, Петро́в — день рожде́ния, дире́ктор — совеща́ние?

3. Узна́йте у ва́шего дру́га, где он бу́дет за́втра (*сего́дня ве́чером, в воскресе́нье у́тром, в суббо́ту днём, во вто́рник, в сре́ду, в четве́рг* и т.п.). • Ask your friend where he is going to be tomorrow (tonight, on Sunday morning, on Saturday afternoon, on Tuesday…, etc.).

Моде́ль:

— Где ты бу́дешь за́втра?
— За́втра я бу́ду на вы́ставке.

4. Узна́йте у секретаря́, когда́ и где бу́дут ну́жные вам сотру́дники. Испо́льзуйте да́нные ни́же слова́. • Ask the secretary when and where the colleagues you need will be. Use the words.

Моде́ль:

— Скажи́те, пожа́луйста, дире́ктор фи́рмы бу́дет за́втра у́тром в о́фисе?
— Нет, к сожале́нию, его́ не бу́дет.
— Что вы говори́те! У́тром дире́ктора не бу́дет! А днём?
— То́лько ве́чером. Днём он бу́дет на вы́ставке.

Дире́ктор фи́рмы, юри́ст, ме́неджер по рекла́ме, перево́дчик, консульта́нт.

5. Объясни́те, почему́ отменя́ется ва́жная встре́ча. Испо́льзуйте данные ниже слова́. • Explain why the important meeting is cancelled. Use the words.

Моде́ль:

— К сожале́нию, встре́чи не бу́дет. За́втра шеф бу́дет на совеща́нии.

Конфере́нция, вы́ставка, встре́ча, презента́ция.

Обрати́те внима́ние:

	Кого́? № 2	Чего́? № 2
Не бу́дет	дире́ктора	встре́чи

Как спроси́ть/сказа́ть о де́йствии в бу́дущем • How to ask/say about actions in future

— Что вы бу́дете де́лать за́втра?
— Мы бу́дем принима́ть госте́й.

Запо́мните: *Бу́дущее вре́мя*
быть + *инфинити́в* нсв

Настоя́щее вре́мя

Сего́дня я отдыха́ю.
Сейча́с мы подпи́сываем контра́кт.

Днём мы встреча́емся с партнёром.

Бу́дущее вре́мя

Сего́дня я бу́ду отдыха́ть.
Сейча́с мы бу́дем подпи́сывать
    контра́кт.
Ве́чером мы бу́дем встреча́ться
    с партнёром.

6. Сообщи́те об аналоги́чных де́йствиях в бу́дущем, испо́льзуя да́нные ни́же выраже́-
ния. • **Speak about similar actions you are planning to do in the future.**

Моде́ль:
— Сейча́с мы отдыха́ем.
— За́втра я то́же бу́ду отдыха́ть.

Сего́дня днём мы заключа́ем догово́р.
За́втра мы получа́ем креди́т.
Ве́чером мы встреча́емся с партнёрами.
На днях (ско́ро) мы получа́ем но́вое обору́дование.

7. Узна́йте у колле́г, каковы́ их пла́ны на ближа́йшее вре́мя. Испо́льзуйте да́нные ни́же
слова́. • **Ask your colleagues about their plans for the nearest future. Use the following
words.**

Моде́ль:
• сего́дня ве́чером
— Что ты бу́дешь де́лать сего́дня ве́чером?

За́втра, послеза́втра, сего́дня ве́чером, за́втра днём, в выходны́е, в пра́здники
(в пра́здничные дни), в четве́рг, в пя́тницу...

8. Скажи́те секретарю́, где вы бу́дете (*ваш помо́щник, ме́неджер, нача́льник отде́ла прода́ж*)
и что бу́дете де́лать за́втра (*послеза́втра, в понеде́льник, во вто́рник...*). Испо́льзуйте
да́нные слова́. • **Tell your secretary where you (or your assistant, manager, head of sales
division) are and what you are going to do tomorrow (the day after tomorrow, on Monday, on
Tuesday...). Use the words.**

Моде́ль:
• о́фис — заключа́ть догово́р
— За́втра днём я бу́ду в о́фисе. Мы бу́дем заключа́ть догово́р.

фи́рма — подпи́сывать соглаше́ние
банк — получа́ть креди́т

рестора́н — отмеча́ть день рожде́ния
конфере́нц-зал — встреча́ться с партнёрами
вы́ставка — знако́миться с но́вым обору́дованием

9. **Объясни́те, почему́ измени́лись пла́ны ва́шей фи́рмы (ва́ших партнёров). Испо́льзуйте да́нные словосочета́ния.** • **Explain why the plans of your company (your partners) have been changed. Use the word combinations.**

Моде́ль:
• заключа́ть контра́кт — невы́годно
— К сожале́нию, мы не бу́дем заключа́ть контра́кт. (Фи́рме) э́то невы́годно.

заключа́ть догово́р — невы́годно
закупа́ть (покупа́ть) обору́дование — до́рого
снима́ть кварти́ру — далеко́
уча́ствовать в вы́ставке — по́здно
меня́ть усло́вия догово́ра — нельзя́
арендова́ть помеще́ние — невы́годно

Как обозна́чить да́ту соверше́ния де́йствия/собы́тия в бу́дущем • How to denote date of action/event in future

— Когда́ бу́дет презента́ция?
— В ма́рте.
— А точне́е?
— Второ́го ма́рта, в 10 часо́в.

Сравни́те:

Что? № 1	Когда́? № 6
янва́рь	в январе́
февра́ль	в феврале́
март	в ма́рте
апре́ль	в апре́ле
май	в ма́е
ию́нь	в ию́не
ию́ль	в ию́ле
а́вгуст	в а́вгусте
сентя́брь	в сентябре́
октя́брь	в октябре́
ноя́брь	в ноябре́
дека́брь	в декабре́

10. **Узна́йте у колле́г, когда́ бу́дут разли́чные собы́тия** (*презента́ция, вы́ставка, кани́кулы, реше́ние коми́ссии, перегово́ры, аукцио́н и т. п.*). • **Ask your colleagues about the dates of events (presentation, exhibition, holidays, committee resolution, talks, auctions).**

Моде́ль:
- презента́ция — ноя́брь
— Когда́ бу́дет презента́ция?
— Презента́ция бу́дет в ноябре́.

Сравни́те:

Како́е число́? № 1 + № 2

пе́рвое (второ́е, тре́тье, четвёртое, пя́тое, шесто́е, седьмо́е, восьмо́е, девя́тое, деся́тое, оди́ннадцатое, двена́дцатое) ма́рта (января́, ма́я)

Когда́? № 2 + № 2

пе́рвого (второ́го, тре́тьего, четвёртого, пя́того, шесто́го, седьмо́го, восьмо́го, девя́того, деся́того, оди́ннадцатого, двена́дцатого) ма́рта (января́, ма́я)

11. **Отве́тьте на вопро́сы, испо́льзуя ука́занные да́ты.** • **Answer questions, using the dates in indicated.**

Моде́ль:
— Когда́ бу́дет приём? (02.10).
— Приём бу́дет второ́го октября́.

Когда́ бу́дет конфере́нция? (06.05)
Когда́ бу́дет совеща́ние? (10.09)
Когда́ бу́дут рожде́ственские кани́кулы? (24.12)
Когда́ бу́дет встре́ча? (07.04)
Когда́ бу́дет вы́ставка? (01.06)

12. **Узна́йте у ва́ших друзе́й, когда́ бу́дут пра́здники, ва́жные собы́тия в их жи́зни. Испо́льзуйте да́нную информа́цию.** • **Ask your friends when important events in their life or holidays will be. Use suggested information.**

Моде́ль:
- Ле́ночка — день рожде́ния (02.10)
— Ты не зна́ешь, когда́ у Ле́ночки бу́дет день рожде́ния?
— Коне́чно зна́ю, второ́го октября́.

Росси́я — День Росси́и (12.06)
Росси́я — Рождество́ (07.01)
Тама́ра — день рожде́ния (12.08)
Петро́вы — сере́бряная сва́дьба (19.07)
дире́ктор — юбиле́й (12.02)

Васи́лий — экза́мен в ГИБДД (23.01)
нача́льник — командиро́вка (11.08)

Как пригласи́ть куда́-либо, отве́тить на приглаше́ние • How to invite someone/somewhere, to reply the invitation

— Приходи́ к нам в го́сти!
— Спаси́бо! С удово́льствием приду́.

Запо́мните:
приглаша́ть (I гр.)/*пригласи́ть* (II гр.) + *кого́? куда́?* № 4

приглаша́ть нсв		*пригласи́ть* (с/ш) св	
Настоя́щее вре́мя		*Настоя́щее вре́мя*	
я	приглаша́ю		
ты	приглаша́ешь		
он, она́, оно́	приглаша́ет	нет	
мы	приглаша́ем		
вы	приглаша́ете		
они́	приглаша́ют		
Проше́дшее вре́мя		*Проше́дшее вре́мя*	
он	приглаша́л	он	пригласи́л
она́	приглаша́ла	она́	пригласи́ла
оно́	приглаша́ло	оно́	пригласи́ло
они́	приглаша́ли	они́	пригласи́ли
Бу́дущее вре́мя		*Бу́дущее вре́мя*	
я	бу́ду приглаша́ть	я	приглашу́
ты	бу́дешь приглаша́ть	ты	пригласи́шь
он,она́, оно́	бу́дет приглаша́ть	он, она́, оно́	пригласи́т
мы	бу́дем приглаша́ть	мы	пригласи́м
вы	бу́дете приглаша́ть	вы	пригласи́те
они́	бу́дут приглаша́ть	они́	пригласи́т

13. Узна́йте, кого́ ва́ши колле́ги плани́руют пригласи́ть. Испо́льзуйте да́нные слова́. • Ask your colleagues who they are going to invite. Use given words.

Моде́ль:
• колле́га
— Кого́ вы пригласи́те на день рожде́ния?
— Я приглашу́ на день рожде́ния колле́гу.

Брат, но́вый перево́дчик, ста́рший ме́неджер, о́пытный специали́ст, партнёр.

Кого́ ваш прия́тель пригласи́т на новосе́лье?

Кого́ вы пригласи́те в рестора́н?

Кого́ ты пригласи́шь на обе́д?

Кого́ дире́ктор пригласи́т на перегово́ры?

Кого́ они́ приглася́т на совеща́ние? Кого́ мы пригласи́м на презента́цию?

Запо́мните: прийти́ (I гр.) св. + *куда́?* №4 *к кому́?* №3

Бу́дущее вре́мя:

я приду́	мы придём
ты придёшь	вы придёте
он, она́ придёт	они́ приду́т

14. **Что вы ска́жете в аналоги́чной ситуа́ции? • What would you say in similar situation?**

— Мы приглаша́ем тебя́ в го́сти.

— Спаси́бо, я с удово́льствием приду́.

— За́втра у меня́ день рожде́ния. Приглаша́ю всех на пра́здничный у́жин.

— Спаси́бо, мы обяза́тельно придём. А когда́?

— За́втра в пять.

— Приходи́ к нам сего́дня ве́чером. Бу́дет ве́село.

— Спаси́бо. Но я, к сожале́нию, не приду́. Бу́ду за́нят.

Обрати́те внима́ние:

Отка́з	*Согла́сие*
— К сожале́нию, я не могу́ прийти́.	— Спаси́бо, я с удово́льствием приду́.
— Очень жаль, но я не смогу́.	— Спаси́бо, мы обяза́тельно придём.
— Извини́те, я не смогу́ быть у вас за́втра.	

15. **Отве́тьте на приглаше́ние, испо́льзуя предло́женные вы́ше выраже́ния. • Reply to invitations using above expressions.**

— Приглаша́ем вас и ва́шу жену́ к нам на пра́здничный ве́чер.

— _____ .

— _____ .

— Мы бу́дем ра́ды ви́деть всю ва́шу семью́ на на́шем юбиле́е*.

— _____ .

— _____ .

— Приходи́те к нам за́втра вме́сте с жено́й в семь часо́в.

— _____ .

— _____ .

_____

*Юбиле́й — кру́глая да́та — 10, 20, 30 лет ...

Что? № 1	*приглашать/пригласить + куда?* № 4
интере́сная вы́ставка	на интере́сную вы́ставку
междунаро́дная конфере́нция	на междунаро́дную конфере́нцию
торже́ственный приём	на торже́ственный приём
ежего́дное собра́ние	на ежего́дное собра́ние

16. **Отве́тьте на вопро́сы, испо́льзуя да́нные вы́ше слова́.** • **Answer questions using above-mentioned words.**

Куда́ вас приглаша́ют колле́ги?

Куда́ Оргкомите́т приглаша́ет дире́ктора фи́рмы?

Куда́ посо́льство приглаша́ет г-на Ки́ма?

Куда́ вас приглаша́ют ка́ждый год?

17. **Вы получи́ли официа́льное письмо́-приглаше́ние.** • **You have received a formal letter of invitation.**

a) **Скажи́те, куда́ вас приглаша́ют.** • **Say where you are invited.**

Приглаше́ние

Посо́льство Кана́ды в Москве́ и компа́ния «Экспорт-клуб» приглаша́ют вас 5—6 января́ 2012 го́да посети́ть вы́ставку «Кана́дские проду́кты в Москве́». На вы́ставке мо́жно бу́дет уви́деть моло́чные проду́кты, сыры́, ры́бу, мя́со, мясны́е и ры́бные проду́кты. Вы познако́митесь с на́шей лу́чшей проду́кцией.

Мы та́кже приглаша́ем вас на приём, кото́рый состои́тся в посо́льстве Кана́ды в Москве́ 7 января́ в 18.30 по а́дресу: Ве́рхний переу́лок, 23. Про́сим подтверди́ть ва́ше уча́стие секретарю́ Людми́ле Ивано́вой по тел. (495) 956-65-78.

Обрати́те внима́ние:

Подтверди́ть уча́стие + кому? № 3	*+ как?* № 3
Людми́ле Ивано́вой Леони́ду Ивано́ву	по телефо́ну

посети́ть = прийти́
состои́тся = бу́дет

б) **Прочита́йте э́то приглаше́ние, полу́ченное по электро́нной по́чте, и отве́тьте на вопро́сы.** • **Read this e-mail invitation and answer questions:**

От:	Посо́льство Кана́ды <livanova@canada.moscow.ru>
Кому́:	Рууд <svein.ruud@ntc.moscow.no>
Отпра́влено:	8 декабря́ 2011 г. 9:28
Те́ма:	Invitation

Уважа́емый г-н Рууд!

Приглаше́ние на вы́ставку «Кана́дские проду́кты в Москве́» отпра́вили Вам диппо́чтой вчера́, 7 декабря́ 2011 г.

Про́сьба подтверди́ть получе́ние.

С уваже́нием,

Людми́ла Ивано́ва, секрета́рь-рефере́нт посо́льства Кана́ды в г. Москве́

Как называется выставка?

Кто приглашает вас на выставку?

Когда будет выставка?

Какие продукты можно будет увидеть там?

Где и когда будет (состоится) приём?

в) **Напишите ваш текст письма-приглашения на выставку.** • **Write your letter of invitation to visit an exhibition.**

18. **Это приглашение ваш коллега получил по факсу.** • **This invitation your colleague has received by fax.**

а) **Скажите, куда его приглашают? Когда и где состоится это мероприятие?** • **Say where he has been invited. When and where does the event take place?**

Приглашение

Приглашаем Вас на приём ректора *по случаю* международной конференции «Россия — новая реальность». Торжественный приём состоится в конференц-зале 19.04.2011 года в 19.30.

С уважением,
Оргкомитет конференции.
Телефон (495) 939-23-65

б) **Напишите электронное сообщение в Оргкомитет конференции и узнайте, можно ли принять участие в конференции. Получите всю дополнительную информацию.** • **Write an e-mail to the Organizational committee of the Conference and find out about your chance to participate. Try to get more details.**

в) **Что расскажет ваш знакомый о своих планах на 19 апреля?** • **What will your friend tell you about his plans for April 19?**

19. **Прочитайте открытку-приглашение и электронное сообщение.** • **Read invitation postcard and e-mail message.**

а) **Скажите, кого и куда приглашают?** • **Say who is invited and where.**

От:	Джонс Д.<djones@tusrif.ru>
Кому:	Андреева А. <aandreeva@ubs.moscoq.ru>
Отправлено:	15 апреля 2011 г. в 10:20
Тема:	Invitation

Дорогая Анастасия!
Мы открыли новое представительство во Владивостоке!
По этому случаю состоится приём 15 мая в прекрасном ресторане.
Ждём Вас с супругом.
Официальное приглашение пошлём сегодня по почте.
Ответьте!!!
Ваш Давид.

Обрати́те внима́ние:

мы име́ем че́сть пригласи́ть Вас (официа́льная ве́жливая фо́рма) = *мы приглаша́ем Вас*

сопровожда́ющее Вас лицо́ = челове́к, кото́рый идёт на приём вме́сте с ва́ми

б) **Скажи́те, заинтересова́ло ли вас э́то приглаше́ние. Что вы отве́тите, е́сли реши́ли то́же приня́ть уча́стие в аналоги́чном мероприя́тии. •** Say if you are interested in this invitation. What can you reply if you have taken a decision to participate in the similar event?

20. **Познако́мьтесь с разли́чными ти́пами официа́льных пи́сем-отве́тов на приглаше́ния. •** Get familiar with different types of formal responses to invitations.

а)

Уважа́емые господа́!

Благодари́м за приглаше́ние приня́ть уча́стие в конфере́нции.

Мы ра́ды сообщи́ть, что от на́шей компа́нии в да́нном мероприя́тии при́мут уча́стие сле́дующие сотру́дники:

г-н Петро́в, фина́нсовый дире́ктор;

г-н Ким, ме́неджер по прода́жам.

С уваже́нием,
помо́щник дире́ктора   Т.В. Ивано́ва

б)

Уважа́емые господа́!

К сожале́нию, фина́нсовый дире́ктор на́шей компа́нии г-н Петро́в не смо́жет приня́ть уча́стие в рабо́те конфере́нции, так как он нахо́дится в командиро́вке.

С уваже́нием,
ме́неджер   Ю.Б. Орло́ва

в) **Отве́тьте на э́ти приглаше́ния. Сообщи́те письмо́м и́ли по электро́нной по́чте, принима́ете ли вы приглаше́ние. Е́сли нет, объясни́те, почему́ вы не мо́жете их приня́ть. Испо́льзуйте сле́дующие выраже́ния. •** Send a letter (an e-mail) informing whether you accept invitation or not, if not, explain why.

Быть в командиро́вке, находи́ться в о́тпуске, назна́чить встре́чу с партнёром, быть на перегово́рах, прису́тствовать на заседа́нии.

21. **Послу́шайте диало́г. •** Listen to the dialogue.

а) **Скажи́те, кто пригласи́л г-на Ки́ма в го́сти. •** Say who invited Mr. Kim to visit them.

Разгово́р по телефо́ну

—Алло́, э́то Ин Чул? Здра́вствуй, Алекса́ндр Петро́в тебя́ беспоко́ит.

—До́брый ве́чер, Са́ша. Рад тебя́ слы́шать.

— У тебя́ каки́е пла́ны на за́втра? Что ты бу́дешь де́лать за́втра днём?

— Пока́ никаки́х. Мо́жет быть, бу́ду гуля́ть по Москве́. А что?

— Мы с жено́й приглаша́ем тебя́ в го́сти.

— Спаси́бо! Я обяза́тельно приду́. То́лько скажи́, у вас что — пра́здник?

— Совсе́м нет. Хоти́м пригото́вить настоя́щие сиби́рские пельме́ни и пригласи́ть госте́й. Бу́дем ждать тебя́ за́втра к обе́ду, часа́ в три. Доро́гу зна́ешь?

— Коне́чно. Твой дом напро́тив о́фиса?

— Се́рый, восьмиэта́жный. Второ́й подъе́зд, кварти́ра 36. Да, чуть не забы́л, у нас есть код — 179. На вся́кий слу́чай запиши́. Бу́дем ра́ды тебя́ ви́деть.

— Спаси́бо. Что принести́ с собо́й?

— Ничего́ не ну́жно, у нас всё есть.

— Ну, нет! Я в го́сти с пусты́ми рука́ми ходи́ть не привы́к.

— Лу́чше возьми́ с собо́й текст выступле́ния на конфере́нции. Ты хоте́л о чём-то меня́ спроси́ть.

— Спаси́бо, что напо́мнил. Обяза́тельно возьму́. А ты получи́л приглаше́ние на конфере́нцию?

— Да, ещё в пя́тницу. Придёшь ко мне — поговори́м.

— Тогда́ до встре́чи.

— До за́втра.

б) **Послу́шайте диало́г ещё раз и отве́тьте на вопро́сы.** • **Listen to the dialogue one more time and answer questions.**

Когда́ Петро́вы бу́дут ждать г-на Ки́ма?

Почему́ они́ пригласи́ли г-на Ки́ма в го́сти?

Где они́ живу́т?

Что г-н Ким до́лжен взять с собо́й?

Что г-н Ким расска́жет жене́ по телефо́ну о свои́х пла́нах на за́втра?

Как назва́ть адреса́та • How to name an addressee

— Кому́ ты бу́дешь звони́ть?
— На́шему но́вому сотру́днику.

Запо́мните:
звони́ть/позвони́ть (II гр.)
расска́зывать/рассказа́ть (I гр.)
пока́зывать/показа́ть (I гр.)
посыла́ть/посла́ть (I гр.)
дари́ть/подари́ть (II гр.)
покупа́ть (I гр.) /купи́ть (II гр.)
обеща́ть/пообеща́ть (I гр.)
дава́ть/дать (I гр.)
помога́ть/помо́чь (I гр.)
меша́ть/помеша́ть (I гр.)
говори́ть (II гр.)/сказа́ть (I гр.)
поставля́ть (I гр.)/поста́вить (II гр.)

+ *кому?* № 3

22. **Расспроси́те ва́шего колле́гу о его́ пла́нах на сего́дня.** • **Ask your colleague about his plans for today.**

а) **Испо́льзуйте да́нные ни́же глаго́лы соверше́нного ви́да в фо́рме бу́дущего вре́мени.** • **Use given perfective verbs in the Future Tense.**

Моде́ль:
- показа́ть Москву́
— Кому́ ты пока́жешь Москву́?

Показа́ть Москву́, позвони́ть ве́чером, посла́ть факс, помо́чь написа́ть выступле́ние, рассказа́ть о конфере́нции, подари́ть рекла́мный проспе́кт фи́рмы, купи́ть цветы́.

б) **Как вы спро́сите на сле́дующий день, всё ли ваш колле́га успе́л сде́лать.** • **Tomorrow you will ask your colleague whether he has time to finish everything.**

Моде́ль:
- показа́ть Москву́
— Ты показа́л Москву́?

Сравни́те:

Кто? № 1	Кому́? № 3
мой (твой, его́, её, наш, ваш, их) шеф	моему́ (твоему́, его́, её, на́шему, ва́шему, их) ше́фу
фина́нсовый дире́ктор	фина́нсовому дире́ктору
хоро́ший специали́ст	хоро́шему специали́сту
моя́ (твоя́, его́, её, на́ша, ва́ша, их) перево́дчица	мое́й (твое́й, его́, её, на́шей, ва́шей, их) перево́дчице
но́вый секрета́рь	но́вому секретарю́
хоро́шая сотру́дница	хоро́шей сотру́днице
мои́ (твои́, его́, её, на́ши, ва́ши, их) колле́ги, клие́нты	мои́м (твои́м, его́, её, на́шим, ва́шим, их) колле́гам, клие́нтам
хоро́шие но́вые специали́сты	хоро́шим но́вым специали́стам
сотру́дницы, перево́дчицы	сотру́дницам, перево́дчицам

23. **Отве́тьте на вопро́сы, испо́льзуя да́нные в ско́бках слова́.** • **Answer questions using words given in brackets.**

а) **Кому́ вы расска́зываете о дела́х?** • **Whom do you tell about your business?**

Моде́ль:
- (ста́рший консульта́нт)
— Я расска́зываю о дела́х ста́ршему консульта́нту.

Кому́ вы посыла́ете факс? (*наш партнёр*)

Кому́ вы даёте зада́ние? (*но́вый секрета́рь*)

Кому́ вы обеща́ете по́мощь? (*фина́нсовый дире́ктор*)

Кому́ вы ча́сто звони́те? (*ваш друг*)

Кому́ фи́рма поставля́ет образцы́ това́ра? (*но́вые заказчики*)

Кому́ вы хоти́те подари́ть (*да́рите*) но́вый рекла́мный проспе́кт? (*ме́неджер по рекла́ме*)

Кому́ вы бу́дете расска́зывать о вы́ставке? (*колле́ги*)

б) **Как вы ска́жете, е́сли всё э́то уже́ быва́ло ра́ньше? Кому́ вы расска́зывали о дела́х?** •
How do you say about the things you used to do? Who did you tell about your business?

Моде́ль:

• (ста́рший консульта́нт)

— Я расска́зывал о дела́х ста́ршему консульта́нту.

24. **Зако́нчите предложе́ния по моде́ли.** • **Complete the sentences according to the pattern.**

Моде́ль:

— У мое́й *жены́* сего́дня день рожде́ния. *Я хочу́ купи́ть ... цветы́.*

— Я хочу́ купи́ть жене́ (ей) цветы́.

На́ши партнёры звони́ли у́тром. Позвони́те ... сейча́с.

Я забы́л до́ма часы́. Скажи́те ... , кото́рый час?

Мы ра́ды ви́деть но́вых партнёров на вы́ставке. Мы подари́ли ... э́тот рекла́мный проспе́кт.

Секрета́рь придёт че́рез пять мину́т. Переда́йте ... э́ти докуме́нты.

На́ши юри́сты ещё не ви́дели текст догово́ра. Покажи́те ... его́.

Этот перево́дчик рабо́тает неда́вно. Помоги́те ... перевести́ докуме́нт.

Как спроси́ть/сказа́ть о местонахожде́нии • How to ask/say about location

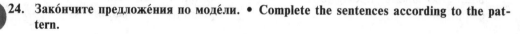

— Где вы живёте?

— Я живу́ в большо́м но́вом до́ме.

— Мно́гие мои́ знако́мые живу́т в но́вых райо́нах.

Запо́мните:

жить	
быть	
находи́ться	
рабо́тать	+ *где?* № 6
отдыха́ть	
у́жинать	
обе́дать	
встреча́ться/встре́титься	

Что? № 1

центра́льный о́фис
удо́бная кварти́ра
пятиэта́жное зда́ние
высо́кие но́вые дома́ (зда́ния)

мой (твой, его́, её, наш, ваш,
их) заво́д
моё (твоё, его́, её, на́ше, ва́ше,
их) предприя́тие

моя́ (твоя́, его́, её, на́ша,
ва́ша, их) фа́брика
мои́ (твои́, его́, её, на́ши,
ва́ши, их) заво́ды, предприя́тия,
фа́брики

Где? № 6

в центра́льном о́фисе
в удо́бной кварти́ре
в пятиэта́жном зда́нии
в высо́ких но́вых дома́х (зда́ниях)

на моём (твоём, его́, её, на́шем,
ва́шем, их) заво́де
на моём (твоём, его́, её, на́шем,
ва́шем, их) предприя́тии

на мое́й (твое́й, его́, её, на́шей,
ва́шей, их) фа́брике
на мои́х (твои́х, его́, её, на́ших,
ва́ших, их) заво́дах,
предприя́тиях, фа́бриках

25. **Отве́тьте на вопро́сы, испо́льзуя да́нные в ско́бках слова́.** • **Answer questions using words in brackets.**

Моде́ль:
— Где рабо́тает ваш брат? (*комме́рческий банк*)
— Мой брат рабо́тает в комме́рческом ба́нке.

Где рабо́тает г-н Ким? (*кру́пная коре́йская фи́рма*)
Где нахо́дится моско́вский о́фис фи́рмы? (*Тверска́я у́лица, большо́е бе́лое зда́ние*)
На како́м этаже́ его́ кабине́т? (*второ́й эта́ж*)
Где обы́чно стои́т его́ маши́на? (*пла́тная автостоя́нка*)
Где г-н Ким бу́дет у́жинать сего́дня? (*но́вый коре́йский рестора́н*)
Где его́ семья́ бу́дет отдыха́ть ле́том? (*Средизе́мное мо́ре*).
Где г-н Ким и г-н Петро́в бу́дут послеза́втра? (*интере́сная междунаро́дная вы́ставка*)
Где вы встре́тились с колле́гой? (*буфе́т, пя́тый эта́ж*)

26. **Расспроси́те о ва́ших колле́гах (где они́ живу́т, рабо́тают, отдыха́ют, обе́дают, у́жинают...).** • **Ask about your colleagues (where they live, work, rest, have lunch, dinner...).**

Моде́ль:
— Ты не зна́ешь (Скажи́, пожа́луйста),
где живёт господи́н Ким?

= — А где живёт господи́н Ким?

27. **Ско́ро жена́ г-на Ки́ма должна́ прие́хать в Москву́. Она́ волну́ется и поэ́тому ча́сто пи́шет электро́нные сообще́ния, на кото́рые он подро́бно отвеча́ет. Прочита́йте отве́ты г-на Ки́ма и напиши́те вопро́сы, кото́рые ему́ задава́ла жена́.** • **Mr. Kim's wife is**

going to visit Moscow soon. She is a little nervous and asks lots of questions. Mr. Kim answers her questions in detail. Read Mr. Kim's answers and write down his wife's questions.

—.............................?

—Сейча́с здесь прекра́сная пого́да.

—.............................?

—Нет, дорога́я, Москва́ нахо́дится о́чень далеко́ от холо́дной Сиби́ри.

—.............................?

—Мы бу́дем жить в большо́м но́вом до́ме.

—.............................?

—Нет, он нахо́дится далеко́ от це́нтра, зато́ ря́дом парк и река́.

—.............................?

—Коне́чно, мы не бу́дем жить на пе́рвом этаже́, на́ша кварти́ра на тре́тьем.

—.............................?

—Сейча́с она́ на пла́тной автостоя́нке, а пото́м бу́дет стоя́ть в гараже́.

—.............................?

—В посо́льстве всегда́ есть коре́йские газе́ты и журна́лы.

—.............................?

—Коне́чно, мы бу́дем у́жинать в коре́йских рестора́нах. Я уже́ был в не́которых.

—.............................?

—Почему́ оди́н? С колле́гами, с Петро́вым.

—.............................?

—Всё э́то мо́жно купи́ть в моско́вских магази́нах.

—.............................?

—Изуча́ть ру́сский язы́к мо́жно в ра́зных места́х. Я вы́брал Центр междунаро́дного образова́ния МГУ.

—.............................?

—Он нахо́дится недалеко́ от на́шего о́фиса, э́то удо́бно.

—.............................?

—Сего́дня я бу́ду в гостя́х у Алекса́ндра Петро́ва, он меня́ пригласи́л на сиби́рские пельме́ни.

—.............................?

—Я позвоню́ тебе́ ве́чером.

Как спроси́ть/сказа́ть об однокра́тном (однонапра́вленном) движе́нии • How to ask/say about momentary (one way) movement

— Куда́ ты идёшь?
— В магази́н «Арба́т Прести́ж».

Запо́мните:

идти́ (I гр.) (пешко́м) + *куда́?* № 4

я иду́	мы идём
ты идёшь	вы идёте
он, она́ идёт	они́ иду́т

Иди́(те)!
он шёл, она́ шла, они́ шли

28. Узна́йте, куда́ иду́т ва́ши колле́ги. Испо́льзуйте да́нные ни́же слова́. • Ask your colleagues where they are going to. Use given words.

Моде́ль:

• магази́н «Арба́т Прести́ж»
— Куда́ вы идёте?
— Я иду́ в магази́н «Арба́т Прести́ж».

Рабо́та, компью́терная вы́ставка, ближа́йшая апте́ка, междунаро́дная конфере́нция, официа́льный приём, центра́льный банк, но́вое кафе́, го́сти.

29. Скажи́те, куда́ они́ иду́т, употреби́в глаго́л *идти́* в ну́жной фо́рме. • Say where they are going to. Use the verb *to go* in the proper form.

Моде́ль:

• *Они́* ... на вы́ставку.
— Они́ иду́т на вы́ставку.

Сейча́с я ... на презента́цию, а пото́м на фурше́т.
Мы не ... на э́ту вы́ставку, она́ совсе́м неинтере́сная.
Вы ... в рестора́н? Мои́ колле́ги ... , а я, к сожале́нию, не могу́.
... скоре́е сюда́! Здесь есть свобо́дный сто́лик.
Ты ... домо́й?
Ну что же он не ... ! Ско́лько мо́жно ждать?

— Куда́ ты е́дешь?
— В посо́льство.

Запо́мните:

е́хать (I гр.) (на тра́нспорте) + *куда́?* № 4

я е́ду	мы е́дем
ты е́дешь	вы е́дете
он, она́ е́дет	они́ е́дут

Поезжа́й(те)

он е́хал, она́ е́хала, они́ е́хали

Обрати́те внима́ние:

пешко́м — *идти́*

на тра́нспорте — *е́хать*

* Мы испо́льзуем глаго́л *идти́* вме́сто глаго́ла *е́хать*, хотя́ и передвига́емся на тра́нспорте, когда́ говори́м о посеще́нии ме́ста, кото́рое нахо́дится недалеко́, туда́ мо́жно пойти́ пешко́м: теа́тра, музе́я, вы́ставки и т. д., и́ли говоря́ о пла́нах на бу́дущее.
• We use the *идти́* instead of the verb *е́хать*, although we use public transport, or when we speak about our future plans.

Сравни́те:

Я *иду́* на вы́ставку (в рестора́н, в теа́тр). = Я *е́ду* на вы́ставку (в рестора́н, в теа́тр).

* В да́нном слу́чае ва́жно узна́ть, куда́ вы направля́етесь. Не ва́жно, идёте ли вы пешко́м и́ли е́дете на маши́не. • In this case it's important to know where you are going. It doesn't matter whether you go on foot or by car.

За́втра я *иду́* в го́сти к дру́гу. = За́втра я *е́ду* в го́сти к дру́гу.

* В да́нном слу́чае ва́жно узна́ть ва́ши пла́ны. • In this case it's important to know about your plans.

30. Узна́йте у колле́г, куда́ они́ е́дут. Испо́льзуйте слова́ упражне́ния 28. • **Ask your colleagues where they are going to. Use the words of Ex. 28.**

Моде́ль:

— Куда́ ты е́дешь? (*неме́цкое посо́льство*)

— Я е́ду в неме́цкое посо́льство.

31. Скажи́те, куда́ они́ е́дут, употреби́в глаго́л *е́хать* в ну́жной фо́рме. • **Say where they go by using the verb «to go» in the proper form.**

Моде́ль:

• *Они́* ... на вы́ставку.

— Они́ е́дут на вы́ставку.

Сейча́с я ... на презента́цию, а пото́м на фурше́т.

Мы не ... на э́ту вы́ставку, она́ совсе́м неинтере́сная.

Вы ... в рестора́н? Мои́ колле́ги ... , а я, к сожале́нию, не могу́.

... скоре́е в Москву́! Я о́чень скуча́ю по рабо́те.

Ты ... домо́й?

Ну что же он не ... ! Ско́лько мо́жно ждать?

32. **Трансформи́руйте да́нные ни́же предложе́ния по образцу́.** • **Change given sentences according to the pattern.**

Моде́ль:

• Сейча́с я *иду́* в рестора́н на у́жин с партнёром.

— Сейча́с я *е́ду* в рестора́н на у́жин с партнёром.

В суббо́ту я иду́ в го́сти.

Вы идёте на э́ту презента́цию?

Жаль, что ваш шеф не идёт на э́ту встре́чу.

В како́й магази́н ты идёшь?

Мы не идём на встре́чу сего́дня, потому́ что встре́чи не бу́дет.

К сожале́нию, они́ не иду́т с на́ми в го́сти.

33. **Восстанови́те ре́плики в диало́ге.** • **Complete the dialogue.**

Моде́ль:

— Куда́ ты идёшь?

— Иду́ снача́ла в апте́ку, а пото́м в магази́н. Хочу́ купи́ть лека́рства и фру́кты.

....

.... Хочу́ откры́ть валю́тный счёт.

....

.... Хочу́ пообе́дать.

....

.... Хочу́ купи́ть газе́ту.

34. **Спроси́те колле́г об их пла́нах на ближа́йшие дни. Отве́тьте на их вопро́сы, испо́льзуя глаго́лы *идти́, е́хать*.** • **Ask your colleagues about their plans for the nearest days. Answer their questions using the verb *to go*.**

Как спроси́ть/сказа́ть о повторя́ющемся (разнонапра́вленном) движе́нии • How to ask/say about repeated (reversive) action

— Куда́ вы идёте обе́дать? Опя́ть в кафе́?

— Да, я хожу́ туда́ ка́ждый день.

Запо́мните:

ходи́ть (II гр.) (пешко́м) + *куда́?* №4

я хожу́	мы хо́дим
ты хо́дишь	вы хо́дите
он, она́ хо́дит	они́ хо́дят

(не) ходи́ (те)!
он ходи́л, она́ ходи́ла, они́ ходи́ли

35. Скажи́те, куда́ вы хо́дите *ча́сто (всегда́, иногда́, ка́ждый день, ка́ждый понеде́льник, вто́рник, сре́ду...).* А куда́ вы *никогда́* не хо́дите (не ходи́ли)? Почему́? • **Say where you often go to (always, sometimes, every day, every Monday, Tuesday, Wednesday...). Where have you never gone? Why?**

Моде́ль:

• Ка́ждый понеде́льник...
— Ка́ждый понеде́льник я хожу́ в бассе́йн.
• Я никогда́ не...
— Я никогда́ не ходи́л в казино́, потому́ что я не люблю́ игра́ть на де́ньги.

— **Вы ча́сто е́здите в посо́льство?**
— **Не о́чень, раз в ме́сяц.**

Запо́мните:

е́здить (II гр.) (на тра́нспорте) + *куда́?* №4

я е́зжу	мы е́здим
ты е́здишь	вы е́здите
он, она́ е́здит	они́ е́здят

(не) е́зди(те)!
он е́здил, она́ е́здила, они́ е́здили

36. Узна́йте, употреби́в глаго́л *е́здить* в ну́жной фо́рме, куда́ е́здят ва́ши колле́ги. • **Find out where your colleagues go to using the proper tense for the verb *to go*.**

Моде́ль:

• Вы *ча́сто* ... на Изма́йловский ры́нок?
— Вы ча́сто *е́здите* на Изма́йловский ры́нок?

Вы ча́сто ... за́ город?
Когда́ вы в после́дний раз ... в Петербу́рг?
Ваш шеф ча́сто ... в командиро́вки?
Когда́ вы ... в го́сти к ва́шим друзья́м?
Они́ ча́сто ... на по́езде?

Сравни́те!

идти́	ходи́ть
éхать	éздить

однонапра́влен	разнонапра́влен

Ра́ньше	**Сейча́с**	**Пото́м**
(вчера́)	(сего́дня)	(за́втра)
ходи́л	иду́	пойду́
éздил	éду	поéду

37. **Что вы ска́жете в аналоги́чной ситуа́ции? • What would you say in similar situation?**

— Сего́дня я *иду́* в Большо́й теа́тр.
— Ра́ньше я то́же *ходи́л* туда́.

— Сего́дня я *éду* в Санкт-Петербу́рг.
— Я то́же *поéду* туда́ че́рез ме́сяц.

38. **Зако́нчите предложе́ния, испо́льзуя ну́жный глаго́л. • Complete the sentences using the proper verb.**

Вчера́ мы ... на рабо́ту вме́сте (идти́ — ходи́ть).

Сейча́с я ... в рестора́н, а пото́м опя́ть ... в о́фис (идти́ — ходи́ть).

Я не хочу́ ... на э́ту вы́ставку сего́дня — там бу́дет сли́шком мно́го люде́й (идти́ — ходи́ть/éхать/éздить).

Друзья́ моего́ сы́на ча́сто ... в э́тот клуб (идти́ — ходи́ть).

Я всегда́ ... в Петербу́рг на по́езде, лете́ть на самолёте неудо́бно (éхать — éздить).
Ты ча́сто ... в го́сти (идти́ — ходи́ть/éхать — éздить)?

Он ча́сто ... в Большо́й теа́тр, потому́ что лю́бит о́перу (идти́ — ходи́ть).

39. **Послу́шайте диало́г. • Listen to the dialogue.**

а) **Скажи́те, что но́вого вы узна́ли о семье́ Петро́вых и о семье́ г-на Ки́ма. • Say what new facts you have learnt about the Petrovs and the Kims.**

В гостя́х у Петро́вых

— А вот и Ин Чул!
— Да, э́то я. До́брый день. Это вам, Ната́ша. (Да́рит цветы́ жене́ Петро́ва.)
— Спаси́бо. Како́й чуде́сный буке́т! Я о́чень люблю́ ро́зы. Да, что же мы стои́м? Проходи́те, пожа́луйста.
— Прости́те, где мо́жно вы́мыть ру́ки?
— Пожа́луйста, сюда́. Нале́во — ва́нная, напра́во — туале́т. Вот мы́ло и полоте́нце. (Прохо́дят в ко́мнаты.)

— Кака́я у вас ую́тная кварти́ра! Ско́лько здесь ко́мнат?

— Три. Здесь у нас ко́мната до́чери, спра́ва — на́ша спа́льня. Пойдёмте в гости́ную. (Прохо́дят в гости́ную.)

— Ско́лько у вас карти́н!

— Дочь зака́нчивает худо́жественное учи́лище. Это её рабо́ты.

— А где она́ сейча́с?

— Сего́дня она́ бу́дет по́здно — её подру́га выхо́дит за́муж.

— Како́й необы́чный портре́т!

— Я ду́маю, что э́то её лу́чшая карти́на.

— Где она́ хо́чет рабо́тать?

— Пока́ не зна́ет. Мо́жет быть, диза́йнером. Преподава́тель говори́т, что у неё есть интере́сные иде́и. А у вас есть де́ти?

— У меня́ дво́е — сын и дочь. Дочь ещё шко́льница. Сын — студе́нт.

— А где он у́чится?

— В Сеу́ле, в университе́те, на медици́нском факульте́те. Он бу́дет стома́тологом.

— Как я вам зави́дую!

— Интере́сно, бу́дут ли мне зави́довать его́ пацие́нты! Но сейча́с он серьёзно отно́сится к учёбе. Ду́маю, он бу́дет хоро́шим врачо́м.

— Обе́д гото́в. Приглаша́ю (прошу́) всех к столу́.

б) **О чём говори́ли хозя́ева и гость? Как живу́т Петро́вы? Опиши́те их кварти́ру. Почему́ до́чери Петро́вых нет до́ма? Что говоря́т о ней преподава́тели? Почему́ г-н Ким ду́мает, что его́ сын бу́дет хоро́шим врачо́м?** • **What did the hosts and the guests speak about? Describe the Petrovs' mode of life. Describe their flat. Why is the Petrovs' daughter absent? What do her teachers tell about her? Why does Mr. Kim think that his son will become a good doctor?**

40. **Послу́шайте диало́г.** • **Listen to the dialogue.**

а) **Скажи́те, о чём г-н Ким спра́шивал жену́ г-на Петро́ва.** • **Say what Mr. Kim has asked Mr. Petrov's wife about.**

— Како́й замеча́тельный пиро́г! Его́, наве́рное, тру́дно гото́вить?

— Очень легко́! Могу́ рассказа́ть. Ну́жно смеша́ть четы́ре яйца́, оди́н стака́н муки́, оди́н стака́н са́хара, пото́м доба́вить я́блоки и поста́вить в духо́вку. Полчаса́ — и пиро́г гото́в.

— И э́то всё? Обяза́тельно расскажу́ жене́. Она́ лю́бит гото́вить но́вые блю́да.

б) **Расскажи́те, как мо́жно приготовить я́блочный пиро́г. Напиши́те его́ реце́пт.** • **Say how you can cook an apple pie. Write its recipe.**

41. Эти фрагме́нты разгово́ра мо́жно бы́ло услы́шать за столо́м во вре́мя обе́да и по́сле него́. Соста́вьте из э́тих фраз диало́ги и разыгра́йте их. • **The phrases you see below you could hear at the table during lunch or after it. Make up the dialogue using the phrases.**

а) Хозя́йка предлага́ет. • **A hostess is offering.**

Кому́ ещё горя́чего (пельме́ней, карто́шки)?
Не хоти́те ли попро́бовать сала́т из кра́бов?
Вам во́дки (шампа́нского, вина́)?
Вы бу́дете ко́фе и́ли чай?

б) Как го́стю не оста́ться голо́дным (согласи́ться и́ли ве́жливо отказа́ться). • **Phrases guest can use during the meal (accept or refuse politely).**

Мне пельме́ней, пожа́луйста.
Нет-нет, спаси́бо, я уже́ сыт.
Очень вку́сные пельме́ни (вку́сная ры́ба, вку́сное мя́со, вку́сный сала́т).
Мо́жно мне ещё немно́го пельме́ней (карто́шки, ры́бы)?
Переда́йте, пожа́луйста, хлеб.
Бу́дьте добры́, да́йте мне соль, пе́рец, горчи́цу.
Спаси́бо, я пью кра́сное вино́.
Если мо́жно, чай с лимо́ном.

в) Как поблагодари́ть (при проща́нии). • **How to thank (when you are saying "good-bye").**

Большо́е спаси́бо! Всё бы́ло о́чень вку́сно.
Благодарю́ вас за прекра́сный ве́чер!
Жду вас с отве́тным визи́том. (Хочу́ пригласи́ть вас к себе́.)
Ду́маю отпра́здновать прие́зд жены́ в конце́ ме́сяца. (У нас как раз юбиле́й сва́дьбы.)

42. Во вре́мя обе́да г-н Петро́в и г-н Ким немно́го поговори́ли о рабо́те. • **During their lunch Mr. Petrov and Mr. Kim have spoken about their business a little.**

а) Послу́шайте фрагме́нт их разгово́ра. • **Listen to a fragment of their conversation.**

—За́втра к нам в о́фис придёт представи́тель фи́рмы «Хорн». От э́того визи́та мно́гое зави́сит. Мо́жет быть, мы бу́дем заключа́ть с э́той фи́рмой но́вый контра́кт. Это бу́дет вы́годно, е́сли они́ соглася́тся на на́ши усло́вия.
—А каки́е э́то усло́вия?
—Они́ бу́дут опла́чивать часть тра́нспортных расхо́дов, а мы бу́дем продава́ть сырьё по минима́льной цене́. За́втра мы бу́дем обсужда́ть э́ти пробле́мы. Пото́м (по́сле обе́да) пое́дем на наш заво́д. Там мо́жно бу́дет показа́ть го́стю образцы́ на́шей проду́кции, но́вые разрабо́тки.

б) Отве́тьте на вопро́сы. • **Answer questions.**

Кто прие́дет за́втра в о́фис?
Что зави́сит от э́той встре́чи?
Каки́е пробле́мы бу́дут обсужда́ть за́втра представи́тели фирм?
Каки́е усло́вия бу́дет предлага́ть фи́рма г-на Ки́ма?

Куда́ они́ пое́дут по́сле обе́да и заче́м?

Как вы ду́маете, как реаги́рует жена́ г-на Петро́ва на э́тот делово́й разгово́р?

При́нято ли у вас говори́ть о дела́х в гостя́х?

43. Г-н Ким всегда́ пи́шет подро́бные пи́сьма жене́ и до́лго разгова́ривает с ней по телефо́ну. Как вы ду́маете, что г-н Ким расска́жет ей сего́дня ве́чером, когда́ придёт домо́й. Напиши́те расска́з о том, как г-н Ким ходи́л в го́сти. • Mr. Kim always writes detailed letters to his wife and speaks to her on the phone for a long time. What is he going to tell his wife tonight when he comes home? Write your story how Mr. Kim has visited his friends.

44. Прочита́йте текст. • Read the text.

a) Скажи́те, лю́бят ли ходи́ть в го́сти муж и жена́. • Say whether a couple enjoys visiting their fiends.

КАК МЫ ХО́ДИМ В ГО́СТИ

Вообще́-то мы с жено́й лю́ди общи́тельные и лю́бим госте́й принима́ть до́ма — жена́ гото́вит, я де́лаю вид, что помога́ю. Мы живём в большо́м но́вом до́ме, недалеко́ от це́нтра, и к нам ча́сто «захо́дят на огонёк» друзья́ и знако́мые. У мно́гих есть дела́ в це́нтре, и, когда́ мы до́ма, у нас мо́жно отдохну́ть, вы́пить ко́фе, обсуди́ть но́вости и пробле́мы.

Но иногда́ я слы́шу: «Послеза́втра мы идём в го́сти. Людми́ла (Алло́чка, Ле́ночка, Нину́ля и т.д.) нас пригласи́ла. Ты то́же до́лжен пойти́. Меня́ спроси́ли, бу́дешь ли ты, я сказа́ла — «коне́чно». Я начина́ю говори́ть, что фи́рма бу́дет заключа́ть ва́жный догово́р, мы бу́дем встреча́ться с партнёрами, мне ну́жно быть на интере́сной презента́ции... «Но послеза́втра воскресе́нье, — ледяны́м го́лосом отвеча́ет жена́. — И мои́ подру́ги ско́ро поду́мают, что у нас пробле́мы, и бу́дут иска́ть мне но́вого му́жа. Ты э́того хо́чешь?» Этого я не хочу́ и ве́жливо спра́шиваю, где и когда́ мы должны́ быть.

В воскресе́нье у меня́ с утра́ плохо́е настрое́ние. Во-пе́рвых, я зна́ю, что бу́дет сего́дня днём, а во-вторы́х, я всё вре́мя отвеча́ю на вопро́сы: «Что наде́ть?», «А почему́ и́менно э́то?», «Ты уве́рен, что причёску меня́ть не сто́ит?», «Как ты ду́маешь, каки́е ту́фли вы́брать?», «Как я вы́гляжу?», «Интере́сно, в чём бу́дет Людми́ла (Алло́чка, Ле́ночка, Нину́ля и т.д.)?», «Неуже́ли так тру́дно посмотре́ть на со́бственную жену́ хоть раз в жи́зни?». А когда́ я достаю́ из шка́фа свои́ люби́мые ста́рые джи́нсы, я слы́шу ещё оди́н вопро́с: «Ты собира́ешься идти́ в э́том к мои́м подру́гам?»

Наконе́ц, мы гото́вы. По доро́ге ну́жно купи́ть цветы́ (ро́зы) и хоро́шее вино́. Как всегда́, мы немно́го опа́здываем. Жена́ счита́ет, что винова́т в э́том я. Наве́рное, сли́шком ме́дленно отвеча́л на её вопро́сы. Я пло́хо по́мню, к кому́ мы идём. Ка́жется, к Людми́ле (и́ли к Алло́чке, Ле́ночке, Нину́ле и т.д.). Они́ все как-то похо́жи. Наконе́ц, мы подхо́дим к большо́му се́рому до́му, вхо́дим в лифт. «А мо́жет быть, — ти́хо спра́шиваю я, — ты пойдёшь без меня́? А я пое́ду к Васи́лию, мы давно́ не игра́ли в префера́нс...»

Да, же́нщины уме́ют отвеча́ть взгля́дом. Пожа́луй, я бо́льше не бу́ду вспомина́ть о префера́нсе.

Вот мы и в гостях у подруги. Дамское общество, конечно, громко обсуждает свои проблемы. По-моему, они могут говорить обо всём. Им всё равно — мода это, погода или последние новости экономики. А ещё есть личная жизнь коллег, и это главная тема разговора. Мы всё это должны слушать. Я хотел включить телевизор, но нас попросили не портить вечер. «Мы» — это те, кто не мог сказать жене «нет». Мы плохо знаем друг друга, но у нас есть общая проблема — мы здесь. «Что делать?» — сказал один из нас. «Сами виноваты», — сказал другой. «А в „Лужниках“ футбол, — сказал я. — А ведь это идея! Выходим по одному...»

Через два часа мы, весёлые и довольные («наши» выиграли), по одному входили в квартиру. «Что-то долго вы курили», — сказала моя жена. «Разве?» — удивилась чья-то ещё. «Ой, а пельмени!» — вспомнила хозяйка. Это было очень кстати...

Когда мы ехали в машине, жена сказала: «Вот видишь, как мы хорошо отдохнули! А ты не хотел ехать в гости». «Дорогая, я был не прав, как всегда», — радостно сказал я.

б) **Прочитайте текст ещё раз и ответьте на вопросы.** • **Read the text once more and speak about the following.**

Как вы поняли, что значит выражение *«заходить на огонёк»*?

Как вы думаете, почему знакомые любят «заходить на огонёк» к подруге?

Что обычно отвечает муж, когда жена говорит, что они идут в гости?

Почему в воскресенье у мужа обычно плохое настроение?

О чём спрашивает его жена?

О чём говорят при встрече подруги жены?

Куда и почему ездили гости — мужчины?

Почему у мужа в конце вечера было хорошее настроение?

в) **Как об этой вечеринке могла бы рассказать его жена?** • **What could his wife tell about the party?**

г) **Что нового и интересного вы узнали о том, как принимают гостей в России?** • **What have you learnt about receiving quests in Russia?**

д) **А как вы ходите в гости?** • **Speak about visiting friends in your country.**

Контрольные задания

Побеседуем • Communicative practice

1. **Пригласите в гости коллегу, знакомого, который у вас ещё не был. Объясните ему (ей), как найти вашу квартиру. Назовите свой адрес, расскажите, где находится ваш дом.** • **Invite your colleague or friend to come to see you. Note that he/she has not visited your place yet. Explain how he/she could find your flat. Give your address and explain where your house is located.**

2. **Коллега пригласил вас на юбилей, но вы не сможете прийти, так как на это время у вас назначена встреча. Как вежливо отказаться? Объясните, кому вы назначили встречу, где вы встречаетесь, когда, какие вопросы вы будете обсуждать (поставка сырья, закупка оборудования, объём минимальной партии товара).** • **Your colleague**

has invited you to his jubilee party, but you are not able to come because you have an appointment at the same time. Refuse politely. Explain who you are going to meet with, when and where you are going to meet, what issues you are going to discuss (delivery of raw materials, equipment purchases, minimum batch of goods).

3. Вы ждёте гостей. Какие продукты вы будете покупать? Что вы приготовите? Расскажите рецепт приготовления вашего любимого блюда. Какие продукты будут вам нужны? Какие продукты и где вы обычно покупаете? • You are expecting guests. What food are you going to buy? What are you going to cook? Give the recipe of your favorite dish. What products do you need to cook it? What kind of food do you usually buy and where?

4. В России гостей приглашают часто и по разным поводам (новоселье, рождение ребёнка, годовщина свадьбы, день рождения, окончание школы, университета...). В каких случаях приглашают гостей в вашей стране? Куда вы обычно приглашаете друзей — домой или в ресторан? Какие подарки и кому принято у вас дарить, когда ходят в гости? • In Russia guests are invited very often on different occasions (house-warming party, baby's birth, wedding anniversary, someone's birthday, finishing school or graduating from university...). In what cases do you invite guests in your country? Do you usually celebrate at home or in the restaurant? Do you usually bring gifts when you come visiting?

5. О чём обычно говорят с гостями (литература, религия, политика, погода...)? Что предпочитаете вы? О чём говорит молодёжь? Что обсуждают пожилые люди? Часто ли коллеги говорят в гостях о работе? А о чём не стоит говорить? • What do you usually speak to your guests about (literature, religion, politics, weather...)? What topic of conversation do you prefer? What do young people speak about? What topics do the elderly discuss? Do your colleagues often speak about their work? What topics should not be discussed?

6. В гостях у русских не принято считать комнаты, подчёркивать размеры квартиры. Лучше отметить, как много у хозяев книг, картин, цветов и т.п. А как принято у вас? • Coming to see your friends, you should better not count the rooms or mention the size of their flat. You should better note the number of books, paintings, plants, etc. they have. What are the traditions in your country?

7. Прочитайте русские пословицы и поговорки. • Read the Russian proverbs and sayings.
a)
   ■ Не красна изба углами, а красна пирогами.
   ■ Мой дом — моя крепость.
   ■ В гостях хорошо, а дома лучше.
   ■ Дома и стены помогают.
   ■ Будьте как дома.
   ■ В чужой монастырь со своим уставом не ходят.
   ■ Пора и честь знать.

б) **Как вы дýмаете, что они знáчат и в какóй ситуáции их говорят?** • Try to guess their meaning and what situation they are appropriate for.

в) **Соглáсны ли вы с э́тими выскáзываниями?** • Do you agree with these sayings?

г) **Есть ли в вáшем языкé аналоги́чные выражéния?** • Do you have similar sayings in your language?

8. **Чáсто ли вы хóдите в гóсти, к комý? Что вы предпочитáете, ходи́ть в гости и́ли приглашáть к себé гостéй? И вообщé, как вы дýмаете, почемý лю́ди хóдят в гóсти?** • Do you often go to see anyone? Who do you come to? What do you prefer: come to see your friends or invite them to visit you? And generally speaking, why do you think people come to see their friends?

Нóвые словá • New words

áвгуст — August

автостоя́нка — car parking

áкция — stock

апрéль — April

бéлый — white

беспокóить — to trouble

блю́до — dish

букéт — bouquet

бумáга — paper

вáнная — bathroom

вéжливый — polite

вéсело — merry

вéчером — in the evening

винó — wine

виновáт — guilty

вкýсный — delicious

вóдка — vodka

восьмиэтáжный — eight-storied house

встречáться/встрéтиться — to meet

вы́брать/выбирáть — to choose

вы́глядеть — to look

вы́мыть/мыть — to clean

выходи́ть/вы́йти зáмуж — to marry

газéта — newspaper

годовщи́на — anniversary

горчи́ца — mustard

горя́чее — first course (hot course)

гости́ная — drawing-, sitting — (room)

гость (в гостя́х) — guest (to be a guest)

гуля́ть/погуля́ть — to walk

давáть/дать — to give

дáмский — lady's

дари́ть — to present

декáбрь — December

дизáйнер — designer

дли́нный — long

днём — in the afternoon

(на) дня́х — some day soon

добáвить — to add

духóвка — oven

ежеднéвник — diary

éздить — go by transport

éхать — go by transport

ждать — to wait

жить — to live

завидовать — to envy
зависеть — to depend
завод — factory
завтра — tomorrow (послезавтра) —
    (the day after tomorrow)
заказ — order
заказчик — customer
занят — to be busy
здание — building

изба — cottage
именно — just
интересный — interesting
июль — July
июнь — June

кабинет — study-room
картошка — potato
квартира — flat
код — code
короткий — short
кстати — to the point

ледяной (голос) — icy (in the icy
    tone)
личный — personal

май — May
март — March
медленно — slowly
мешать/помешать — to mix
минута — minute
молоко — milk
молочный — milky
монастырь — cloister
мука — flour
мыло — soap

надеть — to put on
напоминать/напомнить — to remember
настроение — mood
находиться — be located
немало — much/many
необычный — unusual
несколько — some/several
новоселье — house-warming
новый — new
ноябрь — November

обещать — to promise
образец — sample
обсуждать — to discuss
общительный — sociable
обязательно — certainly
одевать/одеваться — to dress
(по) одному — one by one
оплачивать — to pay
опытный — experienced
оргкомитет — committee of organization
отмечать (праздновать) — to celebrate
относиться (считать) — to treat
отпраздновать — to have celebration

пациент — patient
пельмени — ravioli
передать — to pass
переулок — side street
перец — pepper
пирог — pie
плохой — bad
погода — weather
подписывать/подписать — to sign
подтвердить — to acknowledge
подъезд — entrance
показывать/показать — to show

покупа́ть/купи́ть — to buy
полоте́нце — towel
помога́ть — to help
по́ртить (настрое́ние) — to mar (mood)
посети́ть/посеща́ть — to visit
посо́льство — embassy
поставля́ть — to deliver
посыла́ть/посла́ть — to send
похо́ж — to look like
прав — be right
пра́здник — holiday
пра́здничный — holiday
предприя́тие — factory
префера́нс — preference
приглаша́ть/пригласи́ть — invite
пригото́вить/гото́вить — cook
прийти́ — come
принима́ть/приня́ть — to receive guests
    (госте́й)
прису́тствие — presence
приходи́ть — to come
причёска — haircut/coiffure
проду́кты (пита́ния) — foodstuff
прое́кт — project
проси́ть — to ask for
Проходи́те! — Come in!
проце́нт — percent

ра́достный — joyful
расска́зывать/рассказа́ть — to tell
расхо́д — expenses
реаги́ровать — to react
реце́пт — recipe
ры́ба — fish

сва́дьба — wedding
сентя́брь — September

се́рый — grey
серьёзно — serious
сиби́рский — Siberian
Сиби́рь — Siberia
слы́шать — hear
смета́на — sour cream
совеща́ние — conference
спа́льня — bedroom
специали́ст — specialist
ста́рый — old
сто́имость — cost
сто́ить — to cost
стомато́лог — dentist
стоя́ть — to stand
счёт (спорт) — score
сыр — cheese
сырьё — stuff/raw materials

тата́рин — Tatar
торже́ственный — ceremonial
точне́е — or rather/more precise
тра́нспортный — transport
туале́т — wc
ту́фли — shoes

(с) удово́льствием — with pleasure
у́жинать/поу́жинать — to have dinner
    (supper)
у́лица — street
усло́вия — conditions
у́тром — in the morning

февра́ль — February
фина́нсовый — financial
фру́кты — fruit

хлеб — bread

худо́жественное учи́лище — art school

цветы́ — flower
цена́— price

час — hour
число́ — number
чуде́сный — wonderful

шампа́нское — champagne

эта́ж — floor

юбиле́й — jubilee

яйцо́ — egg
янва́рь — January

Тема VII
Результаты и планы деятельности фирмы

Results and plans of company activity

Урок 11 (одиннадцать) • одиннадцатый урок

Речевые образцы:

— Каков уставный капитал банка «UBS»?
— Уставный капитал этого банка составляет 7 млрд долларов.

— Каковы данные о курсе валют?
— А какой курс вас интересует?
— Биржевой.

— Каковы результаты работы вашей фирмы?
— В прошлом году прибыль нашей фирмы составляла 2,3 млрд евро. В этом году она увеличилась почти на 2 млрд и составила 4,2 млрд евро.

— Каковы ваши планы на будущее?
— В следующем году мы планируем построить новый завод.
— Где вы его построите?

— Что было сделано в прошлом году?
— Недавно был создан швейцарский проект «Транс-Альпы».
— Сейчас строится новый тоннель Готтард, а потом будет построена трансальпийская железная дорога.

Грамматический материал:

■ Родительный падеж (№ 2) существительных, прилагательных ед. и мн. ч.:
а) в компаративных конструкциях типа *больше продукции*;
б) при обозначении времени в конструкциях типа *в начале года*.
■ Винительный падеж (№ 4) существительных, прилагательных ед. ч.:
а) в функции определения в сочетаниях типа *планы на будущее*;
б) при обозначении динамики количества в конструкциях типа *увеличиться + на сколько? во сколько раз?*;
в) при обозначении объекта действия (продолжение).

■ Предло́жный паде́ж (№ 6) существи́тельных ед. и мн. ч. при обозначе́нии вре́мени в сочета́ниях ти́па *в про́шлом году́*.

■ Употребле́ние вопроси́тельных слов *Како́в? Какова́? Каково́? Каковы́?*

■ Сопоставле́ние констру́кций со слова́ми *Како́в? — Како́й?*

■ Употребле́ние коли́чественных числи́тельных при счёте.

■ Употребле́ние глаго́лов соверше́нного ви́да в бу́дущем вре́мени.

■ Употребле́ние глаго́лов соверше́нного ви́да в проше́дшем вре́мени (продолже́ние).

■ Употребле́ние глаго́лов несоверше́нного ви́да в бу́дущем вре́мени (продолже́ние).

■ Употребле́ние страда́тельных прича́стий настоя́щего вре́мени в констру́кциях ти́па *доро́га стро́ится* — для пасси́вного усвое́ния.

■ Употребле́ние кра́тких страда́тельных прича́стий в констру́кциях ти́па *доро́га была́ (бу́дет) постро́ена* — для пасси́вного усвое́ния.

■ Употребле́ние акти́вных и пасси́вных констру́кций: *стро́ят доро́гу — доро́га стро́ится* — для пасси́вного усвое́ния.

Текст «**Дре́вняя альпи́йская доро́га в бу́дущее**».

Как спроси́ть/сказа́ть о фина́нсовых показа́телях де́ятельности фи́рмы • How to ask/say about company's financial performance

— Како́в уста́вный капита́л ба́нка «UBS»?
— Уста́вный капита́л э́того ба́нка составля́ет 7 млрд до́лларов.

Запо́мните:	он	она́	оно́	они́
	како́в[ф]?	*какова́?*	*каково́?*	*каковы́?*
	капита́л	при́быль	коли́чество	дохо́ды

	составля́ть (I гр.)/*соста́вить* (II гр.) + *ско́лько?*		
	нсв		св
он, она́, оно́	составля́ет	**он**	соста́вил
они́	составля́ют	**она́**	соста́вила
		оно́	соста́вило
		они́	соста́вили

1. Спроси́те о фина́нсовых показа́телях де́ятельности фи́рмы (ба́нка, компа́нии, аге́нтства и т.д.). • Ask about financial performance of a company (a bank, a firm, an agency, etc.).

Моде́ль:
● фина́нсовые показа́тели
— *Каковы́* фина́нсовые показа́тели фи́рмы?

Уста́вный капита́л, ста́ртовый капита́л, годово́й оборо́т, товарооборо́т, при́-быль ⇔ убы́тки, дохо́ды ⇔ расхо́ды, чи́стый дохо́д, проце́нты, нало́г, страхова́я су́мма, вступи́тельный взнос, акти́вы (ба́нка), объём проду́кции, разме́р поста́вки, де́нежные су́ммы.

2. **Прочита́йте да́нные показа́тели.** • **Read the indicators.**

Моде́ль:
• 40 000
— со́рок ты́сяч

500, 6600, 5550, 5515, 50 552, 10 000 000, 25 592 050, 73 316 037, 202 000, 21 000, 201 000, 212 000, 1 001 001, 2 002 219.

Обрати́те внима́ние:
Ци́фры в фина́нсовых показа́телях отделя́ются интерва́лами:
7 000 000 до́лларов США = US $ 7 000 000
2 000 000 е́вро = EUR 2 000 000
В фина́нсовых докуме́нтах при́няты сле́дующие сокраще́ния:
тыс. — ты́сяча
млн — миллио́н
млрд — миллиа́рд
трлн — триллио́н
руб. — рубле́й
долл. — до́лларов

Обрати́те внима́ние:
По росси́йским станда́ртам в дробя́х по́сле це́лого числа́ пи́шется запята́я (10,3 млн долл. = 10 300 000 до́лларов). • According to the Russian standards in the fractions after the whole number there is a comma.

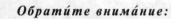

3. **Послу́шайте и запиши́те ци́фрами в по́лной и сокращённой фо́рме.** • **Pay attention that figures showing financial results are separated by intervals.**

Моде́ль:
• шесть ты́сяч шестьсо́т
— 6600 = 6,6 тыс.

шестьсо́т
шесть ты́сяч шестьсо́т шестьдеся́т
шесть ты́сяч шестьсо́т шестна́дцать
шестьдеся́т ты́сяч шестьсо́т шестьде́сят оди́н
де́сять миллио́нов сто де́сять ты́сяч де́сять
два́дцать де́вять миллио́нов пятьсо́т девяно́сто две ты́сячи два́дцать
три́дцать три миллио́на три́ста трина́дцать ты́сяч три́ста три́дцать

двáдцать две ты҄сячи
двáдцать две ты҄сячи двéсти двенáдцать
два миллиóна две ты҄сячи два

4. **Получи́те информа́цию о фина́нсовых показа́телях фи́рмы. • Get information on company's financial results.**

Моде́ль:
• при́быль — 400 млн долл.
— Какова́ при́быль фи́рмы?
— При́быль фи́рмы составля́ет четы́реста миллио́нов до́лларов.

Уста́вный капита́л — 432 млн руб.
дохо́ды — 33 млн долл.
годово́й оборо́т — 82 млн руб.
убы́тки — 3 млн е́вро
акти́вы — 16 млрд е́вро

5. **Прослу́шайте и кра́тко запиши́те информа́цию о фина́нсовых показа́телях. • Listen and write a summary on financial results.**

— Уста́вный капита́л ба́нка «UBS» составля́ет семь миллиа́рдов до́лларов США.
— Страхово́й взно́с составля́ет два́дцать ты́сяч до́лларов США, и́ли сто миллиа́рдов восемьсо́т ты́сяч швейца́рских фра́нков.
— Уста́вный капита́л страхово́го наро́дного о́бщества «РОСНО» составля́ет четы́реста три́дцать два миллио́на рубле́й.
— При́быль компа́нии «Формо́за» составля́ет со́рок миллио́нов е́вро.
— Годово́й оборо́т предприя́тия «Элка́т» составля́ет восемьсо́т миллио́нов рубле́й.
— Ста́ртовый капита́л инвестицио́нного фо́нда «Тусри́ф» составля́ет четы́реста со́рок миллио́нов до́лларов США.
— Акти́вы америка́нской ме́диа-корпора́ции «News Corp.» составля́ют три́дцать миллиа́рдов до́лларов США, а ежего́дный дохо́д составля́ет двена́дцать миллиа́рдов до́лларов США.

— **Каковы́ да́нные о ку́рсе валю́т?**
— **А како́й курс вас интересу́ет?**
— **Биржево́й.**

Сравни́те:

а) ка́чественная   *како́й? кака́я? како́е? каки́е?*
характери́стика, при́знак
б) коли́чественный,   *како́в? какова́? каково́? каковы́?*
цифрово́й показа́тель

6. Прочита́йте приведённые ни́же словосочета́ния. • Read word combinations given below.

a) Уточни́те, кака́я информа́ция вас интересу́ет. • Specify what information you are interested in.

Моде́ль:
- би́ржа
— Кака́я быва́ет би́ржа?
— Наприме́р, фина́нсовая би́ржа.

би́ржа: | росси́йская
| фина́нсовая: валю́тная, межба́нковская
| фо́ндовая
| това́рно-сырьева́я

курс: | официа́льный
| комме́рческий
| обме́нный
| валю́тный
| биржево́й
| ЦБ [цэ-бэ] — Центра́льного ба́нка
| ММВБ [эм-эм-вэ-бэ] — Моско́вской межба́нковской
| валю́тной би́ржи

счёт: | рублёвый
| валю́тный
| ба́нковский
| корреспонде́нтский
| расчётный
| теку́щий
| сро́чный: долгосро́чный, краткосро́чный
| беспроце́нтный
| накопи́тельный
| пенсио́нный

б) Переведи́те да́нные словосочета́ния на ваш родно́й язы́к. • Translate word combinations into your native language.

в) Скажи́те, о како́м ку́рсе валю́т мо́жно получи́ть информа́цию на Моско́вской межба́нковской валю́тной би́рже. • Say what currency exchange rate you may get information on at Moscow Interbank Currency Exchange.

7. Обрати́те внима́ние на глаго́лы, обознача́ющие де́ятельность фина́нсовых предприя́тий. • Pay attention to the verbs indicating activities of financial enterprises.

a) Узна́йте о хара́ктере де́ятельности учрежде́ний (банк, обме́нный пункт, фина́нсовый отде́л). • Learn about the character of activities of enterprises (bank, exchange office, financial department, etc.).

Моде́ль:
- фина́нсовый отде́л
— Чем занима́ется фина́нсовый отде́л?
— Фина́нсовый отде́л **счита́ет** расхо́ды, вчера́ сотру́дники уже́ **посчита́ли** но́вые расхо́ды.

обме́нивать (I гр.)/обменя́ть (I гр.)	+ что? № 4

	де́ньги
	рубли́
	валю́ту
	до́ллары
	е́вро
	че́ки

счита́ть (I гр.)/посчита́ть (Iгр.):	де́ньги
	креди́ты
	долги́
	проце́нты
	дохо́ды
	при́быль
	расхо́ды
	убы́тки

производи́ть (II гр.)/произвести́ (Iгр.):	расчёты
	вы́платы

принима́ть (I гр.)/приня́ть (I гр.) (к оплате):	рубли́
	валю́ту
	до́ллары
	е́вро

опла́чивать (I гр.)/оплати́ть (II гр.):	счёт (счета́)
	чек
	ве́ксель (векселя́)
	а́кции
	аккредити́вы

8. Сравни́те да́нные суще́ствительные и произво́дные от них глаго́лы. • **Compare the nouns and verbs derived from them.**

a) Напиши́те приме́ры, замени́в глаго́лы (в проше́дшем вре́мени) на глаго́льные слово-сочета́ния. • **Write examples, replacing verbs (in the past tense) by verbal word combinations.**

Моде́ль:
• Банк **оплати́л** счёт.
— Банк **при́нял к опла́те** счёт.

Что? ⇒	*Что де́лать?*
счёт	счита́ть = производи́ть расчёты
расчёт	рассчита́ть
обме́н	обменя́ть = производи́ть обме́н
пла́та	плати́ть (to pay)
опла́та	**о**плати́ть = приня́ть к опла́те (to pay for)
зарпла́та	**за**плати́ть (to pay for)
вы́плата	**вы́**платить (to pay out)
недопла́та	**недо**плати́ть (to underpay)
перепла́та	**пере**плати́ть (to overpay)

б) **Переведи́те да́нные слова́ на ваш родно́й язы́к.** • Translate the words into your native language.

9. **Прочита́йте рекла́му фирм и расскажи́те, что вы узна́ли о результа́тах их де́ятельности.** • Read the companies' ads and say what you've learnt about their activities.

— В Москве́ на́чало рабо́тать представи́тельство швейца́рского инвестицио́нного ба́нка UBS.

Уста́вный капита́л ба́нка составля́ет $ 86,7 млрд, и́ли 105,8 млрд швейца́рских фра́нков. При́быль ба́нка составля́ет $ 5,3 млрд.

Представи́тельство произво́дит расчёты ме́жду ча́стными росси́йскими клие́нтами и инвестицио́нными компа́ниями. Наш банк опла́чивает счета́ ча́стных лиц, че́ки, векселя́, аккредити́вы. Вы мо́жете откры́ть расчётный и теку́щий счёт в рубля́х, до́лларах, е́вро, а та́кже в швейца́рских фра́нках.

В настоя́щее вре́мя мы произво́дим вы́платы креди́тов росси́йским производи́телям проду́кции. Инвестицио́нные акти́вы ба́нка соста́вили в про́шлом году́ $ 1,8 млрд.

В моско́вском представи́тельстве есть отде́л по рабо́те с ча́стными клие́нтами, обме́нный пункт и круглосу́точный банкома́т. Ра́ньше мы меня́ли то́лько рубли́ и швейца́рские фра́нки, а тепе́рь у нас мо́жно обменя́ть любу́ю иностра́нную валю́ту. Для постоя́нных клие́нтов у нас специа́льный комме́рческий курс. Неда́вно в на́шем представи́тельстве начала́ рабо́тать электро́нная информацио́нная слу́жба по состоя́нию счето́в ча́стных клие́нтов.

Уважа́емые руководи́тели инвестицио́нных компа́ний, фо́ндов, совме́стных росси́йско-швейца́рских предприя́тий! Если вы хоти́те стать клие́нтами на́шего ба́нка, а та́кже е́сли вы хоти́те получи́ть са́мую све́жую информа́цию об инвестицио́нных паке́тах, о ку́рсе валю́т, о теку́щем ку́рсе ЦБ и МБВБ, о це́нах на росси́йской това́рно-сырьево́й би́рже, обраща́йтесь, пожа́луйста, к нам по тел. (+7-499) 726-57-70 или на сайт: www.ubs.com.

* * *

— «РО́СНО», и́ли «Росси́йское страхово́е наро́дное о́бщество», — э́то откры́тое акционе́рное о́бщество. Мы рабо́таем на росси́йском страхово́м ры́нке уже́ 10 лет.

Акционе́рами «РО́СНО» явля́ются: акционе́рная фина́нсовая корпора́ция «Систе́ма», Федера́ция незави́симых профсою́зов Росси́и, Моско́вская федера́ция профсою́зов.

«РО́СНО» — э́то универса́льная страхова́я компа́ния. Ра́ньше мы занима́лись то́лько страхова́нием жилья́, а сейча́с мы ока́зываем 76 ви́дов услу́г. У нас вы мо́жете застрахова́ть да́чу и автомоби́ль, иму́щество и здоро́вье, юриди́ческую чистоту́ би́знеса и да́же своего́ люби́мого кота́ и́ли соба́ку. Все ви́ды страхова́ния, любу́ю страхову́ю програ́мму вы мо́жете найти́ в «РО́СНО», потому́ что индивидуа́льная рабо́та с клие́нтом — э́то стиль на́шей компа́нии.

В настоя́щее вре́мя на́ша компа́ния принима́ет взно́сы и произво́дит страховы́е вы́платы по доброво́льному и обяза́тельному страхова́нию. Региона́льная сеть «РО́СНО» — э́то 77 филиа́лов, 132 аге́нтства в 70 регио́нах Росси́йской Федера́ции, а та́кже в стра́нах СНГ.

На́ши страховы́е резе́рвы нахо́дятся в «Дойч-Ба́нке». Мы сотру́дничаем с кру́пными перестрахо́вочными компа́ниями: «Cologne Re», «Munich Re», с бро́керскими аге́нтствами корпора́ции «Lloyd's».

«РОСНО» — член Междунаро́дной, Росси́йской, Моско́вской, Росси́йско-англи́йской и Росси́йско-америка́нской торго́вых пала́т. «РОСНО» явля́ется официа́льным страховщико́м олимпи́йской сбо́рной кома́нды Росси́и.

На́ши клие́нты — э́то 6 000 000 гра́ждан и 23 000 предприя́тий и организа́ций. Среди́ них Моско́вский метрополите́н и Большо́й теа́тр Росси́и, Тюме́нская нефтяна́я компа́ния и Сберба́нк РФ, посо́льства Норве́гии, США, Финля́ндии, Че́хии в Росси́и, представи́тельства «Microsoft», «Coca-Cola», «Xerox», «Philips», «Volvo», «Danon».

Мы не мо́жем назва́ть всех, но всем лю́дям и компа́ниям, кто чу́вствует себя́ уве́ренно вме́сте с «РОСНО», мы говори́м «спаси́бо». Вме́сте с ва́ми мы рабо́таем для того́, что́бы жизнь в Росси́и ста́ла бо́лее стаби́льной и бога́той.

Приходи́те, приглаша́йте аге́нта. Мы всегда́ вам ра́ды. Звони́те по тел. (495) 232-32-32 (круглосу́точно). Мы произво́дим иму́щественное, медици́нское и автострахова́ние та́кже че́рез Интерне́т на са́йте: www.rosno.ru.

Как спроси́ть/сказа́ть о результа́тах рабо́ты фи́рмы, о дина́мике её разви́тия •
How to ask/say about company's results, dynamics of its development

— Каковы́ результа́ты рабо́ты ва́шей фи́рмы?
— В про́шлом году́ при́быль на́шей фи́рмы составля́ла 2,3 млрд е́вро. В э́том году́ она́ увели́чилась почти́ на 2 млрд и соста́вила 4,2 млрд е́вро.

Запо́мните:

увели́чивать (I гр.)/*увели́чить* (II гр.)
уменьша́ть (I гр.)/*уме́ньшить* (II гр.)
повыша́ть (I гр.)/*повы́сить* (II гр.) ш/с
понижа́ть (I гр.)/*пони́зить* (II гр.) ж/з
увели́читься (св II гр.) = *повы́ситься* (св II гр.)   +   *на ско́лько?* № 4
уме́ньшиться (св II гр.) = *пони́зиться* (св II гр.)   }   *во ско́лько раз?* № 4

он	увели́чился	уме́ньшился	повы́сился	пони́зился
она́	увели́чилась	уме́ньшилась	повы́силась	пони́зилась
оно́	увели́чилось	уме́ньшилось	повы́силось	пони́зилось
они́	увели́чились	уме́ньшились	повы́сились	пони́зились

Обрати́те внима́ние:

высо́кий ⇒ стать *вы́ше* = **повы́**ситься
ни́зкий ⇒ стать *ни́же* = **пони́**зиться
ма́ленький ⇒ стать *ме́ньше* = **уме́ньш**иться
но:
большо́й ⇒ стать *бо́льше* = **увели́ч**иться

10. **Напиши́те о дина́мике результа́тов, трансформи́руя да́нные констру́кции по образцу́. • Write about the dynamics of results, changing constructions according to the pattern.**

Моде́ль:

• постро́или *бо́льше* домо́в = строи́тельство домо́в *увели́чилось*

отремонти́ровали *ме́ньше* доро́г
вы́пустили *бо́льше* но́вых моде́лей оде́жды
откры́ли *бо́льше* но́вых магази́нов
инвести́ровали *бо́льше* средств
получи́ли *ме́ньше* реклама́ций
произвели́ *бо́льше* това́ров
про́дали *ме́ньше* проду́кции
купи́ли *бо́льше* росси́йских проду́ктов
экспорти́ровали *бо́льше* га́за
импорти́ровали *ме́ньше* электро́нной те́хники
перерабо́тали *бо́льше* не́фти
поста́вили *ме́ньше* мета́лла

11. **Отве́тьте на вопро́сы по образцу́, испо́льзуя да́нные показа́тели. • Answer questions following examples using figures.**

Моде́ль:

— На ско́лько *ме́ньше* това́ров вы поста́вили? (13 %)
— Поста́вки *уме́ньшились на 13 %*.

На ско́лько *бо́льше* компью́теров вы купи́ли? (400 штук)
На ско́лько *бо́льше* не́фти вы про́дали? (200 тонн)
На ско́лько *ме́ньше* автомоби́лей вы заказа́ли? (10 000 штук)
На ско́лько *ме́ньше* ста́ли ски́дки? (5 %)
Во ско́лько раз *бо́льше* средств вы инвести́ровали? (2 раза)
Во ско́лько раз *бо́льше* ста́ла цена́ а́кций? (1,5 раза)
Во ско́лько раз *бо́льше* перевезли́ гру́зов? (5 раз)

Сравни́те:　　　　　　　*Когда́?*

	№ 6 *(год, кварта́л, ме́сяц)*		№ 6 + № 2 *(ме́сяц + год)*	
в э́том	году́	в ию́ле	в ию́ле	э́того
в про́шлом	кварта́ле	в ма́е	в ма́е	про́шлого го́да
в бу́дущем	ме́сяце	в а́вгусте	в а́вгусте	бу́дущего

в 1999 (ты́сяча девятьсо́т девяно́сто девя́том) году́
в 2000 (двухты́сячном) году́
в 2005 (две ты́сячи пя́том) году́

№ 6 + № 2		№ 5 + № 2	
в нача́ле	э́того	го́да	о́сенью	э́того
в середи́не	про́шлого	кварта́ла	зимо́й	про́шлого го́да
в конце́	бу́дущего	весно́й	бу́дущего
	ле́том	сле́дующего

кварта́л = 3 ме́сяца = сезо́н (вре́мя го́да) • a quarter = 3 months = a season (time of year)

В году́ четы́ре кварта́ла (произво́дственных пери́ода): *пе́рвый (второ́й, тре́тий, четвёртый)* кварта́л. • There are four quarters in a year (working periods) the first (second, third, fourth) quarter.

12. **Расскажи́те о результа́тах де́ятельности предприя́тий по моде́ли.** • **Speak about results of the enterprises' activities using the pattern.**

а) **Скажи́те, какова́ при́быль предприя́тия в про́шлом и ны́нешнем году́?** • **Say what profit the enterprise yeilded in the previous and the current year?**

Моде́ль:

• 60 тыс. долл. — 72 тыс. долл.

— В про́шлом году́ при́быль составля́ла 60 тыс. долл., а в декабре́ э́того го́да она́ соста́вила 72 тыс. долл.

300 тыс. е́вро — 150 тыс. е́вро
5,2 млн руб. — 4,8 млн руб.
119 млрд долл. — 112 млрд долл.

б) **Скажи́те, каковы́ расхо́ды предприя́тия в январе́ про́шлого и э́того го́да (в середи́не го́да, весно́й э́того го́да и т.п.).** • **Say what expenditures the enterprise had last January and this year (in the middle of the current year, in spring, etc.).**

Моде́ль:

• 200 тыс. руб. — 180 тыс. руб.

— В про́шлом году́ расхо́ды составля́ли 200 тыс. руб., а в э́том году́ они́ составля́ют 180 тыс. руб.

5100 долл. — 1700 долл.
13,5 млн е́вро — 12,9 млн е́вро
2,6 млрд руб. — 1,3 млрд руб.

в) Узна́йте у ва́ших колле́г, каковы́ фина́нсовые результа́ты рабо́ты их фи́рмы (при́быль, дохо́ды, расхо́ды, убы́тки). • Ask your colleagues about financial results of their company(profit, income, spendings, losses, etc.).

13. Скажи́те, наско́лько (во ско́лько раз) увели́чилась и́ли уме́ньшилась при́быль (расхо́ды) предприя́тия в э́том году́ (кварта́ле, ме́сяце) по сравне́нию с про́шлым. Испо́льзуйте материа́л зада́ния 12. • Say how much (how many times) the profit (expenditures) of the enterprise has increased (decreased) this year (quarter, month) compared to the past year. Use material from assignment 12.

Моде́ль:
- (60 тыс. долл.) 72 тыс. долл.
— В э́том году́ при́быль увели́чилась на 12 тыс. до́лларов.

14. Расскажи́те подро́бно о дина́мике при́были (дохо́дов, расхо́дов) ва́шей фи́рмы. Испо́льзуйте материа́л зада́ния 12. • Speak in detail on the dynamics of profit (expenditures, income) of your company. Use material from assignment 12.

Моде́ль:
- 60 тыс. долл. — 72 тыс. долл.
— В про́шлом году́ дохо́ды на́шей фи́рмы составля́ли 60 тыс. долл. В э́том году́ они́ увели́чились на 12 тыс. долл. и соста́вили 72 тыс. долл.

15. Скажи́те, как измени́лся курс до́ллара (е́вро) по отноше́нию к валю́те ва́шей страны́ в э́том году́ (ме́сяце, в нача́ле/конце́ го́да). • Speak on the changes of dollar's (euro's) exchange rate towards the currency of your country this year (month, beginning/end of the year).

Моде́ль:
- 1 долл. = (26,0) 29,8 руб.
— В про́шлом году курс до́ллара составля́л 26,00 руб. В конце́ э́того го́да он повы́сился на 3,8 руб. и соста́вил 29,8 руб.

16. Обрати́те внима́ние на глаго́лы, с по́мощью кото́рых мо́жно рассказа́ть о други́х результа́тах де́ятельности фи́рмы. • Pay attention to the vers with the help of which you can tell about results of your company activities.

а) Побесе́дуйте о результа́тах рабо́ты, испо́льзуя да́нные словосочета́ния. • Speak on results of work using word combinations.

Моде́ль:
- стро́ить/постро́ить (но́вый заво́д)
— На́ша фи́рма сейча́с **стро́ит** но́вый заво́д.
— А мы уже́ **постро́или** но́вый заво́д в про́шлом году́.

составля́ть/соста́вить	контра́кт
обсужда́ть/обсуди́ть	це́ны
гото́вить/подгото́вить	отчёт

писа́ть/написа́ть	план
подпи́сывать/подписа́ть	соглаше́ние
изуча́ть/изучи́ть	информа́цию, катало́ги
осно́вывать/основа́ть	компа́нию, ассоциа́цию, банк
создава́ть/созда́ть	предприя́тие
открыва́ть/откры́ть	представи́тельство
закрыва́ть/закры́ть	счёт
организо́вывать/организова́ть	совме́стное предприя́тие
устана́вливать/установи́ть	деловы́е конта́кты (свя́зи)
выпуска́ть/вы́пустить	проду́кцию
производи́ть/произвести́	па́ртию това́ров
продава́ть/прода́ть	а́кции
покупа́ть/купи́ть	сырьё
проводи́ть/провести́	перегово́ры
рассма́тривать/рассмотре́ть	предложе́ние
принима́ть/приня́ть	уча́стие (+ в чём?)
дава́ть/дать	ски́дку
получа́ть/получи́ть	креди́т

б) Переведи́те да́нные словосочета́ния на ваш родно́й язы́к. • Translate word combinations into your native language.

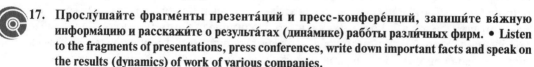

17. Прослу́шайте фрагме́нты презента́ций и пресс-конфере́нций, запиши́те ва́жную информа́цию и расскажи́те о результа́тах (дина́мике) рабо́ты разли́чных фирм. • Listen to the fragments of presentations, press conferences, write down important facts and speak on the results (dynamics) of work of various companies.

— В конце́ про́шлого го́да специали́сты на́шей телекоммуникацио́нной компа́нии «Гло́бал оди́н» реализова́ли прое́кт в Туркме́нии. Мы со́здали но́вую электро́нную межба́нковскую связь для Центра́льного ба́нка Туркмениста́на. На́ша компа́ния поста́вила обору́дование, а та́кже установи́ла в го́роде Ашхаба́де ба́зовую телеста́нцию и 20 абоне́нтских термина́лов. Тепе́рь ба́нки Туркме́нии с по́мощью на́шей се́ти произво́дят электро́нные межба́нковские расчёты и обслу́живают клие́нтов че́рез банкома́ты.

— Чёрное мо́ре явля́ется ва́жным тра́нспортным коридо́ром для э́кспорта росси́йской не́фти за рубе́ж. Я подтвержда́ю э́то как президе́нт крупне́йшей росси́йской компа́нии «Трансне́фть». Наприме́р, то́лько в про́шлом году́ Росси́я перевезла́ че́рез термина́л в г. Новоросси́йске 32,7 млн тонн не́фти и че́рез порт в г. Туапсе́ — 6,1 млн тонн. В э́том году́ наш партнёр АО «Черномортрансне́фть» постро́ил в г. Новоросси́йске прекра́сный но́вый кру́пный прича́л для нефтяны́х та́нкеров. Его́ сто́имость соста́вила 45 млн до́лларов.

— В этом году наша компания АО «АвтоВАЗ» произвела 600 тыс. автомобилей. Это на 120 тыс. меньше, чем в прошлом году. К сожалению, после финансового кризиса наши предприятия не продали 100 тыс. автомобилей. Кроме того, в январе этого года «АвтоВАЗ» повысил цены на автомобили на 10 %, а скидки торговым фирмам понизил на 5 %. Сейчас торговые скидки составляют только 10 %, в прошлом году они составляли 15 %.

* * *

— ОАО «ЛУКОЙЛ» постоянно увеличивает добычу, переработку и экспорт нефти. В этом году наша компания экспортировала 25,6 млн тонн нефти, что на 33 % больше, чем в прошлом году. В прошлом году «ЛУКОЙЛ» поставил на российские заводы 33,8 млн тонн нефти. Например, два крупных завода нашей компании переработали 19,1 млн тонн. При этом качество (глубина) переработки нефти увеличилось на 3 % и составило 79 %. Качество переработки на других российских предприятиях нефтяной промышленности составляет только 65,4 %. В этом году «ЛУКОЙЛ» разработал новые месторождения, отремонтировал и модернизировал предприятия, увеличил ассортимент нефтепродуктов и повысил их качество. Например, производство автомобильного бензина увеличилось на 86,6 тыс. тонн, а дизельного топлива — на 285,6 тыс. тонн.

* * *

— Калининградский янтарный комбинат — это известное в Европе предприятие. Оно производит прекрасные ювелирные изделия из «солнечного» камня — янтаря. В прошлом году объём производства на комбинате увеличился и составил 47 млн руб. Экспорт повысился в 3,3 раза. Такую высокую прибыль комбинат получил впервые за последние пять лет. Калининград — это богатый регион, где находится 80 % всех мировых запасов янтаря. Быстрое развитие комбината началось восемь лет назад, когда АО «Русский янтарь» стало государственным предприятием «Калининградский янтарный комбинат». Администрация комбината разработала новую комплексную программу развития. Предприятие увеличило объём сырья, повысило качество изделий, изменило экспортные поставки. Раньше комбинат экспортировал только камни — сырьё, а теперь — готовые изделия из янтаря. Прибыль предприятия увеличилась. В прошлом году она составляла только 190 тыс. долларов, а в этом году составила 760 тыс. долларов. Увеличились поставки продукции в Германию, Польшу, Литву. А в начале этого года комбинат подписал торговое соглашение с Японией.

18. Прочитайте газетные статьи и расскажите о результатах развития компаний, о мировых экономических процессах и международном сотрудничестве. • Read the newspaper articles and speak on the results of companies' development, world economic processes and international cooperation.

Российско-испанское сотрудничество

В настоящее время в России и в Испании работает 60 совместных предприятий. Увеличились испанские инвестиции в российскую экономику. В конце прошлого года их объём составил 100 млн долларов. А годовой товарооборот составил 1,3 млрд долларов. Российский экспорт в три раза больше, чем импорт из Испании. 80 %

российского экспорта составляют поставки нефти, чёрных металлов, алюминия и никеля.

Россия — интересный и перспективный рынок для Европы. Партнёры расширили энергосотрудничество, увеличились поставки в Европу не только российской нефти и газа, но и электроэнергии.

Сто лет с Россией

Концерн «Ройал/Датч Шелл» существует сто лет, и все эти годы он активно сотрудничает с Россией.

Сто лет назад компания построила первый танкер. Он перевёз из порта Батуми в Сингапур и Бангкок первые 4000 тонн нефти.

Позднее совместно с российскими компаниями «Шелл» занимался разведкой, добычей и переработкой нефти. Компания построила в России крупные нефтетерминалы, транспортные предприятия и трубопроводы.

После революции сотрудничество с Россией развивалось. Во время Второй мировой войны «Шелл» поставлял топливо Российской армии. А в конце 80-х годов «Шелл» стал крупным торговым партнёром России. Ежегодный товарооборот составлял 1 млрд долларов.

На рынке современной России «Шелл» работает уже десять лет. Концерн открыл несколько совместных фирм, предприятий. Они занимаются производством и маркетингом, продажей и покупкой нефтепродуктов, а также разведкой и добычей нефти и газа.

В прошлом году «Шелл» совместно с российскими компаниями реализовал крупный проект «Сахалин-2», основал Каспийский трубопроводный консорциум, разработал новые нефтяные месторождения в Западной Сибири. Продукция концерна стала лидером на российском рынке и получила высокую оценку российских покупателей.

Концерн «Шелл» открыл специальные учебные центры для российских сотрудников. Там они получили профессиональные знания, узнали полезную информацию и смогли качественно работать с партнёрами и клиентами компании.

«Шелл» много лет спонсирует российский автомобильный спорт, помогает общественным организациям.

Российские клиенты высоко оценили хорошую работу и прекрасные результаты работы концерна «Шелл» и хотят, чтобы он работал в России ещё много лет.

Взаимодействие Европы и Азии

В сентябре этого года дефицит торгового баланса европейских фирм с азиатскими странами увеличился на 2,2 млрд долларов и составил 1,1 млрд долларов. А ещё осенью прошлого года было положительное сальдо в товарообороте. Оно составляло 3,3 млрд долларов. А ведь Европа для Азии является главным торговым и финансовым партнёром.

Пятнадцать стран Европейского союза уже давно используют в расчётах единую валюту «евро». В прошлом году они получили положительный результат в торговле. Сальдо товарооборота составляло 32,5 млрд евро. Но после азиатского кризиса результат понизился до 14,3 млрд евро.

Наприме́р, в Великобрита́нии промы́шленное произво́дство пони́зилось на 0,2 %, закры́лись мно́гие совме́стные предприя́тия, сотру́дники потеря́ли рабо́ту. Сокраще́ние произво́дства продолжа́лось 3 ме́сяца. Торго́вый дефици́т англи́й-ских фирм увели́чился. В сентябре́ э́того го́да он соста́вил 31,2 млрд е́вро.

В э́том году́ стра́ны «зо́ны е́вро» экспорти́ровали това́ров бо́льше, чем импорти́ровали, на 63,9 млрд до́лларов. Это на 800 млн е́вро бо́льше, чем в про́шлом году́.

Эти результа́ты показа́ли, что тенде́нции разви́тия эконо́мики в стра́нах Евро́пы и А́зии взаимосвя́заны.

Япо́нские компа́нии на росси́йском ры́нке

Япо́нские предпринима́тели говоря́т, что би́знес в Росси́и похо́ж на аттракцио́н «америка́нские го́рки», потому́ что он развива́ется так же: немно́го «вверх» и пото́м си́льно «вниз».

Япо́нская корпора́ция «Мацуси́та» сбыла́ в Росси́и свое́й проду́кции на 190 млн до́лларов. А че́рез год по́сле кри́зиса поста́вки в Росси́ю това́ров ма́рки «Панасо́ник» сократи́лись на 50 %.

Экспорт в Росси́ю уме́ньшила не то́лько корпора́ция «Мацуси́та». Её гла́вный конкуре́нт — компа́ния «Со́ни» пять лет наза́д реализова́ла на ры́нке Росси́и проду́кции на 520 млн до́лларов. А во вре́мя кри́зиса сохрани́ла то́лько 20 % э́кспорта.

Компа́ния «Хита́чи» ра́ньше акти́вно реклами́ровала свою́ проду́кцию рису́нками на моско́вских тролле́йбусах. А о́сенью про́шлого го́да по́лностью останови́ла э́кспорт в Росси́ю бытово́й электро́ники.

Наприме́р, компа́ния «Шарп» ра́ньше то́же увели́чила объём поста́вок в Росси́ю до у́ровня свои́х кру́пных конкуре́нтов ти́па «Мацуси́та» и́ли «Со́ни». Она́ поста́вила проду́кции на 180 млн до́лларов. Одна́ко пото́м по́лностью останови́ла произво́дство проду́кции для Росси́и и да́же закры́ла свои́ заво́ды в Мала́йзии и Таила́нде.

Сотру́дники Торго́вого представи́тельства Росси́и в То́кио счита́ют, что уменьше́ние поста́вок япо́нской электроте́хники не име́ет большо́го значе́ния для росси́йских покупа́телей, потому́ что в Росси́и кто хоте́л, тот давно́ уже́ купи́л свои́ «панасо́ники» и́ли «со́ни».

Измене́ния на росси́йском фо́ндовом ры́нке

Во вре́мя визи́та росси́йского президе́нта В. Пу́тина в США у Росси́и появи́лся шанс стать лу́чшим в ми́ре ме́стом для инвести́ций. В то же вре́мя во мно́гих стра́нах фо́ндовые и́ндексы, наоборо́т, пони́зились.

Уже́ в нача́ле неде́ли иностра́нные инве́сторы акти́вно покупа́ли росси́йские а́кции. Поэ́тому ре́зко повы́сились це́ны на фо́ндовом ры́нке. Наприме́р, а́кции РАО «ЕЭС Росси́и» повы́сились на 23 %, «Ростелеко́ма» — на 30 %, «Вы́мпелкома» — на 14 %, «Газпро́ма» и «Юкоса» — на 8 %.

Объём торго́в на Моско́вской фо́ндовой би́рже то́же увели́чился. После́дние дни он соста́вил $ 30 млн, а обы́чно дневно́й оборо́т составля́ет $ 15 млн.

Брокеры получили большие заказы на покупку акций российских предприятий из Нью-Йорка, Лондона и Женевы. Для многих брокеров такая ситуация на рынке стала шоком: такого быстрого увеличения цен и продаж никто не ожидал.

Как спросить/сказать о планах работы фирмы • How to ask/say about plans of company's work

— Каковы ваши планы на будущее?
— В следующем году мы планируем построить новый завод.
— Где вы его построите?

Запомните:

планировать (I гр.)/*запланировать* (I гр.) + *что?* № 4 (работу) + инф.

Мы	планируем	+ инф. нсв., св.
	хотим	+ инф. нсв., св.
	будем	+ инф. нсв.

есть   *какой? (какие?)* № 4

строить		на будущее
иметь	+ план (-ы)	на год
нарушать/нарушить		на месяц
выполнять/выполнить		на неделю

19. **Прочитайте данные словосочетания. Составьте с ними предложения и запишите их. • Read word combinations. Make up sentences with them and write them down.**

планировать   купить акции
хотеть   приобрести пакет акций
                      произвести новые товары
                      выпустить новую продукцию
                      реконструировать завод
                      модернизировать производство
                      финансировать проект
                      создать новые предприятия
                      открыть новые филиалы
                      закрыть представительство
                      ликвидировать компанию

Обратите внимание:

купить = приобрести
произвести = выпустить
открыть = создать
закрыть = ликвидировать

20. Трансформи́руйте предложе́ния по образцу́. Испо́льзуйте выраже́ния из упражне́ния 19. • Change sentences according to the pattern. Use expressions from exercise 19.

Моде́ль:
— В э́том году́ мы плани́руем модернизи́ровать произво́дство.
— Мы то́же хоти́м произвести́ модерниза́цию произво́дства.

модернизи́ровать + *что?* **№ 4**
⇓
произвести́ модерниза́цию + *чего?* **№ 2**

21. Поговори́те о пла́нах разви́тия заво́да. • Speak on the plans of the plant's development.

Моде́ль:
— Что вы плани́руете?
— Мы хоти́м постро́ить но́вый цех.

расши́рить произво́дство ваго́нов
реконструи́ровать цех
модернизи́ровать произво́дство
созда́ть но́вую техноло́гию
улу́чшить усло́вия перево́зки
повы́сить зарпла́ту рабо́чим
сни́зить це́ны на услу́ги
провести́ перегово́ры с партнёрами
откры́ть совме́стное предприя́тие в Герма́нии

Запо́мните:

НСВ	СВ
Проше́дшее вре́мя что де́лал?	*Проше́дшее вре́мя что сде́лал?*
стро́ил	постро́ил
чита́л	прочита́л
писа́л	написа́л
печа́тал	напеча́тал
гото́вил	подгото́вил
получа́л	получи́л
отправля́л	отпра́вил
переводи́л	перевёл
производи́л	произвёл
выпуска́л	вы́пустил
покупа́л	купи́л
Бу́дущее вре́мя что бу́дет де́лать?	*Бу́дущее вре́мя что сде́лает?*
он бу́дет стро́ить	он постро́ит
он бу́дет чита́ть	он прочита́ет
он бу́дет писа́ть	он напи́шет
он бу́дет печа́тать	он напеча́тает

он бу́дет гото́вить	он **под**гото́вит
он бу́дет получа́ть	он полу́чит
он бу́дет отправля́ть	он отпра́вит
он бу́дет переводи́ть	он переведёт
он бу́дет производи́ть	он произведёт
он бу́дет выпуска́ть	он вы́пустит
он бу́дет покупа́ть	он ку́пит
я бу́ду стро́ить	я постро́ю
ты бу́дешь стро́ить	ты постро́ишь
он, она́, оно́ бу́дет стро́ить	он, она́, оно́ постро́ит
мы бу́дем стро́ить	мы постро́им
вы бу́дете стро́ить	вы постро́ите
они́ бу́дут стро́ить	они́ постро́ят

22. **Напиши́те, что сде́лает администра́ция заво́да в бу́дущем году́. Испо́льзуйте выраже́ния из упражне́ния 21.** • Write down plans of the plant's administration for the next year. Use expressions from exercise 21.

Моде́ль:
— Мы хоти́м постро́ить но́вый цех.
— В бу́дущем году́ они́ *постро́ят* но́вый цех.

23. **Отве́тьте на вопро́сы по образцу́.** • Answer questions using the pattern.

Моде́ль:
— Вы уже́ прочита́ли докуме́нты?
— Нет, ещё не прочита́л. За́втра прочита́ю.

Она́ уже́ отпра́вила факс?
Он уже́ подписа́л контра́кт?
Они́ уже́ посмотре́ли предложе́ния?
Вы уже́ постро́или но́вый заво́д?
Вы уже́ откры́ли представи́тельство?
Ты уже́ перевёл догово́р?
Вы уже́ написа́ли план?
Они́ уже́ отпра́вили нам отве́т?
Вы уже́ получи́ли наш запро́с?

24. **Что вы ска́жете в аналоги́чной ситуа́ции?** • What would you say in similar situation.

— Мы плани́руем измени́ть усло́вия поста́вки.
— Очень хорошо́! Когда́ вы их измѣ́ните?
— Не могу́ сказа́ть. К сожале́нию, я то́чно не зна́ю.
— Когда́ вы смо́жете дать оконча́тельный отве́т?
— Дня че́рез два.

— Год наза́д мы постро́или но́вый нефтяно́й термина́л и хоте́ли постро́ить ещё оди́н.

— Когда́ вы постро́ите его́?

— Хоте́ли че́рез год. Уже́ плани́ровали подписа́ть контра́кт со строи́тельным конце́рном. Но кри́зис измени́л все на́ши пла́ны.

— Что тепе́рь бу́дете де́лать?

— Не зна́ю, посмо́трим...

— Ничего́. Найдёте друго́го партнёра, подпи́шете с ним контра́кт. Он повы́сит ка́чество строи́тельства, вы пони́зите сто́имость прое́кта...

— Поживём — уви́дим.

Сравни́те:

НСВ	СВ
В бу́дущем году́ мы *бу́дем модернизи́ровать* произво́дство.	В бу́дущем году́ мы *модернизи́руем* произво́дство и *вы́пустим* но́вую проду́кцию.
Мы *бу́дем выпуска́ть* но́вую проду́кцию.	Мы *вы́пустим* но́вую проду́кцию и *увели́чим* товарооборо́т.

Обрати́те внима́ние:

Глаго́лы несоверше́нного ви́да ука́зывают на де́йствие, кото́рое бу́дет соверша́ться в бу́дущем.

Глаго́лы соверше́нного ви́да ука́зывают на то, что де́йствие, соверша́емое в бу́дущем, бу́дет завершено́.

25. **Прочита́йте приме́ры и обрати́те внима́ние на разли́чный хара́ктер пла́нов де́ятельности фи́рмы. • Read examples and pay attention to different plans of the company.**

— Расскажи́те о ва́ших пла́нах. *Что* вы *бу́дете де́лать* в сле́дующем году́?

— Мы *бу́дем модернизи́ровать* произво́дство.

— А *что* вы *бу́дете де́лать*, когда́ *модернизи́руете* произво́дство?

— Когда́ мы *модернизи́руем* произво́дство, то *начнём* выпуска́ть но́вую проду́кцию.

— *Что* вы *бу́дете де́лать* в сле́дующем ме́сяце?

— Мы *бу́дем выпуска́ть* но́вую проду́кцию.

— Како́й вы ожида́ете результа́т?

— Когда́ мы *вы́пустим* но́вую проду́кцию, то *увели́чим* товарооборо́т. Мы ду́маем, что при́быль *соста́вит* 200 тыс. рубле́й.

26. **Прочита́йте приме́ры. Что вы ска́жете в аналоги́чной ситуа́ции? • Read examples. What would you say in similar situation.**

— Тама́ра бу́дет переводи́ть но́вый догово́р на англи́йский язы́к. Я зна́ю, что она́ хорошо́ переведёт его́.

— Пото́м Тама́ра бу́дет писа́ть отве́т на запро́с. Она́ напи́шет его́, пока́жет дире́ктору и сра́зу отпра́вит по фа́ксу.

— За́втра на переговóрах с партнёрами мы бу́дем реша́ть слóжные вопрóсы сотру́дничества. Я надéюсь, что мы бы́стро решúм все проблéмы.

— В понедéльник наш дирéктор бу́дет расска́зывать на телевидéнии о пла́нах разви́тия совмéстного предприя́тия. Вéчером мы бу́дем смотрéть егó выступлéние по телеви́зору и запи́сывать на ви́део.

— На слéдующей недéле мы бу́дем обсужда́ть ва́ши предложéния. Мы обсу́дим их и обяза́тельно позвони́м вам.

27. Трансформи́руйте по образцу́. • Change sentences according to the pattern.

Модéль:

— Тама́ра *перевóдит* текст соглашéния. Потóм она́ бу́дет печа́тать егó на компью́тере.

— Когда́ Тама́ра *переведёт* текст соглашéния, она́ бу́дет печа́тать егó на компью́тере.

Алекса́ндр Петрóв чита́ет текст нóвого соглашéния. Потóм он бу́дет помога́ть Тама́ре переводи́ть егó на ру́сский язы́к.

Сейча́с Тама́ра пи́шет отвéт на письмó. Потóм она́ бу́дет отправля́ть егó по фа́ксу.

Господа́, час мы обéдаем. Потóм бу́дем продолжа́ть переговóры.

28. Трансформи́руйте по образцу́. • Change sentences according to the pattern.

Модéль:

— Снача́ла мы *плани́руем модернизи́ровать* произвóдство, а потóм ужé *бу́дем увели́чивать* вы́пуск продýкции.

— Снача́ла мы *модернизи́руем* произвóдство, а потóм *увели́чим* вы́пуск продýкции.

В слéдующем годý мы бу́дем производи́ть нóвые модéли автомоби́лей, а потóм бу́дем увели́чивать объём их прода́жи.

Чéрез год мы бу́дем повыша́ть цéны, уменьша́ть ски́дки, и потóм при́быль бу́дет составля́ть 100 млн рублéй.

Скóро мы бу́дем создава́ть нóвые проéкты, а потóм бу́дем увели́чивать инвести́ции.

Мы хоти́м снача́ла стрóить нóвый завóд, а потóм бу́дем открыва́ть свои́ магази́ны в ра́зных города́х Росси́и.

29. Зада́йте вопрóс по образцу́. • Ask question using the pattern.

Модéль:

— Тама́ра *перевóдит* текст соглашéния.

— *Что бу́дет дéлать* Тама́ра, когда́ *переведёт* текст соглашéния?

Г-н Петрóв чита́ет текст соглашéния.

Я готóвлю нóвый проéкт.

Мéнеджер пишет отчёт о проéкте.

Замдирéктора изучáет предложéния партнёров.

Экспéрты обсуждáют услóвия постáвки товáров.

30. Обсудите ваш план дéйствий. Задáйте вопрóсы и дáйте отвéты, испóльзуя дáн-ные словá. • Discuss your plan of actions. Ask questions and give answers using the words.

Модéль:

• Тамáра *перевóдит* текст соглашéния. (печáтать егó на компьютере)

— *Что* вы *бýдете дéлать*, когдá *переведёте* тéкст соглашéния?

— Когдá я *переведý* текст соглашéния, я *бýду печáтать* егó на компьютере.

Мéнеджер готóвит проéкт. (писáть отчёт)

Он пишет отчёт. (отпрáвить партнёрам предложéния)

Он изучáет предложéния партнёров. (обсуждáть предложéния с коллéгами)

Мы обсуждáем предложéния партнёров. (звонить на фирму в Бáзель)

Мы звоним на фирму в Бáзель. (узнавáть услóвия постáвки медицинского оборýдования)

Мéнеджер читáет услóвия постáвки оборýдования. (сообщáть своё решéние)

31. Напишите о вáших плáнах, испóльзуя нýжный глагóл. • Write about your plans using the proper verb.

Сейчáс мы ... нóвый завóд. Когдá мы ... нóвый завóд, мы начнём произвóдство нóвой продýкции (*стрóить/пострóить*).

В э́том годý мы ... нóвые модéли автомобилей. Когдá мы ... нóвые модéли, объём продáжи увеличится (*производить/произвести*).

В слéдующем годý товарооборóт ... 150 млн éвро. Когдá товарооборóт ... 150 млн éвро, мы увеличим скидки (*составлять/состáвить*).

Лéтом мы ... выпуск морóженого. Когдá мы ... выпуск морóженого, мы понизим цéны (*увеличивать/увеличить*).

32. Говорят, «на ошибках ýчатся». Скажите, каких ошибок вы не повторите в бýдущем годý. • There is a saying «one learns from his mistakes». Say what mistakes you won't repeat next year.

Модéль:

— *В прóшлом годý* мы не *выпустили* нóвые модéли одéжды, а *открыли* нóвые магазины.

— *В бýдущем годý* мы сначáла *выпустим* нóвые модéли одéжды, а потóм *открóем* нóвые магазины.

Мы не модернизировали произвóдство, а увеличили выпуск стáрых модéлей.

Они уменьшили продáжу товáров и увеличили убытки произвóдства.

Вы получили отрицáтельный результáт в торгóвле и понизили товарооборóт.

Курс дóллара повысился, а мы уменьшили э́кспорт товáров в Россию.

Цéны на нефть повысились, а мы не изменили стóимость продýкции.

Запомните:

дава́ть (I гр.)/дать (I гр.) + что? № 4 + кому́? № 3

Настоящее вре́мя нсв					*Бу́дущее вре́мя* св				
я	даю́	мы	даём		я	дам	мы	дади́м
ты	даёшь	вы	даёте		ты	дашь	вы	дади́те
он, она́, оно́	даёт	они́	даю́т		он, она́, оно́	даст	они́	даду́т

33. Зако́нчите предложе́ния, испо́льзуя глаго́л «дать» в бу́дущем вре́мени. • Complete the sentences, using the verb «to give» in the Future Tense.

Каки́е гара́нтии опла́ты вы нам ... ?

Мы согла́сны оста́вить вам обору́дование, е́сли «UBS» банк ... гара́нтию опла́ты.

Каки́е ски́дки вы нам ... ?

Наш ди́лер ... вам ски́дки.

На скла́де они́ ... вам образцы́ това́ров.

За́втра мы ... вам отве́т.

34. Прочита́йте информа́цию о де́ятельности фирм. Скажи́те, что они́ плани́ровали сде́лать, каки́е пла́ны бы́ли вы́полнены, а каки́е нет и почему́. • Read information on the companies' activities. Say what they planned to accomplish, what plans were realized and what weren't and why.

— Росси́йское госуда́рственное зарубе́жное объедине́ние «Зарубежне́фть» и вьетна́мская госкомпа́ния «Петро́ Вьетна́м» подписа́ли в Хано́е соглаше́ние о строи́тельстве пе́рвого во Вьетна́ме нефтеперераба́тывающего заво́да. Предприя́тие плани́руют постро́ить в райо́не Дунг Куэт. Оно́ бу́дет перераба́тывать 6,5 млн тонн не́фти. Заво́д ста́нет кру́пным и ва́жным объе́ктом росси́йских нефтя́ников в Юго-Восто́чной Азии. Снача́ла партнёры создаду́т совме́стное предприя́тие, а пото́м начну́т вме́сте стро́ить и эксплуати́ровать заво́д. А́кции предприя́тия компа́нии поде́лят по́ровну. Сто́имость прое́кта соста́вит 1,3 млрд долл. Че́рез 25 лет рабо́ты при́быль предприя́тия соста́вит 2 млрд долл.

***

— В декабре́ э́того го́да президе́нт АО «ГАЗ» Никола́й Пу́гин и исполни́тельный дире́ктор италья́нского конце́рна «Фиат» Па́оло Кантаре́лла подпи́шут соглаше́ние о созда́нии совме́стного предприя́тия. Они́ плани́ровали подписа́ть его́ ещё четы́ре го́да наза́д, но фина́нсовый кри́зис измени́л их пла́ны. По соглаше́нию, конце́рн «Фиат» и АО «ГАЗ» постро́ят автомоби́льный заво́д в г. Ни́жнем Но́вгороде и откро́ют там представи́тельство СП «Нижего́родМо́торс». Объём инвести́ций в э́то предприя́тие соста́вит 850 млн долл. Уже́ весно́й бу́дущего го́да компа́нии плани́руют вы́пустить пе́рвые «Фиа́ты». Че́рез четы́ре го́да объём произво́дства соста́вит 150 тыс. автомоби́лей «Фиа́т» в год.

***

— Два го́да наза́д япо́нская корпора́ция «Мацуси́та эле́ктрик», кото́рая изве́стна всему́ ми́ру торго́выми ма́рками «Панасо́ник», «Нэшнл» и «Те́кникс», плани́ровала увели́чить э́кспорт в Росси́ю телеви́зоров, видеоте́хники, холоди́льников, ксероксов и други́х това́ров. Но по́сле фина́нсового кри́зиса объём прода́жи в Росси́ю и други́е европе́йские стра́ны ре́зко сократи́лся. Сейча́с корпора́ция не плани́рует увели́чивать инвести́ции и повыша́ть вы́пуск това́ров для Росси́и. В бу́дущем корпора́ция та́кже не бу́дет проводи́ть акти́вную телерекла́му свое́й проду́кции.

* * *

— АКБ «Газба́нк» — э́то кру́пный банк в Сама́рской о́бласти. В ближа́йшем бу́дущем он активизи́рует свою́ региона́льную де́ятельность. Банк откро́ет два дополни́тельных представи́тельства в г. Толья́тти и в Улья́новской о́бласти, а зате́м два но́вых филиа́ла в Пе́нзе и Оренбу́рге. Банк плани́рует развива́ть свою́ сеть филиа́лов, расширя́ть сфе́ры де́ятельности. Сейча́с «Газба́нк» занима́ется не то́лько фина́нсами, но и уча́ствует в рабо́те хо́лдинга «Волгопромга́з». В бу́дущем э́тот хо́лдинг плани́рует постро́ить в г. Толья́тти но́вые предприя́тия, наприме́р хими́ческий заво́д и обувну́ю фа́брику.

* * *

— В бу́дущем году́ в Росси́и увели́чится вы́пуск эли́тных конфе́т и шокола́да. Глава́ кру́пной конди́терской фа́брики в г. Одинцо́во Моско́вской о́бласти Андре́й Коркуно́в заяви́л, что в сле́дующем году́ компа́ния увели́чит вы́пуск дороги́х шокола́дных конфе́т в два ра́за. Сто́имость инвестицио́нного прое́кта соста́вит $ 12 млн. В ноябре́ фа́брика устано́вит но́вую произво́дственную ли́нию герма́нской компа́нии «Шокоте́х» (Chocotech). Мо́щность э́той ли́нии соста́вит 1,5 тыс. тонн шокола́дных изде́лий в год. А о́сенью сле́дующего го́да фа́брика зако́нчит строи́тельство но́вого це́ха. Италья́нская компа́ния «ОРМ» устано́вит там своё обору́дование. На э́том обору́довании но́вый цех бу́дет выпуска́ть ещё 15 тыс. тонн конфе́т в год. Г-н Коркуно́в сказа́л, что компа́ния та́кже займётся произво́дством караме́ли кла́сса «су́пер пре́миум» (super premium). Для э́того он заку́пит совреме́нное герма́нское обору́дование сто́имостью $ 2 млн. Но́вая проду́кция соста́вит 10 %. Компа́ния «А. Коркуно́в» начала́ рабо́тать на росси́йском ры́нке два го́да наза́д. Тогда́ она́ выпуска́ла всего́ 1,5 тыс. тонн конфе́т и шокола́да. А в бу́дущем году́ вы́пуск конди́терских изде́лий увели́чится до 20 тыс. тонн. Ме́неджер по свя́зям с обще́ственностью ОАО «Кра́сный Октя́брь» Ири́на Коха́новская рассказа́ла, что и э́та кру́пная росси́йская конди́терская фа́брика в сле́дующем году́ то́же увели́чит вы́пуск эли́тной караме́ли с 12 до 20 тыс. тонн. Но дире́ктор Одинцо́вской конди́терской фа́брики А. Коркуно́в счита́ет, что у него́ то́лько оди́н конкуре́нт на росси́йском ры́нке — э́то швейца́рская компа́ния «Нестле́» (Nestle). В про́шлом году́ э́та компа́ния то́же заняла́сь произво́дством в Росси́и эли́тного шокола́да. На фа́брике «Росси́я», кото́рая нахо́дится в Сама́рской о́бласти, компа́ния «Нестле́» ста́ла производи́ть но́вый 100-гра́ммовый шокола́д «Золота́я ма́рка».

— Что бы́ло сде́лано в про́шлом году́?
— Неда́вно был со́здан швейца́рский прое́кт «Транс-Альпы». Сейча́с стро́ится но́вый тонне́ль Готта́рд, а пото́м бу́дет постро́ена трансальпи́йская желе́зная доро́га.

Запóмните:

Что? № 1	Наст. вр.	Прош. вр.	Будущ. вр.	св	св
он	—	был	бýдет	сóздан	пострóен
онá	—	былá	бýдет	созданá	пострóена
онó	—	бы́ло	бýдет	сóздано	пострóено
они́	—	бы́ли	бýдут	сóзданы	пострóены

Наст. вр.	нсв
он, онá, онó —	стрóится
они́	— стрóятся

35. **Расскажи́те о результáтах и плáнах рабóты фи́рмы, трансформи́руя выскáзывание по образцý.** • Speak on the results and plans of the company's work, changing utterances using the pattern.

Модéль:

• В э́том годý *откры́т* наш нóвый магази́н.

— В прóшлом годý тóже *был откры́т* оди́н магази́н.

— В бýдущем годý *бýдет откры́т* ещё оди́н наш магази́н.

Сегóдня в г. Цю́рихе откры́та трáнспортная вы́ставка «Трансси́б — мост из Еврóпы в Áзию».

На вы́ставке покáзаны нóвые модéли поездóв.

В послéдние гóды в Росси́и пострóено мнóго нóвых желéзных дорóг.

Послéдний проéкт соглашéния напи́сан в концé декабря́.

Это письмó полýчено в начáле января́.

В понедéльник отпрáвлен факс.

В Швейцáрских Альпах пострóена нóвая желéзная дорóга.

В Южно-Сахали́нске пострóен нóвый трáнспортный термина́л.

Там откры́т нóвый железнодорóжный вокзáл.

Сравни́те:

Акти́вная констрýкция	Пасси́вная констрýкция
СВ	**СВ**
Компáния «РОСНО» застраховáла 6 000 000 человéк.	**Скóлько** человéк *бы́ло застрахóвано?* Бы́ло застрахóвано 6 000 000 человéк.
Эту конди́терскую фáбрику пострóили в г. Одинцóво Москóвской óбласти.	**Где** *былá пострóена* э́та конди́терская фáбрика? Эта фáбрика былá пострóена в г. Одинцóво Москóвской óбласти.
Президéнты компáний подписáли соглашéние о создáнии совмéстного предприя́тия.	**Какóе соглашéние** *бы́ло подписáно?* Бы́ло подпи́сано соглашéние о создáнии совмéстного предприя́тия.

Компа́нии откры́ли совме́стное пред-
прия́тие че́рез год по́сле кри́зиса, весно́й,
а пе́рвую проду́кцию они́ вы́пустили уже́
зимо́й.

Когда́ бы́ло откры́то совме́стное пред-
прия́тие и **когда́** была́ вы́пущена пе́рвая
проду́кция?

Предприя́тие бы́ло откры́то че́рез год
по́сле кри́зиса, весно́й, а пе́рвая проду́к-
ция была́ вы́пущена зимо́й.

НСВ

В Швейца́рии *стро́ят* но́**вую** желе́зную
доро́**гу**.
В Ни́жнем Но́вгороде *произво́дят*
совреме́н**ное** металлурги́ческ**ое**
обору́дован**ие**.
Фа́брика *выпуска́ет* эли́тн**ые**
шокола́дн**ые** изде́л**ия**.
Сейча́с на фа́брике *модернизи́руют*
произво́дств**о**.
В сле́дующем году́ строи́тели *бу́дут
ремонти́ровать* цех.

НСВ

В Швейца́рии *стро́ится* но́**вая** желе́з-
ная доро́**га**.
В Ни́жнем Но́вгороде *произво́дится*
совреме́н**ное** металлурги́ческ**ое**
обору́дован**ие**.
На фа́брике *выпуска́ются* эли́тн**ые**
шокола́дн**ые** изде́л**ия**.
Сейча́с на фа́брике *модернизи́руется*
произво́дств**о**.
В сле́дующем году́ *бу́дет ремонти́-
роваться* цех.

Обрати́те внима́ние:
    Пасси́вные констру́кции употребля́ются в ситуа́циях, когда́ актуа́льна инфор-
ма́ция не о субъе́кте де́йствия (*кто? что? № 1*), а об объе́кте, его́ ка́честве, коли́честве
и́ли вре́мени соверше́ния де́йствия (*что? № 4 како́й? ско́лько? когда́?*). • Passive
constructions are used in the situations when information on the subject (who, what) isn't
relevant, but information on the object, it's quality, quantity or time of action (what, which
one/how much/when) is important.

Запо́мните:

Кто? № 1 (когда́? где?) ⇒	Что? № 4
застрахова́ли	тра́нспортное предприя́тие
постро́или	но́вую конди́терскую фа́брику
подписа́ли	ва́жное соглаше́ние
со́здали	совме́стное предприя́тие
вы́пустили	пе́рвую проду́кцию
про́дали	конди́терские изде́лия
произво́дят	совреме́нное обору́дование
модернизи́руют	произво́дство
⇐	Что? № 1
бы́ло застрахо́вано	тра́нспортное предприя́тие
была́ постро́ена	но́вая конди́терская фа́брика
бы́ло подпи́сано	ва́жное соглаше́ние
бу́дет со́здано	совме́стное предприя́тие

бу́дет	вы́пущена	пе́рвая проду́кция
бу́дут	про́даны	конди́терские изде́лия

произво́дится	совреме́нное обору́дование
модернизи́руется	произво́дство

36. Расспроси́те о результа́тах рабо́ты, испо́льзуя моде́ль. • **Ask questions on the results of work using the pattern.**

Моде́ль:

• *получи́ть* но́вый текст соглаше́ния
— *Что бы́ло сде́лано* вчера́?
— Вчера́ *был полу́чен* но́вый текст соглаше́ния.

перевести́ соглаше́ние на ру́сский язы́к
напеча́тать текст соглаше́ния на компью́тере
провести́ перегово́ры с зака́зчиком
обсуди́ть усло́вия поста́вки
пони́зить це́ны на перево́зки
подписа́ть контра́кт

37. Расспроси́те о пла́нах рабо́ты, испо́льзуя моде́ль. • **Ask questions on the results of work using the pattern.**

Моде́ль:

• *подгото́вить* прое́кт
— *Что бу́дет сде́лано* в бу́дущем году́?
— В бу́дущем году́ *бу́дет подгото́влен* прое́кт.

постро́ить но́вый цех
реконструи́ровать заво́д
модернизи́ровать произво́дство
постро́ить но́вую конди́терскую фа́брику
испо́льзовать но́вую произво́дственную ли́нию
реши́ть все пробле́мы
созда́ть но́вый прое́кт
испо́льзовать систе́му опла́ты че́рез Интерне́т

38. Напиши́те, что должны́ бу́дут сде́лать партнёры в бу́дущем. • **Write down what your partners will have to do in future.**

Желе́зная доро́га должна́ быть (*постро́ен*) че́рез четы́ре го́да.

Усло́вия строи́тельства должны́ быть (*согласо́ван*) росси́йскими и швейца́рскими партнёрами в э́том ме́сяце.

Техни́ческие докуме́нты должны́ быть (*предста́влен*) в середи́не го́да.

Соглаше́ние должно́ быть (*подпи́сан*) в сле́дующем ме́сяце.

Платёж до́лжен быть (*произведён*) че́рез банк «Креди́т Свисс» (Credit Swiss) в декабре́ э́того го́да.

Счёт до́лжен быть (*откры́т*) в моско́вском и́ли жене́вском филиа́ле ба́нка. Опла́та в конце́ го́да должна́ быть (*гаранти́рован*).

39. Познако́мьтесь с исто́рией предприя́тия «АвтоВА́З». • Learn some facts from the history of «AvtoVaz» company.

a) Расскажи́те о его́ достиже́ниях и пла́нах. • Speak on its achievements and plans.

«АвтоВА́З» — ли́дер росси́йского автомобилестрое́ния

«АвтоВА́З» — ли́дер росси́йской автомоби́льной промы́шленности. «АвтоВА́З» — кру́пный производи́тель легковы́х автомоби́лей в Росси́и и Восто́чной Евро́пе.

Исто́рия предприя́тия начала́сь в 1966 году́. В э́том году́ бы́ло при́нято прави́тельственное реше́ние о строи́тельстве автомоби́льного заво́да в г. Толья́тти о́коло «Жигулёвского мо́ря». Заво́д был постро́ен че́рез четы́ре го́да. И вот уже́ в 1974 году́ был произведён пе́рвый автомоби́ль «Жигули́».

В 2001 году́ заво́ду бы́ло 35 лет. За э́ти го́ды «АвтоВА́З» вы́пустил 21 млн автомоби́лей. На «АвтоВА́Зе» произво́дят 80 % всех автомоби́лей Росси́и. АО «АвтоВА́З» име́ет 400 заво́дов-поставщико́в. Произво́дство постоя́нно развива́ется и расширя́ется. Автогига́нт на Во́лге мо́жет производи́ть 700 тыс. автомоби́лей в год.

Прохо́дят го́ды, меня́ются моде́ли автомоби́лей. Сейча́с на заво́де произво́дятся но́вые моде́ли: «Ла́да-111» и «Ла́да-112». Но не изменя́ется надёжность, простота́ и си́ла автомоби́лей «Ла́да». Поэ́тому АО «АвтоВА́З» в 1998 году́ получи́л па́мятный знак «Наро́дная ма́рка» за лу́чший това́р го́да на ры́нке Росси́и — автомоби́ль «Ла́да». А в 1999 году́ пе́рвый автомоби́ль «Ла́да-2101» был на́зван «Росси́йским автомоби́лем столе́тия».

б) Найди́те в те́ксте пасси́вные констру́кции, вы́пишите и трансформи́руйте их в акти́вные констру́кции. • Find passive constructions in the text, write them down and transform into the active ones.

40. Прочита́йте образцы́ деловы́х пи́сем и электро́нных сообще́ний. • Read examples of business letters and e-mails.

a) Скажи́те, каки́е произошли́ измене́ния в пла́нах рабо́ты партнёров и почему́. • Say what changes have occurred in the partners' plans and why.

1)

Уважа́емые господа́!

Сообща́ем вам, что на э́той неде́ле ожида́ется си́льный ве́тер и снегопа́д. Аэропо́рт бу́дет вре́менно закры́т, и мы не смо́жем получи́ть груз.

Мы бу́дем вам о́чень благода́рны, е́сли вы остано́вите отпра́вку на́шего гру́за. Об измене́нии пого́дных усло́вий мы вам сообщи́м дополни́тельно.

Наде́емся, что э́то кратковре́менное ухудше́ние пого́ды серьёзно не изме́нит пла́ны поста́вок.

С благода́рностью,
А. Ти́хонов,
техни́ческий дире́ктор
АО «Норильскни́кель»

2)

От:	elkat@moscow.ru
Кому́:	root@dts.dp.ua
Отпра́влено:	26 октября́ 2011 г. 15:40
Те́ма:	отпра́вка гру́за

Про́сим сро́чно останови́ть отпра́вку на́ших гру́зов: аэропо́рт вре́менно закры́т.
Да́ту отпра́вки сообщи́м дополни́тельно.

С уваже́нием,
А. Ти́хонов

Уважа́емый г-н Ха́рел!

Мы рассмотре́ли Ва́шу про́сьбу об измене́нии сро́ков строи́тельства железно-доро́жного грузово́го термина́ла.
Сообща́ем Вам, что термина́л бу́дет постро́ен скоре́е, е́сли Вы поста́вите ме́стные стройматериа́лы и предоста́вите нам в аре́нду строи́тельное обору́дование. Мы та́кже плани́руем испо́льзовать специали́стов из ме́стных строи́тельных компа́ний. Наде́емся, что спи́сок бу́дет отпра́влен нам в ближа́йшее вре́мя. Про́сим та́кже указа́ть в письме́, что всё бу́дет сде́лано во́время и что нам бу́дут даны́ Ва́ши пи́сьменные гара́нтии.

С уваже́нием,
Н. Си́доров,
генера́льный дире́ктор
ОАО «Росстройкомпле́кт»

От:	rstrcomp@mail.ru
Кому́:	jharel@shell.com
Отпра́влено:	12 апре́ля 2011 г. 17:20
Те́ма:	Реклама́ция

Уважа́емый г-н Ха́рел!

Для ускоре́ния строи́тельства грузово́го термина́ла необходи́ма дополни́тель-ная рабо́та.
На́ши предложе́ния — в письме́ по́чтой.

Н. Си́доров

3)

Уважа́емый г-н Соколо́в!

В отве́т на Ваш запро́с о пла́не командиро́вки специали́стов Ва́шего заво́да сообща́ем сле́дующее. Мы хоти́м, что́бы во вре́мя командиро́вки Ва́ши специали́сты изучи́ли все техни́ческие докуме́нты и установи́ли обору́дование.

Мы с удово́льствием сообща́ем Вам, что по Ва́шей про́сьбе срок командирова́ния бу́дет уме́ньшен, а коли́чество специали́стов бу́дет увели́чено. Их за́работная пла́та бу́дет повы́шена, усло́вия рабо́ты и прожива́ния бу́дут улу́чшены. В про́шлом кварта́ле для Ва́ших специали́стов был постро́ен специа́льный дом. Я ду́маю, что тепе́рь вопро́с их прожива́ния решён.

Наде́емся, что вся информа́ция бу́дет пе́редана нам как мо́жно скоре́е, и мы сде́лаем всё необходи́мое.

С наилу́чшими пожела́ниями,
Андре́й Чесноко́в,
нача́льник отде́ла командирова́ния специали́стов

От:	achesnokov@ sakhalinenergy.ru
Кому́:	sokolov@elkat.msk.ru
Отпра́влено:	1 декабря́ 2011 г. 11:45
Те́ма:	Командирова́ние специали́стов

Ва́ши предложе́ния при́няты.
Официа́льный отве́т за по́дписью дире́ктора бу́дет отпра́влен по фа́ксу сего́дня. Про́сим присла́ть спи́сок ва́ших специали́стов.

А. Чесноко́в

б) Напиши́те аналоги́чные пи́сьма и электро́нные сообще́ния ва́шим партнёрам. • Write similar letters and e-mails to your partners.

41. Прочита́йте образе́ц письма́-реклама́ции и отве́т на него́. • Read example of the reclamation letter and the letter-reply.

а) Скажи́те, почему́ была́ напи́сана реклама́ция и как изме́нятся пла́ны сотру́дничества партнёров. • Say why the complaint was written and whether plans for cooperation between the partners will be changed.

Уважа́емые господа́!

С сожале́нием сообща́ем вам, что ва́ше обору́дование бы́ло полу́чено с больши́м опозда́нием и часть дета́лей была́ плохо́го ка́чества (спи́сок прилага́ется).

Как напи́сано в контра́кте, мы смо́жем возврати́ть обра́тно обору́дование, е́сли все расхо́ды за возвра́т опла́тит ва́ше предприя́тие.

Сообща́ем вам, что в кра́йнем слу́чае мы при́мем э́то обору́дование, е́сли вы дади́те ски́дку 15 %.

Бу́дем благода́рны вам за сро́чный отве́т.

С уваже́нием,
В. Петро́в,
техни́ческий дире́ктор
АО «АвтоВАЗ»

Уважа́емый г-н Петро́в!

Сообща́ем Вам, что Ва́ше письмо́ бы́ло полу́чено, реклама́ция принята́.

Ва́ши прете́нзии бы́ли рассмо́трены на специа́льном заседа́нии администра́ции.

Мы прино́сим свои́ извине́ния и сожале́ем, что обору́дование бы́ло полу́чено с опозда́нием и что име́ется брак.

Сообща́ем Вам, что мы гото́вы компенси́ровать Ва́ши убы́тки. Мы пошлём на́ших специали́стов-экспе́ртов. Они́ найду́т скры́тые дефе́кты и всё испра́вят. Нека́чественные дета́ли бу́дут заменены́ но́выми со ски́дкой 10 %.

Про́сим Вас дать отве́т на э́той неде́ле.
С уваже́нием,
П. Ильи́н,
нача́льник се́рвисного отде́ла

б) **Напиши́те ваш текст реклама́ции и письмо́, кото́рое вы хоте́ли бы получи́ть в отве́т.** • **Write your reclamation letter and the letter you'd like to get in return.**

в) **Испо́льзуйте в перепи́ске сле́дующие заключи́тельные фра́зы.** • **Use the following final phrases in your correspondence.**

Ду́маю, вопро́с решён.

Ду́маем, сейча́с всё решено́.

Я встре́чусь со свои́ми колле́гами и посове́туюсь с ни́ми.

Мы обсу́дим Ва́ши предложе́ния.

Я позвоню́ Вам сего́дня (за́втра...).

Мы не смо́жем вы́полнить Ва́шу про́сьбу (Ваш зака́з).

Мы не смо́жем сде́лать что́-либо для Вас.

К сожале́нию, мы должны́ бу́дем отказа́ть.

42. **Прочита́йте рекла́мные электро́нные сообще́ния разли́чных компа́ний.** • **Read e-mail advertisements of various companies.**

а) **Скажи́те, что обеща́ют и гаранти́руют компа́нии свои́м клие́нтам.** • **Say what companies promise and guarantee to their clients.**

б) **Напишите аналогичную короткую рекламу для вашей фирмы.** • Write a similar, short advertisement for your company.

43. **Прочитайте текст.** • Read the text.
а) **Расскажите, о каком проекте говорится в тексте.** • Say what project is described in the text.

ДРЕВНЯЯ АЛЬПИЙСКАЯ ДОРОГА В БУДУЩЕЕ

В 1947 году в Швейцарии было принято решение о модернизации железной дороги через Альпы. В обществе была открыта дискуссия по этому важному вопросу.

В 1962 году́ Федера́льным прави́тельством Швейца́рии бы́ло подпи́сано соглаше́ние о строи́тельстве но́вого тоннеля Готтард че́рез го́ры Альпы.

В 1992 году́ был со́здан швейца́рский прое́кт «Но́вая желе́зная доро́га че́рез Аль-пы» (the New Rail Link through the Alps — NRLA) и был заплани́рован его́ бюдже́т. Для его́ финанси́рования в 1998 году́ на́чали создава́ть фонд, и для э́того ввели́ нало́г на тяжёлые грузоперево́зки че́рез Швейца́рские Альпы.

В го́роде Цю́рихе — кру́пной железнодоро́жной ста́нции Евро́пы была́ откры́та вы́ставка «Транс-Альпы». На вы́ставке была́ пока́зана исто́рия пе́рвой альпи́йской желе́зной доро́ги. Она́ была́ постро́ена в Швейца́рии 130 лет наза́д. По ней е́здили истори́ческие поезда́ «Ориент-Экспре́сс» по маршру́ту Ло́ндон — Пари́ж — Лоза́н-на — Стамбу́л и «Арльберг-Экспре́сс» — Пари́ж — Цю́рих — Ве́на.

И вот че́рез 50 лет, в 2015 году́, бу́дет откры́та но́вая са́мая высокоскоростна́я в Евро́пе желе́зная доро́га че́рез Альпы. Она́ откро́ет но́вую э́ру в разви́тии трансальпи́йского тра́нспорта. В э́том прое́кте заинтересо́вана не то́лько Швейца́рия, но и Австрия, Герма́ния, Ита́лия, Фра́нция. Ста́нет реа́льным скоростно́е регуля́рное железнодоро́жное сообще́ние ме́жду города́ми: Рим, Боло́нья, Мила́н, Цю́рих, Га́мбург, Мю́нхен, Фра́нкфурт, Кёльн, Амстерда́м, Пари́ж, Брюссе́ль и Ло́ндон. Мила́н ста́нет кру́пным тра́нспортным сре́дством на ю́ге Евро́пы. Поезда́ по маршру́ту Цю́рих — Ба́зель — Мила́н бу́дут ходи́ть ка́ждый час.

Это о́чень сло́жный техни́ческий, гео-логи́ческий, экологи́ческий прое́кт. Поэ́тому техноло́гия строи́тельства железнодоро́жного тоннеля в гора́х потре́бует мно́го лет. Са́мый дли́нный в ми́ре железнодоро́жный тонне́ль длино́й 57 км пройдёт по террито́рии Швейца́рии под гора́ми Готта́рд, Ленгбе́рг и Ситпло́н. Пото́м сеть автомоби́льных доро́г соедини́т все э́ти три тонне́ля. Ба́зовый тонне́ль Готта́рд уже́ стро́ится, а строи́тельство тоннелей под други́ми гора́ми начнётся по́зже. Когда́ прое́кт бу́дет око́нчен, в Евро́пе в 2020 году́ бу́дет 20 000 км скоростны́х желе́зных доро́г.

Этот прое́кт значи́тельно увели́чит грузо-перево́зки че́рез Альпы, сократи́т вре́мя и уме́ньшит затра́ты. Но́вая трансальпи́йская желе́зная доро́га свя́жет крупне́йшие страте-ги́ческие экономи́ческие це́нтры Евро́пы. Наприме́р, из неме́цкого Мю́нхена до итальа́нского Мила́на мо́жно бу́дет дое́хать на 4 ча-са́ быстре́е, из Мила́на до швейца́рского Цю́-риха — на полтора́ часа́ быстре́е, а из Цю́риха до Луга́но — на час.

Но́вая желе́зная доро́га в Альпах бу́дет бо́лее ро́вной и пло́ской, она́ пройдёт на высоте́ не бо́лее чем 500 м над у́ровнем мо́ря. Тако́е инжене́рное реше́ние значи́тельно сэконо́мит электроэне́ргию, коли́чество локомоти́вов и персона́ла. Пассажи́рские поезда́ бу́дут е́здить со ско́ростью 200–250 км/час почти́ без остано́вок. Грузовы́е поезда́ смо́гут перевози́ть в два раза бо́льше гру́зов — 4000 тонн и е́хать в два ра́за быстре́е — до 160 км/час. Сейча́с перево́зится 20 млн тонн гру́зов, а че́рез тонне́ль Готта́рд бу́дет перевози́ться 50 млн тонн. По прогно́зу Евросою́за перево́зки че́рез Альпы увели́чатся в 2010 году́ на 75 %.

Сто́имость прое́кта соста́вит 30 млрд швейца́рских фра́нков. Прое́кт бу́дет финанси́роваться 20 лет из специа́льного федера́льного фо́нда: 55 % — э́то нало́ги за перево́зку тяжёлых гру́зов, 20 % — э́то 0,1 % от НДС, 10 % соста́вят нало́ги от прода́жи нефтепроду́ктов на желе́зной доро́ге, 15 % — креди́ты комме́рческих инвестицио́нных ба́нков, кото́рые бы́ли вы́браны по́сле те́ндера.

Реализа́цией прое́кта бу́дет занима́ться швейца́рская компа́ния «АльпТранзи́т Готта́рд» (AlpTranzit Gottard Ltd.). Эта кру́пная строи́тельная и тра́нспортная компа́ния была́ создана́ в Швейца́рии в г. Цю́рихе в 1998 году́ как отделе́ние конце́рна Швейца́рские федера́льные желе́зные доро́ги (Swiss Federal Railways). Компа́ния занима́ется проекти́рованием, строи́тельством, эксплуата́цией ба́зового тонне́ля Готта́рд. Она́ та́кже отвеча́ет за управле́ние, информацио́нную и сигна́льную тра́нспортную систе́му и безопа́сность перево́зок.

Швейца́рская компа́ния «АльпТранзи́т Готта́рд» сотру́дничает с конце́рном национа́льных желе́зных доро́г Ита́лии «Трениталия» (Trenitalia). В э́тот прое́кт бу́дут интегри́рованы други́е кру́пные европе́йские компа́нии. На но́вой желе́зной доро́ге че́рез Альпы бу́дет создана́ междунаро́дная систе́ма управле́ния, станда́ртная сигнализа́ция, еди́ный контро́ль перево́зок че́рез национа́льные грани́цы. Междунаро́дное сотру́дничество в э́том прое́кте — э́то ключ к эффекти́вному управле́нию трансальпи́йской доро́гой.

Этот кру́пный тонне́ль че́рез Альпы — си́мвол интегра́ции Евро́пы XXI ве́ка. Почему́ он стро́ится в ма́ленькой Швейца́рии? Швейца́рская Конфедера́ция — э́то удиви́тельная страна́, где высоко́ в гора́х века́ми ми́рно живу́т лю́ди с разли́чной культу́рой и языка́ми. Почему́ швейца́рцы, кото́рые говоря́т по-неме́цки, по-францу́зски, по-италья́нски, смогли́ в совреме́нную эпо́ху глобализа́ции сохрани́ть еди́ную страну́? Де́ло в том, что строи́тельство доро́г сближа́ет люде́й бо́льше всего́. Осо́бенно когда́ э́ти доро́ги стро́ятся в о́чень сло́жных усло́виях — че́рез высо́кие сне́жные го́ры.

Но́вая желе́зная доро́га че́рез Альпы помо́жет развива́ть бо́лее те́сные свя́зи ме́жду стратеги́ческими экономи́ческими це́нтрами европе́йских стран по о́бе сто́роны гор. А тонне́ль Готта́рд в Швейца́рии ста́нет тра́нспортным се́рдцем Евро́пы. Это си́мвол бу́дущей Евро́пы, её достиже́ний в нау́ке, те́хнике и эконо́мике.

Высокоскоростно́й железнодоро́жный тра́нспорт бо́лее комфорта́бельный и то́чный. Прое́кт «Но́вая желе́зная доро́га че́рез Альпы» открыва́ет но́вые возмо́жности для разви́тия европе́йского железнодоро́жного тра́нспорта, для его́ успе́шной конкуре́нции с други́ми традицио́нными ви́дами перево́зки — автомоби́льной, авиацио́нной.

Этот проект будет также способствовать развитию туризма в регионах около дороги. Там в разных странах живут и работают 20 млн человек. Скоро мы сможем путешествовать по «новой древней» дороге и осматривать прекрасные районы Альп не только из окна автомобиля, самолёта, но и поезда. К сожалению, популярное во всём мире романтическое путешествие станет короче, но зато быстрее, экономичнее и безопаснее.

б) Какова история проекта? • **What's the history of the projects?**

в) Что планируется сделать по этому проекту? • **What is planned to be done according to this project?**

г) Каковы финансовые условия данного проекта? • **What are financial terms of this project?**

д) Что вы узнали об основных участниках проекта? • **What have you learnt about the project's participants?**

е) Как бы вы назвали этот проект и почему? • **How would you name the project and why?**

Контрольные задания

Коммуникативные задания • Communicative practice

1. Расскажите о финансовых показателях деятельности вашей фирмы. Какова их динамика? • **Speak about financial performance of your company. What's the dynamics?**

2. Расскажите о важных результатах деятельности вашей фирмы. Что вы не смогли пока ещё сделать? • **Speak about the important results of your company's activities. What haven't you been able to achieve yet?**

3. Каковы планы деятельности вашей фирмы? • **What are your company's plans?**

4. Расскажите о результатах торгово-экономического сотрудничества вашей страны и России (вашей фирмы и российских партнёров). • **Speak on the results of economic and trade cooperation between your country and Russia (your company and the Russian partners).**

5. Ваши партнёры хотят изменить планы: уменьшить срок строительства, уменьшить срок поставки оборудования, снизить цены, повысить скидки и т.п. Обсудите эти вопросы с вашим партнёром. • **Your partners want to change plans, e.g. to reduce the period of construction, the deadline for the equipment delivery, to cut down the prices, to increase discounts, etc. Discuss these issues with your partner.**

6. Всегда ли результаты вашей деятельности стоят тех усилий, которые вы приложили? • **Are the efforts you've taken always worth the results achieved?**

7. Как вы реагируете, когда ваши планы нарушаются, не выполняются? • **Describe your reaction when your plans are violated, not realized?**

8. Существует два мнения: а) во время кризиса невозможно планировать работу; б) в любое время, всегда необходимо строить планы. С какой из этих точек зрения вы согласны и почему? • **There are two opinions: a) it's impossible to make plans during crisis; b) plans are to be made irrespective of the situation. What point of view do you support and why?**

9. Те, кто зна́ет и выполня́ет четы́ре «золоты́х» зако́на успе́шного би́знеса, че́рез год увели́чат свой капита́л в 5 раз! Согла́сны ли вы с э́тими пра́вилами? Вот они́. • Those who know and follow the four «golden» rules of successful business will have their capital increased five times in one year. Do you agree with the rules? Here they are.

— Вы ста́нете ли́дером, когда́ вы ста́нете монополи́стом. • You'll become a leader after you've become a monopolist.

— Производи́ть вы́годно то, что всегда́ бу́дет име́ть спрос на ры́нке. • It's profitable to manufacture the items which are always in demand on the market.

— Проду́кт, кото́рый вы произво́дите, до́лжен быть высо́кого ка́чества. • The product you manufacture must be of high quality.

— То́лько на хоро́шем обору́довании вы полу́чите хоро́шую при́быль. • You'll get a good profit only if you work on the high quality equipment.

10. Прочита́йте, улыбни́тесь... и расскажи́те колле́гам. • Read, smile and share with your colleagues.

ВРЕ́МЯ — ДЕ́НЬГИ

Иностра́нный бизнесме́н был в Москве́ в командиро́вке. Одна́жды он гуля́л по Арба́ту и попроси́л худо́жника нарисова́ть его́ портре́т. Худо́жник че́рез 10 мину́т сде́лал небольшо́й рису́нок и попроси́л 100 до́лларов.

— Ско́лько? Сто до́лларов? За что? Вы потра́тили всего́ 15 мину́т, что́бы нарисова́ть мой портре́т, — сказа́л банки́р.

— Да, но я учи́лся мно́го лет, потра́тил всю жизнь, что́бы научи́ться де́лать э́то за 15 мину́т, — отве́тил худо́жник.

11. У ру́сских есть приме́ты:

На́до постуча́ть по де́реву и поплева́ть че́рез ле́вое плечо́, что́бы не измени́лись пла́ны и пришёл успе́х (что́бы не сгла́зить) в де́ле, о кото́ром вы говори́те. Или вот ещё одна́ приме́та: пе́ред экза́меном на́до положи́ть в о́бувь под пя́тку 5 копе́ек («пята́к»), что́бы получи́ть таку́ю же оце́нку — «отли́чно» (в Росси́и — э́то 5).

Есть ли в ва́шей стране́ аналоги́чные приме́ты? Что вы обы́чно де́лаете, что́бы обеспе́чить успе́х? • Russian people have an omen: you have to knock on wood, or spit over your left shoulder so that your plans could be realized, and you could be successful in your business. Here is another omen: you should put a five kopek coin under your toe to get an excellent mark (in Russia it is 5). Are there similar omens in your country? What do you usually do to secure success?

12. Отве́тьте на вопро́сы, и вы позна́ете себя́. • Answer questions and you'll get to know yourself.

— Есть ли у вас в жи́зни кру́пные пла́ны, цель?

— Смо́жете ли вы мно́го рабо́тать, что́бы её дости́чь?

— Ду́маете ли вы, что е́сли други́е лю́ди мо́гут э́то сде́лать, то и вы то́же смо́жете?

— Плани́руете ли вы всегда́, в любо́м де́ле быть пе́рвым, лу́чшим?

— Как вы плани́руете? До́лго ли вы ду́маете о том, что бу́дете де́лать?

— Достига́ете ли вы це́лей, кото́рые ста́вите пе́ред собо́й?

— Вспомина́ете ли вы о тех лю́дях, кото́рые помогли́ вам дости́чь хоро́ших результа́тов?

— По́сле неуда́чи бу́дете ли вы продолжа́ть рабо́тать ещё бо́лее энерги́чно и́ли потеря́ете интере́с к э́тому де́лу?

13. Прочита́йте те́сты. • Read the tests.
  а) Како́й отве́т вы вы́берете? • What answer will you choose?
  б) Что вы сде́лаете и почему́? • What will you do and why?

ТЕСТ I

Вы получи́ли сра́зу два сро́чных де́ла: одно́ — от нача́льника ва́шего отде́ла, друго́е — от генера́льного дире́ктора фи́рмы.

1. Снача́ла сде́лаете рабо́ту того́ нача́льника, кото́рого бо́льше уважа́ете.

2. Снача́ла сде́лаете бо́лее ва́жное, на ваш взгляд, зада́ние.

3. Снача́ла сде́лаете рабо́ту от генера́льного дире́ктора.

4. Снача́ла сде́лаете рабо́ту от нача́льника отде́ла.

5. При́мете друго́е реше́ние. Како́е?

ТЕСТ II

Вы счита́ете, что оди́н из сотру́дников пло́хо рабо́тал над прое́ктом, и вы ни́зко оцени́ли результа́т его́ рабо́ты. Он не согла́сен с ва́ми и реши́л уйти́ с фи́рмы.

1. Вы измени́те свою́ оце́нку, потому́ что не хоти́те теря́ть сотру́дника и не хоти́те конфли́кта в коллекти́ве.

2. Вы ска́жете ему́ ещё раз о своём реше́нии и бо́льше не бу́дете продолжа́ть обсужда́ть э́тот вопро́с.

3. Вы споко́йно объясни́те сотру́днику его́ оши́бки и попро́сите, что́бы он сам объекти́вно оцени́л свою́ рабо́ту.

4. При́мете друго́е реше́ние. Како́е?

ТЕСТ III

Вам о́чень не понра́вилось, как фи́рма вы́полнила ваш зака́з.

1. Вы опла́тите счёт, возьмёте зака́з, но бо́льше никогда́ не обрати́тесь на э́ту фи́рму.

2. Вы возьмёте зака́з, но спро́сите, на ско́лько фи́рма уме́ньшит его́ сто́имость из-за плохо́го ка́чества.

3. Вы ска́жете ме́неджеру э́той фи́рмы, что, е́сли они́ не испра́вят брак, вы бо́льше никогда́ не обрати́тесь на э́ту фи́рму.

4. Вы попро́сите переде́лать ваш зака́з ещё раз, но за счёт э́той фи́рмы.

5. Е́сли фи́рма переде́лает ваш зака́з, то вы опла́тите их дополни́тельную рабо́ту.

6. Вы возьмёте зака́з, опла́тите его́ не нали́чными, а попро́сите вы́писать чек. Пото́м позвони́те ме́неджеру и ска́жете, что э́тот чек не бу́дете опла́чивать в ба́нке.

7. Вы попро́сите догово́р и пока́жете в нём статью́ о гара́нтии ка́чества. Спроси́те гро́мко, что́бы слы́шали други́е клие́нты, почему́ фи́рма нека́чественно выполня́ет зака́зы.

8. При́мете друго́е реше́ние. Како́е?

ТЕСТ IV

Ваш служе́бный автомоби́ль не по ва́шей вине́ попа́л в ава́рию. Сто́имость ремо́нта соста́вит $ 1000. А страхова́я компа́ния опла́тит то́лько $ 400.

1. Вы в шо́ке, гне́ве, отча́янии.

2. Не бу́дете спо́рить со страхово́й компа́нией и возьмёте $ 400.

3. Дока́жете страхово́му аге́нту, что вам ну́жно для ремо́нта $ 1000.

4. Отремонти́руете автомоби́ль, са́ми опла́тите все расхо́ды и продо́лжите перегово́ры со страхово́й компа́нией.

5. Не бу́дете ремонти́ровать служе́бный автомоби́ль на свои́ де́ньги, а бу́дете тре́бовать от страхово́й компа́нии и́ли от свое́й фи́рмы $ 1000.

6. Напи́шете реклама́цию в страхову́ю компа́нию.

7. При́мете друго́е реше́ние. Како́е?

14. **a) Прочита́йте ру́сские посло́вицы и погово́рки.** • **Read the Russian proverbs and sayings.**

- На оши́бках у́чатся.
- Поживём — уви́дим.
- Не откла́дывай на за́втра то, что мо́жно сде́лать сего́дня.
- Утро ве́чера мудрене́е.
- Нет дру́га — ищи́, а нашёл — береги́.
- Что посе́ешь, то и пожнёшь.
- Кто без у́стали рабо́тает, тот без хле́ба не быва́ет.
- Без труда́ не вы́ловишь и ры́бки из пруда́.
- Из пу́шки по воробья́м стреля́ть.
- Лу́чше сини́ца в рука́х, чем жура́вль в не́бе.
- Семь раз отме́рь, оди́н раз отре́жь.
- Поспеши́шь — люде́й насмеши́шь.
- Ти́ше е́дешь — да́льше бу́дешь.
- Взять быка́ за рога́.
- Тяну́ть кота́ за хвост.
- Покупа́ть кота́ в мешке́.
- Не говори́ «гоп», пока́ не перепры́гнешь.
- Цыпля́т по о́сени счита́ют.
- Дели́ть шку́ру неуби́того медве́дя.
- Одни́м вы́стрелом уби́ть двух за́йцев.

б) **Как вы ду́маете, что они́ зна́чат? В како́й ситуа́ции их говоря́т?** • **What do you think they mean? In which situation can they be used?**

в) Согла́сны ли вы с э́тими выска́зываниями? • Do you agree with these sayings?

г) Есть ли в ва́шем языке́ аналоги́чные выраже́ния? • Do you have similar expressions in your language?

Но́вые слова́ • New words

ава́рия — accident
автомобилестрое́ние — motor-car construction
аккредити́в — letter of credit
акти́вы — assets
а́кция — stock
алюми́ний — aluminium
ассортиме́нт — assortment

бензи́н — gasoline
беспроце́нтный — bearing no interest
биржево́й — stock (adj)
ближа́йшее (бу́дущее) — near (future)
бу́дущий — future

ве́ксель — bill of exchange
взнос — payment
вклад — deposit
возвраща́ть/возврати́ть — to return
вступи́тельный (взнос) — entrance fee
вы́писать — to write out
вы́платить — to pay off
выполня́ть/вы́полнить — to fulfill

гаранти́ровать — to guarantee
гара́нтия — guarantee
гото́вый — ready-made

да́нные — data
дета́ли — details
дефици́т (фина́нсовый) — deficit (financial)
ди́зельное (то́пливо) — diesel (fuel)
добыва́ть/добы́ть — to extract
достига́ть/дости́гнуть — to achieve
достиже́ния — achievement

дохо́д — income
дре́вний — ancient

е́вро — euro
Евросою́з — European Union

желе́зная (доро́га) — railway

запа́с — supply
запро́с — request
заявля́ть/заяви́ть — to declare
звони́ть/позвони́ть — to call

изуча́ть/изучи́ть — to study

како́в (-а́, -о́, -ы́) — what
караме́ль — caramel
кварта́л — quarter
кинеско́п — television tube
компенси́ровать — to compensate
конди́терский — confectionary
конкуре́нт — competitor
конфе́ты — sweets
коридо́р — corridor
корреспонде́нтский (счёт) — correspondent account
кра́йний (слу́чай) — extreme (case)
краткосро́чный — short terms

ликвиди́ровать — to liquidate
ли́ния (произво́дственная) — production line
любо́й — any

магистра́ль — highway
ма́рка (торго́вая) — trade mark

местный — local
месторождение — deposit
метод — metod
миллиард — billion
миллион — million
модель — model
модернизировать — to modernize
монополист — monopolist
мороженое — ice cream

называть/назвать — to name
накопительный — accumulative
нарушать/нарушить — to violate
настоящий — real
недоплата — underpay
недоплатить — to unterpay for
нефтеперерабатывающий — oil refinery
никель — nickel

обменивать/обменять — to exchange
объём (продукции) — volume (of production)
обязательный — obligatory
ожидать — to wait
организовывать/организовать — to organize
основывать/основать — to found
останавливать/остановить — to stop
отказывать/отказать — to refuse
открывать/открыть — to open
отправлять/отправить — to send
оценивать/оценить — to value

пенсионный — pension
переводить/перевести — to transfer
переплата — overpay
переплатить — to overpay
перерабатывать/переработать — to process
переработка — processing
планировать — to plan
повышаться/повыситься — to grow

поддерживать/поддержать — to support
положительный — positive
понижаться/понизиться — to go down
порт — port
постоянно — constantly
построен (-а, -о, -ы) — to be built
предложение — offer
премьер — premier
претензии — claims
причал — mooring
проводить/провести — to carry out
продолжать/продолжить — to continue
производить/произвести — to produce
прошлый — past

размер (поставки) — amount of delivery
разрабатывать/разработать — to work out
рассчитать — to calculate
расширять/расширить — to expand
реализовывать/реализовать — to realize
резерв — reserve
резко — abruptly
результат — result
рекламация — reclamatioin
реконструировать — to reconstract

сальдо — balance
скоростная (дорога) — highway
следующий — next
сожалеть — to regret
создавать/создать — to create
создан (-а, -о, -ы) — founded
средство — means
срочный (вклад) — deposit
сталелитейный — steel mill
станция — station

ста́ртовый (капита́л) — initial capital
сто́имость — cost
счита́ть/посчита́ть — to count

та́нкер — tanker
теку́щий (счёт) — current
тенде́нция — tendency
те́ндер — tender
термина́л (грузово́й) — terminal
това́рно-сырьева́я би́ржа —
    commodity exchange
то́нна — ton
торги́ (биржевы́е) — auction
торго́вая ма́рка — trade mark
транзи́т — transit
транзи́тный — transit
тра́тить/потра́тить — to spend
трубопрово́д — pipeline
ты́сяча — thousand

убы́ток — loss
увели́чиваться/увели́читься —
    to in-crease
уда́ча — luck
узкоколе́йная (доро́га) — narrow-gauge
    line

уменьша́ться/уме́ньшиться —
    to decrease
упа́сть (о ку́рсе валю́ты) — to go down
у́ровень (произво́дства) — level
    (of production)
учи́ться/научи́ться — to study

фо́ндовая (би́ржа) — stock exchange

церемо́ния — ceremony

чёрные (мета́ллы) — non-ferrous
    metals

ширококоле́йная (доро́га) —
    broad-gauge line
шок — shock
шокола́д — chocolate
шокола́дный — chocolate
шту́ка — piece, item

эли́тный (проду́кт) — premium quality
    product

янта́рный — amber
янта́рь — amber

Тема VIII   Поиск партнёра. Деловые встречи

Looking for partner. Business meetings

12   Урок 12 (двенадцать) •
двенадцатый урок

Речевые образцы:

— Мы хотели бы принять участие в работе выставки. Что для этого нужно сделать?
— Вы должны послать заявку и оплатить счёт.

— Он сейчас в Москве?
— Нет. Он едет в Санкт-Петербург.

— На чём он поехал? На машине?
— Нет, на поезде.

— Куда он поехал?
— Он поехал в Санкт-Петербург, на выставку. Приедет завтра.

— Скажите, пожалуйста, где находится выставочный центр?
— Идите прямо, потом направо.

— Давайте встретимся с вами завтра.
— Хорошо. Я встречу вас в холле.

— Вы согласны?
— Да, я не против. (Нет, я не согласен.)

Граммати́ческий материа́л:

■ Роди́тельный паде́ж (№ 2) существи́тельных и прилага́тельных ед. и мн. числа́ в значе́нии исхо́дного пу́нкта движе́ния.

■ Вини́тельный паде́ж (№ 4) существи́тельных и прилага́тельных ед. и мн. числа́ в значе́нии:

а) объе́кта (в сочета́ниях с глаго́лами *встре́тить, уви́деть*);

б) направле́ния движе́ния.

■ Твори́тельный паде́ж (№ 5) существи́тельных и прилага́тельных ед. и мн. числа́ в значе́нии совме́стности (в сочета́ниях с глаго́лами *встре́титься/уви́деться*).

■ Предло́жный паде́ж (№ 6) существи́тельных и прилага́тельных ед. и мн. числа́ в значе́нии:

а) местопребыва́ния;

б) ви́да тра́нспорта.

■ Глаго́лы движе́ния *идти́/пойти́, прийти́, е́хать/пое́хать, прие́хать, лете́ть/ полете́ть, прилете́ть* в настоя́щем, проше́дшем и бу́дущем вре́мени.

■ Выраже́ние долженствова́ния в констру́кциях ти́па *до́лжен (должна́, должны́ + инф.)* в настоя́щем, проше́дшем и бу́дущем вре́мени.

■ Выраже́ние согла́сия/несогла́сия в констру́кциях ти́па *Вы не про́тив? Вы согла́сны?*

■ Употребле́ние наре́чий (*напра́во, нале́во — спра́ва, сле́ва, вперёд, наза́д — спе́реди, сза́ди*).

Текст «Дру́жба — дру́жбой, слу́жба — слу́жбой».

Как вы́разить долженствова́ние •
How to express obligation

— Мы хоте́ли бы приня́ть уча́стие в рабо́те вы́ставки. Что для э́того ну́жно сде́лать?

— Вы должны́ посла́ть зая́вку и оплати́ть счёт.

Запо́мните:

		Наст. вре́мя	Прош. вре́мя	Буд. вре́мя	
Ед. ч.	он	до́лжен	+ был	+ бу́дет	
	она́	должна́	+ была́	+ бу́дет	+ инфинити́в
Мн. ч.	они́	должны́	+ бы́ли	+ бу́дут	

Обрати́те внима́ние:

Значе́ние бу́дущего вре́мени ча́сто выража́ется фо́рмой граммати́ческого настоя́щего вре́мени (без глаго́ла *быть*). • The meaning of the Future Tense is often expressed by the grammatic form of the Present Tense (without the verb *to be*).

За́втра я до́лжен пойти́ в банк. = За́втра я до́лжен бу́ду пойти́ в банк.

1. **Скажи́те, что сотру́дники должны́ сде́лать сего́дня (вчера́, за́втра).** • Say what the employees have to do today (had to do yesterday).

Моде́ль:

• они́ — посла́ть зая́вку
— Сего́дня они́ должны́ посла́ть зая́вку.
— Вчера́ они́ должны́ бы́ли посла́ть зая́вку.
— За́втра они́ должны́ бу́дут посла́ть зая́вку.

мы — оплати́ть счёт
я — вы́слать платёжное поруче́ние
они́ — заказа́ть стенд

2. **Скажи́те, что вы должны́ сде́лать сего́дня (вчера́, за́втра).** • Say what you must do today (yesterday, tomorrow).

3. **Ме́неджер ба́нка г-н Ким позвони́л в Оргкомите́т вы́ставки в Санкт-Петербу́рг. Послу́шайте телефо́нный разгово́р.** • Mr. Kim, a bank manager called the Organizing committee of exhibition in St. Petersburg. Listen to the phone conversation.

а) **Скажи́те, заче́м г-н Ким звони́л туда́.** • Why did Mr. Kim call the place.

— Алло́, здра́вствуйте!
— Здра́вствуйте. Оргкомите́т междунаро́дной вы́ставки «Ры́нок информа́ции».
— Я представля́ю «Кореан Девелопмент Банк». Меня́ зову́т Ким Ин Чул. Мы хоте́ли бы приня́ть уча́стие в рабо́те вы́ставки. Что мы должны́ для э́того сде́лать?
— Вы должны́ посла́ть зая́вку и оплати́ть счёт. Вы мо́жете заказа́ть стол и́ли стенд, а та́кже мо́жете заказа́ть а́удио- и ви́деодемонстрационную те́хнику. Вы должны́ посла́ть нам платёжное поруче́ние. По́сле опла́ты вы полу́чите официа́льное приглаше́ние и програ́мму вы́ставки.
— Ско́лько сто́ит аре́нда сте́нда, ме́бели, те́хники?
— Мы мо́жем посла́ть вам прайс-лист по фа́ксу.
— Прости́те, что я до́лжен посла́ть по фа́ксу? Извини́те, пло́хо слы́шно.
— Прайс-лист мы мо́жем посла́ть вам по фа́ксу. Скажи́те ваш но́мер.
— Спаси́бо. Я всё по́нял. Запиши́те, пожа́луйста, но́мер фа́кса: 134-10-25.

б) **Что до́лжен сде́лать г-н Ким? Что обеща́ли сде́лать организа́торы вы́ставки?** • What Mr. Kim must do? What did organizers promise to do?

4. **Че́рез не́сколько дней г-н Ким получи́л факс из Санкт-Петербу́рга. Он прошёл неуда́чно. Вста́вьте нечита́емые слова́.** • Several days later Mr. Kim received a fax from St.Petersburg. The quality was poor. Insert unreadable words.

Уважа́емый господи́н Ким!

Сообща́ем Вам, что мы получи́ли Ва́шу зая́вку на уча́стие в рабо́те вы́ставки. Посыла́ем Вам програ́мму вы́ставки и пригласи́тельный биле́т. Вы ... прие́хать в Санкт-Петербу́рг 2 ма́рта. В э́тот день Вы ... запо́лнить регистрацио́нный купо́н. Мы мо́жем заказа́ть Вам гости́ницу. Для э́того мы ... знать то́чную да́ту прие́зда.

Оргкомите́т междунаро́дной
вы́ставки «Ры́нок информа́ции»

5. Позвони́те в Оргкомите́т вы́ставки и скажи́те о том, что вы хоти́те приня́ть уча́стие в её рабо́те. Узна́йте, что вы должны́ сде́лать для э́того. • Call the organizing committee of the exhibition and say you would like to participate in it. Find out what you must do.

Как спроси́ть/сказа́ть о направле́нии движе́ния • How to ask/say about direction of movement

— Он сейча́с в Москве́?
— Нет. Он е́дет в Санкт-Петербу́рг.

Запо́мните:

Где? № 6	*Куда́?* № 4	*Откуда́?* № 2
в	**в**	**из**
в гости́нице	в гости́ницу	из гости́ницы
в Санкт-Петербу́рге	в Санкт-Петербу́рг	из Санкт-Петербу́рга
в о́фисе	в о́фис	из о́фиса
в ба́нке	в банк	из ба́нка
в павильо́не	в павильо́н	из павильо́на
в це́нтре	в центр	из це́нтра
⇓	⇓	⇓
на	**на**	**с**
на вы́ставке	на вы́ставку	с вы́ставки
на фи́рме	на фи́рму	с фи́рмы
на рабо́те	на рабо́ту	с рабо́ты
на вокза́ле	на вокза́л	с вокза́ла
на экску́рсии	на экску́рсию	с экску́рсии
на ста́нции	на ста́нцию	со ста́нции

Сравни́те:

Где? № 6

Сейча́с он в Санкт-Петербу́рге (в Москве́).

Куда́? № 4

Он е́дет в Санкт-Петербу́рг (в Москву́).

Откуда́? № 2

Он е́дет из Санкт-Петербу́рга (из Москвы́).

6. Что вы скáжете в аналогúчной ситуáции? • What would you say in similar situation?

— Кудá вы идёте? В óфис?
— Да, я идý в óфис.

— Кудá вы éдете? На фúрму?
— Нет, я éду на вýставку. Я дóлжен заказáть стенд.

— Откýда вы идёте?
— Из бáнка.

— Откýда вы éдете?
— С вокзáла.

Как спросúть/сказáть о вúде трáнспорта • How to ask/say about type of transportation

— На чём он поéхал? На машúне?
— Нет, на пóезде.

Запóмните:

на чём? № 6

éхать/поéхать (I гр.)	на	пóезде
		машúне
		таксú
		автóбусе
летéть/полетéть (II гр.)	на	самолёте

Настоящее врéмя:
я лечý   мы летúм
ты летúшь   вы летúте
он, онá летúт   онú летят

Бýдущее врéмя:
я полечý   мы полетúм
ты полетúшь   вы полетúте
он, онá полетúт онú полетят

Прошéдшее врéмя:
он полетéл
онá полетéла
онó полетéло
онú полетéли

7. Скажúте, на какóм трáнспорте вы обы́чно éздите на рабóту, на учёбу (на метрó, на троллéйбусе, на трамвáе, на автóбусе, на машúне, на таксú). На чём вы обы́чно éздите на рóдину (на пóезде, на самолёте, на машúне)? Кудá вы предпочитáете éздить на метрó (на таксú, на автóбусе, на машúне)? Почемý? • Say what type of public transport you take to come to work, studies (subway, trolley bus, tram, bus, car, taxi). What type of transport do

you usually take to go home? (train, plain, car). Where do you prefer to go by metro (taxi, bus, car). Explain why?

Как спроси́ть/сказа́ть о на́чале/заверше́нии движе́ния • How to ask/say about start/finish of movement

—Куда́ он пое́хал?
—Он пое́хал в Санкт-Петербу́рг, на вы́ставку. Прие́дет за́втра.

Запо́мните:
пое́хать/прие́хать (I гр.) св +

куда́? № 4
отку́да? № 2

Сравни́те:
⇒ Санкт-Петербу́рг

⇒ Москва́

_____   _____

_____

Вчера́ он **по**е́хал в Санкт-Петербу́рг.   Он **при**е́хал в Санкт-Петербу́рг.
Ве́чером он **по**е́дет в Санкт-Петербу́рг.   За́втра он **при**е́дет в Санкт-Петербу́рг.

⇒   ⇒
Гости́ница _____   _____ Вы́ставка

_____

Вчера́ он **по**шёл на вы́ставку.   Он **при**шёл на вы́ставку.
За́втра он **по**йдёт на вы́ставку.   Он **при**дёт на вы́ставку.

8. Послу́шайте диало́г. • Listen to the dialogue.
а) Скажи́те, где сейча́с г-н Ким. • Say where Mr. Kim is now.

—До́брый день. «Ко́реан Деве́лопмент Банк».
—Алло́! Здра́вствуйте! Попроси́те, пожа́луйста, господи́на Ки́ма.
—К сожале́нию, его́ нет. Он пое́хал в Санкт-Петербу́рг, на вы́ставку. Что́-нибудь переда́ть?
—Спаси́бо, нет. А когда́ он прие́дет в Москву́?
—Мо́жет быть, в сре́ду.
—Спаси́бо. Я позвоню́, когда́ он прие́дет. До свида́ния.
—Всего́ до́брого.

б) Заче́м он пое́хал в Санкт-Петербу́рг? Когда́ он вернётся в Москву́? • Why did he go to St.Petersburg. When will he come back to Moskow?

9. Что вы ска́жете в аналоги́чной ситуа́ции? Испо́льзуйте сочета́ния: *год наза́д, ме́сяц наза́д, три ме́сяца наза́д* и т.д. • What would you say in similar situation? Use the following combinations: *a year ago, a month ago, three months ago*, etc.

— Когда́ вы прие́хали в Москву́?

— Я прие́хал в Москву́ ме́сяц наза́д. А вы?

— А я прие́хал два ме́сяца наза́д.

10. **а) Скажи́те, куда́ пошёл г-н Ким.** • **Say where Mr. Kim went.**

Моде́ль:

• банк ⇒ фи́рма

— Г-н Ким пошёл в банк, из ба́нка он пошёл на фи́рму.

Рекла́мное аге́нтство ⇒ комме́рческий банк ⇒ коре́йское посо́льство ⇒ кафе́ ⇒ информацио́нная вы́ставка ⇒ Эрмита́ж ⇒ музыка́льный магази́н ⇒ изда́тельский дом ⇒ Марии́нский теа́тр

б) **Как вы ду́маете, что г-н Ким смог там сде́лать?** • **What do you think he could have done there?**

Моде́ль:

• банк

— Он пришёл в банк и получи́л де́ньги.

Как обозна́чить направле́ние движе́ния • How to denote direction of movement

— **Скажи́те, пожа́луйста, где нахо́дится вы́ставочный центр?**

— **Иди́те пря́мо, пото́м напра́во.**

Сравни́те:

находи́ться	*где?* **№ 6**	спра́ва сле́ва	впереди́ сза́ди
идти́, е́хать	*куда?* **№ 4**	напра́во нале́во	вперёд наза́д

11. **а) Прочита́йте сообще́ние (e-mail) г-на Мю́ллера и расскажи́те, как прошёл его́ день. Испо́льзуйте в ну́жной фо́рме да́нные глаго́лы.** • **Read Mr. Mueller's e-mail and say how his day was. Use verbs in the proper form.**

Е́хать, пойти́, пое́хать, прие́хать.

Неуда́чный день

Вчера́ я до́лжен был ... на перегово́ры. Поэ́тому из до́ма я ... не в свой о́фис, а на фи́рму «Формо́за». Я хоте́л ... на маши́не, но маши́на никуда́ ... не хоте́ла. Что́-то случи́лось с дви́гателем. Тогда́ я реши́л ... на такси́, но такси́ не́ было. Я ... на остано́вку авто́буса. Я ... на авто́бусе, пото́м на метро́ и, наконе́ц, ... на фи́рму. Коне́чно, я ... по́здно. Когда́ я ... на фи́рму, перегово́ры уже́ зако́нчились. Ве́чером, по́сле рабо́ты, я до́лжен бу́ду ... в автосе́рвис. Как вы ду́маете, заче́м?

б) **Отве́тьте на вопро́сы.** • **Answer questions.**

На чём г-н Мю́ллер до́лжен был пое́хать на фи́рму «Формо́за»?
На чём ему́ пришло́сь пое́хать? Почему́?
Почему́ он счита́ет, что э́то был неуда́чный день?
Был ли у вас тако́й неуда́чный день?

12. **Что вы ска́жете в аналоги́чной ситуа́ции?** • **What would you say in similar situation.**

— Извини́те, вы не ска́жете, где нахо́дится информацио́нный центр?
— В павильо́не № 1. Там, спра́ва.
— Где-где?
— Иди́те напра́во.

— Прости́те, где нахо́дится павильо́н № 4?
— Сле́ва.
— Прости́те, где?
— Иди́те пря́мо, пото́м нале́во.
— Спаси́бо.

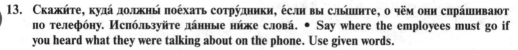

13. **Скажи́те, куда́ должны́ пое́хать сотру́дники, е́сли вы слы́шите, о чём они спра́шивают по телефо́ну. Испо́льзуйте да́нные ни́же слова́.** • **Say where the employees must go if you heard what they were talking about on the phone. Use given words.**

Моде́ль:
— Скажи́те, пожа́луйста, а где нахо́дится э́тот универма́г?
Он до́лжен пое́хать в универма́г.

Вы́ставочный центр, банк «Столи́чный», Истори́ческий музе́й, гости́ница, фи́рма, автосе́рвис.

14. **Посмотри́те на схе́му райо́на и помоги́те прохо́жему найти́ ну́жное ему́ учрежде́ние (испо́льзуйте диало́ги упражне́ния 12).** • **Look at the district map and help a passer by to find the place he needs (use the patterns given in exercise 12).**

Моде́ль:
— Прости́те, где нахо́дится универма́г? (7)
— Там, сле́ва. Иди́те пря́мо, пото́м нале́во.

15. **Прочита́йте текст.** • **Read the text.**

а) **Скажи́те, когда́ г-н Ким пое́хал в Санкт-Петербу́рг и когда́ он верну́лся обра́тно в Москву́.** • **Say when Mr. Kim went to St.Petersburg and when he came back.**

Встре́чи на вы́ставке

«Ко́реан Деве́лопмент Банк» реши́л приня́ть уча́стие в рабо́те вы́ставки «Ры́нок информа́ции».

Ме́неджер по инвести́циям э́того ба́нка г-н Ким неде́лю наза́д пое́хал в Санкт-Петербу́рг. Он прие́хал в Санкт-Петербу́рг в 7 часо́в утра́ и пое́хал на такси́ в гости́ницу «Не́вский пала́с». Из гости́ницы господи́н Ким пое́хал на вы́ставку.

Сотру́дники ба́нка «Ко́реан Деве́лопмент Банк» бы́ли уже́ там. Они́ прие́хали позавчера́, что́бы зара́нее подгото́вить стенд.

Для ба́нка «Ко́реан Деве́лопмент Банк» уча́стие в рабо́те вы́ставки бы́ло о́чень уда́чным. Вы́ставка продолжа́лась два дня. Господи́н Ким встре́тился с представи́телями не́скольких фирм. Пото́м у них бы́ли перегово́ры. На перегово́рах они́ обсуди́ли мно́го вопро́сов, подгото́вили докуме́нты. Банк заключи́л не́сколько кру́пных контра́ктов, партнёры подписа́ли инвестицио́нные прое́кты.

Вчера́ господи́н Ким верну́лся в Москву́.

б) Скажи́те, почему́ уча́стие в рабо́те вы́ставки бы́ло уда́чным для ба́нка? • Explain why participation in the exhibition was successful for the bank

16. а) Отве́тьте на вопро́сы, соедини́в пра́вильно ле́вую и пра́вую ча́сти. • Answer questions linking correctly right and left parts.

Кто организа́тор вы́ставки?	В вы́ставке принима́ло уча́стие со́рок две страны́.
Ско́лько стран принима́ло уча́стие в рабо́те вы́ставки?	Вы́ставка называ́лась «Ры́нок информа́ции».
Чья экспози́ция са́мая кру́пная?	Информацио́нный центр находи́лся в павильо́не но́мер 1, спра́ва. Вы́ставка рабо́тала пять дней.
Како́е о́бщее число́ уча́стников?	
Каки́е фи́рмы уча́ствовали в рабо́те вы́ставки?	На вы́ставке бы́ло два́дцать семь павильо́нов.
Ско́лько всего́ павильо́нов бы́ло на вы́ставке?	В рабо́те вы́ставки уча́ствовали компью́терные компа́нии, рекла́мные аге́нтства, ба́нки и изда́тельства.
Как называ́ется вы́ставка?	Организа́тор вы́ставки — Росси́йская торго́во-промы́шленная пала́та.
Ско́лько дней рабо́тала вы́ставка?	Общее число́ уча́стников — шестьсо́т.
Где находи́лся информацио́нный центр?	Са́мую кру́пную экспози́цию предста́вила фи́рма «Бе́лый ве́тер».

б) Верну́вшись из командиро́вки, г-н Ким до́лжен был написа́ть отчёт. Он поручи́л э́ту рабо́ту своему́ помо́щнику. Испо́льзуя его́ за́писи, напиши́те э́тот отчёт за него́. • On his return from business trip Mr. Kim had to write a report. He asked his assistant to do it. Using his notes write this report for him.

17. Сравни́те ваш отчёт с заме́ткой в газе́те. • Compare your report with the newspaper article.

а) Что из статьи́ вы могли́ бы доба́вить в свой отчёт? • What information from the article could you add to your report?

Вы́ставка в се́верной столи́це заверши́лась

Вчера́ в Санкт-Петербу́рге зако́нчила свою́ рабо́ту вы́ставка «Ры́нок информа́ции» — са́мая больша́я в Росси́и вы́ставка разли́чного ро́да информацио́нных проду́ктов. В э́том году́ в ней принима́ло уча́стие со́рок две страны́ ми́ра. Общее число́ уча́стников — шестьсо́т. Всего́ на вы́ставке бы́ло два́дцать семь павильо́нов. Организа́тор вы́ставки — Росси́йская торго́во-промы́шленная пала́та. Уча́стниками вы́ставки бы́ли рекла́мные аге́нтства и изда́тельства, ба́нки и кру́пные компью́терные компа́нии. Са́мую кру́пную экспози́цию предста́вила фи́рма «Бе́лый ве́тер». Вы́ставка рабо́тала пять дней. За э́то вре́мя вы́ставку посети́ли ты́сячи специали́стов из ра́зных городо́в Росси́и, а та́кже из Аме́рики, Англии, Япо́нии, Коре́и, Кита́я и мно́гих други́х стран.

б) Напиши́те по́лный вариа́нт ва́шего отчёта. • Write final variant of your report.

Как договори́ться о встре́че • How to make an appointment

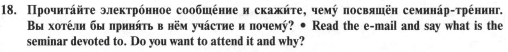

— Дава́йте встре́тимся с ва́ми за́втра в 10 часо́в.
— Хорошо́. Я встре́чу вас в хо́лле.

18. Прочита́йте электро́нное сообще́ние и скажи́те, чему́ посвящён семина́р-тре́нинг. Вы хоте́ли бы приня́ть в нём уча́стие и почему́? • Read the e-mail and say what is the seminar devoted to. Do you want to attend it and why?

От:	chancery@68.107
Кому́:	kirillov@finncarriers.com
Отпра́влено:	17 сентября́ 2011 г. 13:45
Те́ма:	Рабо́та на вы́ставке

Эффекти́вная рабо́та на вы́ставке
8(926)225-02-65
2—3 ноября́ 2011 г.

СЕМИНА́Р-ТРЕ́НИНГ

Цель тре́нинга:
Улучше́ние рабо́ты вы́ставочной кома́нды — повыше́ние эффекти́вности проведе́ния вы́ставки.

Зада́чи тре́нинга:

- систе́мный подхо́д к подгото́вке, организа́ции и проведе́нию вы́ставки;
- повыше́ние ка́чества рабо́ты на вы́ставке;
- техноло́гия рабо́ты на сте́нде;
- эффекти́вная страте́гия вы́ставочной рабо́ты.

Аудитория:
Сотрудники компании, которые готовят, организуют и проводят выставки.

ПРОГРАММА ТРЕНИНГА

1-й блок. ПОДГОТОВКА
- Стендовая команда. Состав
- Функции сотрудников команды
- Помощники в выставочной зоне
- Взаимодействие с главным офисом во время работы на выставке

2-й блок. ЦЕЛЕВАЯ АУДИТОРИЯ
- Определение целевых аудиторий
- Предвыставочная работа
- Работа с целевыми аудиториями на стенде, поиск потенциальных клиентов
- Работа с приглашёнными лицами и представителями СМИ
- Работа с базой данных посетителей стенда. Коррекция тактики

3-й блок. КОМАНДНАЯ РАБОТА
- Плюсы и минусы
- Стандартные проблемы
- Создание и поддержание командного духа

4-й блок. РАБОТА С КЛИЕНТОМ
- Наш — не наш, как определить потенциального клиента
- Технология эффективного делового общения
- Первый этап — знакомство и получение информации
- Как презентовать компанию
- Как попросить клиента взять рекламные материалы
- Как поговорить со всеми посетителями, если их много
- Что делать, если посетителей на стенде мало
- Как сделать стенд интереснее других
- Как работать с недовольными посетителями
- Как закончить разговор

5-й блок. ПСИХОЛОГИЧЕСКИЕ АСПЕКТЫ
- Распределение и контроль рабочего времени
- Стресс — это необходимость? Как работать в режиме стресса
- Как снять усталость и отдохнуть

6-й блок. РЕЗУЛЬТАТЫ
- Составление отчёта о выставке с анализом ошибок, удачных решений (своих, а также — в работе ваших конкурентов на других стендах)
- Систематизация информации о клиентах
- Планирование следующей выставки

Ме́тоды проведе́ния:

интеракти́вные информацио́нные бло́ки, диску́ссия, мозгово́й штурм, рабо́та в гру́ппах, модели́рование реа́льных проце́ссов, пра́ктика.

Автор и веду́щий — профессиона́льный психо́лог, консульта́нт, специали́ст по и́миджу.

Продолжи́тельность обуче́ния:

с 10 до 18 часо́в (с переры́вом на обе́д и ко́фе-бре́йк).

Ме́сто обуче́ния: 5 мин. м. «Университе́т»

Сто́имость обуче́ния 5900 рубле́й (с НДС)

Ка́ждый уча́стник семина́ра получа́ет а́вторские разда́точные ке́йсы. Иногоро́дним уча́стникам возмо́жно брони́рование гости́ницы.

Звони́те 8(926)225-02-65

Сравни́те:

С кем? № 5

встре́титься
уви́деться

Кого? № 4

встре́тить
уви́деть

встреча́ться (I гр.) нсв

я встреча́**юсь**	мы встреча́**емся**
ты встреча́**ешься**	вы встреча́**етесь**
он, она́ встреча́**ется**	они́ встреча́**ются**

встре́титься (II гр.) св (т/ч)

я встре́**чусь**	мы встре́**тимся**
ты встре́**тишься**	вы встре́**титесь**
он, она́ встре́**тится**	они́ встре́**тятся**

он встре́тился
она́ встре́тилась
они́ встре́тились

Дава́й(те) встре́тимся!

19. **Что вы ска́жете в аналоги́чной ситуа́ции?** • **What would you say in similar situation?**

— Я не зна́ю, где нахо́дится ваш о́фис.
— Я встре́чу вас у метро́.

— Мо́жно?
— Здра́вствуйте.
— До́брый день. Я могу́ встре́титься с комме́рческим дире́ктором?
— К сожале́нию, он сейча́с за́нят. Встреча́ет партнёров.

—А когда́ он освободи́тся?

—Часа́ в три.

—Я представля́ю компа́нию «Формо́за». Мы должны́ уточни́ть не́которые дета́ли. Дава́йте встре́тимся с ва́ми за́втра. Вам удо́бно в три часа́?

—Хорошо́. Я встре́чу вас в хо́лле.

—Нам ну́жно обсуди́ть мно́го пробле́м. Мо́жет, встре́тимся за́втра?

—К сожале́нию, за́втра я не могу́.

—А в пя́тницу? В пе́рвой полови́не дня вам удо́бно?

—В пя́тницу? Я до́лжен бу́ду встре́тить жену́ в аэропорту́. Сейча́с я посмотрю́, во ско́лько прилети́т её самолёт... Так, в 15.30. Зна́чит, мы мо́жем встре́титься в пе́рвой полови́не дня.

—Я бу́ду ждать вас у себя́ в 10 часо́в.

—Договори́лись.

Обрати́те внима́ние:

	Кому́? № 3	
Когда́	вам	удо́бно?

Кому́? № 3	*Когда́?*
Вам удо́бно	в 11 часо́в утра́?
Ему́ удо́бно	в 7 часо́в ве́чера?
Им удо́бно	в пе́рвой полови́не дня?

20. Договори́тесь о встре́че с партнёрами. • Set up a meeting with your partners.

Моде́ль:
- дире́ктор – за́втра днём
—Я хоте́л бы встре́титься с дире́ктором за́втра днём.

ме́неджер по рекла́ме	послеза́втра у́тром
президе́нт компа́нии	сего́дня днём
замести́тель дире́ктора	понеде́льник, 14.00
нача́льник отде́ла	среда́, 10.00
коре́йские партнёры	пя́тница, 19.00
но́вые клие́нты	вто́рник, 12.00

21. Скажи́те, где и когда́ встре́тились э́ти лю́ди. Испо́льзуйте слова́: *в рестора́не, в теа́тре, в ли́фте, в самолёте, на вы́ставке, в ба́нке.* • Say when and where these people met. Use the following words: *in a restaurant, at the theatre, in an elevator, aboard a plane, at an exhibition, in a bank.*

Моде́ль:
- рестора́н — 19.00
—Они́ встре́тились в рестора́не в семь часо́в.

22. Послу́шайте телефо́нный разгово́р г-на Ки́ма. • Listen to Mr. Kim speaking on the phone.

а) Скажи́те, куда́ и кому́ он позвони́л. • Say whom he called and where.

Разгово́р по телефо́ну

— До́брый день. Компа́ния «Арс».

— Алло́! Здра́вствуйте. Я представля́ю «Ко́реан Девело́пмент Банк». Нас интересу́ют ва́ши но́вые моде́ли. Я хоте́л бы поговори́ть с ме́неджером по прода́жам.

— Да, пожа́луйста. Вам ну́жен Саве́льев Алекса́ндр. Мину́тку, я сейча́с приглашу́ его́.

— Спаси́бо.

— Алло́!

— Здра́вствуйте! Я хоте́л бы встре́титься с ва́ми, что́бы обсуди́ть вопро́сы возмо́жного сотру́дничества. Нас интересу́ют ва́ши но́вые моде́ли.

— Дава́йте встре́тимся за́втра. Когда́ вам удо́бно?

— Утром.

— Я встре́чу вас у вхо́да в наш павильо́н в 10 часо́в. Это павильо́н но́мер 6. Хорошо́?

— Хорошо́. До встре́чи!

б) Что вы ска́жете в аналоги́чной ситуа́ции. Договори́тесь о встре́че с ну́жным вам челове́ком. • What would you say in similar situation. Make an appointment with the person you need.

23. Послу́шайте диало́г. • Listen to the dialogue.

а) Скажи́те, с кем реши́л встре́титься г-н Ким. • Say whom Mr. Kim decided to meet with.

Встре́ча на вы́ставке

— До́брый день. Алекса́ндр.

— Здра́вствуйте. Меня́ зову́т Ким Ин Чул. Вот моя́ визи́тная ка́рточка. Я представля́ю «Ко́реан Деве́лопмент Банк».

— Спаси́бо. А это моя́ визи́тная ка́рточка.

— Я хоте́л бы обсуди́ть с ва́ми вопро́сы возмо́жного сотру́дничества. Нас интересу́ют ва́ши но́вые моде́ли.

— Что конкре́тно вы име́ете в виду́?

— Я име́ю в виду́ мультимеди́йный монито́р с микрофо́ном и дина́миками.

— Да, это замеча́тельный монито́р. Он о́чень практи́чный и не о́чень дорого́й — о́коло 2500 до́лларов.

— Если мы покупа́ем пять монито́ров, цена́ така́я же?

— Нет, в э́том слу́чае вы пла́тите 2400 до́лларов за ка́ждый монито́р.

— К сожале́нию, я не могу́ сейча́с приня́ть реше́ние, я до́лжен реши́ть э́тот вопро́с с руково́дством. Я хоте́л бы встре́титься с ва́ми за́втра и дать оконча́тельный отве́т.

—Я с удовóльствием встрéчусь с вáми. Но зáвтра я дóлжен быть в óфисе. Вы мóжете приéхать в óфис? Это недалекó от Нéвского проспéкта, в цéнтре. На визúтке есть áдрес.

—Я не óчень хорошó знáю Санкт-Петербýрг. Я приéхал из Москвы́, чтóбы приня́ть учáстие в рабóте вы́ставки. Живý в гостúнице «Нéвский палáс». Вы знáете её?

—Да, конéчно. Из гостúницы вам нáдо поéхать пря́мо до концá Нéвского проспéкта, а потóм налéво мéтров 300. Спрáва вы увúдите высóкое совремéнное здáние. Наш óфис — на пéрвом этажé.

—Я всё записáл. Знáчит, пря́мо, потóм налéво. Так?

—Да. А здáние — спрáва.

—Когдá вам удóбно? Мóжет быть, днём? В 3 часá?

—Хорошó.

—Ну, знáчит, до зáвтра?

—До зáвтра. Рад был познакóмиться.

—Я тóже. До встрéчи.

б) **Отвéтьте на вопрóсы.** • **Answer questions.**

О чём г-н Ким договорúлся по телефóну?

Почемý г-н Ким решúл встрéтиться с представúтелем э́той компáнии?

Где былá их пéрвая встрéча?

С кем г-н Ким встрéтится зáвтра?

Где и когдá онú встрéтятся?

Как он дóлжен поéхать на фúрму?

Обратúте внимáние:

Что вас интересýет?

интересовáть (I гр.)/*заинтересовáть* (I гр.) + *когó?* № 4

Когó? № 4   *Что?* № 1

Нас	интересýют	нóвые модéли.
Áнну	интересýет	нóвая модéль.
Егó	интересýет	нóвый монитóр.

24. **Скажúте, что интересýет клиéнтов.** • **Say what clients are interested in.**

Модéль:

• Я — вáши нóвые компью́теры

—Меня́ интересýют вáши нóвые компью́теры.

он — нáши нóвые цéны

мы — результáты переговóров

я — э́тот прúнтер

он — тóлько кáчество товáров

онá — тóлько одéжда и украшéния

25. Догада́йтесь, что интересу́ет посети́телей вы́ставки. • Guess what visitors are interested in.

Моде́ль:

— Мы хоти́м купи́ть телефо́н.
— Нас интересу́ют телефо́ны.

На́ши постоя́нные клие́нты хотя́т купи́ть после́днюю моде́ль компью́тера.
Мой колле́га хо́чет купи́ть но́вый ксе́рокс.
Я хочу́ купи́ть ла́зерный при́нтер.
Мы хоти́м приобрести́ но́вые нетбу́ки.
Генера́льный дире́ктор хо́чет купи́ть представи́тельскую маши́ну.
Они́ хотя́т купи́ть ру́сские карти́ны.
Мы хоти́м купи́ть большу́ю удо́бную кварти́ру.
Она́ хо́чет купи́ть стира́льную маши́ну и мо́ющий пылесо́с.

26. *Вы получи́ли приглаше́ние.* • You have received an invitation.

а) **Скажи́те, куда́ вас приглаша́ют. Где бу́дет проходи́ть э́то мероприя́тие?** • Say where you've been invited and where the event will take place.

П Р И Г Л А Ш Е́ Н И Е

ЧЕТВЁРТАЯ МОСКО́ВСКАЯ МЕЖДУНАРО́ДНАЯ ВЫ́СТАВКА ТРА́НСПОРТА И ЛОГИ́СТИКИ

Уважа́емые колле́ги!

20—23 апре́ля в Москве́ бу́дет проходи́ть вы́ставка тра́нспорта и логи́стики.
Фи́рма «ИТА» представля́ет со́бственный стенд. Вы смо́жете ознако́миться с де́ятельностью компа́нии, её достиже́ниями, пла́нами и но́выми услу́гами.
Мы бу́дем ра́ды встре́титься с ва́ми и обсуди́ть перспекти́вы совме́стной рабо́ты. Вы полу́чите подро́бную информа́цию о но́вых тари́фах, возмо́жных ски́дках и обо всём, что вас заинтересу́ет.
На вы́ставке бу́дут прису́тствовать представи́тели фи́рмы «ИТА» из Финля́ндии, Великобрита́нии, Бе́льгии, Герма́нии и други́х стран.

Вы́ставка состои́тся во Всеросси́йском вы́ставочном це́нтре (ВВЦ), павильо́н 1.

К ва́шим услу́гам фи́рма «ИТА».

б) **Отве́тьте на вопро́сы. • Answer questions.**

Когда́ начнётся и когда́ зако́нчится вы́ставка?

Ско́лько дней она́ бу́дет рабо́тать?

Что представля́ет фи́рма «ИТА»?

С чем мо́жно бу́дет ознако́миться на вы́ставке?

Что мо́жно бу́дет обсуди́ть?

Представи́тели каки́х стран бу́дут прису́тствовать на вы́ставке?

Как вы счита́ете, на чём лу́чше дое́хать до ВВЦ?

в) **Обрати́те внима́ние на то, как начина́ется и зака́нчивается типово́й текст приглаше́ния. Вы́пишите испо́льзуемые выраже́ния и переведи́те их на родно́й язы́к. • Please note the opening and closing phrases of a standard invitation. Write down the expressions used and translate them into your native language.**

27. **Прочита́йте приглаше́ние. • Read the invitation.**

а) **Скажи́те, куда́ вас приглаша́ют, где и когда́ состои́тся презента́ция. • Say where you've been invited and when the presentation takes place.**

ПРИГЛАШЕ́НИЕ

Посо́льство Норве́гии

име́ет честь пригласи́ть вас по слу́чаю пя́той ежего́дной вы́ставки «МИР ПИТАНИЯ» на презента́цию норве́жских морепроду́ктов.

Презента́ция состои́тся 4 ию́ня с 19.00 до 21.00 в посо́льстве Норвегии по а́дресу: ул. Поварска́я, 7.

Бу́дем ра́ды уви́деться с Ва́ми

---

28. **Ва́ша фи́рма организу́ет вы́ставку (презента́цию). Напиши́те текст приглаше́ния. • Your company organizes an exhibition (presentation). Write down an invitation.**

Как вы́разить согла́сие/несогла́сие • How to express agreement/disagreement

— Вы согла́сны?

— Да, я не про́тив. (Нет, я не согла́сен.)

Сравни́те:

Согла́сие («За»)	*Несогла́сие («Про́тив»)*
Я согла́сен.	Я не согла́сен.
Я не про́тив.	Я про́тив.
Я не возража́ю.	Я возража́ю.
Я — за.	
Дава́й(те).	

Обрати́те внима́ние:

Он		Он (не)согла́сен.
Она́	(не) про́тив.	Она́ (не)согла́сна.
Они́		Они́ (не)согла́сны.

29. Что вы ска́жете в аналоги́чной ситуа́ции? • What would you say in similar situation.

— За́втра ве́чером я е́ду в Санкт-Петербу́рг.
— Я то́же хоте́л бы пое́хать за́втра. Пое́дем вме́сте?
— Я согла́сен.

— Я предлага́ю встре́титься за́втра в три на вы́ставке. Вы не про́тив?
— Нет, я не про́тив. Зна́чит, в три часа́ в пя́том павильо́не.

— Руково́дство компа́нии предлага́ет приня́ть уча́стие в рабо́те э́той вы́ставки.
— Мы не возража́ем.

— Предлага́ю в суббо́ту пое́хать в лес на шашлыки́!
— Мы — «за»!

— На доро́гах про́бки. Дава́йте пое́дем в гости́ницу на метро́?
— Я «за». Так бу́дет быстре́е.
— А я «про́тив». У меня́ мно́го веще́й.

30. Послу́шайте диало́г • Listen to the dialogue.

а) Скажи́те, с кем встре́тился сотру́дник фи́рмы «Фро́нда»? • Say whom an employee of "Fronda" company met with?

Встре́ча с рекла́мным аге́нтом

— Здра́вствуйте, господи́н Амдани́.
— До́брый день.
— Я Комаро́ва Ольга, представля́ю Изда́тельский дом «Вся Москва́». Извини́те, я немно́го опозда́ла.

— Ничего́.

— Вот моя́ визи́тка.

— Спаси́бо. Сади́тесь, пожа́луйста. А э́то моя́ визи́тная ка́рточка. Чай, ко́фе?

— Ко́фе, е́сли мо́жно.

— Ну, перейдём к де́лу. Мы хоте́ли бы размести́ть информа́цию о на́шей фи́рме в ва́шем спра́вочнике. Мы реши́ли, что для нас рекла́ма на телеви́дении, ра́дио, в печа́ти и́ли на рекла́мных щита́х не бу́дет эффекти́вной. Мы занима́емся прода́жей о́фисной ме́бели, у нас есть сеть магази́нов. Я ду́маю, что информа́ция о них должна́ быть в э́том спра́вочнике. Ведь он есть почти́ в ка́ждом о́фисе. Меня́ интересу́ет тира́ж спра́вочника.

— Тира́ж — оди́н миллио́н. Спра́вочник издаётся раз в год. Его́ преиму́щества — долгосро́чность и большо́й тира́ж.

— Извини́те, я перебью́. У вас есть ски́дки?

— Да, как раз об э́том я хоте́ла сказа́ть. У нас есть систе́ма ски́док. Сейча́с, в январе́, ски́дка составля́ет 20 %, в феврале́ — 17 % и так да́лее. Вам вы́годно подписа́ть догово́р в январе́.

— Я понима́ю. Ско́лько сто́ит одна́ страни́ца?

— Вот наш прайс-лист.

— Це́ны в рубля́х и́ли в до́лларах?

— В до́лларах.

— Эта цена́ включа́ет НДС?

— Да.

— Кака́я фо́рма опла́ты? Нали́чная и́ли безнали́чная?

— Вы мо́жете плати́ть как вам удо́бно.

— Скажи́те, а возмо́жен ба́ртер? Мы мо́жем предложи́ть вам о́фисную ме́бель.

— В при́нципе да. Но э́тот вопро́с я должна́ обсуди́ть с руково́дством. Дава́йте встре́тимся ещё раз за́втра. Вы не про́тив?

— Нет, я согла́сен. Я то́же до́лжен обсуди́ть э́тот вопро́с с дире́ктором. Я поду́маю о те́ксте рекла́мы и сде́лаю маке́т с фи́рменным зна́ком и логоти́пом компа́нии. За́втра я могу́ к вам прие́хать.

— Вы зна́ете, как дое́хать?

— Нет, к сожале́нию.

— Вы зна́ете банк «Столи́чный»?

— На Ле́нинском проспе́кте? Да.

— Наш о́фис нахо́дится ря́дом, спра́ва.

— Вам удо́бно в 10 часо́в утра́?

— Если че́стно, не о́чень. Дава́йте в двена́дцать.

— Ла́дно, дава́йте в двена́дцать.

— Спаси́бо за ко́фе. До за́втра.

— Рад был познако́миться.

б) Отве́тьте на вопро́сы. • Answer questions.

Представи́тели каки́х организа́ций встре́тились?
Чем занима́ются э́ти организа́ции?

Почему́ встре́тились г-н Амдани́ и Ольга?

Чем занима́ется фи́рма «Фро́нда»?

Каку́ю организа́цию представля́ет Ольга Комаро́ва?

Кем рабо́тает г-н Амдани́?

Почему́ дире́кция реши́ла размести́ть информа́цию в спра́вочнике «Вся Москва́»?

Како́й тира́ж спра́вочника?

Когда́ «Фро́нде» вы́годно подписа́ть догово́р? Почему́?

Почему́ уча́стники перегово́ров реши́ли продо́лжить их за́втра?

Где нахо́дится о́фис изда́тельства «Вся Москва́»?

31. Что вы ска́жете в аналоги́чной ситуа́ции? • **What would you say in similar situation?**

— Здра́вствуйте. Я представля́ю компа́нию «Нади́н». Меня́ зову́т Са́ндра Ферна́ндес.

— Здра́вствуйте. Ра́ды вас ви́деть.

— Извини́те, я немно́го опозда́ла.

— Ничего́. Сади́тесь, пожа́луйста. Чай? Ко́фе?

— Спаси́бо. Ко́фе, е́сли мо́жно.

* * *

— Ну, перейдём к де́лу. Мы рассмотре́ли ва́ше предложе́ние и согла́сны сотру́дничать с ва́ми. Мы то́лько должны́ реши́ть фина́нсовый вопро́с. Скажи́те, возмо́жен ба́ртер?

— Как вам сказа́ть... Обы́чно на́ше руково́дство про́тив ба́ртера.

— Дава́йте говори́ть открове́нно: мы хоте́ли бы, что́бы э́то сотру́дничество бы́ло взаимовы́годным. Мо́жет быть, возмо́жна ски́дка?

— Для ста́рых клие́нтов — коне́чно. Но я до́лжен обсуди́ть с руково́дством разме́р ски́дки.

* * *

— Как вы зна́ете, на́ша компа́ния предлага́ет не́сколько форм сотру́дничества.

— Да, мы зна́ем, и мы уже́ сде́лали вы́бор. Скажи́те, ва́ши це́ны включа́ют НДС?

— Да.

— А кака́я фо́рма опла́ты — нали́чная и́ли безнали́чная?

— Люба́я. Вы мо́жете плати́ть как вам удо́бно.

* * *

— Дава́йте продо́лжим перегово́ры за́втра. Я до́лжен уточни́ть не́которые вопро́сы. Вы согла́сны?

— Я согла́сен. Но за́втра я о́чень за́нят, дава́йте встре́тимся послеза́втра.

— Хорошо́.

32. Обрати́те внима́ние на приведённые в диало́гах станда́ртные фра́зы, кото́рые ча́сто испо́льзуются во вре́мя делов́ых встре́ч. Восстанови́те их. • **Please note standard phrases in the dialogues which are frequently used during business meetings. Reconstruct them.**

— Я представля́ю … .

— Мы … встре́титься в 10 часо́в.

— Извини́те, я немно́го … .

— Вот моя́ визи́тная … .

— Перейдём к … .

— Мы хоте́ли бы размести́ть … на́шей фи́рме.

— Вы не … , я закурю́?

— … вернёмся к на́шему вопро́су.

— Ско́лько сто́ит … ?

— Мы занима́емся … ме́бели.

— У нас есть систе́ма … .

— Ски́дка составля́ет … проце́нтов.

— … в рубля́х и́ли в до́лларах?

— Эта цена́ с НДС и́ли … ?

— Кака́я фо́рма опла́ты? Нали́чная и́ли … ?

— Вы мо́жете плати́ть как вам … .

— Вам вы́годно … догово́р в ма́рте.

— … ба́ртер?

— Вам … в 10 часо́в?

— Если че́стно, … . Дава́йте в 12 часо́в.

— … . Зна́чит, в 12 часо́в.

— Спаси́бо за … . До за́втра.

— Рад был … .

— Для ста́рых клие́нтов есть … .

— На́ша компа́ния … не́сколько форм сотру́дничества.

— Мы рассмотре́ли ва́ше … .

— Мы согла́сны … с ва́ми.

— Мы должны́ реши́ть фина́нсовый … .

— Мы хоте́ли бы, что́бы на́ше … бы́ло взаимовы́годным.

— Обы́чно на́ше руково́дство про́тив … .

— Дава́йте говори́ть … .

— Я до́лжен уточни́ть не́которые … .

— Дава́йте продо́лжим … за́втра.

— Я … , нам есть над чем поду́мать. Вы согла́сны?

— Да, я … , дава́йте встре́тимся за́втра.

33. **Как вы счита́ете, всегда́ ли уча́стники встре́чи бы́ли такти́чны? Скажи́те, в каки́е моме́нты бесе́ды собесе́дники, на ваш взгля́д, бы́ли недоста́точно ве́жливы. • Do you think the participants of the meeting have always been tactful? Say when in your opinion they haven't been polite enough?**

34. **Вы хоти́те размести́ть рекла́мное обраще́ние в газе́те (и́ли в други́х сре́дствах информа́ции). Напиши́те, каки́е вопро́сы вы хоте́ли бы зада́ть рекла́мному аге́нту. • You would like to place an advertisement in a newspaper (other mass media outlets). Write down the questions you'd like to ask an advertising agent.**

35. **Составьте диалог с рекламным агентом. Надеемся, вы будете более вежливыми, чем наши герои.** • **Make up the dialogue with an advertising agent. We hope you'll sound more polite than our characters.**

36. **Составьте текст рекламы для фирм, информацию о которых вы сейчас прочитаете.** • **Make up text of an advertisement for the companies given below.**

* * *

«Рэнк Ксерокс» (Великобритания) помогает российским гражданам получать, создавать, сохранять и распределять информацию в виде документов с 1956 года. За последние два года компания расширила свою торговую сеть по всей России. Благодаря этому объём её торговли увеличился, а это означает, что «Рэнк Ксерокс» сможет и дальше инвестировать средства и в свой бизнес, и в обслуживание покупателей.

* * *

Британская компания «Бэскин-Робинз» прибыла в Россию в 1988 году. Несмотря на холодный климат, москвичи съедают огромное количество мороженого в день: 200 тонн. Пятьдесят киосков и магазинов компании работают не только в Москве, но и в Санкт-Петербурге и Новгороде. Самых больших успехов достиг магазин на Невском проспекте в Санкт-Петербурге. Он продаёт полмиллиона порций фирменного мороженого каждый год. Ассортимент продукции очень большой — 30 сортов мороженого. Цель компании — открыть 650 киосков в 25 городах России.

* * *

Детское питание «Пилтти» — один из самых известных видов продуктов питания в Финляндии. Уже более сорока лет вкусное и полезное детское питание «Пилтти» производят на предприятии в городе Турку. Предприятие производит также сыры, йогурты, приправы и другие продукты питания, которые продаются оптом и в розницу крупным заказчикам.

37. **Как вы думаете, какой тип рекламы будет самым эффективным для каждой из названных фирм (Интернет, справочники, газеты, журналы, буклеты, листовки, реклама на телевидении, на радио, на рекламных щитах)? Почему вы так считаете?** • **What in your opinion will be the most effective advertisement for each of the given companies? (Internet, reference books, newspapers, magazines, booklets, leaflets, TV or radio ads, billboards, etc.) Explain your choice.**

38. **Попробуйте составить слоган для каждой из этих фирм.** • **Try to make up a slogan for each company.**

39. **Прочитайте факс.** • **Read the fax.**
   a) **Скажите, почему представители фирмы обратились в торговый отдел посольства Норвегии.** • **Say why did the company representatives contact Norwegian embassy's trade mission.**

Торго́вый сове́т
посо́льства Норве́гии

Уважа́емые господа́!

Мы высоко́ це́ним ка́чество полиграфи́ческой проду́кции, кото́рую выпуска́ют в ва́шей стране́, и бу́дем ра́ды сотру́дничеству с норве́жскими типогра́фиями. Про́сим вас оказа́ть соде́йствие в по́иске производи́телей и, по возмо́жности, предоста́вить адреса́ и телефо́ны подо́бных фирм.

С благода́рностью,
Ковалёв Серге́й, ме́неджер

б) **Как вы ду́маете, из како́й организа́ции мог прийти́ э́тот факс.** • **What organization could have sent this fax?**

— кни́жное изда́тельство
— страхова́я компа́ния
— реда́кция журна́ла
— тексти́льная фа́брика
— металлурги́ческий комбина́т
— рекла́мное аге́нтство

в) **Напиши́те факс с аналоги́чной про́сьбой от ва́шей фи́рмы.** • **Write a fax with a similar request.**

40. **Прочита́йте текст.** • **Read the text.**
а) **Скажи́те, согла́сны ли вы с его́ назва́нием?** • **Say wthether you agree or disagree with its title?**

ДРУ́ЖБА — ДРУ́ЖБОЙ, СЛУ́ЖБА — СЛУ́ЖБОЙ

Есть ещё друго́й вариа́нт э́той ру́сской погово́рки: «Дру́жба — дру́жбой, а таба-чо́к — врозь». Как ви́дно из э́тих ру́сских погово́рок, в Росси́и дру́жеские свя́зи не должны́ влия́ть на деловы́е отноше́ния. Одна́ко э́то не совсе́м так. В ру́сском языке́ есть и друга́я погово́рка: «Не в слу́жбу, а в дру́жбу». Это зна́чит, что для ру́сских в деловы́х отноше́ниях ва́жную роль игра́ет ло́гика жи́зни, а не бу́ква зако́на.

Вот что ду́мает об э́том, наприме́р, иностра́нец-бизнесме́н из Шве́ции, кото́рый жил в Росси́и доста́точно до́лго. Он всегда́ стара́лся поня́ть са́мые гла́вные осо́бенности партнёрских отноше́ний и би́знеса в Росси́и. Он счита́ет, что в Росси́и, в отли́чие от Шве́ции, вы мо́жете вступи́ть с людьми́ в ли́чные отноше́ния и легко́ реши́ть свои́ пробле́мы. «Смотри́те ру́сскому в лицо́, а не на визи́тку. Дру́жба в Росси́и важне́е, чем служе́бные обя́занности. Мо́жет быть, э́то византи́йская тради́ция». Если в стокго́льмском аэропорту́ тамо́женник уви́дит у вас ли́шнюю буты́лку во́дки, он без разгово́ров запрети́т и тут же её отберёт, а в Росси́и ска́жет: «Ну ла́дно, провози́. То́лько дава́й поде́лимся».

346

«Ру́сский язы́к я уже́ учу́, а вот пить мно́го не научи́лся», — пожа́ловался друго́й изве́стный бизнесме́н, оди́н из успе́шных «завоева́телей» росси́йского ры́нка. Он счита́ет, что лу́чшим столо́м перегово́ров в Росси́и явля́ется сто́лик в рестора́не.

Для ру́сских о́чень ва́жно установи́ть конта́кт да́же на се́нсорном у́ровне. Поэ́тому в Росси́и при́нято смотре́ть в глаза́ во вре́мя разгово́ра. Ру́сские говоря́т: «глаза́ — э́то зе́ркало души́». Счита́ется, что е́сли собесе́дник отво́дит взгляд, не смо́трит вам в глаза́, зна́чит, он и́ли говори́т непра́вду, и́ли та́йно гото́вит про́тив вас за́говор. А на Восто́ке, наприме́р в Япо́нии и́ли в Коре́е, тако́й «прямо́й и че́стный», по представле́ниям ру́сских, взгляд явля́ется проявле́нием агресси́вности и неве́жливости.

б) Каки́е практи́ческие сове́ты даёт а́втор? • What practical advice does the author give?

в) Скажи́те, влия́ют ли дру́жеские конта́кты на делові́е отноше́ния в ва́шей стране́. • Say whether friendly contacts could influence business relations in your country.

Контро́льные зада́ния

Побесе́дуем • Communicative practice

1. Ва́ша фи́рма неда́вно на́чала рабо́тать в Росси́и. Как вы бу́дете иска́ть партнё́ров? Како́й спо́соб вы счита́ете наибо́лее эффекти́вным (рекла́ма, вы́ставки, би́знес-фо́румы, конфере́нции, семина́ры, конта́кты с торго́выми отде́лами посо́льств, неформа́льные встре́чи)? • Your company has just started working in Russia. How will you be looking for partners? What is the most effective way in your opinion (advertisement, exhibitions, business forums, conferences, seminars contacts with embassies' trade departments, informal meetings)?

2. Принима́ла ли ва́ша фи́рма уча́стие в рабо́те вы́ставки? Е́сли да, расскажи́те о ней. Наско́лько результати́вным бы́ло э́то уча́стие для ва́шей фи́рмы? Е́сли нет, скажи́те, хоте́ли бы вы, что́бы ва́ша фи́рма приняла́ уча́стие в рабо́те вы́ставки и как вы представля́ете себе́ тако́е уча́стие. • Did your company take part in the exhibition? If so, speak about it. Did it bring any results for your company? If not, say whether you want your company to participate in the exhibition and what's your idea of such participation.

3. На каки́х вы́ставках вы побыва́ли? Расскажи́те о них. • What exhibitions have you visited? Speak about them.

4. Расскажи́те, как вы добира́лись на э́ту вы́ставку. • Say how you get to the exhibition.

5. Посмотри́те на рекла́мные сообще́ния в газе́те. Скажи́те, в каки́е фи́рмы вы могли́ бы обрати́ться, а в каки́е — нет? Почему́? Что в рекла́мном маке́те э́тих фирм вам нра́вится (фи́рменный знак, логоти́п, текст, рису́нок)? • Look at the newspaper ads, say what companies attracted your attention and why? What companies you didn't want to deal with and why? What do you like in the company's advertising model (company's trademark, logotype, text, drawings)?

6. Соста́вьте текст рекла́много маке́та для ва́шей фи́рмы. • Make up an advertising model for your company.

7. Соста́вьте сло́ган ва́шей фи́рмы. • Make up a slogan for your company.

8. Как вы счита́ете, где ну́жно размести́ть рекла́му ва́шей фи́рмы (на телеви́дении, ра́дио, в печа́ти)? В каки́х изда́ниях (в специа́льных спра́вочниках, в букле́тах, на листо́вках, на рекла́мных щита́х)? Обоснуйте ваш отве́т. • Where do you think you should place your company's ad (TV, radio, press)? Should it be special editions like reference books, booklets, leaflets, billboards? Explain your choice.

9. Договори́тесь о встре́че с рекла́мным аге́нтом. • Set up a meeting with an advertising agent.

10. Как вы счита́ете, во вре́мя делово́й встре́чи: • During business meeting do you think it's appropriate:
а) нельзя́ перебива́ть собесе́дника ни в ко́ем слу́чае; • you shouldn't interrupt your interlocutor under any circumstances;
б) мо́жно извини́ться и переби́ть собесе́дника то́лько в том слу́чае, е́сли он отошёл от те́мы разгово́ра; • it is possible to apologize and interrupt him if he has deviated from the topic;
в) мо́жно извини́ться и переби́ть собесе́дника, е́сли у вас возни́к вопро́с. • You can apologize and interrupt him if you have a question.

11. Е́сли во вре́мя делово́й встре́чи с некуря́щим челове́ком вам захоте́лось кури́ть, вы: • If in a meeting with a non-smoker you felt like smoking, what will you do:
а) бу́дете кури́ть без разреше́ния; • start smoking without asking permission;
б) извини́тесь и попроси́те разреше́ния закури́ть; • excuse yourself and ask for a permission to smoke;
в) не бу́дете кури́ть до оконча́ния разгово́ра. • refrain from smoking until the meeting ends.

12. Прочита́йте ру́сские посло́вицы и погово́рки. • Read the Russian proverbs and sayings.
а)
■ Не говори́, что ду́маешь, а ду́май, что говори́шь.
■ Сло́во — не воробе́й, вы́летит — не пойма́ешь.
■ Одна́ голова́ — хорошо́, а две лу́чше.
■ Молча́ние — знак согла́сия.
■ Сло́во — серебро́, а молча́ние — зо́лото.
■ Встреча́ют по одёжке, провожа́ют по уму́.

б) **Как вы думаете, что они значат и в какой ситуации их говорят?** • **What do you think they mean and when can they be used?**

в) **Согласны ли вы с этими высказываниями?** • **Do you agree with these sayings?**

г) **Есть ли в вашем языке аналогичные выражения?** • **Are there similar idioms in your language?**

Новые слова • New words

бартер — barter
бросать/бросить (курить) — to give up smoking
вещь — thing
взгляд — look
включать/включить — to include
влиять/повлиять — to influence
(по) возможности — as far as possible
врозь — separately
вступать/вступить — to enter into
выгодно — it is advantageous to ...
выпускать/выпустить — to turn out

готовить/подготовить — to prepare

делиться/поделиться — to share
демонстрационный — demonstrative
динамик — dynamic
достигать/достичь — to reach
достижение — achievement

ежегодный — yearly

жаловаться/пожаловаться — to complain

завоеватель — conqueror
заговор — plot

издательство — publishing house

комбинат — group of enterprises
конец — end
крупный — large, big
ксерокс — Xerox

лететь/полететь — to fly
листовка — leaflet
личный — personal
лишний — superfluous
логика — logic
логистика — logistics

макет — model
масса — mass
микрофон — microphone
момент — moment
мороженое — ice-cream
мультимедийный монитор — multimedia monitor
напротив — opposite

организатор — organizer
оргкомитет — organization bureau
отличие — difference
официальный — official

павильон — pavilion
пепельница — ash-tray
передавать/передать — to pass
печатные издания — printed editions
питание — nourishment
пищевой — food
платёжное поручение — pay-sheet
поговорка — proverb
подобный — such
подробный — detailed
полиграфическая продукция — polygraph production
порция — portion
практичный — practical

предоставля́ть/предоста́вить — to give
презента́ция — presentation
преиму́щество — advantage
прибыва́ть/прибы́ть — to arrive
пригласи́тельный биле́т — invitation
    card
принима́ть/приня́ть уча́стие —
    to take part
припра́ва — seasoning
прису́тствовать — be present
продолжа́ть/продо́лжить — to continue
промы́шленность — industry
проявле́ние — manifestation
пря́мо — straight

размеща́ть/размести́ть — to place
ра́дио — radio
разли́чный — different
распределя́ть/распредели́ть — distribute
регистрацио́нный (купо́н) — customer
    card
рекла́мное аге́нтство — advertising
    agency
(в) ро́зницу — by retail

секретариа́т — secretariat
сенсо́рный у́ровень — sensory level
сло́ган — slogan
сло́жный — complicated
создава́ть/созда́ть — to create

сохраня́ть/сохрани́ть — to keep
спра́вочник — reference book

таба́к, табачо́к — tobacco
та́йно — secretly
такси́ — taxi
тамо́женник — customs official
тари́ф — tariff
телеви́дение — television
типогра́фия — printing-house
тира́ж — circulation
торго́вый (отде́л) — trade department
торго́вая (сеть) — shops
тролле́йбус — trolley bus

уда́чный — successful
уточня́ть/уточни́ть — to specify
уча́стник — participant
уча́ствовать — to take part

цени́ть/оцени́ть — to value

(в) ча́стности — specifically
че́стно — honestly

шашлы́к — shashlik

экспози́ция — exposition
электри́чка — electric train
эффекти́вный — effective

Тéма IX

Поéздки, командирóвки, путешéствия

== Trips, business trips, journeys

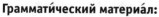

13

Урóк 13 (тринáдцать) • тринáдцатый урóк

Речевы́е образцы́:
— На какóе числó вы хоти́те заказáть билéт?
— На вторóе января́.

— Мне ну́жен оди́н билéт до Санкт-Петербу́рга и обрáтно.
— На какóе числó?
— На четвёртое мáрта — тудá, на пя́тое мáрта — обрáтно.

— Когдá отправля́ется и прибывáет пóезд?
— Пóезд отправля́ется в 20 часóв и прибывáет в 7 часóв 20 мину́т.

— Когдá отправля́ется пóезд?
— Пóезд отправля́ется чéрез 10 мину́т.

— На какóй пóезд вы хоти́те купи́ть билéты?
— На сáмый комфортáбельный.

— Когдá бу́дет слéдующий рейс до Си́днея?
— Седьмóго декабря́.

— Вы бы́ли рáньше в Женéве?
— Да, я был там в 1998 году́.

— Скóлько врéмени вы бу́дете там?
— Недéлю.

— Как рабóтает кáсса?
— Кáсса рабóтает с десяти́ утрá до восьми́ часóв вéчера.

Граммати́ческий материáл:
■ Роди́тельный падéж (№ 2) существи́тельных ед. и мн. числá:
1) в значéнии дáты (*пéрвого января́*);

2) в значе́нии вре́мени и продолжи́тельности (*в три часа́, с десяти́ до восьми́*);

3) для обозначе́ния направле́ния движе́ния в сочета́ниях ти́па *до Москвы́*.

■ Вини́тельный паде́ж (№ 4) существи́тельных ед. числа́ и поря́дковых числи́тельных в значе́нии вре́мени в констру́кциях ти́па:

а) *на второ́е января́*;

б) *че́рез год, неде́лю.*

■ Предло́жный паде́ж (№ 6) существи́тельных еди́нственного числа́ и поря́дковых числи́тельных для обозначе́ния вре́мени (*в 1998 году́*).

■ Образова́ние сравни́тельной и превосхо́дной сте́пени прилага́тельных.

Текст «Рекла́ма — дви́гатель торго́вли».

Как спроси́ть/сказа́ть о то́чной да́те •
How to ask/say about exact date

— На како́е число́ вы хоти́те заказа́ть биле́т?
— На второ́е января́.

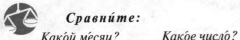

Сравни́те:

Како́й ме́сяц?	Како́е число́?	На како́е число́?
№ 1	№ 1 + № 2	№ 4 + № 2
янва́рь	пе́рвое января́	на пе́рвое января́
февра́ль	второ́е февраля́	на второ́е февраля́
март	тре́тье ма́рта	на тре́тье ма́рта
апре́ль	четвёртое апре́ля	на четвёртое апре́ля
май	пя́тое ма́я	на пя́тое ма́я
ию́нь	шесто́е ию́ня	на шесто́е ию́ня
ию́ль	два́дцать седьмо́е ию́ля	на два́дцать седьмо́е ию́ля
а́вгуст	тридца́тое а́вгуста	на тридца́тое а́вгуста
сентя́брь	девятна́дцатое сентября́	на девятна́дцатое сентября́
октя́брь	три́дцать пе́рвое октября́	на три́дцать пе́рвое октября́
ноя́брь	два́дцать восьмо́е ноября́	на два́дцать восьмо́е ноября́
дека́брь	трина́дцатое декабря́	на трина́дцатое декабря́

Обратите внимание:
Названия месяцев пишутся с маленькой буквы. • The names of the mouths begin with a small letter.

1. **На праздничные дни не стоит планировать командировки. • You shouldn't plan business trip for the holiday dates.**

а) **Прочитайте эти даты и скажите, какой из приведённых выше дат соответствуют праздники, отмечаемые в России? • Read these dates and say what date corresponds to holidays marked in Russia.**

Модель:
• 1.01 — Новый год
— Первое января — это Новый год.

7.01; 8.03; 1.05; 9.05; 12.06; 1.09; 4.11
День знаний
День Победы
День Весны и Труда
Рождество
Международный женский день.

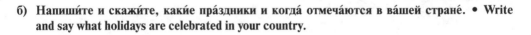

б) **Напишите и скажите, какие праздники и когда отмечаются в вашей стране. • Write and say what holidays are celebrated in your country.**

Модель:
• 25.12 — Рождество
— Двадцать пятое декабря – это Рождество.

2. **Скажите, какое сегодня число и месяц? Какое число было вчера? Будет завтра? • Name today's date, what date was it yesterday, what date will it be tomorrow?**

Модель:
• сегодня — 1.01
— Сегодня первое января. Вчера было тридцать первое декабря. Завтра будет второе января.

3. **В праздничные дни обычно трудно купить билеты, потому что все едут домой и хотят отметить праздник вместе с семьёй. Лучше заказать билет заранее. Что вы скажете, если вы хотите заказать билет домой на праздничные дни? • It's usually difficult to buy tickets during holidays because everybody tries to get home to celebrate with his family. It's better to book tickets in advance. What will you say at a booking office if you want to book a ticket for holidays to go home?**

Модель:
• 24.XII — Токио
— Я хотел бы заказать билет на двадцать четвёртое декабря в Токио.

4. Позвони́те в бюро́ зака́зов и скажи́те, куда́ и на како́е число́ вы хоти́те заказа́ть биле́т. Обрати́те внима́ние на друго́е написа́ние дат, то́же при́нятое у ру́сских. • Call the booking office and ask for a ticket to be booked for you for a certain date and destination. Be aware that dates in Russia are written in a different order.

Моде́ль:

• Хе́льсинки (5/X)

— Алло́! Здра́вствуйте! Я хочу́ заказа́ть биле́т в Хе́льсинки.

— На како́е число́?

— На пя́тое октября́.

Санкт-Петербу́рг (15/XI), Москва́ (1/VII), Жене́ва (10/I), Пари́ж (6/IV), Ло́ндон (4/II), Ве́на (14/IX).

Как спроси́ть/сказа́ть о коне́чном пу́нкте движе́ния • How to ask/say about final destination

— Мне ну́жен оди́н биле́т до Санкт-Петербу́рга и обра́тно.
— На како́е число́?
— На 4-е ма́рта — туда́, на 5-е ма́рта — обра́тно.

Сравни́те:

Какой го́род?	Пое́хать куда́?	Биле́т до како́го го́рода?
№ 1	№ 4	№ 2
Санкт-Петербу́рг	в Санкт-Петербу́рг	до Санкт-Петербу́рга
Но́вгород	в Но́вгород	до Но́вгорода
Ки́ев	в Ки́ев	до Ки́ева
Сеу́л	в Сеу́л	до Сеу́ла
Берли́н	в Берли́н	до Берли́на
Пари́ж	в Пари́ж	до Пари́жа
Москва́	в Москву́	до Москвы́
Пра́га	в Пра́гу	до Пра́ги

Обрати́те внима́ние:

Назва́ния не́которых городо́в не изменя́ются (То́кио, Хе́льсинки, Со́чи). • The names of some cities don't change (Tokyo, Helsinki, Sochi).

5. Вам на́до пое́хать в командиро́вку в сле́дующие города́: Ки́ев, Со́чи, Но́вгород, Ту́ла, Псков, Амстерда́м, Осло, Пра́га, Ло́ндон, Пари́ж, Нью-Йорк. • You must go on business trip to the following cities: Kiev, Sochi, Novgorod, Tula, Pskov, Amsterdam, Oslo, Prague, London, Paris, New York.

a) Скажи́те, куда́ вам на́до пое́хать. • Say where you must go.

Моде́ль:
• Москва́
— Мне на́до пое́хать в Москву́.

б) Что вы ска́жете в ка́ссе, покупа́я биле́т? • What would you say at a ticket office buying ticket?

Моде́ль:
• Москва́
— Да́йте, пожа́луйста, биле́т до Москвы́.

Обрати́те внима́ние: Ско́лько биле́тов?

№ 1 (ед. ч.)	№ 2 (ед. ч.)	№ 2 (мн. ч.)
1 (21, 31...) биле́т	2—4 (22, 34...) биле́та	5... 20 (25, 26...) биле́тов

6. Что вы ска́жете в ка́ссе, е́сли хоти́те пое́хать с друзья́ми и вам ну́жно не́сколько биле́тов (два, три, четы́ре...)? • What will you say at a ticket office if you want to go with your friends and you need several tickets (two, three, four...)?

Моде́ль:
• Москва́
— Да́йте, пожа́луйста, два биле́та до Москвы́.

7. Скажи́те, куда́ вы хоте́ли бы пое́хать. Ско́лько биле́тов и до како́го го́рода вам ну́жно купи́ть? • Say where you'd like to go. How many tickets and to what city would you like to buy?

8. Вы, коне́чно, хоти́те посети́ть города́ «Золото́го кольца́».
Лу́чше сде́лать э́то в выходны́е и́ли пра́здничные дни. Скажи́те, до како́го го́рода и на како́е число́ вам ну́жен биле́т. Е́сли вы хоти́те купи́ть обра́тный биле́т, скажи́те, на како́е число́. • Naturally you'd like to see the towns of the «Golden Ring». You'd better take this trip during weekends or holidays. Say where and when you'd like to go, if you need a return ticket name the date.

Моде́ль:
• Се́ргиев Поса́д — 2.04 (Москва́ — 10.04)
— Да́йте, пожа́луйста, два биле́та до Се́ргиева Поса́да на второ́е апре́ля и два биле́та обра́тно до Москвы́ на деся́тое апре́ля.

Яросла́вль — 8.03

Су́здаль — 2.01

Росто́в Вели́кий — 8.05 (Москва́ — 10.05)

Влади́мир — 30.04 (Москва́ — 3.05)

Кострома́ — 6.11 (Москва́ — 8.11)

Пересла́вль Зале́сский — 5.01 (Москва́ — 7.01)

Как спроси́ть/сказа́ть о то́чном вре́мени (час, мину́та) •
How to ask/say exact time (hour, minute)

— Когда́ отправля́ется и прибыва́ет по́езд?

— По́езд отправля́ется в 20 часо́в и прибыва́ет в 7 часо́в 20 мину́т.

Запо́мните:

№ 1 *(ед. ч, муж. р.)*
оди́н (два́дцать оди́н) час

№ 1 *(ед. ч., жен. р.)*
одна́ (два́дцать одна́) мину́та

№ 2 *(ед. ч., муж. р.)*
два (два́дцать два) —
четы́ре (два́дцать четы́ре) часа́

№ 2 *(ед. ч., жен. р.)*
две (два́дцать две) —
четы́ре (два́дцать четы́ре) мину́ты

№ 2 *(мн. ч.)*
пять (...)   часо́в
ноль   часо́в

№ 2 *(мн. ч.)*
пять (...) мину́т

9. Прочита́йте расписа́ние движе́ния поездо́в и скажи́те, когда́ отправля́ется по́езд из Москвы́ и когда́ он прибыва́ет на коне́чную ста́нцию. • Read the timetable and say when the train departs from Moscow and arrives at the final point of destination.

Моде́ль:

• № 202 Москва́ (22.30) — Санкт-Петербу́рг (07.00)

— По́езд но́мер две́сти второ́й отправля́ется из Москвы́ в 22.30 и прибыва́ет в Санкт-Петербу́рг в 7.00.

356

РАСПИСА́НИЕ ДВИЖЕ́НИЯ ПОЕЗДО́В					
№№		Отправле́-ние	Ста́нция назначе́ния	Вре́мя в пути́	Прибы́-тие
202	Москва́	22.30	Санкт-Петербу́рг	8.30	07.00
65	Москва́	24.00	Но́вгород	8.00	08.00
78	Москва́	22.15	Псков	8.15	06.30
55	Москва́	18.45	Та́ллинн	16.15	10.30
20	Москва́	22.20	Хе́льсинки	13.10	11.10
4	Москва́	18.20	Петрозаво́дск	15.10	09.30
17	Москва́	19.30	Му́рманск	17.25	12.40

Обрати́те внима́ние:

от + № 2   *до* + № 2

Москвы́   Санкт-Петербу́рга
Ки́ева   Во́логды

10. Найди́те в расписа́нии коло́нку «Вре́мя в пути́» и скажи́те, ско́лько вре́мени идёт по́езд от Москвы́ до городо́в, ука́занных в расписа́нии. • Find a column "time en route" in the timetable and say how much time it takes the train to reach the cities indicated in the timetable.

Моде́ль:

• Москва́ — Санкт-Петербу́рг — 8.30
— От Москвы́ до Санкт-Петербу́рга по́езд идёт во́семь часо́в три́дцать мину́т.

Как спроси́ть/сказа́ть о пери́оде вре́мени • How to ask/say about the period of time

— Когда́ отправля́ется по́езд?
— По́езд отправля́ется че́рез 10 мину́т.

Запо́мните:

Когда́?
че́рез + № 4

мину́ту
час
день
неде́лю
ме́сяц
год

11. Скажи́те, испо́льзуя да́нные ни́же слова́, когда́ и куда́ вы собира́етесь пое́хать. • Say where and when you are planning to go using the words.

Моде́ль:

• о́тпуск — три ме́сяца
— Я собира́юсь пое́хать в о́тпуск че́рез три ме́сяца.

командиро́вка — ме́сяц, дом — неде́ля, санато́рий — два дня, дом о́тдыха — два ме́сяца, Пари́ж — три неде́ли, Ло́ндон — две неде́ли.

12. Узна́йте у ва́ших друзе́й, когда́ и куда́ они́ пое́дут. • Ask you friends where and when they intend to go.

Моде́ль:
— Когда́ ты пое́дешь в командиро́вку?
— Че́рез неде́лю.
— Куда́ ты пое́дешь отдыха́ть?
— Коне́чно, домо́й, в Ту́рцию.
— Когда́?
— Ду́маю, не ско́ро, че́рез ме́сяц.

13. Скажи́те, че́рез ско́лько вре́мени отпра́вится по́езд до Санкт-Петербу́рга, е́сли сейча́с 10 часо́в утра́, а вре́мя отправле́ния сле́дующее: 10.45, 11.00, 13.00, 14.00, 15.00? • Say when the train to St.Petersburg departs, if it's 10 a.m. now and the train is due to leave at 10.30, 11.00, 13.00, 14.00, 15.00.

Моде́ль:
• вре́мя отправле́ния — 10.15
— По́езд до Санкт-Петербу́рга отправля́ется че́рез пятна́дцать мину́т.

14. Послу́шайте диало́г. • Listen to the dialogue.
a) Скажи́те, когда́ отправля́ется по́езд? • Say when the train leaves.

На вокза́ле пассажи́р обраща́ется к проводнику́:
— Скажи́те, пожа́луйста, э́то по́езд но́мер два́дцать, до Санкт-Петербу́рга?
— Да. Како́й вам ну́жен ваго́н?
— Е́сли я не ошиба́юсь, мне ну́жен как раз э́тот ваго́н, пя́тый.
— Покажи́те, пожа́луйста, ваш биле́т.
— Пожа́луйста.
— Да-да, э́то ваш ваго́н. Проходи́те скоре́е, по́езд отправля́ется че́рез три мину́ты. Ва́ше купе́ — второ́е, ме́сто — ни́жнее спра́ва.

б) Послу́шайте диало́г ещё раз и восстанови́те его́. • **Listen to the dialogue once again and reconstruct it.**

— ...

— Да. Како́й вам ну́жен ваго́н?

— ...

— Покажи́те, пожа́луйста, ваш биле́т.

— ...

— Да-да, э́то ваш ваго́н. Проходи́те скоре́е, по́езд отправля́ется че́рез три мину́ты. Ва́ше купе́ — второ́е, ме́сто — ни́жнее спра́ва.

в) Разыгра́йте аналоги́чную ситуа́цию. • **Perform similar situation.**

Как вы́разить сте́пень ка́чества • How to express degree of quality

— На како́й по́езд вы хоти́те купи́ть биле́ты?
— На са́мый комфорта́бельный.

Сравни́те:

комфорта́бельн**ый**	комфорта́бельн**ее**	*са́мый* комфорта́бельный
больш**о́й**	бо́льш**е**	*са́мый* большо́й

Обрати́те внима́ние:

дорого́й до́рого	доро́же
дешёвый дёшево	деше́вле
бли́зкий бли́зко	бли́же
далёкий далеко́	да́льше
ре́дкий ре́дко	ре́же
чи́стый чи́сто	чи́ще
ча́стый ча́сто	ча́ще

Обрати́те внима́ние:

* Сравни́тельная сте́пень прилага́тельных и наре́чий образу́ется с по́мощью су́ффиксов: **-ее(-ей)**, кото́рые присоединя́ются к осно́ве. К осно́ве на **-г, -к, -х, -д, -т, -ст** присоединя́ется су́ффикс **-е**, и происхо́дит чередова́ние согла́сных. • The comparative degree of the adjectives and adverbs is formed by adding the suffixes: **-ee (-ей)** to the stem. The suffix -e is added to the stem, which finishes in **-ч, -к, -х, -д, -т, -ст**, and the abteration of consonants takes place.

** Не́которые прилага́тельные и наре́чия образу́ют сравни́тельную сте́пень от други́х осно́в. • Some adjectives and adverbs form the comparative degree from the different stems.

большо́й мно́го	бо́льше
хоро́ший хорошо́	лу́чше
плохо́й пло́хо	ху́же
ма́ленький ма́ло	ме́ньше

Сравни́те:

Что? № 1 Биле́т в спа́льный ваго́н	лу́чше, **чем** доро́же, **чем**	*Что?* № 1 биле́т в купе́йный ваго́н
Что? № 1 Биле́т в спа́льный ваго́н	лу́чше доро́же	*Чего?* № 2 биле́та в купе́йный ваго́н.

15. Сравни́те и скажи́те, что лу́чше, а что ху́же. • **Compare and say what is better and what is worse.**

Моде́ль:

• фи́рменный по́езд — обы́чный по́езд
— Фи́рменный по́езд лу́чше, чем обы́чный. ⇒
— Обы́чный по́езд ху́же фи́рменного. ⇐

спа́льный ваго́н — плацка́ртный ваго́н
купе́йный ваго́н — о́бщий ваго́н
ско́рый по́езд — пассажи́рский по́езд

вéрхняя пóлка — нúжняя пóлка

весёлый попýтчик — серьёзный попýтчик

молчалúвый сосéд — разговóрчивый сосéд

16. **Сравнúте трáнспортные услýги в Росси́и и в вáшей странé. Состáвьте предложéния, испóльзуя словá в сравнúтельной стéпени. • Compare transport service in Russia and in your country. Make up sentences using words in comparative degree:**

Модéль:

• удóбный

— В Сеýле поездá метрó удóбнее, чем в Москвé.

Удóбный, дешёвый, дорогóй, комфортáбельный, чúстый, грязный, чáсто, рéдко, красúвый, нóвый, стáрый.

Обратúте внимáние:

* Превосхóдная стéпень прилагáтельных образýется с пóмощью слóва *сáмый*.

** Нéкоторые прилагáтельные мóгут образóвывать её с пóмощью сýффиксов **-айш-, -ейш-**, пристáвки **наи-**:

красúвый	сáмый красúвый	красúвейший
нóвый	сáмый нóвый	новéйший
стáрый	сáмый стáрый	старéйший
молодóй	сáмый молодóй	—
дорогóй	сáмый дорогóй	
блúзкий	сáмый блúзкий	ближáйший
богáтый	сáмый богáтый	богатéйший
хорóший	сáмый хорóший	наилýчший
плохóй	самый плохóй	наихýдший
большóй	сáмый большóй	наибóльший
мáленький	сáмый мáленький	наимéньший

17. Послýшайте диалóг. • Listen to the dialogue.

а) **Скажúте, кудá хóчет поéхать г-н Ким. • Say where Mr. Kim wants to go.**

В кáссе

— Здрáвствуйте!

— Здрáвствуйте!

— Мне нýжен билéт до Санкт-Петербýрга.

— На какóе числó?

— На 5-е мáрта.

— К сожалéнию, на 5-е мáрта билéтов нет. Ближáйшее числó — 6-е мáрта.

— Мо́жно и на 6-е.

— Есть биле́ты в СВ (эс-вэ) на по́езд № 20. Это фи́рменный по́езд.

— СВ — это спа́льный ваго́н, да?

— Да. Это са́мый удо́бный ваго́н, потому́ что в купе́ то́лько два пассажи́ра, а не четы́ре, как в купе́йном ваго́не. Но э́то и са́мый дорого́й ваго́н.

— Как говори́тся, хорошо́ дёшево не быва́ет. А что зна́чит «фи́рменный» по́езд?

— Фи́рменный по́езд лу́чше обы́чного, но биле́т доро́же.

— Зна́чит, мой биле́т бу́дет са́мый дорого́й: са́мый дорого́й по́езд и са́мый дорого́й ваго́н! Я бу́ду как «но́вый ру́сский»! Когда́ отправля́ется э́тот са́мый дорого́й и са́мый комфорта́бельный по́езд?

— В 20 часо́в 25 мину́т.

— А когда́ прибыва́ет в Санкт-Петербу́рг?

— В 7 часо́в утра́.

— Хорошо́. И ещё, пожа́луйста, биле́т обра́тно на 10-е ма́рта.

— Мину́тку. На 10-е ма́рта?

— Да.

— Есть места́ в купе́йном ваго́не. Вам лу́чше ве́рхнюю по́лку и́ли ни́жнюю?

— Мне всё равно́.

— Пожа́луйста. Это ваш биле́т до Санкт-Петербу́рга, по́езд № 20, на 5-е ма́рта. А э́то обра́тный биле́т на 10-е ма́рта из Санкт-Петербу́рга, по́езд № 21, ме́сто 15, ни́жнее. По́езд отправля́ется в 23 часа́. С вас 1500 рубле́й.

— Большо́е спаси́бо.

— Пожа́луйста.

б) Отве́тьте на вопро́сы. • Answer questions.

На како́е число́ г-н Ким хоте́л купи́ть биле́т?

На како́е число́ он купи́л биле́т?

Когда́ отправля́ется по́езд из Москвы́, и когда́ он прибыва́ет в Санкт-Петербу́рг?

Ско́лько вре́мени идёт по́езд?

На како́й по́езд он купи́л биле́т?

На како́е число́ г-н Ким купи́л обра́тный биле́т?

В како́й ваго́н он купи́л биле́т?

Почему́ биле́ты в спа́льный ваго́н са́мые дороги́е?

18. **Вы покупа́ете в ка́ссе биле́т в друго́й го́род и обра́тно. Скажи́те, на како́е число́, на како́й по́езд и в како́й ваго́н вы хоти́те купи́ть биле́т. Каку́ю по́лку вы предпочита́ете? Узна́йте, когда́ отправля́ется и когда́ прибыва́ет ваш по́езд, ско́лько вре́мени он бу́дет в пути́. Уточни́те все дета́ли. • You are buying a return ticket to another city. Name the date, type of train and carriage you'd like to buy the ticket for. What berth do you prefer? Find out departure and arrival time of your train, how many hours it will take you to get to the final destination point. Clarify all the details.**

Как спроси́ть/сказа́ть о то́чной да́те (число́ и ме́сяц) • How to ask/say about the exact date (date and month)

— Когда́ бу́дет сле́дующий рейс до Си́днея?
— Седьмо́го декабря́.

Запо́мните:

Како́е число́? № 1	*Когда́?* № 2
пе́рвое декабря́	пе́рв**ого** декабря́
второ́е января́	втор**о́го** января́
тре́тье ма́рта	тре́ть**его** ма́рта
четвёртое апре́ля	четвёрт**ого** апре́ля
пя́тое ма́я	пя́т**ого** ма́я

19. Узна́йте в спра́вочном бюро́ об интересу́ющем вас ре́йсе: Ло́ндон — 2.07, Пари́ж — 23.12, Нью-Йо́рк — 8.11, Амстерда́м — 8.08, Гава́на — 19.04. • Find out information about the flight you are interested in at the inquiry office.

Моде́ль:
• Пра́га — 5.03
— Скажи́те, пожа́луйста, когда́ бу́дет рейс до Пра́ги?
— Пя́того ма́рта.

20. Узна́йте у ва́ших колле́г, когда́ быва́ют са́мые ва́жные пра́здники в их стра́нах. Испо́льзуйте материа́л упражне́ния № 1. • Ask your colleagues about the most important holidays in their countries. Use the patterns given in exercise 1.

Моде́ль:
— Когда́ у вас Рождество́?
— Рождество́ у нас отмеча́ют два́дцать пя́того декабря́.

Как спроси́ть/сказа́ть о вре́мени (год) • How to ask/say about the time (year)

— Вы бы́ли ра́ньше в Жене́ве?
— Да, я был там в 2008 году́.

Запо́мните:

	Како́й год? № 1	*Когда́? (в како́м году́)* № 6
2008	две ты́сячи восьмо́й год	в две ты́сячи восьмо́м году́

1980	ты́сяча девятьсо́т восьмидеся́тый год	в ты́сяча девятьсо́т восьмидеся́том году́
2000	двухты́сячный год	в двухты́сячном году́
2006	две ты́сячи шесто́й год	в две ты́сячи шесто́м году́

Сравни́те:

Когда́? № 6 (неде́ля, ме́сяц, год)

На сле́дующей (на про́шлой, на э́той, на бу́дущей) неде́ле.

В сле́дующем (в 1998-м, в про́шлом, в э́том, в бу́дущем) ме́сяце, году́.

Како́й день?		*Когда́?*	
№ 1		№ 4 (день)	№ 6 (неде́ля)
Сего́дня вто́рник.	Я бу́ду в Нью-Йо́рке во вто́рник на сле́дующей неде́ле.		
За́втра пя́тница.	Самолёт отправля́ется в пя́тницу на э́той неде́ле.		

21. Скажи́те, когда́ и куда́ вы пое́дете в командиро́вку? Испо́льзуйте да́нные ни́же слова́. • Say where and when you go on business trip. Use the words.

Моде́ль:

— Когда́ вы пое́дете в Пра́гу?

— На сле́дующей неде́ле во вто́рник.

Понеде́льник, вто́рник, среда́; сле́дующая неде́ля, бу́дущий ме́сяц, э́тот ме́сяц; че́рез три дня, че́рез неде́лю, че́рез ме́сяц.

22. Что вы ска́жете в аналоги́чной ситуа́ции, е́сли вы зна́ете то́чную да́ту? • What would you say in similar situation if you know the exact date.

— Вы не ска́жете, когда́ ближа́йший рейс до Си́днея?

— На сле́дующей неде́ле в сре́ду, второ́го декабря́.

23. Послу́шайте микродиало́г. • Listen to the microdialogue.

а) Скажи́те, куда́ хо́чет пое́хать э́тот пассажи́р. • Say where this passenger wants to go.

— Мне ну́жен биле́т до Хе́льсинки. Я хоте́л бы вы́лететь на сле́дующей неде́ле в любо́й день.

— Есть биле́ты на рейс но́мер 96 на 5 ма́рта, в суббо́ту.

— Когда́ э́тот самолёт вылета́ет из Москвы́ и когда́ прибыва́ет в Хе́льсинки?

— Самолёт вылета́ет в 7 часо́в. Че́рез два часа́ вы бу́дете в Хе́льсинки.

б) Отве́тьте на вопро́сы. • Answer questions.

— Когда́ пассажи́р собира́ется в Хе́льсинки?

— Когда́ самолёт вылета́ет из Москвы́?

— Когда́ он прибыва́ет в Хе́льсинки?

— Ско́лько вре́мени он бу́дет в полёте?

в) Соста́вьте аналоги́чный диало́г. • **Make up similar dialogue.**

Сравни́те:

Что?	№ 1	*Когда́?*	№ 5	*Когда́?*	№ 6
	зима́		зимо́й		в январе́
	весна́		весно́й		в ма́е
	ле́то		ле́том		в ию́не
	о́сень		о́сенью		в сентябре́

24. Вспо́мните и скажи́те, в како́е вре́мя го́да и в како́м ме́сяце вы е́здили в о́тпуск, в командиро́вку и т.п. • **Remember and say when (time of the year and month) you went on vacation, on business trip, etc.**

25. Г-н Ким прохо́дит тамо́женный контро́ль. • **Mr. Kim passes customs control.**

а) Послу́шайте его́ разгово́р с тамо́женником и скажи́те, когда́ г-н Ким был в Ло́ндоне. • **Listen to his conversation with the customs offices and say when he was in London.**

В аэропорту́

— У вас есть деклара́ция?

— Пожа́луйста.

— Ско́лько у вас веще́й?

— Одно́ ме́сто. Здесь то́лько оде́жда: руба́шки, костю́м, брю́ки, га́лстук.

— Откро́йте чемода́н, пожа́луйста. Что в э́той су́мке?

— Здесь мы́ло, бри́тва, расчёска, щётка и сувени́ры.

— Хорошо́. Закро́йте чемода́н, пожа́луйста. У вас есть иностра́нные де́ньги?

— Да, сто до́лларов и креди́тная ка́рточка.

— Вы пе́рвый раз в Ло́ндоне?

— Нет, я уже́ был здесь в про́шлом году́. В двухты́сячном году́, зимо́й, в январе́.

б) Скажи́те, каки́е ве́щи взял с собо́й г-н Ким. • **Say what things he had with him.**

в) Расскажи́те о себе́. • **Speak about yourself.**

Когда́ вы прие́хали в Москву́: зимо́й, весно́й, ле́том и́ли о́сенью?

Како́е вре́мя го́да вам бо́льше всего́ нра́вится?

Когда́ вы лю́бите отдыха́ть?

Как вы лю́бите отдыха́ть ле́том? А зимо́й?

Вы лю́бите путеше́ствовать? Расскажи́те о ва́шей после́дней пое́здке: когда́ и куда́ вы е́здили; на како́м тра́нспорте; ско́лько вре́мени вы бы́ли там; с како́го и до како́го числа́; что ви́дели интере́сного; с кем встреча́лись; что вам понра́вилось и что не понра́вилось.

Как обозначить продолжительность времени • How to indicate period of time

> — Сколько времени вы будете там?
> — Неделю.

Запомните:
Сколько времени (как долго)? № 4

(одну)	минуту
	неделю
(один)	час
	день
	месяц
	год

26. Что вы скажете в аналогичной ситуации? • What would you say in similar situation?

— Сколько времени ты был в командировке?
— Неделю.

— Алло! Здравствуйте! Попросите, пожалуйста, Машу к телефону.
— Минутку!

— Сколько времени ты изучаешь русский язык?
— Почти полгода.

27. Послушайте диалог. • Listen to the dialogue.
а) Скажите, куда летит самолёт. • Say where the plane is destined to.

В самолёте

— Девушка, помогите мне, пожалуйста, пристегнуть ремни и поднять кресло. Я плохо себя чувствую.
— Принести вам воды или аэрон?
— Да, пожалуйста.
— Через 10 минут мы будем в Лондоне, и вам станет лучше.
— Я всегда плохо себя чувствую в самолёте. Наверное, это аэрофобия! А ведь через неделю — опять самолёт!
— Вы будете в Лондоне только неделю?
— Да, на будущей неделе я должен вернуться в Москву.

б) Послушайте диалог ещё раз и ответьте на вопросы. • Listen to the dialogue once again and answer questions.

— Когда самолёт будет в Лондоне?
— Когда г-н Ким должен вернуться в Москву?
— Сколько времени он будет в Лондоне?

28. Восстанови́те разгово́р на па́спортном контро́ле. Скажи́те, ско́лько вре́мени пассажи́р бу́дет в Нью-Йо́рке и когда́ он до́лжен бу́дет верну́ться в Москву́. • Reconstruct the conversation at the passport control. Say how much time the passenger will spend in New York and when is he due in Moscow.

— Ва́ше и́мя? Отку́да вы прие́хали?
— ... . Я граждани́н ... . Вот мой па́спорт.
— У вас делова́я пое́здка?
— Да.
— Ско́лько вре́мени вы бу́дете в Нью-Йо́рке?
— Неде́лю. На сле́дующей неде́ле я до́лжен быть в Москве́.

29. Расскажи́те о себе́. • Speak about yourself.

Ско́лько вре́мени вы живёте в Москве́/Петербу́рге/Берли́не?
Ско́лько вре́мени вы изуча́ете ру́сский язы́к?
Как до́лго вы бу́дете жить в Москве́/Петербу́рге/Берли́не?
Ско́лько вре́мени вы обы́чно быва́ете в о́фисе?
Ско́лько вре́мени вы смо́трите телеви́зор?
Ско́лько вре́мени лети́т ваш самолёт на ро́дину?

30. В самолёте, направля́ющемся в Хе́льсинки, разгова́ривают два пассажи́ра — г-н Мю́ллер и г-н Кузнецо́в. • Aboard the plane destined to Helsinki Mr.Mueller and Mr. Kuznetsov are talking.

а) Прочита́йте диало́г. • Read the dialogue.

Мю́ллер: Вы не могли́ бы поменя́ться со мной места́ми? Мне лу́чше сиде́ть с кра́ю, что́бы не беспоко́ить вас.
Кузнецо́в: Пожа́луйста, мне да́же лу́чше у окна́.
Мю́ллер: Вы уже́ бы́ли в Хе́льсинки?
Кузнецо́в: Да, я уже́ е́здил туда́ в про́шлом году́. Пра́вда, я был там недо́лго — неде́лю. А вы как до́лго бу́дете в Финля́ндии?
Мю́ллер: Ме́сяц, а мо́жет, да́же два. Я никогда́ ра́ньше не́ был в Финля́ндии. В про́шлом ме́сяце я на́чал изуча́ть фи́нский язы́к, поэ́тому мне интере́сно услы́шать, как говоря́т по-фи́нски са́ми фи́нны.
Кузнецо́в: Не зна́ю, как вы говори́те по-фи́нски, но по-ру́сски вы говори́те о́чень хорошо́. Вы давно́ на́чали изуча́ть ру́сский язы́к?
Мю́ллер: Спаси́бо за комплиме́нт, ру́сский язы́к я изуча́ю уже́ два го́да. Мне помога́ет моя́ жена́, Анна. Она́ ру́сская. А я по национа́льности не́мец. Моя́ фами́лия Мю́ллер, а зову́т меня́ Герд.
Кузнецо́в: О́чень прия́тно. Анато́лий Кузнецо́в.

Мюллер: Рад познакомиться.

Кузнецов: Вы живёте в Москве два года?

Мюллер: Да, я приехал в Москву два года назад из Мюнхена. Я работаю менеджером по продажам на фирме «Конфина». Конечно, я должен хорошо знать русский язык, ведь моя работа — устанавливать деловые контакты, вести переговоры. Лучше делать это на родном языке партнёров, не правда ли?

Кузнецов: Да, конечно, вы правы. А что поставляет ваша фирма на российский рынок?

Мюллер: Наша фирма поставляет на российский рынок шоколад и шоколадные изделия. Мы сотрудничаем и с другими странами, в том числе с Финляндией.

Кузнецов: В таком случае, я думаю, вам будет нужен этот рекламный проспект «Деловая Финляндия». Я хотел бы подарить его вам на память о нашем знакомстве в самолёте. Думаю, он поможет вам лучше узнать Финляндию и, может быть, решить некоторые проблемы. Ведь у вас деловая поездка?

Мюллер: Да. Большое спасибо за подарок. И спасибо вам за компанию. За разговором и время быстро пролетело. Мы летим уже два часа. Рад был познакомиться. Надеюсь, мы встретимся в Москве, вот моя визитка, здесь мой телефоны — домашний и рабочий. Буду рад, если вы позвоните.

Кузнецов: А это моя визитка. Обязательно созвонимся. Я познакомлю вас с женой.

Мюллер: Простите, как вы сказали? Со-зво-ни́м-ся? Значит, позвоним друг другу?

Кузнецов: Вы правильно поняли. Самолёт уже идёт на посадку. Через 15 минут мы будем в Хельсинки. Кажется, вы забыли пристегнуть ремни.

Мюллер: Да-да, спасибо.

б) **Прове́рьте себя́. Всё ли вы пра́вильно по́няли? Ря́дом с утвержде́ниями отме́тьте соотве́тственно «да» и́ли «нет». • See whether you understood everything correctly. Mark the statements with "yes" or "no" correspondingly.**

Да		Нет

1) Г-н Мюллер никогда не был в Финляндии.

2) Он будет в Финляндии неделю.

3) Он начал изучать финский язык в прошлом году.

4) Он плохо говорит по-русски.

5) Он начал изучать русский язык два года назад.

6) Он японец.

7) Он приехал в Москву в прошлом месяце.

8) Он работает в концерне «Самсунг».

9) Фирма «Конфина» поставляет на российский рынок алкогольные напитки.

10) Рекламный проспект, который ему подарил сосед, называется «Вся Финляндия».

11) Самолёт прилетит в Хельсинки через 15 минут.

в) Предста́вьте, что вы оказа́лись нево́льным свиде́телем э́того разгово́ра. Расскажи́те, что вы узна́ли о свои́х сосе́дях. • Imagine that you unintentionally witnessed this conversation. Say what you've learnt about your neighbors.

г) Что вы могли́ бы рассказа́ть о себе́ в аналоги́чной ситуа́ции? Разыгра́йте диало́г. • What would you say in a similar situation? Make up a dialogue.

Как обозна́чить ограни́ченный пери́од вре́мени • How to indicate limited period of time

> — Как рабо́тает ка́сса?
> — Ка́сса рабо́тает с десяти́ утра́ до восьми́ часо́в ве́чера.

Запо́мните:

С + № 2		*До +* № 2		
двена́дцати		ча́са		
ча́са			двух	
трёх			четырёх	
пяти́			шести́	часо́в
семи́	часо́в		восьми́	
девяти́			десяти́	
оди́ннадцати			двена́дцати	

31. Прочита́йте вы́вески и скажи́те, как рабо́тают э́ти учрежде́ния. Когда́ у них переры́в? • Read the announcements and name working hours of these institutions. When do they have a break?

Моде́ль:

• магази́н (8.00—21.00); переры́в (13.00—14.00)

— Магази́н рабо́тает с восьми́ до девяти́ часо́в, переры́в — с ча́са до двух.

МАГАЗИН
8.00—21.00
переры́в
13.00—14.00

ПОЧТА
10.00—18.00
переры́в
14.00—15.00

КАФЕ
9.00—22.00
без переры́ва

КАССА
круглосу́точно
без переры́ва

ОБМЕННЫЙ ПУНКТ
10.00—20.00
переры́в
14.00—15.00

БАНК
10.00—19.00
переры́в
13.00—14.00

Сравни́те:

Когда́?

№ 2 + № 2	№ 4	№ 5	№ 6
день + ме́сяц второ́го ма́рта	секу́нда, мину́та, час, день	вре́мя су́ток, вре́мя го́да	неде́ля, ме́сяц, год
С ... до ... , с двух до шести́, с января́ до ма́я, с утра́ до ве́чера, с ле́та до зимы́,	в час; в пя́тницу, в воскресе́нье; че́рез секу́нду (мину́ту, час); час (мину́ту, час) наза́д	у́тром, днём, но́чью, ве́чером; ле́том, зимо́й весно́й, о́сенью	на сле́дующей неде́ле; в сле́дующем (в э́том, в про́шлом) ме́сяце (году́)
			в 2006 году́

32. **Послу́шайте разгово́р с администра́тором гости́ницы.** • **Listen to conversation with the hotel manager.**

а) **Скажи́те, как рабо́тают рестора́н и кафе́ в гости́нице.** • **Say when restaurants and cafes are opened in the hotel.**

В гости́нице

— Здра́вствуйте, моя́ фами́лия Ким. Для меня́ заброни́рован но́мер.

— Здра́вствуйте! Одну́ мину́ту. Сейча́с посмотрю́. Господи́н Ким Ин Чул?

— Соверше́нно ве́рно.

— Да, для вас заброни́рован одноме́стный но́мер. Запо́лните, пожа́луйста, регистрацио́нную ка́рту. Извини́те, уже́ ночь, 12 часо́в, но э́то необходи́мо.

— Мне на́до писа́ть по-ру́сски?

— На́до по-ру́сски, но мо́жно писа́ть и по-англи́йски.

— Хорошо́. Я попро́бую по-ру́сски.

— Ваш но́мер три́дцать второ́й. Вот электро́нная ка́рточка от но́мера. Вы зна́ете, как по́льзоваться?

— Да, спаси́бо. Како́й э́то эта́ж?

— Тре́тий.

— Скажи́те, пожа́луйста, в гости́нице есть рестора́н?

— Да, рестора́н на пе́рвом этаже́. Он рабо́тает с шести́ ве́чера до двух часо́в но́чи. Есть ещё кафе́, оно́ рабо́тает с восьми́ утра́ до девяти́ часо́в ве́чера.

— Спаси́бо.

б) **Прочита́йте и скажи́те, пра́вильно ли г-н Ким запо́лнил регистрацио́нную ка́рту.** • **Read and say whether Mr. Kim has correctly filled in registration form.**

Регистрацио́нная ка́рта
г. Санкт-Петербу́рг Гости́ница «Не́вский пала́с» Не́вский пр., 57
ФАМИЛИЯ: Ким
ИМЯ: Ин Чул
ОТЧЕСТВО:
ГОД И МЕСТО РОЖДЕНИЯ: Сеу́л, 12.04.61
ПРОФЕССИЯ: финанси́ст
НОМЕР ПАСПОРТА: 23-465
ДОМАШНИЙ АДРЕС: г. Москва́, ул. Профсою́зная, дом 8, кв. 5.
ДАТА ПРИБЫТИЯ: 6 ма́рта
ДАТА ОТЪЕЗДА: 10 ма́рта
НОМЕР КОМНАТЫ: 32
ЦЕЛЬ ПРИЕЗДА: служе́бная командиро́вка
СРОК ПРЕБЫВАНИЯ: 5 дней

в) **Восстанови́те диало́г. • Reconstruct the dialogue.**

— До́брый ... . Меня́ ... .
— Одну́ ... . Сейча́с посмотрю́. Господи́н ... ?
— Соверше́нно ... .
— Да, для вас ... но́мер.
— ... , пожа́луйста, ка́рту. Ваш ... второ́й. Вот ... от но́мера. Вы зна́ете, ... ?
— Да, спаси́бо. Како́й э́то ... ?
— Тре́тий.
— ... , пожа́луйста, в гости́нице ... рестора́н?

— Да, рестора́н на ... этаже́. Он рабо́тает с ... ве́чера до ... часо́в но́чи. Есть ещё кафе́. Оно́ рабо́тает с ... утра́ до ... часо́в ве́чера.

— Спаси́бо.

г) Отве́тьте на вопро́сы. • Answer the questions.

Когда́ и где роди́лся г-н Ким?
Когда́ он прие́хал в Санкт-Петербу́рг?
Когда́ он собира́ется уе́хать?
Ско́лько вре́мени бу́дет продолжа́ться его́ командиро́вка?
Че́рез ско́лько дней он уе́дет?
Как вы ду́маете, заче́м он прие́хал в Санкт-Петербу́рг?
В како́й гости́нице останови́лся г-н Ким? Где она́ нахо́дится?

 33. Прочита́йте электро́нные сообще́ния и скажи́те, куда́ приглаша́ют тури́стов. Каки́е предложе́ния понра́вились вам и почему́? • Read the e-mail messages and say where tourists are invited. What offers do you like and why?

От:	«Kip Rainey» <cunning@jaydemail.com>
Кому́:	<kovaleva@online.ru>
Отпра́влено:	8 а́вгуста 2011 г. 11:21
Те́ма:	ПРИГЛАШАЕМ ВАС В КИЕВ

ДОРОГИ́Е СОБРА́ТЬЯ
Украи́на — э́то не то́лько Тара́с Бу́льба, са́ло и... Ната́ша Королёва

Приглаша́ем вас в Ки́ев!
с 25 по 29 а́вгуста 5 дней/4 но́чи
По цене́ 5800 руб.
+ ж/д 3400 руб. (купе́) Москва́ — Ки́ев — Москва́

В сто́имость вхо́дит:
• прожива́ние в гости́нице с удо́бствами в но́мере,
• 2-ра́зовое пита́ние в кафе́ го́рода,
• тра́нсфер вокза́л — гости́ница — вокза́л,
• экскурсио́нная програ́мма,
• входны́е биле́ты в музе́и.

Вы посети́те: Ки́ево-Пече́рскую ла́вру, Влади́мирский и Софи́йский собо́ры, музе́й Булга́кова, Марии́нский дворе́ц, «Дом с химе́рами», «Дом пла́чущей вдовы́», музе́й под откры́тым не́бом «Быт и тради́ции Украи́ны», Национа́льную филармо́нию и мно́гое друго́е.

Когда́ вернётесь наза́д, вы о́чень удиви́те колле́г расска́зом об Украи́не!

От:	«Nicolas Teague» <proprietary@mantramail.com>
Кому:	<ion@mail.ru>
Отправлено:	10 августа 2011 г. 12:41
Тема:	ЭКСКУРСИОННЫЙ ТУР В УГЛИЧ

НЕ ПРОПУСТИ́ТЕ! **13 а́вгуста** УНИКА́ЛЬНЫЙ ТУР!
«У́глич — Мы́шкин»!

Одна́ из краси́вейших автобусных экску́рсий по двум города́м У́глич и Мы́шкин. У́глич — оди́н из старе́йших городо́в Ве́рхней Во́лги. Це́рковь царе́вича Дими́трия, Пала́ты князе́й и́ли Спа́со-Преображе́нский собо́р, Алексе́евский и Воскресе́нский монастыри́ — э́ти па́мятники исто́рии приводя́т в восхище́ние и расска́зывают нам о дре́вней исто́рии Руси́. Экску́рсия в музе́й «Библиоте́ка ру́сской во́дки» (с дегуста́цией), где предста́влены бо́лее 650 сорто́в этого национа́льного напи́тка. В го́роде Мы́шкин мы посети́м еди́нственный в ми́ре Музе́й Мы́ши, Музе́й ва́ленок, Дом ремёсел, где есть увлека́тельная возмо́жность любо́му го́стю, е́сли он не бои́тся взять молото́к и́ли испа́чкать па́льцы гли́ной, самому́ сде́лать что-нибудь! Вот э́тими свои́ми рука́ми! Приезжа́йте, не пожале́ете!

Сбор в 7.45. Отправле́ние в 8.00 от ст. м. «Су́харевская».
Возвраще́ние в 22.00.

Сто́имость для взро́слых — 2850 рубле́й, для дете́й — 1820 рубле́й.

Тел.: (495) 491-58-79, 925-46-78

От:	«Olin Dickinson» <emil@orgyniche.com>
Кому:	<ie@rector.msu.ru>
Отправлено:	3 августа 2011 г. 13:13
Тема:	Экскурсионный тур в Суздаль

НЕ ПРОПУСТИ́ТЕ! **7 а́вгуста** УНИКА́ЛЬНЫЙ ТУР!
КОЛОКО́ЛЬНЫЕ ЗВО́НЫ ДРЕ́ВНЕГО СУ́ЗДАЛЯ!

Древне́йший го́род Су́здаль когда́-то явля́лся столи́цей Росто́во-Су́здальского кня́жества. Пе́рвым самостоя́тельным кня́зем его́ был Ю́рий Долгору́кий — оте́ц Андре́я Боголю́бского. Ны́не Су́здаль широко́ изве́стен как го́род-музе́й под откры́тым не́бом, запове́дник дре́вней архитекту́ры. По его́ па́мятникам мо́жно проследи́ть во́семь веко́в ру́сской исто́рии. Издали Су́здаль ка́жется больши́м го́родом. Насы́щенность па́мятниками, ску́ченность их (на небольшо́й террито́рии в два с полови́ной квадра́тных киломе́тра их о́коло семи́десяти) создаю́т э́ту иллю́зию. Мо́жно пове́рить слова́м путеше́ственника XIX ве́ка, писа́вшего, что «когда́ колоко́льный звон всех церкве́й наполня́л окре́стности, то создава́лось впечатле́ние о го́роде не ме́нее Москвы́». Су́здаль — оди́н из немно́гих ру́сских городо́в, тишину́ кото́рого не наруша́ют парово́зные и фабри́чные гудки́. Здесь нет желе́зной доро́ги, нет коптя́щих ды́мом заводски́х труб, и́бо нет промы́шленности. Тут всё споко́йно.

Сбор в 09.30 ч. Отправле́ние в 10.00 ч. от ст. м. «Аэропо́рт». Возвраще́ние в 23.00 ч.

Сто́имость для взро́слых — 3520 рубле́й, для дете́й — 2490 рубле́й.

Тел.: (495) 368-85-97, 592-64-87

Анóнс слéдующих экскýрсий:

Сýздаль — Владúмир — Боголю́бово
13.08–14.08

Экскýрсия по Владúмиру, пáмятники истóрии и архитектýры XII вéка, Успéнский и Дмúтриевский собóры, Золотые ворóта. Экскýрсия в Боголю́бово — посещéние бывшей резидéнции Андрéя Боголю́бского — ныне дéйствующий жéнский монастырь, прогýлка к цéркви Покрóва на Нéрли. Экскýрсия по Сýздалю: Кремль, Крестóвая палáта, Спáсо-Евфúмиев монастырь, Музéй деревя́нного зóдчества, Спáсо-Преображéнский собóр, Покрóвский монастырь со смотровóй площáдки.

Ценá — 5400 руб., для детéй до 12 лет — 4300 руб.

Бéлые нóчи в Санкт-Петербýрге
18.08–22.08
по ценé 9900 руб.
Петергóф, Пáвловск, Рýсский музéй, крéйсер Аврóра

Звонúте нам с 10.00 до 19.00:
(495) 491-58-79 и 925-46-78

---

34. Вы приéхали в другóй гóрод и хотúте остановúться в гостúнице, где для вас забронúрован нóмер. Разыгрáйте диалóг с администрáтором гостúницы. • You've come to another city and want to stay in the hotel where a room has been reserved for you. Perform a dialogue with the hotel manager.

35. Предстáвьте, что вы приéхали в гостúницу, не заброни́ровав зарáнее нóмер. Что вы скáжете в слéдующих ситуáциях. • Imagine you've come to the hotel without reserving a room in advance. What would you say in the following situations.

а) в гостúнице есть свобóдные местá, и администрáтор предлагáет вам нóмер; • there are vacant rooms in the hotel and you are offered a room at the reception;

б) в гостúнице нет мест, и администрáтор совéтует вам обратúться в другýю гостúницу и даёт номерá телефóнов. • there are no vacant rooms in the hotel and administrator advises you to contact another hotel and provides you with its telephone number.

Модéль:

(а) — Здрáвствуйте! Скажúте, у вас есть свобóдный нóмер на нéсколько дней?
— Здрáвствуйте! Да, есть одномéстные и двухмéстные номерá.

(б) — Добрый день! У вас есть свободные номера?

— К сожалению, сейчас свободных номеров нет. Но недалеко есть другая гостиница. Я думаю, там есть номера. Если хотите, вы можете позвонить туда. Вот номер телефона.

— Большое спасибо.

36. **Знакомый вам г-н Мюллер в гостинице читает рекламный проспект о Финляндии.** •
Mr. Mueller whom you know is reading a booklet about Finland in the hotel.

а) **Как вы думаете, какая реклама и какие советы будут для него полезными? Почему?** •
Which advertisements and advice will be useful for him in your opinion?

ДЕЛОВАЯ ФИНЛЯНДИЯ

Языковой барьер

Если вы планируете открыть в Финляндии фирму, вы должны обязательно получить консультацию у финского специалиста. Некоторые бухгалтерские фирмы и адвокатские бюро в Финляндии имеют сотрудников, которые говорят по-русски.

В Финляндии по-русски говорят немногие, но если вы знаете хоть несколько финских слов, то можете произвести на вашего партнёра большое впечатление. В бизнесе самый популярный язык — английский. На неофициальной встрече достаточно немного знать английский. Главное, чтобы вас понимали.

Сауна

Не удивляйтесь, если финский партнёр после недолгого знакомства пригласит вас в сауну. Сауна — часть финского образа жизни. В неофициальной обстановке обычно не решают самые важные коммерческие вопросы, но в разговоре можно говорить о вопросах общего бизнеса.

Сделайте конкретное предложение

Ваше предложение о сотрудничестве должно носить конкретный характер. Если вы что-либо продаёте, подумайте, какую пользу от вашей продукции может иметь финский покупатель. Если вы хотите что-либо купить, точно опишите, что вам нужно и на какие условия оплаты вы согласны. Финская фирма не обязательно согласится на ваше первое коммерческое предложение. Лучше не посылать предложение или запрос по факсу, а договориться о встрече в Финляндии или в России. После знакомства легче будет начать сотрудничество.

Синий шоколад ФАЗЕР

Все знают прекрасный вкус этого шоколада. Он, конечно, коричневый, а не синий. Просто у него синяя упаковка. А ведь всё началось с французско-русской кондитерской. Сейчас ФАЗЕР — крупнейшая фирма.

Велосипеды и тренажёры ТУНТУРИ

Уже почти сто лет в Финляндии производят известные во всём мире велосипеды ТУНТУРИ. Тренажёры и велосипеды этой компании отличают высочайшее качество и красивый дизайн. Годовой оборот компании — 350 миллионов марок.

б) Отве́тьте на вопро́сы. • Answer questions.

Как рабо́тает обме́нный пункт и учрежде́ния, рекла́мные объявле́ния кото́рых есть в проспе́кте?

Как рабо́тает администра́ция гости́ницы «Фе́нно»?

Каки́е магази́ны, обме́нные пу́нкты и други́е учрежде́ния в Москве́ рабо́тают круглосу́точно?

в) Скажи́те, куда́ обы́чно приглаша́ют партнёров по би́знесу в Финля́ндии, в ва́шей стране́. А в Росси́и? При́нято ли в ва́шей стране́ реша́ть ва́жные деловы́е вопро́сы в неофициа́льной обстано́вке? А в Росси́и? • Say where the business partners are invited to in Finland, in your country. And in Russia? Is it an accepted rule in your country to discuss the important business questions in the informal atmosphere? And in Russia?

г) Каку́ю информа́цию о делово́й жи́зни ва́шей страны́ вы помести́ли бы на аналоги́чную страни́цу рекла́много проспе́кта? • What information on the business life in your country would you place on a similar page of an advertising booklet?

д) Каки́е фо́рмы сравни́тельной и превосхо́дной сте́пени прилага́тельных вы встре́тили в информа́ции о делово́й Финля́ндии? • What forms of comparative and superlative degrees of adjectives have you come across while reading information on business in Finland?

37. Г-н Мю́ллер отпра́вил сообще́ние свое́й жене́ Анне. • Mr. Mueller has sent e-mail to his wife Anna.

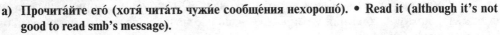

а) Прочита́йте его́ (хотя́ чита́ть чужи́е сообще́ния нехорошо́). • Read it (although it's not good to read smb's message).

Ми́лая Анечка!

Я в Финля́ндии! Это прекра́сная страна́! Ле́том она́ краси́вее, чем зимо́й. В про́шлом году́ я был здесь зимо́й, бы́ло о́чень хо́лодно. Ле́том лу́чше.

Самолёт прилете́л в 9 часо́в. Как всегда́, я пло́хо себя́ чу́вствовал, но стюарде́сса дала́ мне аэро́н, и я почу́вствовал себя́ лу́чше. В самолёте я познако́мился с молодым человеком, который сидел рядом. Это русский бизнесмен, его зовут Анатолий Кузнецов. Мы много разговаривали, поэтому время пролетело очень быстро. Он подарил мне рекламный проспект о Финляндии. В нём самая последняя информация. В нём я нашёл адрес этой гостиницы. Это самая комфортабельная (но и самая дорогая, к сожалению) гостиница в Хельсинки. В прошлом году моя гостиница была хуже.

У меня одноместный номер, я решил, что он удобнее, чем двухместный. Мой номер на втором этаже. Есть хороший ресторан, но ты, конечно, готовишь лучше. Он работает с двух часов дня до двенадцати ночи, поэтому утром я завтракаю в кафе, здесь же, в гостинице. Кафе работает с семи утра.

Не скучай, я скоро приеду: думаю, дня через четыре. Обратный билет я заказал на 20 марта, значит, на будущей неделе, в среду, ты можешь меня ждать.

Мне нужен галстук, я забыл свой дома. Поэтому сейчас пойду в магазин. Он работает до семи, а сейчас шесть часов, надо спешить. Завтра у меня деловая встреча, надеюсь, она закончится хорошо: я прочитал в рекламном проспекте, как надо говорить с финнами. Думаю, всё пройдёт успешно. Спасибо Кузнецову!

Целую! Пока!

Твой Герд.

б) **Как написать тему этого сообщения?** • **How to write the theme of this e-mail message?**

в) **Анна позвонила по телефону своей маме и рассказала ей о командировке мужа. Продолжите её рассказ: «Самолёт прилетел в Хельсинки в 9 часов...»** • **Anna called her mother and told her about her husband's business trip. Finish up her story...**

38. **Прочитайте текст.** • **Read the text.**

а) **Скажите, почему они встречали Новый год дома.** • **Say why they celebrated New Year at home.**

РЕКЛАМА — ДВИГАТЕЛЬ ТОРГОВЛИ

Говорят, хорошая реклама — половина дела. Наверное, эту современную поговорку придумали рекламодатели. Потому что для клиента главное другое — то, насколько эта реклама соответствует действительности. Ну как можно верить такому:

> Низкие цены и высокий сервис!
> Недорого, комфортабельно и доступно!
> Доступная роскошь!

И как можно понять, что лучше, если «лучшим» оказывается всё:

> Самые низкие цены! Лучшие курорты!
> Отели самого высокого уровня!
> Великолепный выбор лучших отелей!
> Лучшие цены в лучших отелях!

В э́том году́ мы с жено́й хоте́ли встре́тить Но́вый год необы́чно, не так как всегда́. Я купи́л журна́л «Тури́зм» и на́чал изуча́ть его́. Это бы́ло поле́зно, потому́ что я узна́л нема́ло но́вых стра́нных слов, мно́гие из кото́рых бы́ли наполови́ну англи́йскими: **суперпредложе́ние, суперски́дки, уника́льнейшее предложе́ние, специа́льные це́ны, спецпутеводи́тель** и да́же **специа́льные _конфиденциа́льные_ це́ны**.

Многочи́сленные рекла́мные объявле́ния призыва́ли неме́дленно де́йствовать:

> **Собира́йтесь в доро́гу! Звони́те нам! Откро́йте для себя́ «Бе́рег све́та!»**
> **В путеше́ствие со ста́рым до́брым дру́гом!**

Они́ обеща́ли пода́рки и сувени́ры, пи́во и шампа́нское, подру́гу и ка́рту го́рода... Что то́лько они́ не предлага́ли:

> **Но́вый год с Де́дом Моро́зом! Но́вый год на карнава́ле в Ри́о!**
> **Хо́чешь — па́льмы над водо́й?**
> **Хо́чешь — со́лнце вме́сто ла́мпы?**
> **Хо́чешь — А́льпы за окно́м?**
> **Но́вый год на острова́х!**
> **Но́вый год на Эйфелевой ба́шне!**
> **Но́вый год под водо́й!**

Кро́ме того́, был большо́й вы́бор прия́тных сюрпри́зов и пода́рков: Предъяви́телю рекла́мы — ски́дка! Вам позави́дуют попу́тчики! Вы не пожале́ете! Хит сезо́на! Нови́нка сезо́на! Гара́нтия исполне́ния ва́шей мечты́! Так отдыха́ли бо́ги! Пра́вильный вы́бор!

Я не знал, в каку́ю фи́рму звони́ть: «Бест» и́ли «Бон воя́ж»? А мо́жет, в «Пра́вильное реше́ние»?

Но́чью я о́чень пло́хо спал. Мне сни́лась Эйфелева ба́шня под водо́й, Дед Моро́з над водо́й и ла́мпа вме́сто со́лнца над острова́ми.

...Но́вый год мы встре́тили до́ма, у телеви́зора. И э́то бы́ло действи́тельно замеча́тельно:

> **Недо́рого, комфорта́бельно и досту́пно!**

Наве́рное, так встреча́ли Но́вый год бо́ги!

В о́бщем, я ду́маю, э́то бы́ло **ПРА́ВИЛЬНОЕ РЕШЕ́НИЕ!**

б) Како́й рекла́мный сло́ган вам понра́вился? Почему́? • Say what slogan you liked most of all and why?

в) Предста́вьте, что вы — ме́неджер по рекла́ме в туристи́ческой компа́нии. Ва́ша компа́ния подгото́вила специа́льное предложе́ние для встре́чи Но́вого го́да. Соста́вьте текст рекла́много объявле́ния для него́. • Imagine that you work in a tourist company as an advertising manager. Your company has worked out a special offer to celebrate the New Year. Make up an ad for it.

г) Каки́е рекла́мные те́ксты из услы́шанных в Росси́и вы запо́мнили? Каки́е телевизио́н-
ные рекла́мные ро́лики вам нра́вятся? • What advertisements do you remember out of those
you saw in Russia? What TV ads do you like?

Контро́льные зада́ния

Побесе́дуем • Communicative practice

1. Вы хоти́те заказа́ть биле́т на по́езд. Скажи́те, на како́е число́ и до како́го го́рода вам
ну́жен биле́т, на како́й по́езд (фи́рменный и́ли обы́чный), в како́й ваго́н (плацка́ртный,
купе́йный и́ли спа́льный), како́е ме́сто (ве́рхнее и́ли ни́жнее) вам ну́жно. • You'd like to
book a train ticket. Name the date, destination, type of train (express or passenger), type of
carriage (reserved seats, four-bedded compartment, a sleeper), upper or lower berth.

2. Вам на́до купи́ть биле́т на самолёт. Получи́те как мо́жно бо́льше информа́ции об
интересу́ющем вас ре́йсе в спра́вочном бюро́ (в каки́е дни и в како́е вре́мя лети́т самолёт,
в како́е вре́мя биле́ты деше́вле, в каки́е ме́сяцы и ско́лько вре́мени де́йствует ски́дка и
т.д.). • You need to buy a plane ticket. Get as much information as possible on the flight you are
interested in at the inquiry office (dates and time of departure, when tickets are less expensive,
when you can buy a ticket with a discount and for how long it is valid).

3. Вы прохо́дите тамо́женный контро́ль. Расскажи́те, како́й у вас бага́ж, есть ли у вас
иностра́нная валю́та и т.д. • You are passing customs control. Say what luggage you have,
whether you have foreign currency, etc.

4. Вы прохо́дите па́спортный контро́ль. Скажи́те, как вас зову́т, како́е ва́ше гражда́нство,
какова́ цель ва́шей пое́здки, ско́лько вре́мени вы пробу́дете в друго́м го́роде и когда́ вы
уе́дете. • You are passing passport control. Give your name, your citizenship, purpose of your
trip, how long you plan to stay in the city, when you leave.

5. Е́сли вдруг вы почу́вствуете себя́ пло́хо в самолёте, как вы обрати́тесь к стюарде́ссе
за по́мощью. Скажи́те, что вам ну́жно. • If you feel sick on the plane, how will you ask
a stewardess for help. Say what you need.

6. Вы лети́те в Москву́ и разгова́риваете с пассажи́ром, сидя́щим в сосе́днем кре́сле.
Узна́йте у него́, каки́е гости́ницы са́мые комфорта́бельные в Москве́. • You are flying
to Moscow and you are talking with your neighbor. Ask him about the most comfortable
hotels in Moscow.

7. Вы хоти́те посели́ться в гости́нице, где для вас заброни́рован но́мер. Поговори́те с
администра́тором. Спроси́те, в каки́е часы́ рабо́тает рестора́н, кафе́, обме́нный пункт,
банк, бассе́йн, са́уна и т.д. • You want to get a room in the hotel you've booked for. Talk to
a manager. Ask him about working hours of the restaurant, cafeteria, exchange office, bank,
swimming pool, sauna, etc.

8. Заполните регистрационную карту, которую вам предложили в гостинице. • Fill in the registration form you've been given at the hotel.

Регистрационная карта
г. Санкт-Петербург Гостиница «Невский палас» Невский пр., 57
ФАМИЛИЯ
ИМЯ
ОТЧЕСТВО
ГОД И МЕСТО РОЖДЕНИЯ
ПРОФЕССИЯ
НОМЕР ПАСПОРТА
ДОМАШНИЙ АДРЕС
ДАТА ПРИБЫТИЯ
ДАТА ОТЪЕЗДА
НОМЕР КОМНАТЫ
ЦЕЛЬ ПРИЕЗДА
СРОК ПРЕБЫВАНИЯ

9. Во время командировки вы довольно поздно приехали в гостиницу и обнаружили, что забронированный для вас номер уже кем-то оплачен и занят. После переговоров с администратором вы узнали, что свободен только номер люкс, стоимость которого в два раза дороже стоимости номера, заказанного вами. Как вы будете действовать? • You came to the hotel rather late during your business trip and discovered that somebody had already paid and taken the room you had booked. The only vacant room left is "de luxe" which is twice as expensive as the room you've booked. What will you do?

а) Скáжете, что вы уйдёте в другýю гостúницу.

б) Заплáтите бóльше за нóмер люкс.

в) Спрóсите у администрáтора, почемý ваш нóмер зáнят.

г) Скáжете администрáтору, что вы соглáсны на люкс по ценé закáзанной вáми кóмнаты.

д) Займёте нóмер люкс, но при расчёте откáжетесь платúть бóлее высóкую цéну.

е) Напúшете жáлобу управлáющему гостúницы.

ж) Бýдете дéйствовать по-другóму. Как?

10. **Прочитáйте рýсские послóвицы и поговóрки. • Read the Russian proverbs and sayings.**

- ■ Тúше éдешь, дáльше бýдешь.
- ■ В гостáх хорошó, а дóма лýчше.
- ■ Дóма и стéны помогáют.
- ■ Хорошó там, где нас нет.
- ■ Как на охóту, так и собáк кормúть.

а) **Как вы дýмаете, что онú знáчат и в какóй ситуáции их говорáт? • What's their meaning and use?**

б) **Соглáсны ли вы с э́тими выскáзываниями? • Do you agree with these statements?**

в) **Есть ли в вáшем языкé аналогúчные выражéния? • Are there similar expressions in your language?**

Нóвые словá • New words

аэропóрт — airport

блúзко — close
брúтва — razor
бронúровать/забронúровать — to book

вéрхняя пóлка — upper berth

гáлстук — tie

далёкий, далекó — distant, far
декларáция — declaration
достýпно — available

заполнáть/заполнить — to fill in
извéстный — famous

комфортáбельный — comfortable
кондúтерские издéлия — confectionery
корúчневый — brown
купé — compartment
купéйный вагóн — a sleeper

нúжняя пóлка — lower berth

обрáтный билéт — return ticket
одномéстный нóмер — single room

отправля́ться/отпра́виться — to depart
ошиба́ться/ошиби́ться — to be
    mistaken

пассажи́р — passenger
платфо́рма — platform
плацка́ртный ваго́н — reserved
    carriage
популя́рный — popular
попу́тчик — companion
поставля́ть/поста́вить — to deliver
предъяви́тель — bearer
прибыва́ть/прибы́ть — to arrive
пристёгивать/пристегну́ть —
    to fasten (ремни́ безопа́сности)
    (seat belts)

расчёска — comber
регистрацио́нная ка́рта — registration
    form
ре́дкий, ре́дко — seldom
руба́шка — shirt
ры́нок — market

са́уна — sauna
си́ний — navy blue
спа́льный ваго́н — a sleeper
спра́вочное бюро́ — inquiry office

тамо́жня — customs office
ти́хий, ти́хо — calm, calmly
тренажёр — simulator

фи́рменный по́езд — company train

цель — aim

ча́сто — often
че́ковая кни́жка — cheque book
чи́стый, чи́сто — clean, tidy

шокола́д — chocolate
шу́ба — fur coat

щётка — brush

эта́ж — floor

Тема X

Светская жизнь, свободное, время

Socializing, leisure time

14

Урок 14 (четырнадцать) • четырнадцатый урок

Речевые образцы:

— Когда начинается (начнётся) спектакль?
— В 19 часов.

— Как прошла презентация?
— Интересно. (Мне было интересно.)

— Чем занимаются ваши дети в свободное время?
— Сын любит спорт, он играет в теннис. Дочь любит классическую музыку, она играет на скрипке.

— Это правда, что в Москве трудно ориентироваться?
— Хотя я недавно живу в Москве, я неплохо знаю её.

— Говорят, (что) в Третьяковской галерее сейчас интересная выставка.

— Поздравляем вас с Новым годом!
— Спасибо. Я тоже поздравляю и желаю вам счастья, здоровья, успехов.

— Он не пошёл в театр, потому что плохо себя чувствует.

— Погода испортилась, поэтому мы решили остаться дома.

— В воскресенье мы поедем на пикник, если будет хорошая погода.

— Когда я разговариваю с друзьями, я отдыхаю и забываю о работе.
— Когда я поужинала, я тоже позвонила подруге.

— «Московский» — это известный ресторан, который находится в гостинице «Метрополь».

Граммати́ческий материа́л:

■ Твори́тельный паде́ж (№ 5) существи́тельных, прилага́тельных ед. и мн. ч. в констру́кциях ти́па: *занима́ться + чем?*

■ Вини́тельный паде́ж (№ 4) существи́тельных, прилага́тельных ед. ч. в сочета́ниях ти́па: *люби́ть + что? игра́ть + во что?*

■ Предло́жный паде́ж (№ 6) существи́тельных ед. и мн. ч. в сочета́ниях ти́па: *игра́ть + на чём?*

■ Употребле́ние глаго́лов *начина́ться, конча́ться, продолжа́ться.*

■ Выраже́ние состоя́ния в безли́чных констру́кциях ти́па: *мне ску́чно.*

■ Выраже́ние уступи́тельных отноше́ний в констру́кциях с сою́зами *но, хотя́, несмотря́ на, несмотря́ на то, что.*

■ Выраже́ние причи́нно-сле́дственных отноше́ний в констру́кциях с сою́зами *потому́ что, поэ́тому* (продолже́ние).

■ Выраже́ние усло́вия в констру́кциях с сою́зом *е́сли* (продолже́ние).

■ Выраже́ние временны́х отноше́ний (одновре́менности и после́довательности де́йствия) в констру́кциях с сою́зом *когда́.*

■ Выраже́ние определи́тельных отноше́ний в констру́кциях с сою́зом *кото́рый.*

Текст «Все отдыха́ют по-ра́зному».

Как спроси́ть/сказа́ть о нача́ле, продолжи́тельности и оконча́нии де́йствия • How to ask/say about the beginning, duration and the end of action

— Когда́ начина́ется (начнётся) спекта́кль?
— В 19 часо́в.

Запо́мните:
начина́ться (I гр.)/*нача́ться* (I гр.) + *когда́?*
зака́нчиваться (I гр.)/*зако́нчиться* (II гр.) + *когда́?*
продолжа́ться (I гр.)/*продолжи́ться* (II гр.) + *ско́лько вре́мени?*

1. **Послу́шайте диало́г. • Listen to the dialogue.**
а) **Что вы узна́ли о вре́мени проведе́ния спекта́кля? • When does the performance start?**

— Когда́ начина́ется (начнётся) спекта́кль?
— В 19 (девятна́дцать) часо́в.
— Ско́лько вре́мени он продолжа́ется (продо́лжится)?
— Три с полови́ной часа́.
— А когда́ зака́нчивается (зако́нчится)?
— О́коло оди́ннадцати.

б) Задайте аналогичные вопросы о событии, которое уже совершилось в прошлом. • Ask similar questions about event which took place in the past.

 2. Узнайте, когда начались (закончились) мероприятия. Используйте данные выражения. • Find out when the events began (end). Use the following expressions.

Модель:
• футбольный матч (19.00—21.00).
— Ты не знаешь, когда начался футбольный матч?
— Как обычно, в семь часов вечера.
— А когда он закончится?
— Через два часа. (В девять часов.)

Сеанс (18.00—20.30), экскурсия (12.00—19.00), презентация (11.00—15.00), выставка (18.V—21.V), отпуск (08.VII—25.VII).

3. Узнайте у ваших коллег, сколько времени продолжались действия, мероприятия, события. Используйте материал упражнения 2 и данные ниже выражения. • Ask your colleagues for how long the events, actions, etc., last. Use the patterns of ex. 2 and the below expressions.

Модель:
• поездка
— Сколько времени продолжалась твоя поездка?
— Две недели.

Прогулка по Москве, занятия, выступление на конференции, командировка, концерт.

4. Восстановите вопрос по ответу. • Restore the question by the answer.

— ... .
— Спектакль закончился около двенадцати.
— ... .
— Думаю, банкет начнётся не раньше семи.
— ... .
— Встреча будет продолжаться не больше трёх часов.
— ... .
— Завтра мой рабочий день заканчивается в пять часов.

Как выразить состояние • How to express condition

— Как прошла презентация?
— Интересно. (Мне было интересно.)

Где?	*Комý?* № 3		*Как?*
На вéчере	**мне**	—	**интерéсно**
дóма	тебé	бы́ло	скýчно
на ýлице	емý	бýдет	вéсело
в кóмнате	гостя́м		грýстно
			одинóко
			хорошó
			прия́тно
			спокóйно
			плóхо
			жáрко
			дýшно
			ую́тно
			хóлодно
			вéтрено
			дождли́во
			темнó
			сы́ро
			(не)ви́дно
			(не)слы́шно
			(не)поня́тно
			легкó
			трýдно

5. **Трансформи́руйте предложéния по образцý. Испóльзуйте словá.** • Transform the sentences using the pattern. Use the words.

Жáрко, морóзно, темнó, скýчно, дýшно.

Модéль:
— Сегóдня дýет си́льный вéтер.
— Да, сегóдня вéтрено.

Вчерá мы скучáли на презентáции.
Лéтом в Москвé жарá.
В кóмнате закры́ты все óкна, нéчем дышáть.
В зáле нé было свéта.
На ýлице сегóдня ми́нус двáдцать, си́льный морóз.

Как спроси́ть/сказáть о заня́тиях, увлечéниях •
How to ask/say about hobbies

— Чем занимáются вáши дéти в свобóдное врéмя?
— Сын лю́бит спорт, он игрáет в тéннис. Дочь лю́бит класси́ческую мýзыку, онá игрáет на скри́пке.

Запóмните:

занимáться (I гр.)   + *чем?* № 5

интересовáться (I гр.)
- спóр**том**
- хоккé**ем**
- бóкс**ом**
- аэрóбик**ой**
- борьб**óй**
- гимнáстик**ой**
- охóт**ой**
- рыбáлк**ой**
- мýзык**ой**
- шáхмат**ами**
- гóрн**ыми** лы́ж**ами**
- пля́жн**ым** волейбóл**ом**
- подвóдн**ым** плáван**ием**

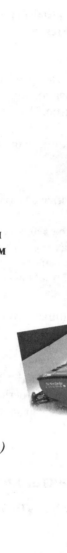

любить (II гр.)   + *что?* № 4
- спорт
- тéннис
- балéт
- теáтр
- мýзыку
- óперу
- рыбáлку
- охóту
- кинó

игрáть   + *во что?* № 4 *(спорт)*
- в тéннис
- в футбóл
- в волейбóл
- в гольф
- в билья́рд
- в кáрты

игрáть   + *на чём?* № 6 *(музыкáльный инструмéнт)*
- на гитáр**е**
- на скри́пк**е**
- на пиани́н**о**
- на саксофóн**е**
- на лóжк**ах**

игрáть   + *где?* № 6
- в казинó
- на бегáх
- на скáчк**ах**

6. Послу́шайте диало́г. • Listen to the dialogue.

а) Скажи́те, чем занима́ются колле́ги в свобо́дное вре́мя. • Say what the colleagues like to do at their leisure time.

— Бори́с не знал, что ты занима́ешься спо́ртом.

— Ну, э́то гро́мко ска́зано. Так, немно́го игра́ю в те́ннис.

— Я то́же люблю́ те́ннис. Но, к сожале́нию, уже́ год не игра́л. Здесь есть хоро́шие ко́рты?

— Да, на́ши сотру́дники хо́дят на стадио́н «Ча́йка». Хо́чешь, пойдём с на́ми в сле́дующий раз.

— С удово́льствием.

б) Что вы ска́жете в аналоги́чной ситуа́ции? • What would you say in similar situation?

7. Вы встре́тили знако́мого у вхо́да в тренажёрный зал (в бассе́йн, на стадио́н, пе́ред нача́лом футбо́льного ма́тча). Како́й разгово́р ме́жду ва́ми мог бы произойти́? Испо́льзуйте ре́плики. • You've met an acquaintance of yours at the enry to a gym (swimming pool, stadium before a soccer match), what kind of conversation could have taken place between you two? Use the expressions below.

Не знал, что ты лю́бишь футбо́л; не ожида́л встре́тить тебя́ здесь; не ду́мал, что ты занима́ешься пла́ванием.

8. Расскажи́те, како́й спорт вы лю́бите (во что игра́ете, чем занима́етесь)? А ва́ши ро́дственники, друзья́, колле́ги? Кто́-нибудь из них игра́ет на музыка́льном инструме́нте? • Speak about your favourite kind of sport (what sport games you play, what kind of sport you go into?) What about your relatives, friends and colleagues? Do any of them play any music instrument?

Как сказа́ть о фа́кте, кото́рый не спосо́бствует де́йствию (выраже́ние усту́пки) • How to express concession

— Э́то пра́вда, что в Москве́ тру́дно ориенти́роваться?
— Хотя́ я неда́вно живу́ в Москве́, я непло́хо зна́ю её.

Запо́мните:

Я неда́вно живу́ в Москве́, *но* непло́хо зна́ю её.
Хотя́ я неда́вно живу́ в Москве́, я непло́хо зна́ю её.
Несмотря́ на коро́ткий срок, я непло́хо зна́ю Москву́.
Несмотря́ на то, что я неда́вно живу́ в Москве́, я непло́хо зна́ю её.

но = хотя́ = несмотря́ на

9. Соста́вьте сло́жные предложе́ния из двух просты́х, испо́льзуя сою́зы *но, хотя́, несмотря́ на то, что.* • Make up a composite sentence out of two simple ones, using conjunctions.

Моде́ль:

$$\overset{1}{}\qquad\qquad\overset{2}{}$$

— На у́лице бы́ло хо́лодно. Мы не замёрзли на пикнике́.

$$\overset{1}{}\qquad +\qquad\overset{2}{}$$

— На у́лице бы́ло хо́лодно, но мы не замёрзли на пикнике́.
— Хотя́ на у́лице бы́ло хо́лодно, мы не замёрзли на пикнике́.
— Несмотря́ на то, что на у́лице бы́ло хо́лодно, мы не замёрзли на пикнике́.

Сего́дня я о́чень уста́л. Я реши́л пое́хать в бассе́йн.
Моему́ сы́ну то́лько де́сять лет. Он о́чень хорошо́ игра́ет в футбо́л.
Мой друг неда́вно живёт в Москве́. Он уже́ не́сколько раз был в ци́рке.
Вчера́ был выходно́й день. Мы бы́ли на вы́ставке и о́чень мно́го рабо́тали.
Мы не заказа́ли биле́ты зара́нее. Мы посмотре́ли чуде́сный бале́т в Большо́м теа́тре.

Сравни́те: *Просто́е предложе́ние*

$$\overset{1}{}$$

Несмотря́ на плоху́ю пого́ду, мы пое́хали на экску́рсию.

Сло́жное предложе́ние

$$\overset{1}{}\qquad +\qquad\overset{2}{}$$

Несмотря́ на то, что **была́** плоха́я пого́да, мы **пое́хали** на экску́рсию.

несмотря́ на   +   *что?* № 4
          на плоху́ю пого́ду
несмотря́ на то, что **была́** плоха́я пого́да

10. Зако́нчите предложе́ния по моде́ли, испо́льзуя да́нные выраже́ния. • Finish up sentences using a pattern and given words.

Моде́ль:
• Несмотря́ на боле́знь, ...
— Несмотря́ на боле́знь, Петро́в пое́хал на встре́чу.

Несмотря́ на высо́кие це́ны, ...
Несмотря́ на холо́дную пого́ду, ...
Несмотря́ на недоста́ток вре́мени, ...
Несмотря́ на запре́т враче́й, ...
Несмотря́ на тала́нт, ...
Несмотря́ на отсу́тствие вре́мени, ...

11. Прочита́йте текст. • Read the text.

а) Скажи́те, как бы вы поступи́ли на ме́сте г-на Ки́ма. • Say how would you act if you were Mr. Kim.

Размышле́ния у театра́льной ка́ссы

За́втра суббо́та. *Куда́ бы мне пойти́?* Мне ну́жно отдохну́ть. Я слы́шал, что в Третьяко́вской галере́е сейча́с интере́сная вы́ставка. Или лу́чше пойти́ в теа́тр? Ка́жется, где-то ря́дом есть театра́льная ка́сса...

Ско́лько в Москве́ теа́тров! Ма́лый, Большо́й, МХТ (Моско́вский худо́жественный теа́тр). Не́которые из них нахо́дятся в це́нтре. Куда́ пойти́?

В Ма́лый не пойду́, хотя́ там хорошо́ и гро́мко говоря́т по-ру́сски. Мой ру́сский колле́га Алекса́ндр Петро́в сказа́л, что в э́том теа́тре ещё живёт ру́сская театра́льная тради́ция. Коне́чно, он театра́л, ему́ мо́жно ве́рить. Но мне бу́дет о́чень тру́дно. И пье́сы там дли́нные, истори́ческие, а я так пло́хо зна́ю ру́сскую исто́рию...

Мо́жет быть, пойти́ в Большо́й? Туда́ хо́дят все иностра́нцы, и я там был раз де́сять. Ви́дел все изве́стные бале́ты и да́же слу́шал о́перу.

А э́то что за теа́тры? Теа́тр сати́ры, «Сатирико́н». Алекса́ндр говори́л, что лю́бит э́ти теа́тры, там ча́сто иду́т коме́дии. Зна́чит, мо́жно хорошо́ отдохну́ть и посмея́ться. К сожале́нию, когда́ я смотрю́ ру́сские коме́дии, я не всё понима́ю. Коме́дии лу́чше смотре́ть на родно́м языке́.

Ока́зывается, здесь продаю́т и биле́ты в цирк. Коне́чно, я уже́ не ребёнок, но Алекса́ндр говори́л, что в моско́вском ци́рке мо́жно отдохну́ть и стать молоды́м. Он ещё расска́зывал, что в Москве́ два ци́рка: но́вый — на проспе́кте Верна́дского и ста́рый — где-то в це́нтре. Хотя́ сам Петро́в живёт ря́дом с но́вым, ему́ бо́льше нра́вится ста́рый цирк. А не пойти́ ли мне в цирк? Алекса́ндр говори́т, что в ци́рке не мо́жет быть ску́чно. В ци́рке у меня́ не бу́дет пробле́м с ру́сским языко́м. Представле́ние начина́ется в 15 часо́в, а ве́чером я погуля́ю по це́нтру.

И я пошёл в ка́ссу за биле́том.

— Де́вушка! У вас есть два биле́та в ста́рый моско́вский цирк? К сожале́нию, я забы́л, где он нахо́дится, на како́м-то бульва́ре...

— Э́тот цирк нахо́дится на Цветно́м бульва́ре.

— Да, да. Я хочу́ пойти́ в э́тот цирк.

— Когда́ вы хоти́те?

— Наве́рное, за́втра.

— Есть два биле́та на дневно́е представле́ние. Очень хоро́шие места́.

— Большо́е вам спаси́бо!

б) Расскажи́те, что но́вого вы узна́ли о г-не Петро́ве и г-не Ки́ме. • Say what new things you have learnt about Mr. Petrov and Mr. Kim.

Что ду́мает Алекса́ндр Петро́в о Ма́лом теа́тре?

Почему́ г-н Ким не хо́чет смотре́ть коме́дию в Теа́тре сати́ры?

Почему́ он не хо́чет идти́ в Большо́й теа́тр?

Куда́ и почему́ реши́л пойти́ г-н Ким?

Как вы ду́маете, кого́ он пригласи́т пойти́ вме́сте собо́й?

Как передáть извéстную информáцию • How to transmit well-known information

—Говорят, (что) в Третьякóвской галерéе сейчáс интерéсная выставка.

Запóмните:

они́ (*3-е лицо мн. ч.*)

говорят,	(что) ...
пи́шут,	чтóбы ... , нýжно (нáдо)
расскáзывают,	

Говорят,	(что) э́то óчень интерéсный фильм.
В газéтах пи́шут,	что цéны на бензи́н бýдут расти́.
Говорят,	чтóбы отдохнýть хорошó, нáдо поéхать на мóре.

12. **Сформули́руйте утверждéния и выскажите своё мнéние.** • **Formulate statements and express your opinion.**

Модéль:

—Сáмый недорогóй óтдых сейчáс в Тýрции.
—*Говорят*, сáмый недорогóй óтдых сейчáс в Тýрции. *Я с э́тим соглáсен.*

Байкáл — óчень мéлкое óзеро.
В Петербýрге рéдко бывáют дожди́.
В Москвé óчень краси́вое метрó.
Рýсским нрáвится отдыхáть в Альпах.
В Росси́и óчень лю́бят Пýшкина.

13. **Прочитáйте диалóги. Как в аналоги́чной ситуáции вы выскажете своё мнéние?** • **Read the dialogues. How would you express your opinion in similar situation?**

—Говорят, лéтом в Москвé не жáрко.
—Нет, э́то не совсéм так. Напримéр, в э́том году температýра в ию́ле былá +35° (грáдусов)!

—Говорят, рýсский язы́к óчень трýдный.
—Нет, я изучáю егó тóлько два гóда, но ужé почти́ всё понимáю.

—Говорят, чтóбы посмотрéть Эрмитáж, нýжно мнóго врéмени.
—Да, мы бы́ли там цéлый день, но не всё посмотрéли и óчень устáли.

— В газе́тах пи́шут, что в Москве́ постро́ят аквапа́рк.
— Да, я ду́маю, что э́то бу́дет о́чень ско́ро. В Москве́ сейча́с мно́го стро́ят.

14. Ваш колле́га неда́вно прие́хал в Москву́ и ча́сто спра́шивает вас о том, как здесь мо́жно отдохну́ть. • Your colleague has just arrived in Moscow and often asks you what is there to see?

а) Отве́тьте на его́ вопро́сы. Вот не́которые из них. • Answer his questions. Here are some of them.

В Москве́ есть италья́нские рестора́ны (аквапа́рки, бассе́йны, гольф-клу́бы, закры́тые те́ннисные ко́рты, пля́жи, де́тские па́рки, ночны́е клу́бы, казино́ и т.д.)?
Куда́ мо́жно пойти́ ве́чером?
Как лу́чше провести́ свобо́дное вре́мя?
Где мо́жно отпра́здновать день рожде́ния, встре́тить Но́вый год?

б) Каки́е вопро́сы вы хоте́ли бы зада́ть лю́дям, кото́рые зна́ют Москву́ лу́чше вас? • What questions would you like to ask people who know Moscow better than you do?

Обрати́те внима́ние:

	+	*что?* № 4
отмеча́ть (I гр.)/*отме́тить* (II гр.)		день рожде́ния
		сва́дьбу
		юбиле́й
пра́здновать (I гр.)/*отпра́здновать* (II гр.)		Но́вый год
		Рождество́
встреча́ть (I гр.)/*встре́тить* (II гр.)		Но́вый год

15. Отве́тьте на вопро́сы. • Answer questions.

Где вы лю́бите встреча́ть Но́вый год?
С кем вы отпра́здновали про́шлый Но́вый год?
Кто отмеча́л вме́сте с ва́ми Рождество́?
Как, где, с кем отмеча́л день рожде́ния ваш колле́га?
Как вы отме́тили свой день рожде́ния?

Как поздра́вить с пра́здником • How to congratulate with holiday

— Поздравля́ем вас с Но́вым го́дом!
— Спаси́бо. Я то́же поздравля́ю и жела́ю вам сча́стья, здоро́вья, успе́хов!

Запо́мните:
поздравля́ть (I гр.)/*поздра́вить* (II гр.) + *кого?* № 4 + *с чем?* № 5
жела́ть (I гр.)/*пожела́ть* (I гр.) + *кому?* № 3 + *чего?* № 2

16. **Соста́вьте предложе́ния, испо́льзуя да́нные слова́ и выраже́ния.** • **Make up sentences using given words and expressions.**

а) *Моде́ль:*
• поздравля́ю *(новосе́лье)*
— Поздравля́ю с новосе́льем!

День рожде́ния, юбиле́й, Но́вый год, Рождество́, сва́дьба.

б) *Моде́ль:*
• жела́ю *(здоро́вье)*
— Жела́ю здоро́вья!

Успе́хи, сча́стье, любо́вь, всё са́мое лу́чшее.

17. **Как вы ду́маете, что отмеча́ли ва́ши колле́ги, е́сли на ве́чере звуча́ли таки́е пожела́-ния?** • **Guess what your colleagues were celebrating expressing such wishes at the party?**

— Дороги́е молодожёны! Пусть э́тот замеча́тельный день бу́дет нача́лом ва́шей счастли́вой семе́йной жи́зни. Пусть всегда́ с ва́ми бу́дет ва́ша любо́вь!

— Дорого́й Оле́г Петро́вич! От всей души́ поздравля́ем вас с днём рожде́ния! Жела́ем вам сча́стья, здоро́вья, хоро́шего настрое́ния!

— С Но́вым го́дом! С Но́вым сча́стьем! Пусть э́тот год принесёт нам ра́дость! Сча́стья, здоро́вья, успе́хов всем в Но́вом году́!

— Уважа́емые колле́ги! Вот уже́ де́сять лет существу́ет на́ша фи́рма. Бу́дем наде́яться, что тру́дности позади́. Жела́ю вам дальне́йшего процвета́ния, успе́хов во всём и всего́ са́мого, са́мого лу́чшего!

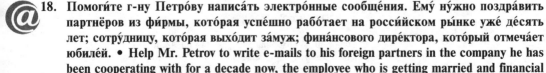

18. **Помоги́те г-ну Петро́ву написа́ть электро́нные сообще́ния. Ему́ ну́жно поздра́вить партнёров из фи́рмы, кото́рая успе́шно рабо́тает на росси́йском ры́нке уже́ де́сять лет; сотру́дницу, кото́рая выхо́дит за́муж; фина́нсового дире́ктора, кото́рый отмеча́ет юбиле́й.** • **Help Mr. Petrov to write e-mails to his foreign partners in the company he has been cooperating with for a decade now, the employee who is getting married and financial director on his jubilee date.**

Уважа́емые колле́ги!.......................

Дорога́я Ири́на!................................

Уважа́емый Алекса́ндр Ива́нович!......

19. **Как вы ду́маете, каки́е пода́рки мо́жно подари́ть в ка́ждой из перечи́сленных ситуа́ций. А каки́е пода́рки при́нято дари́ть в подо́бных слу́чаях в ва́шей стране́? Како́й пода́рок вы хоте́ли бы получи́ть ко дню рожде́ния, на Рождество́?** • What presents you think could be given in the above mentioned situations? What presents are usually given to people in the similar circumstances in your country? What present would you like to get for your birthday, for Christmas?

20. **Ваш колле́га получи́л интере́сное предложе́ние и хо́чет обсуди́ть его́ с ва́ми. Прочита́йте рекла́мное сообще́ние и скажи́те, что вы ду́маете об э́том.** • Your colleague has received an interesting proposal and wants to discuss it with you. Read an advertisement and say what you think about it.

От:	«Рыбинское бюро путешествий» <rbp@yaroslavl.ru>
Кому:	<otmeg@mail.ru>
Отправлено:	27 апреля 2011 г. 2:12
Тема:	ВЕСЕННИЙ ТУРИСТИЧЕСКИЙ ФЕСТИВАЛЬ

«Рыбинское бюро путешествий»
(Лиц. на туроператорскую деятельность ТД № 0008965).

Представляем Вашему вниманию совершенно нетрадиционную развлекательную программу для тех, кто не забыл, каково быть молодым и жизнерадостным!

Внимание! Всё, что вы прочитаете ниже — не реклама, а сухие факты.

ВЕСЕННИЙ ТУРИСТИЧЕСКИЙ ФЕСТИВАЛЬ

30 апреля–4 мая

5 дней/4 ночи

$ 500 на человека

Центр отдыха и здоровья «Сатурн» (санаторий категории *** европейского класса, реконструкция в 2002 году) расположен в сосновом бору, на берегу реки, в 5 км от г. Рыбинска Ярославской обл. Территория — 13 га — охраняется, имеются корты для большого тенниса с синтетическим покрытием, охраняемая автостоянка. Постоянные гости Центра отдыха — зарубежные туристы. Расстояние от Москвы — 330 км, подъезд по асфальтированной дороге. Маршрут проезда: Москва, Сергиев-Посад, Углич, Большое Село, Рыбинск. Размещение в двухместных номерах с удобствами. В номере: ванная, туалет, прихожая, итальянская мебель, ковролин, телевизор, холодильник.

ПРОГРАММА ФЕСТИВАЛЯ

30.04	10.30–14.30 — обзорная экскурсия по Рыбинску с посещением историко-архитектурного и художественного музея-заповедника, теплоходная прогулка по Волге	15.00–16.00 — обед
16.00–19.00 — заезд		16.00–19.00 — свободное время
18.00–20.00 — ужин		19.00–20.00 — ужин
01.05		20.30–01.00 — праздничная дискотека радиостанции «Европа +»
9.00–10.00 — завтрак	14.30 — возвращение в отель	
10.30 — посадка в автобус, отъезд на ознакомительную экскурсию		

02.05	Для желающих:	предварительной заявке):
9.00–10.00 — завтрак	• бильярд (включён в стоимость);	* сплав на катамаранах по реке
10.00–13.00 — турнир по пейнтболу, отборочные игры	• казино (за дополнительную плату);	* прыжки с парашютом
13.00–14.00 — обед	• игровые автоматы (за дополнительную плату).	14.00–15.00 — обед
14.30–17.30 — турнир по пейнтболу, финальные три	23.00 — посадка в автобус, возвращение в отель	15.00–18.00 — соревнования по спортивному ориентированию
18.00–19.00 — ужин	**03.05**	18.00–19.00 — ужин
19.30 — посадка в автобус	9.00–10.00 — завтрак	20.00 — вечер у костра на берегу реки, рыбацкая уха, шашлыки
19.45 — отъезд в развлекательный центр «Джокер»	10.00–14.00 — спортивный праздник. Для желающих (за дополнительную плату и по	**04.05**
20.00–23.00 — турнир по боулингу		9.00–10.00 — завтрак. Отъезд до 12.00

СТОИМОСТЬ ПРОГРАММЫ НА ОДНОГО ЧЕЛОВЕКА ПРИ УСЛОВИИ РАЗМЕЩЕНИЯ НА ОСНОВНОМ МЕСТЕ — 10 700 руб.
СТОИМОСТЬ НА РЕБЁНКА ПРИ УСЛОВИИ РАЗМЕЩЕНИЯ НА ДОПОЛНИТЕЛЬНОМ МЕСТЕ (РАСКЛАДНАЯ КРОВАТЬ) — 5500 руб.

В стоимость включено трёхразовое питание и все мероприятия по программе за исключением сплава по реке и прыжков с парашютом (сплав по реке на катамаранах — 500 руб., прыжки с парашютом 2500 руб.)
Дополнительные услуги: сауна (по предварительной заявке); бар; медицинские процедуры; большой теннис; прокат велосипедов; охраняемая автостоянка.

ПОДРОБНОСТИ ПО ТЕЛЕФОНАМ

Московский телефон — (495) 459-70-01. Телефоны в Рыбинске: (0855) 52-44-52, 28-05-08, 28-05-09

21. **Ваш коллега думает, что цены могли измениться. Он решил позвонить в агентство, чтобы получить свежую информацию. Продолжите диалог.** • You colleague thinks that the prices could have changed. He decided to call the agency to get fresh information. Continue the dialogue.

—Алло, это Рыбинское бюро путешествий?

—Да, добрый день. Начальник отдела по работе с клиентами Иващенко Михаил.

—Здравствуйте! Скажите, пожалуйста,...

22. **Ваш коллега недавно приехал из Рыбинска. Какие вопросы вы хотите ему задать? Используйте слова.** • Your colleague has just returned from Rybinsk. What questions would you like to ask him? Use the words.

Начинаться, продолжаться, заканчиваться, интересно, скучно, холодно, весело и т.д.

23. **Ваш коллега начал подробно рассказывать о поездке, но его позвали к телефону. Продолжите его рассказ.** • Your colleague began to speak in details about his trip, but was asked to answer a phone call. Continue his story.

Я прекрасно отдохнул в майские праздники! Вместе с женой и детьми, хотя и не дома. Мы выехали из Москвы 30 апреля в десять часов утра и уже в четыре часа были в Рыбинске.

Хотя мы ехали на машине шесть часов...

24. Прочитáйте прогрáмму ещё раз и скажи́те, что, на ваш взгля́д, понрáвилось его́ женé и дéтям? • Read the programme once again and say what his wife and children enjoyed in your opinion.

Как спроси́ть/сказáть о причи́не • How to ask/say about reason

—Он не пошёл в теáтр, потому́ что плóхо себя́ чу́вствует.

Запóмните:
Почему́ он не пошёл в теáтр?
Потому́ что плóхо себя́ чу́вствует.

1	*потому́ что*	2
Мы не пошли́ на пляж,		пошёл дождь.
Он ушёл пóсле антрáкта,		ему́ не понрáвился спектáкль.

25. Скажи́те о причи́не фáкта, соедини́в прáвильно пéрвую и втору́ю чáсти предложéний. • Express the reason by uniting the first and the second parts of the sentences correctly.

Модéль:
—Антóн не поéхал в Сýздаль — ужé был там.
—Антóн не поéхал в Сýздаль, потому́ что он ужé был там.

Ви́ктор хóчет пойти́ на автосалóн, лю́бит класси́ческую мýзыку,
Джýдит чáсто хóдит в консерватóрию, плóхо себя́ чу́вствует,
Хуани́та не былá на экскýрсии, бы́ло хóлодно,
Мы реши́ли не éхать на пикни́к, нрáвятся автомоби́ли,

26. Прочитáйте фрагмéнт интернéт-конферéнции и скажи́те, почему́ рýсские лю́бят отдыхáть в э́тих странáх. А что вы напи́шете в Интернéте? • Read an exerpt from the on-line Internet conference and say why Russians like to spend vacations in these countries. And what would you write in the forums?

a) Вы́берите прáвильные, на ваш взгля́д, отвéты. • Choose correct answers.

Модéль:
• Испáния — там тёплый кли́мат
—Рýсские лю́бят отдыхáть в Испáнии,
потому́ что там тёплый кли́мат.

Испáния:
там мнóго симпати́чных дéвушек
э́то не óчень дóрого

там мо́ре, па́льмы и фру́кты
они́ свобо́дно говоря́т по-испа́нски
они́ о́чень лю́бят корри́ду

Фра́нция:
э́то совсе́м недо́рого
э́то о́чень прести́жно, мо́дно
там мно́го казино́
там хоро́ший се́рвис
им нра́вится францу́зское вино́

Ита́лия:
они́ лю́бят пи́ццу и спаге́тти
там мно́го интере́сных музе́ев и па́мятников
они́ хотя́т уви́деть Пиза́нскую ба́шню
там всегда́ хо́лодно, и э́то напомина́ет им Росси́ю
италья́нцы — о́чень гостеприи́мный наро́д

б) **Напиши́те в Интерне́те, каки́е привлека́тельные осо́бенности характе́рны для о́тдыха в ва́шей стране́. • Write in the forums about the tourist attractions in your country.**

в) **Напиши́те, где вы лю́бите отдыха́ть и почему́. • Write where you like to spend vacation and why.**

27. **Прочита́йте сайт в Интерне́те www.afisha.ru. Скажи́те, како́й спекта́кль вы хоти́те (не хоти́те, не мо́жете) посмотре́ть и почему́. • Read the Internet site www.afisha.ru. Say what performance you want (don't want) see and why.**

Моде́ль:
— Я не могу́ пойти́ в Большо́й теа́тр 3 ма́я, потому́ что бу́ду в Петербу́рге.
— Я хочу́ посмотре́ть бале́т «Щелку́нчик», потому́ что я о́чень люблю́ му́зыку Чайко́вского.

РЕПЕРТУА́Р МОСКО́ВСКИХ ТЕА́ТРОВ НА МАЙ

Госуда́рственный академи́ческий Большо́й теа́тр Театра́льная пло́щадь, 1 Тел. 292-99-86	▶ **«Лебеди́ное о́зеро»** П.И. Чайко́вский 3, 15, 31
Госуда́рственный академи́ческий теа́тр «Моско́вская опере́тта» Больша́я Дми́тровка, 6 Тел. 292-63-77	▶ **«Весёлая вдова́»** Ф. Лега́р 5, 12, 27 ▶ **«Лету́чая мышь»** Й. Штра́ус 7, 13, 17

Моско́вский академи́ческий музыка́льный теа́тр и́мени К.С. Станисла́вского и Вл.И. Немиро́вича-Да́нченко Больша́я Дми́тровка, 17 Тел. 229-83-88

▶ **«Карме́н»** Ж. Бизе́
1, 7, 30
▶ **«Щелку́нчик»** П.И. Чайко́вский
4, 6, 15, 25
▶ **«Жизе́ль»** А. Ада́н
5, 20, 22, 23

Как вы́разить сле́дствие • How to express consequence

—Пого́да испо́ртилась, поэ́тому мы реши́ли оста́ться до́ма.

Запо́мните:

1	*поэтому*	2
Пого́да испо́ртилась,		мы реши́ли оста́ться до́ма.
Я о́чень люблю́ путеше́ствовать,		во вре́мя о́тпуска уезжа́ю куда́-нибудь.
Мое́й подру́ге нра́вится пла́вать,		весь о́тпуск она́ прово́дит на мо́ре.

28. Испо́льзуя упражне́ние 26, соста́вьте предложе́ния с сою́зом *поэ́тому*. • Using ex. 26 make up sentences with conjunction *that's why*.

Моде́ль:

• в Испа́нии тёплый кли́мат — ру́сские лю́бят отдыха́ть там.
— В Испа́нии тёплый кли́мат, поэ́тому ру́сские лю́бят отдыха́ть там.

29. Соста́вьте предложе́ния, испо́льзуя сою́з *поэ́тому*. • Make up sentences using conjunction *that's why*.

Моде́ль:

• ... поэ́тому я хожу́ в бассе́йн.
— Мне нра́вится пла́вать, поэ́тому я хожу́ в бассе́йн.

... я ча́сто быва́ю на те́ннисном ко́рте
... он не пошёл на конце́рт
... я люблю́ ходи́ть в карти́нные галере́и
... она́ не пое́дет ката́ться на лы́жах
... мы реши́ли отме́тить день рожде́ния в япо́нском рестора́не
... она́ занима́ется в тренажёрном за́ле
... он ре́дко быва́ет в ночны́х клу́бах
... он не лю́бит казино́
... они́ ча́сто е́здят на ипподро́м.

30. Прочита́йте диало́г. • **Read the dialogue.**

а) Скажи́те, куда́ Ви́ктор пригласи́л Элизабе́т. • **Say where Viktor has invited Elizabeth.**

— Алло́! Здра́вствуйте! Попроси́те, пожа́луйста, Элизабе́т.

— Мину́тку.

— Приве́т, Лиз, э́то Ви́ктор.

— Приве́т! Ра́да тебя́ слы́шать! Как дела́?

— Спаси́бо, отли́чно. Хочу́ пригласи́ть тебя́ на пока́з колле́кции Вячесла́ва За́йцева в его́ Дом мо́ды. У меня́ уже́ есть два приглаше́ния, поэ́тому отка́з не принима́ется.

— Когда́?

— Послеза́втра в шесть часо́в ве́чера.

— На́до поду́мать. Я о́чень уста́ла на э́той неде́ле, мно́го рабо́ты.

— Сейча́с я прочита́ю тебе́, что напи́сано в приглаше́нии, и тогда́ ты сра́зу согласи́шься: «В сало́не-магази́не мо́жно приобрести́ пальто́ и плащи́, костю́мы и пла́тья — наря́дные, деловы́е, повседне́вные, а та́кже разнообра́зные аксессуа́ры. В сало́не индивидуа́льных зака́зов у вас при́мут зака́зы на оде́жду: конце́ртные пла́тья, больши́е вече́рние туале́ты, сва́дебные пла́тья и костю́мы». Так что ты смо́жешь не то́лько посмотре́ть но́вые моде́ли, но и что́-нибудь заказа́ть. Как говори́тся, убьёшь двух за́йцев.

— Каки́х за́йцев? При чём тут за́йцы?

— Э́то зна́чит, сде́лаешь сра́зу два де́ла.

— А-а. Понима́ю. Но есть и друга́я посло́вица, то́же про за́йцев: За двумя́ за́йцами пого́нишься, ни одного́ не пойма́ешь.

— Я ду́маю, для на́шей ситуа́ции э́та посло́вица не подхо́дит. Ну, что ты реши́ла?

— Де́ло в том, что послеза́втра ко мне прие́дет подру́га, поэ́тому я, наве́рное, не смогу́. Э́то трина́дцатого января́, да? В тако́й день лу́чше никуда́ не ходи́ть: э́то несчастли́вое число́, чёртова дю́жина.

— Нет, трина́дцатое января́ — че́рез два дня, а послеза́втра — двена́дцатое.

— А! Тогда́ пойдём!

— Отли́чно! А по́сле пока́за мо́жно пойти́ в кафе́ «За́яц».

— О го́споди! Опя́ть за́яц!

— Смешно́е назва́ние, пра́вда?

— Да, о́чень.

— Говоря́т, там прекра́сная ку́хня, хоро́шее обслу́живание и прия́тная жива́я му́зыка.

— Зна́ю. Одна́ моя́ знако́мая хо́дит в парикма́херскую До́ма мо́ды За́йцева, поэ́тому она́ дово́льно ча́сто быва́ет в э́том кафе́.

— Зна́чит, договори́лись?

— Да, пото́м ещё созвони́мся.

— Хорошо́. Пока́!

— Пока́!

б) **Расскажи́те, что вы узна́ли о До́ме мо́ды Вячесла́ва За́йцева.** • **Say what you've learnt about Fashion House of Vyacheslav Zaitsev.**

в) **Почему́ знако́мая Элизабе́т ча́сто быва́ет в До́ме мо́ды?** • **Why does Elizabeth's acquaintance often visit the Fashion House.**

г) **Уговори́те ва́шу подру́гу (дру́га) пойти́ вме́сте в магази́н, в кинотеа́тр, в рестора́н, на экску́рсию, в музе́й. Приведи́те ве́ские аргуме́нты, испо́льзуя констру́кции с сою́зом** *поэ́тому*. **Разыгра́йте диало́г.** • **Convince your friend to go to a shop, cinema, restaurant, excursion, museum with you. Give a good reason, using constructions, with conjunction** *because*. **Make up a dialogue.**

Как вы́разить реа́льное усло́вие • How to express real condition

— **В воскресе́нье мы пое́дем на пикни́к, е́сли бу́дет хоро́шая пого́да.**

Запо́мните: *При како́м усло́вии?*
В воскресе́нье мы пое́дем на пикни́к, е́сли бу́дет хоро́шая пого́да.

Сравни́те:

$$1 \quad + \quad 2$$
Е́сли нам не понра́вится спекта́кль, мы уйдём во вре́мя антра́кта. =
$$2 \quad + \quad 1$$
= Мы уйдём во вре́мя антра́кта, е́сли нам не понра́вится спекта́кль.

31. **Зако́нчите предложе́ния по образцу́.** • **Complete the sentences according to the pattern.**

Моде́ль:
• вы ещё не́ были в Большо́м теа́тре, ...
— *Е́сли* вы ещё не́ были в Большо́м теа́тре, обяза́тельно пойди́те туда́.

в ва́шей маши́не ещё нет сигнализа́ции, ...
вы ещё не е́здили в Санкт-Петербу́рг, ...
вы ещё не чита́ли э́ту кни́гу, ...
вы не смотре́ли э́тот фильм, ...
вы лю́бите совреме́нную жи́вопись, ...

32. **Скажи́те, что вы бу́дете де́лать в сле́дующих ситуа́циях. Испо́льзуйте сою́з** *е́сли*. • **Say what you will do in the following situations. Use the conjunction** *if*.

Моде́ль:
— В рестора́не вы заказа́ли сто́лик зара́нее, но когда́ вы пришли́, он был за́нят, как и все остальны́е. Что вы бу́дете де́лать?
— Е́сли мой сто́лик бу́дет за́нят, я пойду́ к администра́тору.

Ваша подруга предлагает вам пойти на теннисный корт, а вы не умеете играть в теннис.

Вы очень любите гольф, но членство в гольф-клубе стоит 20 000 долларов.

Во время урока русского языка вам позвонили по мобильному телефону.

Ваша подруга хочет пойти в кинотеатр на фильм «Сибирский цирюльник», а вы уже видели его два раза.

Вы потеряли ключ от квартиры. В квартире вы оставили билеты в театр. Через час начнётся спектакль, на который вы пригласили вашу подругу.

33. **Прочитайте диалоги, обратите внимание на употребление союза *если*. Что вы скажете в аналогичной ситуации? •** Read the dialogues, notice the use of conjunction *if*. What would you say in similar situation?

В театральной кассе

— У вас есть билеты на «Щелкунчик» или «Лебединое озеро»?

— Нет, к сожалению, в этом месяце этих спектаклей не будет.

— А на какие спектакли есть билеты?

— На «Жизель», «Иоланту», «Царскую охоту», «Дон Кихота», «Снегурочку».

— Дайте, пожалуйста, два билета на «Жизель». Если можно, в партере.

— В партер билетов уже нет. Только в амфитеатр, но это хорошие места, в центре. Третий ряд, двадцатое и двадцать первое места.

— Хорошо.

— Пожалуйста. Три тысячи семьсот двадцать рублей.

— Спасибо.

В театре

— Скажите, пожалуйста, как пройти в амфитеатр?

— Какие у вас места?

— Двадцатое и двадцать первое.

— Поднимитесь по этой лестнице, а потом — направо.

— Спасибо. У вас можно купить программу?

— Да, пожалуйста. Пятьдесят рублей. Если можно, без сдачи.

— Вот, ровно пятьдесят рублей.

— Спасибо.

В театральном буфете

— Пожалуйста, два бокала шампанского, стакан колы, два бутерброда с рыбой.

— Если вы хотите холодную колу, лучше возьмите бутылку.

— Да, лучше холодную. Ещё одно пирожное и две шоколадки.

— С вас тысяча шестьдесят три рубля.

— Спасибо.

После спектакля

— Тебе́ понра́вился спекта́кль?

— Да, о́чень. Таки́е краси́вые декора́ции, му́зыка великоле́пная.

— Я пе́рвый раз был в Большо́м теа́тре, а ты?

— Я была́ с подру́гой в про́шлом году́, но э́тот спекта́кль мне бо́льше понра́вился.

— Говоря́т, что ско́ро теа́тр закро́ют на реставра́цию и, наве́рное, надо́лго. Если э́то пра́вда, я был здесь в пе́рвый и, мо́жет быть, после́дний раз. Дава́й сфотографи́руемся у теа́тра на па́мять!

— Дава́й!

34. Вста́вьте пропу́щенные ре́плики. • Insert missing remarks.

— У вас есть биле́ты в Большо́й теа́тр?

— На како́й спекта́кль?

— ...

— На како́е число́? «Жизе́ль» бу́дет 6 и 12 ма́рта.

— ...

— На шесто́е места́ не о́чень удо́бные. Балко́н, тре́тий я́рус.

— ... , хоте́лось бы полу́чше.

— Попро́буйте узна́ть в ка́ссе теа́тра.

— Спаси́бо, ...

Как сказа́ть о де́йствиях (собы́тиях), происходя́щих одновреме́нно/после́довательно • How to say about actions (events) taking place simultaneously/in succession

— Когда́ я разгова́риваю с друзья́ми, я отдыха́ю и забыва́ю о рабо́те.
— Когда́ я поу́жинала, я то́же позвони́ла подру́ге.

Запо́мните:

         1   **2**

а) *Когда́* я <u>слу́шаю</u> хоро́шую му́зыку, я <u>забыва́ю</u> о рабо́те.   **1** нсв ⊢⊣
                                              2 нсв ⊢⊣

         1   **2**

б) *Когда́* я <u>поу́жинала</u>, я то́же <u>позвони́ла</u> подру́ге.   **1** св • , **2** св •

Сравни́те: *одновреме́нно*

         1   **2**

1. Когда́ я <u>за́втракаю</u>, я <u>слу́шаю</u> «Но́вости».   **1** нсв ⊢⊣
                                          2 нсв ⊢⊣

         1   **2**

2. Когда́ я <u>за́втракал</u>, я <u>послу́шал</u> «Но́вости».   **1** нсв ⊢⊣
                                          2 св •

последовательно

1   2

3. Когда́ я <u>поза́втракаю</u>, я <u>бу́ду слу́шать</u> «Но́вости». **1** св •, **2** нсв   ⊢——⊣

1   2

4. Когда́ я <u>поза́втракал</u>, я <u>послу́шал</u> «Но́вости».   **1** св •, **2** св •

Обрати́те внима́ние:

Когда́ де́йствия соверша́ются *одновреме́нно* (паралле́льно), пе́рвое де́йствие (**1**) выража́ется глаго́лом несоверше́нного ви́да (**нсв**).

Когда́ де́йствия соверша́ются *после́довательно* (снача́ла **1**, пото́м **2**), пе́рвое де́йствие (**1**) выража́ется глаго́лом соверше́нного ви́да (**св**).

35. Соедини́в пра́вильно ча́сти предложе́ний и испо́льзуя сою́з *когда́*, скажи́те о де́йствиях, кото́рые мо́гут происходи́ть одновреме́нно. • By correctly uniting parts of the sentences and using conjunction *when*, speak about the actions which could be held simultaneously.

Моде́ль:

• смотрю́ бале́т — получа́ю удово́льствие

— Когда́ я смотрю́ бале́т, я получа́ю удово́льствие.

моя́ подру́га хо́чет купи́ть что́-нибудь	я слу́шаю му́зыку
я ката́юсь на лы́жах	мы идём в бар и́ли кафе́
я хочу́ отдохну́ть	я отключа́ю телефо́н
мы с друзья́ми встреча́емся	она́ всегда́ сове́туется со мной
слу́шаю о́перу	понима́ю по-ру́сски

36. Прочита́йте текст. • Read the text.

a) Скажи́те, когда́ они́ «забыва́ют о́бо всём на све́те». • Say when they can forget every-thing in the world.

Я забыва́ю о́бо всём на све́те...

Оди́н мой колле́га о́чень лю́бит автомоби́ли. Он настоя́щий фана́т. Когда́ он ви́дит интере́сную моде́ль автомоби́ля, он забыва́ет о́бо всём на све́те и ду́мает то́лько об э́той маши́не. У него́ бы́ло уже́ пять ра́зных маши́н! Ду́маю, ско́ро он ку́пит шесту́ю, потому́ что уже́ не́сколько дней он хо́дит на междунаро́дную вы́ставку автомоби́лей «Экзо́тика». Э́то вы́ставка ра́зных экзоти́ческих моде́лей автомоби́лей. Он говори́т, что там мо́жно уви́деть о́чень интере́сные маши́ны. Вчера́ он предлага́л мне пойти́ туда́, потому́ что у него́ был ли́шний пригласи́тельный биле́т. Я, коне́чно, отказа́лся. Не понима́ю, как мо́жно идти́ на автосало́н, когда́ сего́дня тако́й ва́жный футбо́льный матч на стадио́не «Лужники́»: «Спарта́к» — «Интер»! Я ждал его́ це́лый ме́сяц, купи́л биле́ты на лу́чшие места́. Коне́чно, я пойду́ на футбо́л, потому́ что бо́льше всего́ я люблю́ футбо́л! Когда́ я смотрю́ футбо́л, я забыва́ю о́бо всём на све́те!

б) **Когда́ вы забыва́ете обо всём на све́те?** • Say when you forget about everything.

в) **Е́сли у вас есть знако́мые, о́чень увлечённые чём-то, расскажи́те о них.** • If you have friends who have hobbies that carry them away, tell about them.

37. **Прочита́йте да́нные словосочета́ния. Обрати́те внима́ние на вид глаго́лов.** • Read the following word combinations. Pay attention to the verbs' aspect.

а) **Соста́вьте предложе́ния по образцу́ и нарису́йте к ка́ждому из них графи́ческую схе́му.** • Make up sentences using a pattern and draw a graphic scheme to illustrate it.

Моде́ль:

- ви́деть автомоби́ли — забыва́ть обо всём
— Когда́ он ви́дит автомоби́ли, он забыва́ет обо всём.

прочита́ть рекла́му — реши́ть пое́хать на вы́ставку
реши́ть пое́хать — бу́дет звони́ть
звони́ть — пришёл друг
звони́ть — спроси́ть о цене́
позвони́ть — узна́ть ме́сто и часы́ рабо́ты автосало́на
смотре́ть но́вые моде́ли — позвони́л моби́льный телефо́н
ви́деть интере́сную моде́ль автомоби́ля — ду́мать то́лько о маши́не
ходи́ть на автомоби́льные вы́ставки — купи́ть но́вый автомоби́ль
прийти́ в ка́ссу — купи́ть биле́ты
купи́ть биле́ты — пойти́ на футбо́л
покупа́ть биле́ты — встре́тить у ка́ссы дру́га
смотре́ть футбо́л — забыва́ть обо всём

б) **Скажи́те, каки́е де́йствия происходи́ли одновреме́нно, а каки́е после́довательно.** • Say what actions took place simultaneously and which ones were held in succession.

38. **Прочита́йте расска́з сотру́дника испа́нской фи́рмы Пе́дро Му́рга.** • Read the story of the Spanish company representative Pedro Murga.

а) **Скажи́те, куда́ колле́ги реши́ли пое́хать.** • Say where the colleagues decided to go.

Куда́ пое́хать отдыха́ть?

Говоря́т, лу́чший о́тдых — сме́на заня́тия. Мой нача́льник то́же так счита́ет. Кро́ме того́, он говори́т, что не́которые дела́ мо́жно де́лать одновреме́нно: наприме́р, когда́ вы ведёте перегово́ры, вы мо́жете писа́ть отчёт о проде́ланной рабо́те, отвеча́ть на запро́с партнёра, заполня́ть фина́нсовые докуме́нты, говори́ть по двум телефо́нам и посыла́ть факс. Вы понима́ете, что с таки́м нача́льником на́до серьёзно гото́виться к о́тдыху!

Че́рез неде́лю у нас вме́сте с пра́здничными дня́ми и выходны́ми бу́дет четы́ре свобо́дных дня! Мо́жно куда́-нибудь пое́хать. Но куда́? Я реши́л посове́товаться с колле́гами.

— Сандро, как ты ду́маешь, куда́ лу́чше пое́хать в выходны́е? Я давно́ хоте́л пое́хать в Су́здаль. Говоря́т, э́то о́чень краси́вый стари́нный го́род.

— По-мо́ему, лу́чше пое́хать в Яросла́вль, потому́ что туда́ мо́жно плыть на теплохо́де, а э́то интере́снее, чем на авто́бусе. Ведь когда́ плывёшь на теплохо́де, ви́дишь мно́го интере́сных, живопи́сных мест. Во́лга — знамени́тая, мо́жно сказа́ть, легенда́рная ру́сская река́. Яросла́вль — о́чень краси́вый го́род. Кста́ти, он, как и Су́здаль, вхо́дит в знамени́тое «Золото́е кольцо́». Говоря́т, там нахо́дится пе́рвый ру́сский теа́тр. Ка́жется, в тако́й тур вхо́дит ма́ленький, но знамени́тый го́род Углич. Там есть что посмотре́ть. Бу́дем сочета́ть прия́тное с поле́зным: отдыха́ть и изуча́ть ру́сскую исто́рию. Ну, что ска́жешь? Я могу́ соста́вить тебе́ компа́нию.

— Отли́чно. Вдвоём веселе́е. То́лько зна́ешь, исто́рия э́то, коне́чно, хорошо́, но... Как ты ду́маешь, на теплохо́де бу́дет бар, рестора́н? На́до же и повесели́ться, отдохну́ть, рассла́биться. Я, наприме́р, обожа́ю билья́рд. Когда́ я игра́ю в билья́рд, я забыва́ю обо всём на све́те!

В разгово́р вступи́л Па́бло, наш ме́неджер по прода́жам.

— Друзья́, мне ка́жется, вы забыва́ете обо мне! Я то́же о́чень уста́л и хочу́ отдохну́ть. Мо́жно пое́хать с ва́ми?

— Коне́чно! Как говоря́т ру́сские, Бог лю́бит тро́ицу!

б) **Кто пое́дет на экску́рсию?** • **Who will go on excursion?**

в) **Почему́ они́ реши́ли пое́хать в Яросла́вль?** • **Why did they decide to visit Yaroslavl?**

г) **Пригласи́те ва́ших друзе́й и́ли колле́г соверши́ть путеше́ствие вме́сте с ва́ми.** • **Invite your friends or colleagues to go on excursion with you.**

д) **Как вы счита́ете, что мо́жно и чего́ нельзя́ де́лать одновреме́нно на рабо́те, на о́тдыхе? А как счита́ет ваш шеф?** • **What do you think one can and can't do at work or on vacation at the same time? What does your boss think?**

Как дать определе́ние чему́-либо/кому́-либо • How to describe smth/smb.

— «Моско́вский» — э́то изве́стный рестора́н, кото́рый нахо́дится в гости́нице «Национа́ль».

Запо́мните:

Како́й э́то рестора́н?
- «Моско́вский»
- изве́стный
- ... , кото́рый нахо́дится в гости́нице «Метропо́ль»

Обрати́те внима́ние:

муж. р. он	Что? № 1	
рестора́н	кото́рый	нахо́дится

муж. р. (он) — кото́рый
жен. р. (она́)— кото́рая
ср. р. (оно́) — кото́рое
мн. ч. (они́) — кото́рые

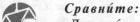

Сравните:

«Дом книги» — это книжный *магазин*, кото**рый** находится на Новом Арбате.

Красная площадь — это *площадь*, кото**рая** является историческим центром Москвы.

Берёза — это *дерево*, кото**рое** считается символом России.

Владимир и Суздаль — это старинные русские *города*, кото**рые** входят в знаменитый туристический маршрут «Золотое кольцо».

39. Закончите предложения по образцу. • **Finish up sentences according to the pattern.**

Модель:

• Малый театр — это драматический театр, который...
— Малый театр — это драматический театр, который находится на Театральной площади рядом с Большим театром.

«Сибирский цирюльник» — это фильм, который ...
«Лебединое озеро» — это балет, который ...
Колокольня «Иван Великий» — это колокольня, которая ...
Храм Христа Спасителя — это храм, который ...
Собор Василия Блаженного — это храм, который ...
Тверская улица — это улица, которая ...

40. Послушайте телефонный разговор. • **Listen to telephone conversation.**

а) Скажите, куда и зачем позвонили коллеги. • **Say where and why your colleagues have called.**

—Алло!
—Турагентство «Орфей». Добрый день.
—Здравствуйте. Мы хотели бы заказать тур на праздничные дни.
—Да, пожалуйста. Какой именно тур вас интересует?
—У нас есть только четыре дня.
—На четыре дня есть поездка в Санкт-Петербург.
—Мы там уже были, поэтому это не подходит. А в Ярославль у вас нет туров?
—Сейчас посмотрю, минутку. В Ярославль у нас есть, но мне надо уточнить дату. Да, с первого по четвёртое мая — Москва — Углич — Ярославль — Москва. Трёхпалубный теплоход. Вы хотите забронировать каюту?

—Да. Ско́лько сто́ит трёхме́стная каю́та?

—Одно́ ме́сто в тако́й каю́те на ве́рхней па́лубе сто́ит четы́ре ты́сячи пятьсо́т рубле́й. В сто́имость вхо́дит трёхра́зовое пита́ние и экскурсио́нное обслу́живание.

—Это каю́та люкс?

—Нет, но в каю́те есть все удо́бства, и она́ на ве́рхней па́лубе, поэ́тому така́я сто́имость. Е́сли вы хоти́те деше́вле, каю́та, кото́рая нахо́дится на ни́жней па́лубе, сто́ит три ты́сячи.

—Пожа́луй, нет. Когда́ е́дешь отдыха́ть, не сто́ит эконо́мить. Скажи́те, на теплохо́де есть рестора́н?

—Да, коне́чно, бар, рестора́н, жива́я му́зыка, са́уна — скуча́ть не бу́дете!

—И в билья́рд мо́жно игра́ть?

—Да, есть билья́рдный зал.

—Замеча́тельно! Заброни́руйте, пожа́луйста, одну́ трёхме́стную каю́ту. Моя́ фами́лия Му́рга. Когда́ к вам мо́жно прие́хать, что́бы оплати́ть тур?

—Мы рабо́таем с десяти́ до двадцати́ часо́в, кро́ме воскресе́нья. А́дрес у вас есть?

—Да, в рекла́ме есть а́дрес. Мы прие́дем за́втра.

—Скажи́те, пожа́луйста, в како́й газе́те вы нашли́ на́шу рекла́му?

—Мы нашли́ вас не в газе́те, а в журна́ле «Тури́зм и о́тдых». О́чень краси́вый журна́л. И беспла́тный.

—Спаси́бо за комплиме́нт.

—Это не комплиме́нт, э́то пра́вда! До за́втра.

—До свида́ния. Ждём вас.

б) **Куда́ и когда́ е́дут друзья́?** • **Where and when do your friends go?**

в) **Почему́ они́ сде́лали э́тот вы́бор?** • **Why have they made this choice.**

г) **Позвони́те и закажи́те туристи́ческую пое́здку для вас и ва́ших колле́г (друзе́й, семьи́).** • **Call an agency and book a tour for yourself and your friends (colleagues, family).**

41. а) **И вот колле́ги уже́ плыву́т на теплохо́де, сидя́т в рестора́не и бесе́дуют. Пре́жде чем узна́ть, о чём они́ говоря́т, посмотри́те назва́ния не́которых блюд ру́сской национа́льной ку́хни.** • **Your colleagues are already aboard a ship sitting in the restaurant, talking. Before learning what they are talking, look at the names of some dishes of the Russian cuisine.**

блины́
бу́лочки
ватру́шки
гре́чневая ка́ша
дичь
ды́ня медо́вая с ликёром
осетри́на

котле́ты из судака́
пельме́ни
пирожки́
ра́ки
сёмга в шампа́нском
уха́
щи

 б) **Послу́шайте диало́г и скажи́те, почему́ друзья́ заказа́ли ры́бное блю́до.** • **Listen to the dialogue and say why the friends ordered a fish dish.**

— Вот сто́лик, кото́рый мы заказа́ли.

— Хорошо́, что он у окна́.

— Экску́рсия была́ о́чень интере́сная. В э́том ма́леньком городке́ Угличе происходи́ли таки́е ва́жные истори́ческие собы́тия!

— Да, я что́-то слы́шал ра́ньше о Бори́се Годуно́ве, об уби́йстве ма́ленького царе́вича Дми́трия, но не знал, что э́то случи́лось здесь.

— Друзья́, дава́йте реша́ть, что бу́дем зака́зывать. Я о́чень хочу́ есть, а вы всё об исто́рии. За столо́м на́до есть: когда́ я ем, я глух и нем! То́лько снача́ла на́до заказа́ть что́-нибудь. Тут в меню́ каки́е-то непоня́тные блю́да. Вы, наприме́р, зна́ете, что тако́е гуса́рская руле́тка? Или фарширо́ванная перепёлка? А вот совсе́м смешно́е сло́во — «кулебя́ка».

— Это что́-то но́вое.

— Скоре́е, э́то что́-то о́чень ста́рое, точне́е, стари́нное.

— Я зна́ю блины́, пельме́ни, пирожки́, уху́, варе́ники, расстега́и, щи, ка́шу, но «кулебя́ка» — пе́рвый раз слы́шу тако́е назва́ние.

— Дава́йте спро́сим у официа́нта.

— Мо́жет, лу́чше у официа́нтки? Кака́я симпати́чная! Де́вушка, вы не могли́ бы помо́чь нам?

— Да, пожа́луйста.

— Мы не зна́ем не́которые блю́да. Очень экзоти́ческие назва́ния, поэ́тому мы не всё понима́ем. Наприме́р, гуса́рская руле́тка, фарширо́ванная перепёлка.

— Перепёлка — э́то дичь, ди́кая пти́ца. Фарширо́ванная — потому́ что в ней есть начи́нка из фру́ктов. А гуса́рская руле́тка — э́то бара́ньи котле́ты с чесноко́м.

— Это блю́до люби́ли гуса́ры?

— Мо́жет быть, я то́чно не зна́ю. Говоря́т, что э́ти блю́да пригото́влены по реце́птам, кото́рые нашли́ в стари́нных кулина́рных кни́гах.

— А что вы нам посове́туете?

— Попро́буйте мя́со с гриба́ми в горшо́чке. Вме́сто кры́шки — бу́лочка с гре́чневой ка́шей. Очень вку́сно и необы́чно. Если вы лю́бите вы́печку, возьми́те кулебя́ку на четы́ре угла́ — э́то пиро́г с четырьмя́ ра́зными начи́нками, как большо́й пирожо́к.

— А блю́да из ры́бы у вас есть? Мы ведь на Во́лге.

— Есть во́лжская сте́рлядь, котле́ты из судака́, ра́ки, сёмга в шампа́нском, осетри́на.

— Я предлага́ю во́лжскую сте́рлядь, потому́ что сейча́с мы плывём по Во́лге. Вы согла́сны?

— Коне́чно.

— Зна́чит, три по́рции?

— Да, пожа́луйста. И кулебя́ку на четы́ре угла́. Три шту́ки.

— И, коне́чно, бе́лое вино́, минера́льную во́ду с га́зом.

— И ещё помидо́ры, фарширо́ванные сы́ром с гриба́ми.

— А на десе́рт что?

— Дава́йте попро́буем ды́ню медо́вую с ликёром.

— С ликёром? Я согла́сен.

в) Что заказа́ли друзья́? Каки́е блю́да они́ уже́ зна́ли, а каки́е — нет? • **What have the friends ordered? What dishes they knew and which ones didn't?**

г) А вы про́бовали э́ти блю́да? Вам нра́вятся они́? • **Did you try these dishes? Do you like them?**

42. Восстанови́те диало́г. • **Reconstruct the dialogue.**

— Како́е ... ме́сто!

— Дава́й ... здесь!

— По-мо́ему, здесь все сто́лики ... .

— Сейча́с узна́ем у ... .

— Мы мо́жем у вас ...?

— Да, пожа́луйста, вон ... сто́лик. Возьми́те, пожа́луйста, меню́.

— Что бу́дем ... ?

— Пожа́луй, я бу́ду ... .

— А я попро́бую ... .

— А что мы бу́дем ... : вино́ и́ли пи́во?

— Дава́й лу́чше холо́дную минера́льную во́ду. В таку́ю жару́ ничего́ не ... .

— Де́вушка, пожа́луйста, ...

— Это ... ?

— Пока́ да, десе́рт мы ... пото́м. Де́вушка, а у вас ... кури́ть?

— Да, сейча́с принесу́ ... .

43. Вы реши́ли пойти́ в рестора́н, что́бы попро́бовать традицио́нные ру́сские блю́да. • **You decided to go to a restaurant to taste the traditional Russian dishes.**

а) Прочита́йте информа́цию о не́которых моско́вских рестора́нах и вы́берите оди́н из них. • **Read information on some of Moscow restaurants and choose one of them.**

Рестора́н «**Кра́сная пло́щадь, дом 1**». Кра́сная пло́щадь, 1 (в зда́нии Истори́ческого музе́я). Тел.: 925-36-00, 292-11-96.

Рестора́н нахо́дится в зда́нии Госуда́рственного Истори́ческого музе́я. Когда́ вы прихо́дите сюда́, вы сра́зу чу́вствуете себя́ в Росси́и XVIII—XIX веко́в. Вы не то́лько уви́дите интерье́р про́шлых веко́в, но и попро́буете блю́да, кото́рые пригото́вили по реце́птам повaро́в импера́торской семьи́. Эти реце́пты нашли́ в архи́вах музе́я. Но са́мые великоле́пные встре́чи с исто́рией происхо́дят на специа́льных «Истори́ческих обе́дах». Програ́мму таки́х обе́дов рестора́н разраба́тывает совме́стно с музе́ем. На э́тих обе́дах то́чно копи́руются стари́нные меню́ и живы́е музыка́льные дивертисме́нты, прово́дятся темати́ческие вы́ставки. Вы мо́жете заказа́ть в рестора́не любо́й истори́ческий обе́д.

Рестора́н «**Моско́вский**». Театра́льный прое́зд, 1/4. Тел. 927-60-00, факс: 927-60-10.

Э́тот уника́льный рестора́н нахо́дится в са́мом це́нтре го́рода, в одно́м из са́мых фешене́бельных оте́лей Москвы́ — гости́нице «Метропо́ль». Из о́кон рестора́на открыва́ется прекра́сный вид на Кремль, Кра́сную пло́щадь и Мане́ж. Роско́шный интерье́р, высоча́йший у́ровень се́рвиса и досту́пные це́ны! Но гла́вное, чем горди́тся рестора́н — э́то великоле́пная ру́сская ку́хня по стари́нным национа́льным реце́птам. Здесь вам предло́жат и лу́чшие блю́да европе́йской кулина́рной тради́ции, и обши́рную ви́нную ка́рту. В рестора́не прохо́дят би́знес-ла́нчи, бра́нчи, фестива́ли национа́льных ку́хонь.

Кро́ме того́, в оте́ле «Метропо́ль» есть не́сколько прекра́сных банке́тных за́лов, в кото́рых вы мо́жете провести́ официа́льную встре́чу на са́мом высо́ком у́ровне и́ли отме́тить семе́йный пра́здник в тёплой и дру́жеской обстано́вке.

Рестора́н-бар «**Гуля́й-го́род**». Тел. 737-83-44, 737-83-45. Торго́вый ко́мплекс «Охо́тный ряд», Мане́жная пло́щадь, 1, 3-й у́ровень.

Е́сли вы хоти́те великоле́пно отдохну́ть и подня́ть настрое́ние, приходи́те в «Гуля́й-го́род»!

Здесь, у стен дре́внего Кремля́, вас удиви́т высо́кое мастерство́ повaро́в, ую́тный интерье́р, прия́тная жива́я му́зыка. В э́том рестора́не с больши́ми ски́дками вы мо́жете отпра́здновать любо́е семе́йное торжество́, юбиле́й, сва́дьбу, банке́т.

Рестора́н «**Ка́менный цвето́к**». Ул. Садо́вая-Спа́сская, 21. Тел. 204-06-88.

Вы хоти́те попа́сть в ска́зку? Приходи́те в рестора́н «Ка́менный цвето́к»! Здесь вас ждут ую́тная атмосфе́ра, необы́чный интерье́р и «ска́зочное» меню́.

Рестора́н «**Барви́ха**». Большо́й Николопеско́вский переу́лок, 8. Тел. 241-02-70.

Э́тот небольшо́й ую́тный рестора́н в переу́лке Ста́рого Арба́та с VIP-кабине́том и билья́рдом приглаша́ет вас на карао́ке по-ру́сски и отли́чный у́жин для двои́х.

Ресторáн-клуб «**Сýдарь**». Кутýзовский проспéкт, д. 36/2. Тел. 249-69-65, 249-65-29.

Здесь вас ждут настоя́щая рýсская кýхня и шóу-прогрáммы. Вас прия́тно удивя́т рýсская национáльная одéжда на слýжащих, посýда из Гжéли, медвéжья шкýра на стенé и рýсские ромáнсы. Наш деви́з: «Гуля́ть так гуля́ть! По-рýсски!»

б) **Какóй ресторáн вы вы́брали и почемý? •**
What restaurant have you chosen and why?

44. **В ресторáне вам нáдо вы́брать блю́да и сдéлать закáз. • In the restaurant you are to choose some dishes and to place an order.**

а) **Прочитáйте меню́. • Read the menue.**

Меню

Холóдные закýски

Осетри́на заливнáя
Авокáдо, фарширóванное кревéтками
Перепёлка жáреная
Балы́к осетрá с лимóном
Крáбы натурáльные под майонéзом
Рулéт из поросёнка
Икрá кетóвая с мáслом
Баклажáны жáреные с чеснокóм и орéхами
Грибы́
Сёмга с лимóном

Горя́чие закýски

Блины́ с сёмгой
Кревéтки в пи́ве
Пельмéни москóвские
Жульéн из пти́цы

Супы́

Щи «Цáрские»
Борщ «Украи́нский»
Ухá
Суп-крем из крáбов
Суп-лапшá грибнáя
Окрóшка

Мясны́е блю́да

Бифште́кс с лу́ком
Свини́на с гриба́ми и лу́ком
Теля́тина в горшо́чке
Фарширо́ванный поросёнок

Блю́да из пти́цы

Котле́ты по-ки́евски
Утка, жа́ренная с я́блоками
Кроке́ты из кур
Гусь, фарширо́ванный я́блоками
Жа́реная перепёлка в ви́нном со́усе

Ры́бные блю́да

Сте́рлядь в шампа́нском
Осетри́на гриль с со́усом «Ру́сский»
Форе́ль нижегоро́дская
Филе́ осётра
Суда́к жа́реный фри

Вы́печка

Кулебя́ка на четы́ре угла́
Расстега́и с ры́бой
Пиро́г с гриба́ми
Пирожки́ с капу́стой

Десе́рты

Ды́ня медо́вая с ликёром
Сала́т из све́жих фру́ктов и я́год в вине́
Моро́женое со сли́вками и фру́ктами
Гу́рьевская ка́ша
Варе́ники с ви́шнями
Суфле́ с клубни́кой и фиста́шками
Торт «Минда́льный»

Напи́тки

Квас ру́сский
Со́ки
Минера́льная вода́
Кре́пкие алкого́льные напи́тки
Ви́на (бе́лые, кра́сные, шампа́нские)
Ко́фе
Чай с мёдом и лимо́ном

б) **Каки́е блю́да вам знако́мы? Каки́е вы хоти́те попро́бовать? • What dishes do you know? Which ones would you like to taste?**

в) **Спроси́те у официа́нта, что представля́ют собо́й блю́да с непоня́тными назва́ниями. • Ask the waiter to describe the dishes with unknown names.**

г) **Сде́лайте зака́з. • Make an order.**

45. Прочита́йте расска́з. • Read the story.

а) **Что вы узна́ли о вку́сах геро́я расска́за? Что ему́ нра́вится? • What have you learnt about the tastes of the story's hero? What does he like?**

ВСЕ ОТДЫХА́ЮТ ПО-РА́ЗНОМУ

У меня́ тру́дная рабо́та. И о́чень тяжёлая, но интере́сная жизнь. Я молодо́й специали́ст. Ещё год наза́д я жил в Кана́де и учи́лся в университе́те, а сейча́с я рабо́таю в кру́пной кана́дской компа́нии, кото́рая нахо́дится в Москве́. У меня́ интере́сная рабо́та, но сейча́с я не хочу́ о ней вспомина́ть, потому́ что я о́чень уста́л. Иногда́ мой рабо́чий день продолжа́ется не во́семь, а де́сять и да́же двена́дцать часо́в.

Сейча́с моё люби́мое вре́мя — ве́чер, пя́тница. Рабо́чая неде́ля ко́нчилась, начина́ются выходны́е, кото́рые пройду́т о́чень бы́стро. Говоря́т, «де́лу — вре́мя, поте́хе — час», поэ́тому на́до поду́мать об о́тдыхе.

У ка́ждого челове́ка свои́ представле́ния об о́тдыхе (о том, как ну́жно отдыха́ть). Не́которые лю́ди лю́бят отдыха́ть пе́ред телеви́зором и́ли компью́тером, не́которые — с газе́той и сигаре́той, не́которые — гуля́ть с соба́кой, а не́которые — на дива́не с кни́гой.

По-мо́ему, и́менно тако́й челове́к мой шеф. Он не лю́бит экску́рсии, пое́здки. Иногда́ он прово́дит вре́мя в дорого́м подмоско́вном санато́рии. Там он смо́трит телеви́зор, игра́ет в гольф, билья́рд. Пра́вда, иногда́ он хо́дит в консервато́рию вме́сте с жено́й. «Когда́ я слу́шаю хоро́шую му́зыку, — говори́т он, — я забыва́ю о рабо́те». Я ду́маю, что он э́то де́лает ра́ди жены́. Её зову́т Анна, она́ лю́бит класси́ческую му́зыку. Говоря́т, она́ сама́ хорошо́ игра́ет на скри́пке.

А вот на́ша секрета́рь Сте́фани о́чень лю́бит путеше́ствовать. Ка́ждое ле́то она́ уезжа́ет в Евро́пу, а в выходны́е дни осма́тривает Подмоско́вье. Сте́фани — высо́кая блонди́нка. Она́ о́чень нра́вится моему́ дру́гу Джо́ну. Но Джон лю́бит «отдыха́ть в Интерне́те», а в выходны́е дни спит до полу́дня. «Если я просну́сь за́втра в 6 утра́, — сказа́л Джон, — я пое́ду в Арха́нгельское с тобо́й». Сте́фани засмея́лась и отве́тила: «Скажи́ мне, как ты отдыха́ешь, и я скажу́ тебе́, кто ты». Интере́сно, проснётся ли Джон? Сте́фани пригласи́ла и меня́, но я сказа́л, что пое́хать не смогу́. За́втра днём я хочу́ пойти́ в бассе́йн. Мне нра́вится занима́ться спо́ртом. Когда́ я был студе́нтом, я игра́л в футбо́л и баскетбо́л. Сейча́с я обы́чно смотрю́ футбо́л по телеви́зору, но ка́ждую суббо́ту хожу́ в бассе́йн. А ве́чером я бу́ду в теа́тре. Лиз и Ви́ктор пригласи́ли меня́. У них есть ли́шний биле́т в Большо́й на «Лебеди́ное о́зеро».

Что де́лать в воскресе́нье, я ещё не зна́ю. Мо́жет быть, позвони́ть Ольге? Мы поссо́рились, и вот уже́ пять дней я не зна́ю, как помири́ться. А что, е́сли пригласи́ть её куда-нибудь? Говорят, в Третьяковской галерее сейчас новая выставка. Может быть, когда мы будем смотреть картины, мы забудем о нашей глупой ссоре...

Боюсь, если мы не помиримся, мне придётся встречать Новый год в одиночестве.

б) **Ответьте на вопросы.** • **Answer the questions.**

Как коллегам героя нравится отдыхать?

Какое отношение к отдыху наиболее близко вам?

Как вы понимаете высказывание Стефани: «Скажи мне, как ты отдыхаешь, и я скажу тебе, кто ты»?

Расскажите о планах героя рассказа на выходные дни.

А какие у вас планы?

Контрольные задания

Побеседуем • Communicative practice

1. Вы получили пригласительные билеты на международный автомобильный салон и на показ коллекции известного российского кутюрье Славы Зайцева. К сожалению, эти мероприятия состоятся в один и тот же день. Скажите, куда вы предпочтёте пойти и почему. • You've got invitations for the international automobile show and for the fashion show of a famous Russian couturier Slava Zaitsev. Unfortunately both events are to be held on the same day. Say what event you prefer to attend and why?

ПРИГЛАШЕНИЕ

МОСКОВСКИЙ ДОМ МОДЫ СЛАВЫ ЗАЙЦЕВА

24 августа

Для Вячеслава Зайцева будет большим удовольствием видеть Вас на премьере коллекции меховых изделий.

Московский Дом Моды Вячеслава Зайцева Проспект Мира, 21

Приглашение действительно на одно лицо

Ваше место: 9
Ряд: 5

ПРИГЛАСИТЕЛЬНЫЙ БИЛЕТ

АВТОСАЛОН «АВТОМОБИЛЬ В НАШЕЙ ЖИЗНИ»

24 августа
5-й Российский международный автомобильный салон

Выставочный комплекс «Экспоцентр» на Красной Пресне, Москва
Показ состоится в среду, в 18.00
Часы работы: 10.00–18.00
Сектор: А

2. Отве́тьте на вопро́сы, и вы узна́ете, уме́ете ли вы интере́сно проводи́ть свобо́дное вре́мя. Мы предлага́ем вам де́сять вопро́сов с двумя́ возмо́жными отве́тами, из кото́рых ну́жно вы́брать оди́н. • Answer the questions to find out whether you know how to enjoy your free time. We suggest you answer ten questions choosing one answer out of two in every question.

ТЕСТ

1. а. У вас не рабо́тает телеви́зор, и вы споко́йно занима́етесь други́ми дела́ми.
   б. Вы неме́дленно звони́те ма́стеру, потому́ что не мо́жете жить без телеви́зора.

2. а. Вы мо́жете назва́ть три кни́ги, кото́рые неда́вно прочита́ли?
   б. Вы не по́мните, потому́ что э́то было о́чень давно́.

3. а. У вас есть хо́бби.
   б. Бо́льше всего́ вы лю́бите лежа́ть на дива́не и́ли разгова́ривать по телефо́ну.

4. а. Вы лю́бите гуля́ть по ле́су, ходи́ть пешко́м по го́роду, па́рку, соверша́ть экску́рсии.
   б. Вы не получа́ете никако́го удово́льствия от прогу́лок пешко́м, предпочита́ете автомоби́ль.

5. а. Це́лый год вы рабо́тали, а когда́ начина́ется о́тпуск, отли́чно отдыха́ете на дива́не.
   б. Вы предпочита́ете во вре́мя о́тпуска путеше́ствовать, смотре́ть но́вые места́.

6. а. У вас неожи́данно появи́лся свобо́дный день. У вас нет пробле́мы, что де́лать: пла́нов о́чень мно́го.
   б. Вы не зна́ете, как провести́ э́тот день.

7. а. В воскресе́нье вы ждёте ва́жный телефо́нный звоно́к и смо́трите телеви́зор.
   б. В э́то вре́мя вы де́лаете что́-нибудь поле́зное.

8. а. Вы лю́бите игра́ть в ка́рты и́ли други́е и́гры.
   б. У вас нет никаки́х игр.

9. а. Вы не удивля́етесь лю́дям, кото́рые увлечены́ че́м-нибудь.
   б. Вы не понима́ете э́тих люде́й.

10. а. Свобо́дное вре́мя для вас не пробле́ма, потому́ что у вас о́чень мно́го интере́сных пла́нов.
    б. Вы не зна́ете, как провести́ свобо́дное вре́мя, вы хоти́те, что́бы выходны́е скоре́е прошли́.

ОТВЕ́Т:

Е́сли вы вы́брали вариа́нт «а» при отве́тах на вопро́сы 1, 2, 3, 4, 10 — запиши́те по 2 очка́. Е́сли вы вы́брали вариа́нт «б» на вопро́сы 5, 7, 9 — то́же по 2 очка́.

От 0 до 8 очко́в: Свобо́дное вре́мя вы прово́дите однообра́зно. У вас нет интере́сов. Ча́ще всего́ вы смо́трите телеви́зор и́ли хо́дите в кино́. Вам на́до быть акти́внее.

От 10 до 14 очко́в: Не са́мое лу́чшее де́ло — сесть в кре́сло и́ли всё вре́мя чита́ть. Вам на́до заня́ться спо́ртом.

От 16 до 20 очко́в: вы уме́ете по́льзоваться ка́ждой мину́той. Вы не зна́ете, что тако́е «ску́ка».

Е́сли у вас то́чно 20 очко́в, поду́майте, мо́жет быть, вам неинтере́сна ва́ша рабо́та, поэ́тому вы всё вре́мя тра́тите на развлече́ния.

3. **Прочита́йте статью́ о том, как отдыха́ют в Росси́и. Что вы мо́жете рассказа́ть о пробле́ме о́тдыха в ва́шей стране́? Как у вас обы́чно прово́дят выходны́е, о́тпуск? Куда́ предпочита́ют е́здить?** • Read an article on how people spend their vacations in Russia.

От добра́ добра́ не и́щут?

Мно́гие россия́не прово́дят свой о́тпуск на да́че. Там они́ не то́лько отдыха́ют, но и рабо́тают в сада́х и огоро́дах.

Не́которые е́здят на юг, к мо́рю, обы́чно в Крым и́ли Со́чи, потому́ что они́ хотя́т загоре́ть, согре́ться по́сле до́лгой зимы́ и, коне́чно, попла́вать в мо́ре. Но не все лю́бят е́здить далеко́.

Мно́гие предпочита́ют дома́ о́тдыха в Центра́льной Росси́и, недалеко́ от до́ма. Наприме́р, в о́чень комфорта́бельных дома́х о́тдыха «Со́лнечная поля́на», «Бор», «Со́сны», «Барви́ха». Номера́ здесь лу́чше зака́зывать зара́нее. Сюда́ ча́сто приезжа́ют на уи́к-энд росси́йские бизнесме́ны. Здесь мо́жно поката́ться на во́дном велосипе́де и́ли мотоци́кле. Е́сли вы лю́бите спорт, вы мо́жете ката́ться на лошадя́х, игра́ть в баскетбо́л, футбо́л и́ли волейбо́л. А е́сли вы предпочита́ете споко́йный о́тдых — для вас есть са́уна, соля́рий, масса́жные кабине́ты. Таки́е пансиона́ты — идеа́льное ме́сто для ти́хого семе́йного о́тдыха.

В после́днее вре́мя в Росси́и о́чень популя́рны пое́здки в други́е стра́ны: Ита́лию, Фра́нцию, Испа́нию, Ту́рцию, потому́ что здесь мо́жно и уви́деть мно́го интере́сного, и отдохну́ть на мо́ре. Но, к сожале́нию, пока́ не все мо́гут себе́ позво́лить тако́й о́тдых. Для большинства́ гла́вным ме́стом о́тдыха остаётся да́ча. Мно́гие говоря́т: «Когда́ я рабо́таю на да́че, я отдыха́ю». Мо́жет быть, действи́тельно, све́жий во́здух, лес и река́ — лу́чший о́тдых, и не на́до никуда́ е́здить? Как говори́тся, «от добра́ добра́ не и́щут».

4. **Прочита́йте рекла́мные сообще́ния и вы́берите ме́сто для о́тдыха. Напиши́те их. Обоснуйте ваш отве́т.** • Read ads and choose a place to spend your vacation at. Explain your choice.

От:	«Skylark H. Fireball» <jeh@futbolamericano.com>
Кому:	<interoptic@mail.ru>
Отправлено:	3 ноября 2011 г. 12.56
Тема:	Новый год и предновогодние вечеринки в клубе Сельга

Новый год и предновогодние вечеринки в клубе «Сельга»

Вы славно потрудились в этом году. Успехи принято отмечать торжественно и весело. Для этого есть мы.

Вас ждет большой уютный зал на 80 человек, VIP-зал на 16 человек.

12-футовый русский бильярд в отдельном зале.

Вкуснейшие блюда русской и европейской кухни, блюда на углях, винная карта, живая музыка, шоу-программа, дискотека.

Две прекрасно оформленные сауны с бассейнами, бильярдами и караоке.

Звоните, приходите! Здесь Вас ждут! Тел. (495) 542-76-97

От:	Раиса Богдановна» <wxnu3@basko.ru>
Кому:	<interoptic@mail.ru>
Отправлено:	10 ноября 2011 г. 4.25
Тема:	Новый год в Африке по-русски! Сафари и океан в Кении! Цены ОК!

Африка-2006! Самый модный Новый год в Европе — это Кения!
30.12.2011–9.01.2012

Найроби, сафари в парках Амбосели и Цаво и неделя на берегу океана 5*

Все отели забиты немцами и французами! Всего 164 россиянина встретятся в Африке на новогодних праздниках у подножия Килиманджаро! Собственный чартер из России в Найроби! Присоединяйтесь! Покажем Новый год в Африке по-русски!

В вашу комнату заглянет жираф, скажет «С Новым годом» слон, из красного мешка достанет подарки чёрный Дед Мороз — все знакомые и друзья удивятся, когда посмотрят ваши фото.

Самая весёлая и дешёвая Африка в России! Чартер и цены от оператора! Новогодний банкет с видом на Килиманджаро! Включено всё, что можно!

Собираем команду из всех городов России. Ваши есть?

Интересное и выгодное предложение для состоятельных корпоративных клиентов!!!

www.tu-ru.ru

Звоните (495) 200-39-24 200-31-79 200-32-64

От:	Анжела Валентиновна <dzvgvn966@okbmei.msk.su>
Кому:	<interoptic@mail.ru>
Отправлено:	15 ноября 2011 г. 8.04
Тема:	Новый год-2012 на Валдае! Всё включено!

Разгульный Новый год на Валдае!

В лучших традициях русского-купечества!!

Старинный русский купеческий город Боровичи!!!

Фейерверк в пол-неба над заснеженной рекой, катание в санях.

Столы с европейскими блюдами, водка и шампанское, фрукты.

Три дня веселья! Комфортабельный отель «Мета»!

Вас поздравляют Дед Мороз со Снегурочкой, песни, игры и конкурсы.

Первого — экскурсия по купеческому городу, катание с ледяной горки и в санях, на ужин — русский хор и хороводы в ресторане. Второго — экскурсия на Валдай, шашлык и чай из самовара. Каждый вечер — ужин в ресторане и танцы до последнего гостя!

Комфортабельный автобус привезёт вас на праздник и обратно!

Всё включено!

www.tu-ru.ru

Звоните! (495) 728-22-49, (495) 209-14-82

От:	«Thomas Hendricks» <fractious@quintanaroo.com>
Кому:	<karetin@msu.ru>
Отправлено:	2 ноября 2011 г. 4.02
Тема:	Новый год и Рождество можно отпраздновать по-разному...

Новый год и Рождество можно отпраздновать по-разному...

Вы можете пойти с друзьями в баню и, может даже, доберетесь до праздничного стола. Другой вариант — просидеть всю новогоднюю ночь на кухне перед телевизором. Тоже не плохо, но это происходит каждый год. А мы хотим предложить вам нечто незабываемое — Новый год и Рождество во Франции и Финляндии. Любимая это оценит!

Новый год и Рождество во Франции
27 декабря 2011 года – 4 января 2012 года
3 января 2012 года – 12 января 2012 года

Самый романтический Новый год! Лучший подарок вам и вашим детям!
Варшава — Берлин — Брюссель — Париж — Версаль — Диснейленд. В этом путешествии вы увидите всё самое интересное в столицах Польши, Германии, Бельгии и Франции. И конечно же Версаль — жемчужину европейской архитектуры. Вы посетите Лувр, уникальный музей восковых фигур Гревена, а ещё Эйфелева башня, прогулка на катере по Сене, аквапарк и самый крупный в Европе Диснейленд. Вы встретите Новый год вместе со всей Западной Европой в погружённом в море огней Париже, загадаете своё самое заветное желание, и оно обязательно сбудется!
Стоимость 590 евро! Уникальный тур ж/д + автобус! Всё включено! В стоимость входит: проезд поездом (плацкарта) Москва — Брест — Москва (купе за доплату), проживание в отелях ** в Польше и Париже, питание — завтраки по программе, экскурсионная программа на автобусе евро-класса, виза Шенген, медстраховка.

Аквапарки Финляндии
5 дней/4 ночи с 6 по 10 января 2011 года

Неповторимая архитектура Финляндии, уникальная природа и мягкий климат, тропические аквапарки — подарите себе праздник! Лучший подарок взрослым и детям! В этом путешествии вы увидите все самое интересное в столице Финляндии и городе Тампере, посетите 2 крупнейших в Европе аквапарка и уникальный музей Муммитроллей. Программа предполагает проживание в 4**** отеле в Хельсинки с бассейном и сауной.
Стоимость 415 евро! Уникальный тур ж/д + автобус! Всё включено! В стоимость входит: проезд поездом (плацкарта) Москва — Санкт-Петербург — Москва (купе за доплату), проживание в отеле **** в Хельсинки, питание — завтраки по программе, экскурсионная программа, проезд автобусом евро-класса, виза Шенген, медстраховка.

Звоните нам с 10.00 до 19.00 (495) 491-85-79, 925-46-78

---

5. **В Москве́ доста́точно мно́го ночны́х клу́бов. Наприме́р, в ночно́м клу́бе «Фэшн Хаус» быва́ют ежедне́вные развлека́тельные програ́ммы с пока́зом мод, вы́ступлением звёзд эстра́ды, да́нсингом и эроти́ческим шоу. Зна́ете ли вы ночну́ю Москву́? Счита́ете ли вы, что э́то интере́сный о́тдых? • There is plenty of night clubs in Moscow. For example at the night club "Fashion House" there are daily entertainment programs which include fashion shows, pop singers concerts, dancing and erotic shows. Do you know the night Moscow? Do you consider such type of spending leisure time an interesting one?**

6. **Неда́вно ва́ши друзья́ бы́ли в теа́тре. Каки́е вопро́сы вы хоти́те им зада́ть? Постара́йтесь узна́ть как мо́жно бо́льше о спекта́кле, актёрах, содержа́нии пье́сы. А в како́й теа́тр вы хоте́ли бы попа́сть? Что вы посове́туете знако́мому иностра́нцу, кото́рый совсе́м не говори́т по-ру́сски, но хо́чет сходи́ть в моско́вский теа́тр? • Recently your friends have visited a theatre. What questions would you like to ask them? Try to find out as many details as possible about the play, actors, etc. What theatre would you like to attend? What would you advise to a foreigner, who doesn't speak Russian at all, but wants to visit a Moscow theatre?**

7. **Расскажи́те о свои́х колле́гах (ро́дственниках, друзья́х). Как они́ прово́дят своё свобо́дное вре́мя? Измени́лись ли ва́ши привы́чки в Москве́? • Speak about your colleagues (friends, relatives). How do they spend their free time? Have your habits changed in Moscow?**

8. **Каку́ю ку́хню вы предпочита́ете? Ча́сто ли вы быва́ете в рестора́нах? Вы всегда́ берёте пе́рвое (суп, бульо́н)? А на второ́е вы предпочита́ете ры́бу и́ли мя́со? В меню́ ва́шей страны́ тако́й же поря́док блюд? Расскажи́те о ва́шей национа́льной ку́хне. • What kind of cuisine do you prefer? Do you often go to the restaurants? Do you always order soup? Do you prefer meat or fish for the main course? Is the order of serving dishes the same in your country? Speak about your national cuisine.**

9. **Расскажи́те, что вы ду́маете о ру́сской ку́хне, что вам нра́вится и не нра́вится в ней. Что вы уже́ про́бовали и что хоти́те попро́бовать? • Speak about the Russian cuisine, name its good and bad sides. What dishes have you already tasted and what would you like to taste?**

10. **Где и как вы лю́бите отмеча́ть ва́жные собы́тия, да́ты, пра́здники? Есть ли у вас люби́мый пра́здник? Расскажи́те о нём. • Where and how do you like to celebrate the important dates and holidays? Do you have a favourite holiday? Speak about it.**

11. **а) Прочита́йте ру́сские посло́вицы и погово́рки. • Read the Russian proverbs and sayings.**

 - Хле́б — всему́ голова́.
 - Чай пить — не дрова́ руби́ть.
 - Когда́ я ем, я глух и нем.
 - Кто как рабо́тает, тот так и ест.
 - Рабо́та — не волк, в лес не убежи́т.
 - И швец, и жнец, и на дуде́ игре́ц.
 - Сме́на труда́ — э́то о́тдых.
 - Де́лу — вре́мя, поте́хе — час.
 - О вку́сах не спо́рят.
 - На вкус и цвет това́рища нет.
 - Хорошо́ яи́чко ко Христо́ву дню.
 - Дарёному коню́ в зу́бы не смо́трят.
 - До́рог не пода́рок, а внима́ние.
 - От добра́ добра́ не и́щут.
 - Хорошо́ то, что хорошо́ конча́ется.

б) Как вы ду́маете, что они́ зна́чат? В како́й ситуа́ции их говоря́т? • What's their meaning? In what situation can they be used?

в) Согла́сны ли вы с э́тими выска́зываниями? • Do you agree with these sayings?

г) Есть ли в ва́шем языке́ аналоги́чные выраже́ния? • Do you have similar expressions in your language?

Нóвые словá • New words

амфитеáтр — amphitheater
аналоги́чный — analogous
афи́ша — playbill
аэрóбика — aerobics

бассéйн — pool
бегá — race (horse race)
бельэтáж — dress circle
бизнес-лáнч — business lunch
бифштéкс — beefsteak
борьбá — fight/wrestling
бульóн — bouillon

вдовá — widow
волновáться — to worry
волшéбный — magic
вторóе — second course
вы́печка — batch

гимнáстика — gymnastics
гитáра — guitar
гóлоден — be hungry
гольф-клýб — golf-club
гостеприи́мство — hospitality
грýстно — sadly

дáча — dacha/summer residence
дегустáция — tasting
Дед Морóз — Grandfather Frost (Santa Claus)
день рождéния — birthday
дерéвня — village
десéрт — dessert
дли́нный — long
Дом мóды — fashion house
доплáта — additional payment
драмати́ческий теáтр — theatre
дýшно — stuffy

жáрко — hotly
жи́вопись — painting

закýска — cold collation
зарáнее — beforehand
здорóвье — health
зоопáрк — zoo

игрáть — to play
интерьéр — interior
ипподрóм — race track
истóрия — history

караóке — karaoke
кáрты — cards
кáтер — boat
каюта — state-room
колокóльный звон — tolling of bells
комéдия — comedy
компози́тор — composer
консерватóрия — conservatory
корт — tennis-court

лосóсь — salmon

массáж — massage
матч — match
мероприя́тие — party
мéсто — place
минерáльная водá — mineral water
молодожёны — newly wedded

несмотря́ на — in spite of

обши́рный — extensive
огорóд — vegetable garden
окáзывается — it turned out
óпера — opera
оперéтта — operetta
óтпуск — vacation
отъéзд — departure

пéрвое — first course
пиани́но — piano
пить — to drink

пла́вание — swimming
планета́рий — planetarium
предпочита́ть — to prefer
продолжа́ться(-иться) — go on
проголода́ться — to grow hungry
процвета́ние — prosperity
пье́са — play

развлека́тельный — entertaining
развлече́ние — entertainment
размышле́ние — thought
раке́тка — racket
репертуа́р — repertoire

саксофо́н — saxophone
сигнализа́ция — signalling
ска́зка — fairy tale
скри́пка — violin
собо́р — cathedral
создава́ть/созда́ть — create
соля́рий — solarium
спекта́кль — performance
сча́стье — happiness
сы́ро — it is damp

театра́л — theatre-goer
темно́ — it is dark
те́ннис — (lawn) tennis
теплохо́д — motor ship
травяно́й — grassy
традицио́нный — traditional
тради́ция — tradition
тренажёрный — training
трёхпалубный — three decker

фолькло́рный — folklore

хотя́ — although

чаепи́тие — tea-drinking
ча́рка — glass

ша́хматы — chess
шоу-програ́мма — show

экзоти́ческий — exotic
экску́рсия — excursion

я́рус — circle

У ч е б н о е   и з д а н и е

Козлова Татьяна Валентиновна
Курлова Ирина Владимировна
Кульгавчук Марина Владимировна

Начало.
Начальный курс русского языка
для делового общения
(с комментариями на английском языке)
Книга 1-2

Редактор: *М.А. Кастрикина*
Корректор: *В.К. Ячковская*
Компьютерная верстка и оригинал-макет: *Е.Г. Вырщиков, Г.В. Бачерикова*

Подписано в печать 15.04.11 г. Формат 70×100/16
Объем 26,5 п.л. Тираж 1000 экз. Зак. 652

Издательство ЗАО «Русский язык». Курсы
125047, Москва, 1-я Тверская-Ямская ул., д. 18
Тел./факс: (499) 251-08-45; тел.: (499) 250-48-68
e-mail: ruskursy@gmeil.ru; rkursy@gmeil.ru; kursy@online.ru
www.rus-lang.ru

Отпечатано в ОАО «Щербинская типография»
117623, Москва, ул. Типографская, д. 10
Тел.: (495) 659-23-27

Ерёмина Л.И., Любимцева С.Н., Тарковская Б.М.

РУССКИЙ ЯЗЫК ДЛЯ БИЗНЕСМЕНОВ:
ИНТЕНСИВНЫЙ КУРС

Учебное пособие по русскому языку
(для говорящих на английском языке)

Интенсивный курс предназначен для бизнесменов, заинтересованных в деловом сотрудничестве с российскими предпринимателями. Учебный материал курса и метод, лежащий в его основе, пригодны как для начинающих изучать язык, так и для лиц, его совершенствующих. Курс предназначен для группового обучения, но может быть использован и для самостоятельного изучения русского языка. Пособие включает грамматический комментарий, что делает его удобным и эффективным в работе.

Для среднего этапа обучения.

Калиновская М.М., Большакова Н.В.,
Глива Н.Б., Игнатьева М.В., Корепанова Т.Э.,
Марочкина Е.Г., Шурупова И.В.

ТЕСТОВЫЙ ПРАКТИКУМ ПО РУССКОМУ ЯЗЫКУ ДЕЛОВОГО ОБЩЕНИЯ
БИЗНЕС. КОММЕРЦИЯ.
ВНЕШНЕТОРГОВАЯ ДЕЯТЕЛЬНОСТЬ

Базовый сертификационный уровень
(Русский язык как иностранный)

Тестовый практикум состоит из двух частей. В первой части (тренировочный блок) представлены задания, выполнение которых проверяет навыки и умения в таких видах речевой деятельности, как чтение, аудирование, письмо, говорение, а также знание лексики и грамматики на базовом уровне (В1) владения русским языком делового общения. Тренировочные задания можно выполнять под контролем преподавателя или самостоятельно (проверяя себя по ключам). Вторая часть (экзаменационный блок) представляет собой модель тестового экзамена. Она знакомит с объёмом экзаменационных материалов, их структурой, с инструкциями к заданиям.

Практикум предназначен для иностранцев, которые готовятся к сдаче сертификационного экзамена по русскому языку базового уровня (В1), а также для преподавателей, экзаменаторов, разработчиков учебных программ и контрольных материалов.

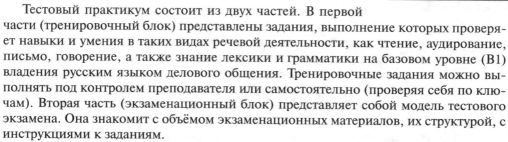

Журавлёва Л.С., Исаева Н.П.,
Калиновская М.М., Трушина Л.Б.

ТЕСТОВЫЙ ПРАКТИКУМ ПО РУССКОМУ ЯЗЫКУ ДЕЛОВОГО ОБЩЕНИЯ
БИЗНЕС. КОММЕРЦИЯ
Средний сертификационный уровень

Практикум содержит образцы тестовых заданий по русскому языку как иностранному для среднего уровня владения русским языком делового общения (в сфере бизнеса и коммерции) и адресован иностранцам, заинтересованным в установлении деловых контактов с российскими партнерами, в успешной коммерческой деятельности на российском рынке.

Тестовый практикум предназначен для использования при подготовке к сдаче сертификационного экзамена по среднему уровню владения русским языком делового общения.

К книге прилагается CD.

Журавлёва Л.С., Калиновская М.М.,
Корепанова Т.Э., Романова С.В.

ТЕСТОВЫЙ ПРАКТИКУМ ПО РУССКОМУ ЯЗЫКУ ДЕЛОВОГО ОБЩЕНИЯ
БИЗНЕС. КОММЕРЦИЯ. ВНЕШНЕТОРГОВАЯ ДЕЯТЕЛЬНОСТЬ
Продвинутый сертификационный уровень

Тестовый практикум состоит из двух частей. В первой части представлены тестовые задания и задания в тестовой форме, выполнение которых проверяет умения в чтении, аудировании, письме, говорении, знание лексики и грамматики на продвинутом уровне владения русским языком делового общения. Тренировочные задания можно выполнять под контролем преподавателя или самостоятельно, так как к ним даны ключи. Вторая часть представляет собой модель тестового экзамена. Она знакомит с экзаменационным материалом, его структурой, с инструкциями к заданиям, шкалой оценок.

Практикум предназначен для иностранцев, которые готовятся к сдаче сертификационного экзамена по русскому языку продвинутого уровня, а также для преподавателей, экзаменаторов, разработчиков учебных программ, контрольных материалов.

К практикуму прилагается CD.